vbw – Vereinigung der Bayerischen Wirtschaft e. V. (Hrsg.)

Integration durch Bildung.
Migranten und Flüchtlinge in Deutschland

vbw – Vereinigung der Bayerischen Wirtschaft e. V. (Hrsg.)

Integration durch Bildung. Migranten und Flüchtlinge in Deutschland

Gutachten

WAXMANN

Bibliografische Informationen der Deutschen Nationalbibliothek:
Die Deutsche Nationalbibliothek verzeichnet diese Publikation in der Deutschen Nationalbibliografie; detaillierte bibliografische Daten sind im Internet über http:dnb.dnb.de abrufbar.

Herausgeber: vbw – Vereinigung der Bayerischen Wirtschaft e. V.
Ansprechpartner: Dr. Christof Prechtl, Geschäftsführer, Leiter Abteilung Bildung

Wissenschaftliche Koordination:
Prof. Dr. Dieter Lenzen, Universität Hamburg, Vorsitzender des Aktionsrats Bildung

Dem Aktionsrat Bildung gehören an:
Prof. Dr. Dr. h. c. Hans-Peter Blossfeld, Prof. Dr. Wilfried Bos,
Prof. Dr. Hans-Dieter Daniel, Prof. Dr. Bettina Hannover, Prof. Dr. Olaf Köller,
Prof. Dr. Dieter Lenzen, Prof. Dr. Hans-Günther Roßbach, Prof. Dr. Tina Seidel,
Prof. Dr. Rudolf Tippelt, Prof. Dr. Ludger Wößmann

Das Gutachten wurde unterstützt vom:
vbm – Verband der Bayerischen Metall- und Elektro-Industrie e. V.
Projektleitung: Michael Lindemann

Geschäftsstelle des Aktionsrats Bildung:
Manuela Schrauder, Julia Schmidt, Isabell Grella
www.aktionsrat-bildung.de

1. Auflage 2016

ISBN 978-3-8309-3463-9

www.waxmann.com
info@waxmann.com
Gesamtgestaltung und Satz: SOCIAL CREATIVE DESIGN GmbH, München
Druck: Mediaprint, Paderborn
Gedruckt auf alterungsbeständigem Papier, säurefrei gemäß ISO 9706

Printed in Germany

Inhalt

Vorwort

Die erfolgreiche Integration von Personen mit Migrationshintergrund und Flüchtlingen in unsere Gesellschaft ist eine der wichtigsten Herausforderungen der nächsten Jahrzehnte. Dem Bildungssystem kommt hierbei eine zentrale Rolle zu. Es zählt schon lange zur Daueraufgabe, die Bildungsbeteiligung von Kindern, Jugendlichen und Erwachsenen mit Migrationshintergrund zu erhöhen sowie weitere Voraussetzungen für Bildungserfolge zu schaffen. Nun gilt es zusätzlich, die jetzt ankommenden Flüchtlinge schnell und nachhaltig in das Bildungssystem zu integrieren. Diese Aufgabe wird aufgrund des aktuell hohen Flüchtlingszuzugs nach Deutschland schwieriger. Die Integration durch Bildung ist alternativlos, denn Bildung ist der Schlüssel für die Teilhabe am wirtschaftlichen, kulturellen und gesellschaftlichen Leben und schafft Aufstiegschancen. Bildung ist auch die Voraussetzung dafür, die Innovationskraft Deutschlands weiter zu stärken und die Zukunftsfähigkeit unseres Wirtschaftsstandorts zu sichern.

Das vorliegende Gutachten gibt einen Überblick über die rechtlichen Rahmenbedingungen der Zuwanderung und geht auf die historischen und ökonomischen Dimensionen ein. Es liefert wichtige statistische Daten und beleuchtet auch die individuelle Situation der Zuwandernden, insbesondere unter psychologischen Gesichtspunkten. Es legt bildungsphasenspezifische Daten und Fakten über Menschen mit Migrationshintergrund dar und gibt schließlich sämtlichen Verantwortlichen im Bildungssystem konkrete Empfehlungen an die Hand. Das Gutachten zeigt: Eine erfolgreiche Integration durch Bildung kann gelingen. Dafür bedarf es aufeinander abgestimmter Aktionen der zuständigen Akteure. Bund und Länder haben bereits Initiativen mit wichtigen bildungspolitischen Zielsetzungen für Migranten verabschiedet. Auch die Wirtschaft sieht die Integration von Migranten und Flüchtlingen als eine gesamtgesellschaftliche Aufgabe. Die vbw – Vereinigung der Bayerischen Wirtschaft e. V. hat mit dem Maßnahmenpaket „IdA“ (Integration durch Ausbildung und Arbeit) umfassende und innovative Projekte initiiert.

Uns als vbw liegt das Thema Bildung schon lange am Herzen. Darum haben wir den Aktionsrat Bildung ins Leben gerufen. Seit neun Jahren leistet er mit seinen Gutachten wertvolle und zukunftsweisende Arbeit, die in der Bildungslandschaft Deutschlands große Beachtung findet. Den Mitgliedern des Aktionsrats Bildung danke ich dafür, dass sie sich dieses hochaktuellen und wichtigen Themas angenommen haben. Mit ihrer umfassenden Expertise beurteilen sie die gegenwärtige Situation im deutschen Bildungssystem sowie im Migrationsgeschehen in Deutschland und geben konkrete Handlungsempfehlungen. Und Handlungsbedarf besteht momentan ganz erheblich. Darum wünsche ich mir, dass dieses Gutachten allen verantwortlichen Akteuren aus den Bereichen Bildung und Migration hilft, entschieden und verantwortungsvoll zu handeln.

Alfred Gaffal

Präsident
vbw – Vereinigung der Bayerischen Wirtschaft e. V.

Einleitung

Es ist nicht ohne Risiko, 2016 ein Gutachten über das Migrationsgeschehen zu verfassen und innerhalb dessen insbesondere die Flüchtlingsproblematik im Hinblick auf das Bildungssystem zu betrachten. Das Risiko besteht darin, mit sehr schnell veralteten statistischen Zahlen arbeiten zu müssen, mit noch im Entstehen begriffenen, also uneinheitlichen Nomenklaturen zu arbeiten und damit Empfehlungen zu geben, die auch von einer noch nicht vorhersagbaren Wirklichkeit in den kommenden Jahren überholt sein könnten.
Der AKTIONSRAT**BILDUNG** hat diese Umstände reflektiert und abgewogen, sich aber gleichwohl für dieses Gutachten entschieden. Tragend für diesen Umstand war die Tatsache, dass ein Schweigen zu den aktuellen Ereignissen in der Zuwanderung kaum zu verantworten sein dürfte. Gleichzeitig darf sich die Aufmerksamkeit auch der Bildungspolitik nicht auf das Flüchtlingsgeschehen reduzieren lassen. Zudem erscheint im Rahmen der Migrations- und Integrationsarbeit die Differenzierung zwischen neu Zugewanderten und bereits lange in Deutschland ansässigen Personen mit Migrationshintergrund als sinnvoll. Ebenso sinnvoll ist die konkrete Verständigung über die Grundlagen eines Zusammenlebens in Frieden und Freiheit und die Sensibilisierung gegenüber Formen von menschenverachtender Gewalt und Extremismus, damit vor dem Hintergrund unterschiedlicher kultureller und religiöser Werte die Integration der Zugewanderten gelingen kann. Bei aller Dramatik und Unkalkulierbarkeit der Zukunft gibt es gleichwohl jahrzehntelange Erfahrung mit der Beschulung, Ausbildung und vor allem Bildung von Menschen mit Migrationshintergrund, die sich nicht kategorial, sondern eher graduell von den Gegebenheiten unterscheiden lassen können, die für Flüchtlinge gelten. Hinzu tritt der Umstand, dass Ereignisse von Bildungsmigration auch historisch nicht neu sind, wie ein kurzer Blick in die Geschichte des Migrationsgeschehens allein in Europa zeigt (vgl. Kapitel 1.1).

Auch wenn die diachronische Betrachtung der Thematik zahlreiche Similaritäten aufweist, so stellt sich für die jüngste Zeit allein schon aus rechtlicher Sicht ein hoher Differenzierungsbedarf heraus. Was in Forschungen zum Umgang mit Migrantinnen und Migranten im Bildungswesen häufig völlig übersehen wird, ähnlich wie in öffentlichen Äußerungen, Empfehlungen und auch politischen Statements, ist der Umstand, dass zwischen Dutzenden unterschiedlichen Kategorien von Zuwanderern, Asylsuchenden, Personen mit unterschiedlichen Aufenthaltstiteln und -zwecken und folglich auch ganz unterschiedlichen Ansprüchen auf Integration gründlich unterschieden werden muss. So ist es nicht gleichgültig, ob eine Person für einen bestimmten Zeitraum nur geduldet wird oder ob sie einen, womöglich über viele Jahre geltenden, Aufenthaltstitel erworben hat. Damit verbunden sind die unterschiedlichen Motive für eine Zuwanderung nach Deutschland. Während Flüchtlinge ihr Heimatland zumeist aus begründeter Furcht vor Krieg und/oder politischer Verfolgung verlassen und um eine Aufnahme aus humanitären Gründen im Sinne der Genfer Flüchtlingskonvention ersuchen, stehen für andere Migrantinnen und Migranten ökonomische Motive und damit die Verbesserung ihrer wirtschaftlichen Lage im Vordergrund, wenn das Wohlstandsgefälle durch Entwicklungsdefizite des Heimatlandes zu groß ist.

Chancen und Notwendigkeiten der Bildungsintegration stellen sich folglich ganz unterschiedlich dar. Das vorliegende Gutachten nimmt deshalb zum ersten Mal diese Fragestellungen ernst und entfaltet in Kapitel 1.2 den gesamten rechtlichen Rahmen der Zuwanderung, für dessen Verfassung als Gastgutachter Prof. Dr. Kay Hailbronner außerordentlich hilfreich war. Ihm ist für diese Unterstützung nachdrücklich zu danken.

Auch wenn es sich „nur" um eine Momentaufnahme handeln kann – trotz der hohen Dynamik im Migrationsgeschehen ist es gleichwohl erforderlich, in Kapitel 1.3 sowohl die faktischen Zahlenverhältnisse bezüglich der Personen mit Migrationshintergrund als auch der Asylsuchenden zu dokumentieren. Sie werden in Kapitel 1.4 den auch unabhängig vom Migrationsgeschehen gegebenen Arbeitsmarktentwicklungen sowie der demografischen Entwicklung und den Bedarfsprognosen hinsichtlich der Fachkräfte gegenübergestellt, um auch die Chancen und Notwendigkeiten der Arbeitsmarktintegration ausloten zu können.

Diesen gesellschaftlich relevanten Zahlen muss im Kapitel 1.5 die individuelle Situation, insbesondere psychologischer Art, der Zuwandernden gegenübergestellt werden. Die psychologische Sichtweise auf das Thema stellt neben den rechtlichen Gesichtspunkten eine bewusste Fokussierung auf Teilaspekte – neben anderen sozialen Aspekten – dar, die in der Vergangenheit bei dieser Thematik zu wenig beachtet wurden. In Deutschland gibt es auch historisch Erfahrungen mit der psychologischen Situation von Migrantinnen und Migranten – allerdings solchen, die Deutschland verlassen mussten. Dies war im 19. Jahrhundert der Fall, am Ende der 1920er Jahre sowie durch die politischen Ereignisse insbesondere für jüdische Deutsche während der Zeit des Dritten Reiches. Die Situation dieser Menschen ist in psychohistorischer Hinsicht häufig und breit untersucht worden. Demgegenüber ist das Wissen über die mentalen Gegebenheiten von Zuwanderern, insbesondere aus Anlass von Flüchtlingsgeschehen, nur wenig entwickelt. Das vorliegende Gutachten macht deshalb erstmals den Versuch, auf dem Hintergrund psychologischen Wissens eine Projektion der möglichen Gegebenheiten bei den Zuwanderern nach Deutschland vorzunehmen. Insbesondere im Bildungsbereich ist dies natürlich von besonderer Bedeutung. Denn: Es wird sehr darauf ankommen, dass Bildungsinstitutionen in der Lage sind, nicht nur eingedenk der Belastungssituation von Flüchtlingen und Migranten zu agieren, sondern gegebenenfalls spezifische, psychologisch gestützte Bildungsangebote bereitzuhalten.

Die Exposition der historischen, juristischen, statistischen, ökonomischen und psychologischen Rahmendaten und Informationen über das Migrationsgeschehen diente als Grundlage für die Komposition der Teilkapitel des Kapitels 2. Hier werden, in der für die Gutachten des AKTIONSRATS**BILDUNG** bewährten Weise, die einzelnen Phasen des Bildungsprozesses durchkomponiert. In den Stationen „Frühe Bildung“ (Kapitel 2.1), „Primarstufe“ (Kapitel 2.2), „Sekundarbereich“ (Kapitel 2.3), „Hochschule“ (Kapitel 2.4) und „Berufliche Aus- und Weiterbildung und allgemeine Erwachsenenbildung“ (Kapitel 2.5) werden die bildungsphasenspezifischen Daten dokumentiert, soweit sie als zuverlässig gelten können. Es werden die Daten über die Leistungsdimensionen von Personen mit Migrations- beziehungsweise Flüchtlingshintergrund, auch im Vergleich zu Nichtmigranten beziehungsweise -flüchtlingen, aus den großen internationalen Vergleichsstudien dargeboten, die die jeweils gegebene besondere lebensaltersspezifische mentale Situation beschreiben, etwa hinsichtlich motivationaler Voraussetzungen und Selbstkonzepte. Es werden existente Fördermaßnahmen der einzelnen Länder, auch im Sinne von „Good Practice“-Exempla, dargestellt und politische Handlungsempfehlungen exponiert.

Während das vorliegende Gutachten nach bewährtem Muster den Bildungsphasen folgend aufgebaut ist, finden sich die Handlungsempfehlungen als systematische Zusammenfassung sodann im Kapitel 3. Die überschaubare Zahl der politisch-administrativen Maßnahmen, insbesondere im Hinblick auf Flüchtlinge, die aus einer Umfrage unter den Verwaltungen der Länder hervorgeht (siehe Kapitel 1.2.3), zeigt, dass das Flüchtlingsgeschehen in seiner vollen Tragweite erst langsam erfasst zu werden beginnt und dass vor einer zufriedenstellenden Integrationspolitik noch ein weiter Weg liegt.

Dass die vbw – Vereinigung der Bayerischen Wirtschaft e. V. unter ihrer Leitung durch Präsident Alfred Gafall sowie Hauptgeschäftsführer Bertram Brossardt die Entstehung des vorliegenden Gutachtens ausdrücklich unterstützt hat, nicht nur ideell, sondern mit erheblichen Investitionen auch materiell, zeigt, dass zumindest die bayerische Wirtschaft die Herausforderungen, aber auch die Chancen des aktuellen Zuwanderungsgeschehens erkannt hat. Die Aufgabe des vorliegenden Gutachtens des AKTIONSRATS**BILDUNG** ist es, für die weiteren Folgerungen im gesellschaftlichen Bereich eine Diskussionsgrundlage zu liefern.

Der AKTIONSRAT**BILDUNG** dankt für die gründliche und nachhaltige Unterstützung der vbw – Vereinigung der Bayerischen Wirtschaft e. V., der von ihr getragenen Geschäftsstelle unter der Verantwortung des Geschäftsführers und Leiters der Abteilung Bildung, Dr. Christof Prechtl, sowie des Projektleiters, Michael Lindemann, und mit ganz besonderem Nachdruck den wissenschaftlichen Mitarbeiterinnen, die in der Geschäftsstelle allererst die Grundlagen für den vorliegenden Text geschaffen haben, Manuela Schrauder und Julia Schmidt.
Der AKTIONSRAT**BILDUNG** hofft mit dem vorliegenden Gutachten einen Text vorzulegen, der zumindest die Multidimensionalität des gegenwärtigen und zurückliegenden Geschehens und die verschiedenen Facetten der Migration im Hinblick auf das Bildungssystem zeigt. Er drückt seine Erwartung aus, das gegenwärtige Geschehen nicht nur als organisatorische, finanzielle und soziale Belastung zu deuten, sondern vielmehr auch als epochale Aufgabe und Chance einer Gesellschaft, die mit geeigneten Maßnahmen einen historischen Beitrag dafür leisten kann, dass Migration im Hinblick auf Deutschland mit mehr nur als Exilierung assoziiert wird.

Zentrale Empfehlungen des AKTIONSRATS**BILDUNG**

Ein **Masterplan Bildungsintegration** als Teil eines **Masterplans Migration** duldet keinen Aufschub. Er ist in einer konzertierten Aktion zwischen den politisch Verantwortlichen und den Bildungsverwaltungen des Bundes, der Länder und der Kommunen, den Bildungseinrichtungen sowie dem Bildungspersonal zu entwickeln. Es darf keine Illusion darüber bestehen, dass die Integration durch Bildung eine der mit Abstand wichtigsten Bildungsmaßnahmen in der Geschichte der Bundesrepublik sein wird. Es ist die Aufgabe der Politik, die Bevölkerung über diesen Umstand aufzuklären und auf diesem Wege Akzeptanz und Unterstützungsbereitschaft im Hinblick auf die eigene Zukunftsfähigkeit des Landes herzustellen. Diese Maßnahme hat hohe Priorität, wenn Deutschland seine Identität, seine produktive Kraft und seine Zukunftsfähigkeit erhalten und ausbauen will. Migrantinnen und Migranten können hierzu einen fundamentalen Beitrag leisten, wenn dies von ihnen erwartet, es ihnen aber auch möglich gemacht wird.

Ein **Masterplan Bildungsintegration** macht Aktivitäten und Leistungen aller Beteiligten und Verantwortlichen als gemeinsame Anstrengung erforderlich:

1. Der **Bund** muss die gesetzlichen und faktischen Voraussetzungen für die Bildungsintegration insbesondere von Flüchtlingen mit hoher Bleibewahrscheinlichkeit schaffen, darunter eine aufenthaltsrechtliche Klarheit, einen Zugang zum Bildungs- und Arbeitsmarkt, auch in Form verkürzter Berufsausbildung für Teilqualifikationen, sowie zu finanziellen Förderungsinstrumenten und für den Erwerb der sprachlichen und kulturellen Qualifikationen.

2. **Bund und Ländern** wird empfohlen, regionenzentrale Einrichtungen für die Koordination der Bildungsintegration zu etablieren. Sie haben die Aufgabe, eine breite regionale Verteilung der Zugewanderten zu organisieren, die individuellen Bildungsvoraussetzungen festzustellen, zu bewerten und daran anschließend individuelle Programme zur Bildungsintegration für die Betroffenen auszuarbeiten sowie ihnen eine entsprechende individuelle Beratung zukommen zu lassen und ebenso die Bildungseinrichtungen zu unterstützen.

3. **Länder und Kommunen** sind dafür verantwortlich, dass
   - integrationsfeindliche Aufenthaltsbedingungen beseitigt beziehungsweise verhindert werden, darunter die Entstehung von Flüchtlingsghettos oder religiöse Intoleranz bei allen Beteiligten,
   - ein sowohl gesundheitliches als auch bildungsspezifisches Erstscreening der Neuzugewanderten gewährleistet ist,
   - die Schulpflicht durchgesetzt, die Berufsschulpflicht in allen Ländern auf das 21. Lebensjahr erweitert und gegebenenfalls die Einführung einer Kindergartenpflicht geprüft wird und die entsprechenden Plätze im Bildungssystem gleichverteilt angeboten werden,
   - der Spracherwerb in gesonderten Vorbereitungsklassen begleitend beschleunigt und Deutsch als Unterrichtssprache konsequent zugrunde gelegt wird,
   - pädagogisches Personal zusätzlich bereitgestellt und entsprechend qualifiziert wird,
   - die Zahl der integrationsbegleitenden Familienzentren erheblich erweitert und deren Inanspruchnahme unterstützt wird.

4. Die **Bildungseinrichtungen** tragen die Hauptlast der Bildungsintegration, indem sie
   - für die kontinuierliche Beratung und Begleitung jedes Einzelnen im Bildungsprozess zuständig sind,
   - ihre Lernformen noch stärker als heute auf kooperative und dialogische Grundlagen stellen, um viele Kommunikationsanlässe zu schaffen und insofern immersivem Unterricht den Vorzug geben,
   - so weit als möglich ihren Betrieb als Ganztagsbetrieb gestalten müssen,
   - die Vernetzung der Eltern und Kinder mit den Kommunen und deren außerschulischen Angeboten organisieren müssen.

5. Das **Bildungspersonal** hat die Aufgabe, die Erwartungen an die Bildungseinrichtungen umzusetzen, indem es u. a. auch die Lernmotivation der Zugewanderten stützt und erweitert, negativen Stereotypen bei Nichtzugewanderten entgegentritt und selbst Fort- und Weiterbildungsangebote sowie Supervisionsangebote wahrnimmt.

6. Die **Medien** sind aufgefordert, im Sinne ihres Bildungsauftrags spezifische Themen, darunter insbesondere Sprachlernangebote, vorzuhalten und breit im Programm zu verankern.

7. Es ist die Aufgabe der **Bildungswissenschaften,** eine entsprechend finanzierte Begleitforschung zur Bildungsintegration der Flüchtlinge aufzusetzen und durchzuführen sowie Fortbildungsangebote für pädagogisches und administratives Personal vorzuhalten und die Ausbildung des künftigen pädagogischen Personals einer grundlegenden curricularen Revision im Hinblick auf Migration und die aktuelle Flüchtlingssituation zu unterziehen.

8. Für **ehrenamtliche Helferinnen und Helfer,** die bei der Bildungsintegration einen wesentlichen Beitrag leisten, sind Qualifizierungsmöglichkeiten und Vernetzungsmöglichkeiten anzubieten.

9. Gegenüber den **Zugewanderten** ist auf allen Stufen der Bildungsintegration die klare Erwartung zu kommunizieren, dass sie sich aktiv an ihrer eigenen Bildungsintegration beteiligen müssen, indem sie die bildungsgesetzlichen Regeln, z. B. bei der Einhaltung der Schulpflicht, und die Wahrnehmung von Beratungs- und Begleitungsangeboten für sich selbst sicherstellen. Des Weiteren sind die Vermittlung und Einhaltung demokratischer Grundwerte beziehungsweise der Grundlagen des deutschen Rechtssystems weitere Dimensionen im Rahmen einer gelingenden Integration der Zugewanderten.

1 Bildungsmigration in Deutschland

1.1 Historische Aspekte

Historisch ist für das Verständnis des Migrationsgeschehens, und hierbei insbesondere für den Bereich der Bildungsmigration, der Zeitraum seit Beginn des 18. Jahrhunderts relevant. In der ersten Hälfte des 18. Jahrhunderts, teilweise noch zurückreichend in die Schlussphase des 17. Jahrhunderts, ist für den Raum des späteren deutschen Reichsgebiets bedeutsam insbesondere die Flucht von etwa 40.000 Hugenotten aus Frankreich, u. a. nach Brandenburg-Preußen (vgl. Dölemeyer 2006). Dieser Integrationsfall kann als frühes Muster von Migration verstanden werden, wenn man das Gelingen von Integration in den Mittelpunkt des Interesses stellt. Die Integration der Hugenotten wurde erleichtert durch die gemeinsame Konfession des Protestantismus in Preußen. Über 150 Jahre hielt sich das Französische als Muttersprache in kirchlichen Zusammenhängen (vgl. Lachenicht 2010). Was den Aspekt der Bildungsmigration betrifft, so hinterließen die Hugenotten durch das gesamte 18. und 19. Jahrhundert hindurch breite Spuren in Kultur und Wissenschaft, auch als Gründer prominenter Eliteeinrichtungen wie des Französischen Gymnasiums in Berlin beziehungsweise der Preußischen Akademie der Wissenschaften, deren Gründung auf wissenschaftliche Arbeitsgemeinschaften der Hugenotten zurückgeht (vgl. Winter 2003). Zahlreiche prominente Wissenschaftlernamen sind mit der Bildungsmigration der Hugenotten aufs Engste verbunden. Ein eigenes „Integrationsprogramm“ für die Hugenotten ist historisch zwar kaum auszumachen; hervorgehoben werden kann jedoch, dass die hugenottische Identität über einen langen Zeitraum über das Religiöse und die Beibehaltung der französischen Sprache und ihres Einflusses bis in die Berliner Mundart hinein relevant war (vgl. Lachenicht 2010; Hornung 2014[1]).

In der zweiten Hälfte des 18. Jahrhunderts spielte das Integrationsgeschehen, wechselseitig zwischen Polen, Juden und Deutschen, eine prominente Rolle. Bedeutende Orte dieses Prozesses sind Oberschlesien ebenso wie Galizien. Auch hier spielt das Religiöse, in diesem Fall jedoch religiöse Differenzen, eine dominante Rolle (vgl. Hilbrenner 2004; Röskau-Rydel 2014). Deren Bedeutung kann vermutlich auch für die Gegenwart kaum überschätzt werden, sodass der auf sie bezogenen Bildung eine besondere Aufmerksamkeit zu schenken sein

---

[1] Hornung (2014) belegt, dass diese Immigration der Hugenotten bedeutende langfristige Produktivitätseffekte für die wirtschaftliche Entwicklung in Preußen hatte.

wird. Hinzu tritt die Problematik nationaler Einheit beziehungsweise Identität. Dies gilt besonders für den gesamten Verlauf des 19. Jahrhunderts; zum einen als Folge der Napoleonischen Kriege, die ein einzigartiges Bildungsgeschehen in Deutschland ausgelöst haben, zum anderen, im Zusammenhang mit den Kriegsfolgen, als Generalthema des 19. Jahrhunderts, die nationale Integration Deutschlands. Der Umgang mit „fremden“ Minderheiten (deren Definition vor der Reichsgründung allenfalls durch die Zugehörigkeit zur deutschen Sprache definiert werden konnte) muss unter dem Gesichtspunkt des jeweiligen Beitrags zum Integrationsgeschehen und der Reichsgründung verstanden werden. Goethes Idee eines „Buches der Deutschen“ als Inklusions-, damit aber auch als Exklusionsmaßnahme, war über die deutsche Sprache definiert.

Die Folgen lassen sich auch im 20. Jahrhundert beobachten, das gelegentlich als „Jahrhundert der Migration“ bezeichnet wird, wenngleich klar abzugrenzende Unterschiede zum 19. Jahrhundert schwer auszumachen sein dürften. Jedenfalls ist das 20. Jahrhundert gekennzeichnet durch erneutes Exklusionsgeschehen bei gleichzeitiger territorialer Inklusion etwa während des Ersten Weltkrieges und durch die Nationalsozialisten. Autochthone Minderheiten wie Sorben, Polen, Dänen oder Nordfriesen verloren im Bildungsgeschehen zunehmend an Unterstützung, indem z. B. der Unterricht in der jeweiligen Muttersprache auf ein symbolisches Maß reduziert wurde.[2] An dieser Politik hat sich auch nach 1945 kaum etwas geändert. Eine besondere Rolle spielt im 20. Jahrhundert zudem die „Elitenwanderung“ und der durch Migrationsgeschehen stattfindende Wissenstransfer, zunächst durch Inklusionen etwa deutschen Hochschulpersonals aus dem östlichen Mitteleuropa in die Sowjetische Besatzungszone beziehungsweise DDR (vgl. Parak 2008), im Westen eher durch den umgekehrten Vorgang des „Brain Drain“, der Abwanderung deutscher Wissenschaftseliten aus dem Nachkriegsdeutschland insbesondere in die USA (vgl. Han 2010).

Sehr verkürzt wird festzuhalten sein, dass Migrationsgeschehen und damit Bildungsmigration vor allem als eine direkte Folge von Exklusionsvorgängen aus den Herkunftsländern verstanden werden muss, und zwar aus religiösen Motiven (Hugenotten, Christen aus dem Nahen Osten), sowie in umgekehrter Richtung jüdische Immigration. Als Migrationsmotiv spielt, historisch möglicherweise erst in zweiter Linie, die ökonomische Situation in den jeweiligen Herkunftsländern eine besondere Rolle. Beide Motive haben besondere An-

[2] Das Vorgehen variierte allerdings je nach Minderheit erheblich (vgl. Pech 2012, S. 47; 107).

forderungen an das aufnehmende Bildungssystem zur Folge, so etwa in der Erwartung eines adäquaten Gesellschaftsunterrichts wie einer chancenvermittelnden, allgemeinen beruflichen Schulbildung. Deutschland als Aufnahmeland hat sich gegenüber diesen Prozessen häufig positiv verhalten, etwa wenn in religiös motivierter Zuwanderung ein religiöser Machtgewinn erwartet wurde oder in ökonomisch motivierter Zuwanderung ein Gewinn an qualifizierten Arbeitskräften in Zeiten von Hochkonjunkturen. Die aufnehmende (deutsche) Gesellschaft verband, historisch verständlich, die Aufnahmebereitschaft mit der Erwartung nationaler und damit sprachlicher Assimilationsbereitschaft (vgl. Kapitel 1.5.1). Für einen solchen Assimilationsprozess setzt Eisenstadt (1952; 1954) ein Mehrstufenkonzept an, das, ausgehend von Umsiedlungseuphorie beziehungsweise -angst über Phasen der Desozialisation bis hin zur Absorption, etwa zehn Jahre in Anspruch nimmt, wenn eine Integrationsbereitschaft grundsätzlich unterstellt werden kann (vgl. zur Theorie Eisenstadts auch Sekler 2008; Han 2010). Dem fünften bis neunten Zuwanderungsjahr kommt dabei empirisch nach Sekler (2008) eine besondere Bedeutung zu. Von einer auch emotionalen Identifikation mit der aufnehmenden Gesellschaft kann in der Regel erst ausgegangen werden, wenn der Vorgang der Platzierung im Erwerbssystem erfolgreich verlaufen ist beziehungsweise etwa durch Heirat oder enge Freundschaften eine Dispersion im Sinne von Verschmelzung erfolgt, wobei die Identität häufig auch als verbleibend hybrid bezeichnet werden muss.

Die Arbeitsmigration von Menschen mit nicht christlichem (in Deutschland in der Regel muslimischem) religiösem Hintergrund ist eine vergleichsweise neue Erscheinung. Im Gegensatz zum Migrationsziel „religiöse Freiheit“ wegen entsprechender Bedrängnis im Herkunftsland gilt dies für muslimische Arbeitsmigranten nicht. Im Gegenteil, der Umstand, dass „religiöse Bedrängnis“ eher in dem aufnehmenden Land erlebt wird, schafft den Effekt einer Oszillation zwischen dem ökonomischen Migrationsmotiv auf der einen und dem religiösen Restriktionserleben auf der anderen Seite. Für diese Konstellation gibt es historisch keinen gelungenen Bearbeitungsversuch. Das gilt auch für das Element der Sprachlichkeit: Während (mit Ausnahme der Hugenottenmigration) im Entstehungs- und Konsolidierungsprozess Deutschlands das Beherrschen der deutschen Sprache als absolut nicht verhandelbar begriffen wurde, ist dies möglicherweise im beginnenden 21. Jahrhundert nicht in allen Wohnbezirken selbstverständlich.

Es muss vielmehr davon ausgegangen werden, dass Deutschland faktisch ein Land der Mehrsprachigkeit ist, in dem in einigen Bezirken die Sprachen der Ursprungsländer eine nennenswerte Rolle spielen, auch wenn dies bildungspolitisch nicht akzeptiert wird. Dieser Umstand wirft die Frage auf, welche Rolle die deutsche Sprache im, insbesondere staatlichen, Bildungsprozess spielen soll. Damit hängt eine ganze Reihe von Folgeproblemen für das Bildungssystem zusammen, welches Kindern und Jugendlichen mit Migrationshintergrund auf der einen Seite eine Beschäftigungsperspektive eröffnen soll, ohne dass sie auf der anderen Seite auf beispielsweise kulturelle Identität verzichten müssen.

In diesem Sinne ist zu fragen,

- welche Rolle die Schule bei der Integrationsarbeit einnehmen soll,
- welche besondere Beschulung Einwanderinnen und Einwanderer erfahren müssen, die bereits Schulerfahrungen im Herkunftsland besitzen,
- in welcher Form eine verbesserte Durchlässigkeit innerhalb des Bildungssystems für Schülerinnen und Schüler mit Migrationshintergrund realisiert werden kann,
- inwieweit die Gründung multiprofessioneller Betreuungsteams aus Erzieherinnen und Erziehern, Ärztinnen und Ärzten, Sozialpädagoginnen und Sozialpädagogen sowie Lehrerinnen und Lehrern insbesondere für Flüchtlinge erforderlich ist,
- ob berufsvorbereitende Fachsprachenbildung die Integration auf dem Arbeitsmarkt erleichtern würde,
- in welchem Ausmaß und für welche Fälle Einzelfallbetreuung erforderlich ist,
- ob bei der Anerkennung von Qualifikationen aus dem Herkunftsland unbürokratischer vorgegangen werden kann,
- inwieweit Zuwandererkinder und -jugendliche eher in eine Berufsfindungsmaßnahme als in eine Qualifizierungsmaßnahme integriert werden sollten,
- welche Qualifikationen für die Bildungsverwaltung im Hinblick auf Migrationsgeschehen erforderlich sind,
- ob der Sprachunterricht grundsätzlich Mehrsprachigkeit oder Einsprachigkeit (Deutsch) avisieren soll,
- wie eine Ganztagsbeschulung von Schülerinnen und Schülern mit Migrationshintergrund sichergestellt werden kann,
- in welchem Ausmaß Freizeitangebote in den Bildungsprozess gezielt eingebaut werden können,
- in welchem Ausmaß es erforderlich ist, Professionalisierungsmaßnahmen für das pädagogische Personal vorzusehen,

- welche organisatorischen Maßnahmen im schulischen und außerschulischen Bereich wünschenswert wären, z. B. stärkere Anwerbung von Kindern mit Migrationshintergrund für Vereine, für Sport außerhalb der Schule,
- welche Qualität die Zusammenarbeit zwischen dem Elternhaus und den Bildungseinrichtungen aufweisen muss,
- wie die differente Herkunft der Klientel als Ressource und nicht als Defizit verstanden und genutzt werden kann,
- welche offenen Forschungsfragen im Zusammenhang mit Bildungsmigration zu bearbeiten sind und wie deren Bearbeitung zu fördern ist,
- ob durch einen „Masterplan Bildungsmigration" bessere Ergebnisse erzielt werden könnten.

Das multiple Migrationsgeschehen hat unter den neuen Bedingungen der Rechtsstaatlichkeit nach 1945, aber besonders auch wegen des erheblichen politischen und gesellschaftlichen Konfliktpotenzials das Rechtssystem in spezifischer Weise gefordert. Dies machte eine substanzielle Differenzierung von Migrationstypen ebenso erforderlich wie die damit jeweils verbundenen Rechte und Pflichten, gerade auch im Bildungssystem (vgl. Kapitel 1.2).

Da – auch in öffentlichen Auseinandersetzungen – oftmals falsche Vorstellungen von den Faktizitäten des Migrationsgeschehens herrschen, die wiederum Quellen von Vorurteilen und Fehleinschätzungen sein können, kommt es darauf an, möglichst präzise numerische Daten zur Grundlage zu machen, was – zumindest im Hinblick auf Flüchtlinge und „illegale" Einwanderer – nicht immer einfach ist (vgl. Kapitel 1.3).

Dies gilt in ähnlicher Weise auch, wenn man versucht, solche Fakten in Relation zur demografischen Entwicklung zu stellen sowie zu Fakten der Arbeitsmarktdynamik, zumal in diesem Kontext ein erhebliches Verunsicherungspotenzial steckt (vgl. Kapitel 1.4). Aus diesem Grund ist auch eine psychologische Betrachtung des Migrationszusammenhangs erforderlich, allerdings besonders im Hinblick auf die Migranten selbst und ihre psychische Konstitution unter belastenden Umständen (vgl. Kapitel 1.5). Erst auf dieser Grundlage ist es seriös, mögliche Bildungsklientel aus Migrationskontexten in ihren besonderen Voraussetzungen, Potenzialen und Bedürfnissen durch die einzelnen Bildungsstufen des Lebenslaufs einer näheren Betrachtung zu unterziehen und Empfehlungen abzuleiten (vgl. Kapitel 2 und 3).

1.2 Rechtlicher Rahmen von Zuwanderung

1.2.1 Definition der einzelnen Gruppen

Ausländerinnen und Ausländer. Bei der Diskussion um Integration durch Bildung wird seit einigen Jahren nicht mehr primär zwischen Ausländerinnen und Ausländern, d. h. Personen mit einer ausländischen Staatsangehörigkeit, und Inländerinnen und Inländern mit deutscher Staatsangehörigkeit, sondern zwischen Personen mit und ohne Migrationshintergrund unterschieden. Dies liegt vorwiegend daran, dass in den letzten Jahrzehnten eine große Zahl von Zuwanderern (Migrantinnen und Migranten) und deren Nachkommen der zweiten und dritten Ausländergeneration die deutsche Staatsangehörigkeit allein oder unter Beibehaltung ihrer ausländischen Staatsangehörigkeit erworben haben – entweder durch Einbürgerung oder aufgrund der Geburt auf deutschem Staatsgebiet (bei gesichertem aufenthaltsrechtlichem Status eines Elternteils). Die Annahme, dass sich damit die spezifische Integrationsproblematik der eingewanderten, größtenteils angeworbenen Migrantinnen und Migranten durch Zeitablauf lösen würde, hat sich aber nicht erfüllt. Die Integrationsprobleme, die mit dem geringeren schulischen und beruflichen Ausbildungserfolg und der daraus resultierenden höheren Arbeitslosigkeit von Kindern dieser Zuwanderergruppe verbunden sind, werden daher heute primär in Bezug auf „Personen mit Migrationshintergrund" diskutiert.

Die Gruppe der Ausländerinnen und Ausländer stellt mit 8,3 Millionen eine Teilgruppe der Menschen mit Migrationshintergrund im engeren Sinne (d. h. derzeitige oder frühere ausländische Staatsangehörigkeit beziehungsweise Herkunftsland mindestens eines Elternteils) dar, die allerdings in rechtlicher Hinsicht aufgrund der ausländischen Staatsangehörigkeit von deutschen Staatsangehörigen hinsichtlich des Zugangs zum Arbeitsmarkt und zu Integration und Bildung von deutschen Staatsangehörigen zu unterscheiden ist (vgl. Bundesamt für Migration und Flüchtlinge (BAMF) 2015a, S. 109). Der Erwerb der deutschen Staatsangehörigkeit bedeutet unbeschränkte rechtliche Gleichbehandlung – was umgekehrt nicht impliziert, dass nicht auch Ausländerinnen und Ausländer in vielfacher Beziehung bezüglich der Integration durch Bildung Deutschen gleichgestellt sind. Tatsächlich zeigt die rechtliche Entwicklung Deutschlands zum Einwanderungsland, dass vor dem Hintergrund der Funktion von Integrationsmaßnahmen der deutschen Staatsangehörigkeit als Unterscheidungsmerkmal nur noch begrenzte Bedeutung zukommt. Die Gruppe der Ausländerinnen und Ausländer weist wiederum bei genauerer Hinsicht in Bezug auf Integration durch Bildung in sich erhebliche Unterschiede auf, die zum Teil soziologischer Natur, zum Teil rechtlicher Natur sind. Für die soziologische Betrachtung ist von Bedeutung, dass die Zuwanderung von Personen aus den Staaten der Europäischen Union (EU-Staaten), insbesondere aus Polen, Rumänien und Bulgarien, aber auch Italien, Ungarn, Spanien und Griechenland, in den letzten Jahren stark zugenommen hat und sie im Jahr 2014 mittlerweile ca. 45 Prozent der ausländischen Wohnbevölkerung ausmachten, gegenüber 55 Prozent Drittstaatsangehörigen (vgl. BAMF 2015a, S. 109). Seit 2010 besteht ein positiver Wanderungssaldo auch aus den alten EU-Mitgliedstaaten („EU 14"-Staaten), zusätzlich zur Wanderung aus den neu beigetretenen osteuropäischen Mitgliedstaaten („EU 8"-Staaten[3]).

An der Spitze der am 31.03.2015 im Bundesgebiet wohnenden Ausländerinnen und Ausländer stehen unverändert die türkischen Staatsangehörigen mit ca. 1,5 Millionen (20 Prozent aller im Bundesgebiet lebenden Ausländerinnen und Ausländer), gefolgt von Zugewanderten aus Polen (686.700) und Italien (579.765). Stark aufgeholt haben Rumänien (377.748), Griechenland (330.682), Kroatien (270.528) und die Russische Föderation (222.522). Beim Wanderungssaldo steht Rumänien mit 93.077 Personen an der Spitze vor Polen (73.060), Syrien (67.167) und Bulgarien (38.674) im Jahr 2014 (vgl. BAMF 2015a, S. 108).

Migrantinnen und Migranten. Auch der Begriff „Migranten" ist für die Kennzeichnung der damit verbundenen aufenthaltsrechtlichen Stellung zu ungenau, da er im Allgemeinen lediglich als untechnische Sammelbezeichnung für alle Ausländerinnen und Ausländer gebraucht wird, die sich nicht nur für einen vorübergehenden Zweck in Deutschland aufhalten. Erfasst sein können damit je nach dem Vorverständnis rechtmäßig mit einem Aufenthaltstitel Eingewanderte wie auch an sich ausreisepflichtige Ausländerinnen und Ausländer, die sich bereits lange Zeit in Deutschland aufhalten und deren Aufenthalt zu irgendeinem Zeitpunkt legalisiert wird (Bleiberechtsregelungen oder „Spurwechsel" von der Duldung zum humanitären Aufenthaltsrecht, vgl. Kapitel 1.2.2, S. 33). Der Blick auf die Zuwanderung und Zusammensetzung der ausländischen Bevölkerung im Bundesgebiet weist auf eine weitere, für die rechtlichen Rahmenbedingungen von Integration wesentliche Entwicklung hin: Die „reguläre" Zuwanderung hat sich in Deutschland in den letzten Jahren in Richtung auf eine EU-Binnenwanderung verschoben. Insgesamt 45 Prozent der Personen der im Bundesgebiet im Jahr 2014 lebenden Ausländerinnen und Ausländer sind aus den EU-Mit-

---

3 Estland, Lettland, Litauen, Polen, Slowakei, Slowenien, Tschechische Republik, Ungarn.

gliedstaaten zugewandert, insbesondere aus den osteuropäischen Staaten (vgl. BAMF 2015a, S. 109). Auch im Jahr 2014 stammten fast 60 Prozent der neu zugewanderten Ausländerinnen und Ausländer aus Rumänien, Bulgarien und den im Jahr 2004 neu beigetretenen EU-Mitgliedstaaten. Ob die Zuwanderung der EU-Bürgerinnen und EU-Bürger mit ihrem relativ hohen Anteil an qualifizierten Fachkräften anhält oder sich aufgrund der keineswegs in allen EU-Mitgliedstaaten einheitlichen demografischen Strukturen mit einer prognostizierten wirtschaftlichen Erholung abschwächen wird, ist ungewiss. Auch unter der Annahme einer Beendigung der finanziellen Krise der EU-Währungsunion bestehen aber erhebliche Zweifel daran, ob sich – wie von der EU angenommen – die Wohlstandssituation in dem gleichen Maße angleichen wird, wie dies im Falle des Beitritts Spaniens und Portugals zu beobachten war. Jedenfalls kurz- und mittelfristig prägen eine hohe Arbeitslosigkeit in mehreren EU-Mitgliedstaaten, insbesondere bei der jungen Bevölkerung, und damit verbundene Wohlstandsunterschiede zwischen Deutschland und anderen Mitgliedstaaten das Zuwanderungsgeschehen und damit auch die Integrationspolitik.

Flüchtlinge. Als „Flüchtlinge" werden im allgemeinen Sprachgebrauch zumeist Ausländerinnen und Ausländer aus Nicht-EU-Staaten (Drittstaatsangehörige) bezeichnet, die zumeist irregulär, d. h. ohne gültiges Visum oder einen Aufenthaltstitel, in das Bundesgebiet oder auch erlaubt aufgrund eines Aufnahmeprogramms (z. B. Syrienprogramm) zum Zweck eines längeren oder Daueraufenthalts aus ihren Heimatländern eingereist (geflohen) sind. Für die rechtliche Zuordnung ist der Begriff „Flüchtling" zu ungenau, da sich daraus keine Schlussfolgerungen für die aufenthaltsrechtliche Stellung ableiten lassen. Zu unterscheiden sind Asylsuchende beziehungsweise Asylbewerberinnen und Asylbewerber, die einen Antrag auf Gewährung internationalen Schutzes beim BAMF eingereicht haben, und Personen, denen die Eigenschaft eines „Flüchtlings" nach der Genfer Flüchtlingskonvention oder dem Grundgesetz oder „subsidiärer Schutz" (EU-Richtlinie) zuerkannt worden ist (zur aufenthaltsrechtlichen Stellung vgl. Kapitel 1.2.2, S. 33). Abgelehnte Asylbewerberinnen und Asylbewerber, die nicht abgeschoben werden, erhalten im Allgemeinen eine Duldung, die juristisch die Ausreisepflicht voraussetzt, deren Vollzug aber ausgesetzt ist. Aus rechtlicher Sicht stellen sie einen Hauptteil der als „Flüchtlinge" bezeichneten Personengruppe dar, zusammen mit der Gruppe abgelehnter Asylsuchender, die nach Ablauf einer gewissen Zeit der Duldung eine humanitäre Aufenthaltserlaubnis erlangt haben. Soweit im nachfolgenden Text der Begriff „Flüchtling" verwendet wird, ist je nach dem Kontext entweder nur der anerkannte Flüchtling, der im Besitz eines gesicherten Aufenthaltsrechts ist, gemeint oder – ausnahmsweise – unter Verwendung eines allgemeinen Sprachgebrauchs die Gruppe der sich im Bundesgebiet aus humanitären Gründen erlaubt oder faktisch aufhaltenden Personen, die aus ihren Heimatländern auf der Suche nach besseren Existenzbedingungen oder zur Vermeidung von Verfolgung und Krieg oder Bürgerkrieg oder aus einer Vielzahl von Motiven nach Deutschland eingereist sind.

Darüber hinaus ist zu beachten, dass die massive illegale Zuwanderung über das Asylrecht und eine mehr oder weniger geduldete irreguläre Binnenwanderung von Drittstaatsangehörigen innerhalb der EU Richtung Deutschland (die Schätzung der Anzahl unregistrierter illegal Aufhältiger schwankt zwischen 180.000 und 520.000 Personen, vgl. BAMF 2015a; Vogel 2015) die Gewichtung zugunsten der Drittstaatsangehörigen wieder verschieben können. Die Hauptherkunftsländer von Asylsuchenden im Jahr 2015 (441.900 Erstanträge) sind Syrien, Albanien, Kosovo, Irak und Serbien (vgl. BAMF 2016b, S. 3). Es erscheint nicht fernliegend, dass auch die irrreguläre Zuwanderung aus den Staaten Zentralafrikas und der Maghrebstaaten über Italien sich auch zukünftig stärker in der Integrationsdebatte bemerkbar machen wird. Das Asylverfahren wird seiner Funktion der Ermittlung von Schutzbedürftigkeit nach vorgegebenen rechtlichen Kriterien aktuell kaum gerecht. Der erfolglose Ausgang eines Asylverfahrens hat infolge der rechtlichen und faktischen Schwierigkeiten des Vollzugs von Ausreisepflichten kaum noch reale Bedeutung für die Prognose eines dauernden Verbleibs im Bundesgebiet. Allenfalls bei der Rückführung von erfolglosen Asylsuchenden aus den Balkanstaaten ist eine – wenn auch moderate – Steigerung der Abschiebungen Ende 2015 zu verzeichnen. Die Integrationsdiskussion verschiebt sich konsequent stärker auf die Erschließung von Bildungspotenzialen von irregulär eingereisten und an sich ausreisepflichtigen Drittstaatsangehörigen, die in ihre Herkunftsländer aus einer Vielzahl von humanitären, rechtlichen oder politischen Gründen nicht oder nicht mehr abgeschoben werden können.

1.2.2 Aufenthaltstitel und Aufenthaltszwecke

Unionsbürgerinnen und Unionsbürger sowie deren Familienangehörige. Unionsbürgerinnen und Unionsbürger sowie deren Familienangehörige, auch wenn sie aus Drittstaaten stammen, genießen bei allen Maßnahmen zur Förderung der Integration durch Bildung eine prinzipielle Gleichbehandlung mit Inländerinnen und Inländern. Die Gleichbehandlung bei der Inanspruchnahme sozialer Leistungen erfasst jede Art von Hilfen auf allen Ebenen der staatlichen Verwal-

tung – von kommunalen Vergünstigungen beim Besuch von Kitas über Fahrpreisermäßigungen bis hin zur finanziellen Förderung beruflicher Weiterbildung. Eine ursprünglich in der Rechtsprechung des Europäischen Gerichtshofes (EuGH) bestätigte Entscheidung des Unionsgesetzgebers, wonach die „staatliche Fürsorge" für die Bedürftigen nicht in den Anwendungsbereich des Gleichbehandlungsgrundsatzes des Vertrages zur Gründung der Europäischen Gemeinschaft (EG-Vertrag) fällt, ist mit der Einführung der Unionsbürgerschaft durch den EuGH aufgehoben worden.
Allerdings hat der europäische Gesetzgeber mit der im Jahr 2004 verabschiedeten Unionsbürgerrichtlinie 2004/38 dieser Entwicklung dadurch Grenzen gesetzt, dass soziale Leistungen zur Sicherung des Lebensunterhalts sowohl für Arbeitsuchende, die nicht im Sinne des EU-Rechts Arbeitnehmerinnen und Arbeitnehmer sind, als auch für Studierende von der umfassenden Gleichbehandlung ausgenommen sind. Für Arbeitsuchende besteht eine Möglichkeit zum Ausschluss „Sozialhilfe" (über die Auslegung dieses Begriffs besteht Streit) sogar über einen Dreimonatszeitraum hinaus für die Dauer der Arbeitsuche. Studierende können nach Unionsrecht von Studienbeihilfen einschließlich Beihilfen zur Berufsausbildung in Form eines Stipendiums oder Studiendarlehens ausgeschlossen werden, wenn sie nicht als Kinder oder Ehegatten einer EU-Arbeitnehmerin oder eines EU-Arbeitnehmers volle Gleichbehandlung mit Inländerinnen und Inländern genießen. Dem entspricht, dass auch ein Aufenthaltsrecht für Unionsbürgerinnen und Unionsbürger über drei Monate hinaus grundsätzlich die Sicherung des Lebensunterhalts oder eine Erwerbstätigkeit erfordert. Erst mit Erwerb des EU-Daueraufenthaltsrechts nach fünfjährigem Aufenthalt im Inland wird auch für die Nicht- oder Nichtmehrerwerbstätigen die unbeschränkte Gleichbehandlung bei allen Sozialleistungen und damit auch bei der Integration durch Bildungsleistungen begründet.

Die Reichweite dieser Ausnahmen ist in der deutschen Sozialgerichtsrechtsprechung heftig umstritten. Noch nicht entschieden ist, ob die im Sozialgesetzbuch (SGB) II vorgesehenen Beschränkungen für Arbeitsuchende den unionsrechtlichen Anforderungen standhalten. Mit seinem Urteil im Fall Alimanovic hat der EuGH das Recht der Mitgliedstaaten bestätigt, zum Zweck der Arbeitsuche einreisende Unionsbürgerinnen und Unionsbürger von Hartz-IV-Leistungen auszuschließen (vgl. EuGH vom 15.09.2015, Rs. C-67/14). Keine Beschränkungen sind für Arbeitnehmerinnen und Arbeitnehmer der EU und deren Familienangehörige in Bezug auf staatliche Leistungen, die der Integrationsförderung durch Bildung dienen, zulässig. Daher kann z. B. das Kind eines in Deutschland lebenden italienischen Arbeitnehmers für das Auslandsstudium in Italien BAföG in Anspruch nehmen. Dabei ist zu beachten, dass nach der Rechtsprechung der Begriff der Arbeitnehmerin und des Arbeitnehmers weit ausgelegt wird und nicht nur temporär Arbeitslose, sondern auch partiell sozialhilfeabhängige Teilzeitarbeitnehmerinnen und -arbeitnehmer erfasst.

Drittstaatsangehörige mit Aufenthalts- oder Niederlassungserlaubnis – befristete Aufenthaltserlaubnis. Ausländerinnen und Ausländern, denen der Aufenthalt zu einem der im Aufenthaltsgesetz niedergelegten Zweck (Erwerbstätigkeit, Familiennachzug, Ausbildung, humanitärer Schutz) erlaubt worden ist, erhalten in der Regel eine befristete Aufenthaltserlaubnis, die bei Vorliegen der entsprechenden gesetzlichen Voraussetzungen (Beschränkungen bei Aufenthaltserlaubnissen zu vorübergehenden Zwecken) verlängert werden kann und gegebenenfalls in einen Daueraufenthalt (Niederlassungserlaubnis) überführt werden kann. Im Regelfall kann die Aufenthaltserlaubnis verlängert werden und gegebenenfalls in ein Daueraufenthaltsrecht überführt werden. Beschränkungen bestehen bei bestimmten Kategorien von Aufenthaltstiteln für temporäre Aufenthaltszwecke zur Erwerbstätigkeit sowie bei Aufenthaltserlaubnissen für von vornherein zeitlich beschränkte Aufenthaltszwecke (Studium, Berufsausbildung, Sprachkurse). Auch in den Bereichen des temporären Aufenthalts hat der Gesetzgeber jedoch wesentliche Lockerungen vorgenommen. So kann z. B. ein Student nach erfolgreichem Abschluss einer Ausbildung für 18 Monate eine Aufenthaltserlaubnis zum Zweck der Suche eines dem Abschluss „angemessenen" Arbeitsplatzes erhalten (vgl. § 16 Abs. 4 AufenthG). Ausländerinnen und Ausländer, die im Besitz einer humanitären Aufenthaltserlaubnis sind, dürfen auch ohne Zustimmung der Bundesagentur eine Beschäftigung aufnehmen. Für den Aufenthaltstitel für gut integrierte geduldete Jugendliche und Heranwachsende (vgl. § 25a AufenthG) und die mit dem Gesetz zur Neubestimmung des Bleiberechts und der Aufenthaltsbeendigung vom 27.07.2015 eingeführte Aufenthaltsgewährung für geduldete (d. h. an sich ausreisepflichtige) Ausländerinnen und Ausländer bei nachhaltiger Integration (vgl. § 25b AufenthG) besteht bereits kraft Gesetzes ein unbeschränkter Zugang zum Arbeitsmarkt. Im Allgemeinen haben Drittstaatsangehörige, die im Besitz einer verlängerbaren Aufenthaltserlaubnis sind, nach fünf Jahren rechtmäßigen Aufenthalts im Bundesgebiet einen Anspruch auf ein EU-Daueraufenthaltsrecht (vgl. Richtlinie 2003/109 über langfristig Aufenthaltsberechtigte – nicht zu verwechseln mit der EU-Freizügigkeit für Unionsbürgerinnen und Unionsbürger), das eine weitgehende Inländergleichbehandlung in den Bereichen Sozialhilfe, soziale Sicherheit und Sozialschutz gewährleistet, wobei die Richtlinie allerdings eine Beschränkung auf „Kernleistungen" zulässt. Der EuGH hat entschieden, dass unter die

„Kernleistungen" auch das Wohngeld fällt (vgl. Rs. C-571/10 Kamberaj). Für Deutschland hat diese Unterscheidung keine wesentliche Bedeutung, da für den Bereich Integration durch Bildung keine Unterscheidungen nach der Staatsangehörigkeit vorgenommen werden.

Befristete Aufenthaltserlaubnisse für Zwecke der Erwerbstätigkeit sind nur ausnahmsweise nicht verlängerbar, wie das z. B. für bestimmte „vorübergehende" Erwerbstätigkeiten (Spezialitätenköche, Sprachlehrkräfte, Au-pair-Beschäftigte, Hausangestellte oder Praktikantinnen und Praktikanten) nach den §§ 10–15c der BeschäftigungsVO vom Juni 2013 (vgl. BGBl. I S. 1683, geändert durch Art. 8 des Gesetzes vom 27.07.2015, BGBl. I S. 1386, 1389) vorgesehen ist.

Familienangehörige bilden eine eigene Kategorie. Sie besitzen zwar einen Aufenthaltstitel, der im Prinzip vom Weiterbestehen des Aufenthaltszwecks abhängt. Ihr Aufenthaltsrecht verselbstständigt sich aber nach drei Jahren zu einem eigenständigen Aufenthaltsrecht, sofern es nicht bereits aufgrund einer Erwerbstätigkeit umgewandelt wird zu einem Aufenthaltstitel zum Zweck der Erwerbstätigkeit. Unabhängig davon hat der Gesetzgeber die Beschränkungen von Familienangehörigen beim Zugang zum Arbeitsmarkt völlig beseitigt.

Niederlassungserlaubnis und unbefristete Aufenthaltserlaubnis. Für die Masse der im Bundesgebiet lebenden Ausländerinnen und Ausländer gilt, dass sie über ein unbefristetes Aufenthaltsrecht oder eine Niederlassungserlaubnis verfügen. Insgesamt verfügten Ende 2014 fast drei Viertel (74,4 Prozent) der ausländischen Wohnbevölkerung über ein unbefristetes Aufenthaltsrecht (vgl. BAMF 2016a, S. 203). Für Unionsbürgerinnen und Unionsbürger ergibt sich dies bereits aus der EU-Freizügigkeit. Für türkische Staatsangehörige, die fünf Jahre Arbeitnehmerinnen oder Arbeitnehmer waren, ergibt es sich auch aus dem Assoziationsrecht. Ende des Jahres 2014 hatten mehr als vier Fünftel (81,2 Prozent) der türkischen Staatsangehörigen einen unbefristeten Aufenthaltstitel inne (vgl. BAMF 2016a, S. 207), während 56,1 Prozent der Drittstaatsangehörigen im Besitz einer unbefristeten Aufenthaltserlaubnis (Niederlassungserlaubnis) waren (vgl. BAMF 2016a, S. 203). Dem korrespondiert statistisch die lange Aufenthaltsdauer im Bundesgebiet. Zwei Drittel der Ausländerinnen und Ausländer leben seit mindestens zehn Jahren im Bundesgebiet, mehr als ein Drittel seit mindestens 20 Jahren und ein Drittel seit 30 Jahren. Die durchschnittliche Aufenthaltsdauer lag im Jahr 2014 bei 17,6 Jahren (vgl. Statistisches Bundesamt 2015a). Vorsicht im Umgang mit diesem Zahlenwerk ist dennoch geboten, da die langen Aufenthaltszeiten die Einwanderungsgeschichte der Bundesrepublik mit den

Anwerbegenerationen des vergangenen Jahrhunderts und ihren Nachkommen widerspiegeln. Manches deutet darauf hin, dass sich insbesondere bei der EU-Binnenwanderung differenziertere Einwanderungsstrukturen entwickeln, bei denen der temporären Zu- und Rückwanderung eine größere Bedeutung zukommt, die auch bei der Problematik Integration durch Bildung nicht außer Betracht bleiben kann.

Ein Niederlassungsrecht wird in der Regel nach fünf Jahren rechtmäßigen Aufenthalts erteilt. Blue-Card-Inhaber können eine Niederlassungserlaubnis bereits nach 33 Monaten und bei ausreichenden Sprachkenntnissen bereits nach 21 Monaten erwerben. Niederlassungsberechtigte unterliegen beim Zugang zur Erwerbstätigkeit keinerlei Beschränkungen. Das unterscheidet sie von „gewöhnlichen" Inhabern einer Aufenthaltserlaubnis, denen im Allgemeinen nur die Aufnahme einer abhängigen Beschäftigung erlaubt ist, sofern nicht ausnahmsweise kraft Gesetzes oder nach Maßgabe der Beschäftigungsverordnung (BeschV) eine selbstständige Erwerbstätigkeit aufgenommen werden kann. Der Gesetzgeber hat dies z. B. für Familienangehörige von Blue-Card-Inhabern zugelassen. In besonderen Fällen kann eine Aufenthaltserlaubnis auch von vornherein für eine selbstständige Tätigkeit erteilt werden, wenn dafür ein wirtschaftliches oder regionales Bedürfnis besteht, die Finanzierung gesichert ist sowie die Tätigkeit positive Auswirkungen auf die Wirtschaft erwarten lässt (vgl. § 21 AufenthG). Im ersten Halbjahr 2014 wurden 2.552 Aufenthaltstitel zu diesem Zweck, darunter 1.719 an Freiberufler, erteilt (vgl. BAMF 2014a, S. 78).

Studierende. Für diejenigen Drittstaatsangehörigen, die zum Zweck des Studiums oder der beruflichen Ausbildung nach Deutschland eingereist sind (im Jahr 2014 ca. 47.700 Personen; vgl. BAMF 2015a, S. 79), gibt es zwar zeitliche Beschränkungen und eine Abhängigkeit der Verlängerung des Aufenthaltstitels vom voraussichtlichen Studienerfolg. Anders als nach früherer Rechtslage gibt es jedoch keine strikte Rückkehrpflicht nach Studienabschluss. Vielmehr besteht die Möglichkeit der Umwandlung in eine Aufenthaltserlaubnis oder der Erteilung einer Aufenthaltserlaubnis für maximal 18 Monate zum Zweck der Aufnahme eines angemessenen Arbeitsplatzes, der ein erfolgreicher Studienabschluss vorausgeht. Im Jahr 2014 wechselten im Ergebnis 3.675 Drittstaatsangehörige, die mit einem Studentenaufenthaltstitel nach Deutschland gekommen waren, zu einer Aufenthaltserlaubnis zum Zweck der Erwerbstätigkeit aufgrund einer qualifizierten Berufsausbildung, davon 1.306 Personen zur Blue Card für hochqualifizierte Tätigkeiten (vgl. BAMF 2015d, S. 23).

Im Ergebnis verbleiben von erfolgreichen Studienabsolventinnen und Studienabsolventen mehr als die Hälfte im Bundesgebiet, davon 24 Prozent zur Aufnahme einer Erwerbstätigkeit und 37,4 Prozent zum Zweck des familiären Zusammenlebens, was die Aufnahme einer Erwerbstätigkeit nicht ausschließt – Familienangehörige haben unbeschränkten Zugang zum Arbeitsmarkt (vgl. BAMF 2015d, S. 26). Nach dem Ergebnis einer Absolventenstudie des BAMF im Jahr 2013 waren von insgesamt 236.000 Personen, die jemals (seit 2005) einen Aufenthaltstitel zu Studienzwecken gemäß § 16 AufenthG (nur Drittstaatsangehörige) erhalten hatten, 92.700 Personen mit einem anderen Aufenthaltstitel in Deutschland aufhältig; 70.700 Personen waren auch weiterhin Studierende und 73.000 Personen waren zwischenzeitlich ausgereist (vgl. BAMF 2014c, S. 5).

Erwerbstätige. Die Erteilung eines Aufenthaltstitels zum Zweck der Erwerbstätigkeit setzt im Grundsatz die Zustimmung durch die Bundesagentur für Arbeit voraus, die aufgrund einer Prüfung der arbeitsmarktpolitischen Interessen feststellen muss, ob vorrangige inländische Bewerberinnen und Bewerber verfügbar sind (vgl. § 39 AufenthG). Die Vorrangprüfung ist inzwischen weitgehend dadurch eingeschränkt, dass bei zahlreichen Beschäftigungen, insbesondere bei Hochqualifizierten, auf eine Vorrangprüfung verzichtet wird oder der Gesetzgeber von vornherein einen Zugang zum Arbeitsmarkt erlaubt (z. B. unlängst für Familienangehörige).

Eine zentrale Bedeutung kommt insoweit der BeschäftigungsVO vom Juni 2013 zu. Sie hat die Zuwanderung auch für sonstige qualifizierte Beschäftigungen unterhalb des Studiums eröffnet, vorausgesetzt, dass es sich um eine Tätigkeit der sogenannten Positivliste für Mangelberufe handelt. Erforderlich ist, dass die Bundesagentur für den „Mangelberuf" festgestellt hat, dass die Besetzung der offenen Stellen mit ausländischen Bewerberinnen und Bewerbern arbeitsmarkt- und integrationspolitisch verantwortbar ist und dass eine Gleichwertigkeit der im Ausland erworbenen Qualifikationen mit einer inländischen qualifizierten Berufsausbildung festgestellt wird. Die Gleichwertigkeitsfeststellung wirft wegen der häufigen Unvergleichbarkeit der Ausbildungsanforderungen in der Praxis einige Schwierigkeiten auf. Die rechtspolitische Diskussion kreist daher um „Anpassungslehrgänge" beziehungsweise Praktika zur Ergänzung der im Ausland erworbenen Kenntnisse und Qualifikationen. Mit dem Gesetz zur Neubestimmung des Bleiberechts und der Aufenthaltsbeendigung vom 27.07.2015 (BGB Teil I S. 1386) hat der Gesetzgeber einen neuen Aufenthaltstitel geschaffen, der einer Ausländerin oder einem Ausländer zum Zweck der Anerkennung der im Ausland erworbenen Berufsqualifikation gewährt werden kann. Aufgrund dieses Aufenthaltsrechts kann eine im Betrieb oder außerbetrieblich absolvierte Anpassungsmaßnahme, die nach dem Anerkennungsgesetz evtl. erforderlich ist, im Bundesgebiet für eine Dauer von bis zu 18 Monaten absolviert werden (vgl. § 17a AufenthG). Eine auf zehn Wochenstunden befristete Beschäftigung ist während dieser Zeit möglich. Liegt ein konkretes Arbeitsplatzangebot vor, so berechtigt die Aufenthaltserlaubnis zu einer zeitlich nicht eingeschränkten Beschäftigung. Für Staatsangehörige von Albanien, Bosnien und Herzegowina, Kosovo, Mazedonien, Montenegro und Serbien besteht aufgrund der Verordnung zum Asylverfahrensbeschleunigungsgesetz (BGBl. I. Teil I Nr. 41 S. 1789) ab 2016 ein privilegierter Zugang zum Arbeitsmarkt und zur beruflichen Bildung (für Einzelheiten vgl. Kapitel 1.2.4).

Flüchtlinge. Flüchtlinge (zur Ungenauigkeit des Begriffs vgl. Kapitel 1.2.1, S. 26) werfen in Hinblick auf die rechtlichen Bedingungen einer Integration durch Bildung viele Fragen auf. Die Zielsetzung einer Integration ist hier unklar, soweit es sich im Grundsatz um eine temporäre Zuwanderung handelt, die allenfalls vorübergehenden Schutz begründet.

Aufenthaltserlaubnis und Aufenthaltsgestattung. 2015 erlangten ca. 49 Prozent aller Asylsuchenden aufgrund einer Anerkennung als international Schutzberechtigte einen gesicherten aufenthaltsrechtlichen Status unmittelbar aufgrund des Asylverfahrens (vgl. Bundesministerium des Innern (BMI) 2016). Das Asylverfahrensgesetz (AsylVfG) ist durch das Gesetz zur Beschleunigung des Asylverfahrens vom 20.10.2015 (BGB Teil I. Art. 1 S. 1722) inhaltlich in einigen Punkten abgeändert und in „Asylgesetz“ (AsylG) umbenannt worden. Der während des Asylverfahrens bestehende aufenthaltsrechtliche Status der „Aufenthaltsgestattung“ ist nach der Konzeption des Asylgesetzes kein regulärer Aufenthaltstitel. Anders als eine Aufenthaltserlaubnis begründet die Aufenthaltsgestattung daher auch keinen generellen Zugang zu Bildungsinstitutionen. Ein Übergang zu einem Aufenthaltstitel zum Zweck der Erwerbstätigkeit ist prinzipiell ausgeschlossen. Familiennachzug ist ebenfalls vor einer Anerkennung oder dem Erwerb eines Aufenthaltstitels nicht möglich. Nach negativem Ausgang des Asylverfahrens bestehen Möglichkeiten zum Wechsel in eine Duldung und eine anschließende humanitäre Aufenthaltserlaubnis mit Qualifizierungsmöglichkeit für eine unbefristete Niederlassungserlaubnis. Ein „Spurwechsel“ abgelehnter Asylsuchender in eine reguläre Aufenthaltserlaubnis z. B. zum Zweck der Aufnahme einer Erwerbstätigkeit ist allerdings vor einer Ausreise grundsätzlich ausgeschlossen (vgl. § 10 Abs. 3 AufenthG).

Im Falle der Asylsuche gewährt die Aufenthaltsgestattung im Grunde nur ein funktionell auf die Durchführung des Asylverfahrens beschränktes Aufenthaltsrecht. Daraus resultieren die ursprünglich mit der Aufenthaltsgestattung verbundenen strikten räumlichen Beschränkungen und das Arbeitsverbot. Mit der langen Durchführungsdauer eines Asylverfahrens und dem häufig mangelnden Vollzug des geltenden Rechts zur Durchsetzung von Ausreisepflichten nach erfolglosem Asylverfahren oder bei Unzuständigkeit Deutschlands zur Durchführung des Asylverfahrens (vgl. Dublin-Verordnung Nr. 604/2013 über ausschließliche Zuständigkeit zur Durchführung von Asylverfahren, sogenannte Dublin-II-VO) wird diese Personengruppe unter dem Begriff „Flüchtlinge" immer stärker dem Kreis der Inhaber eines Aufenthaltsrechts angenähert. Das Gesetz zur Verbesserung der Rechtsstellung von asylsuchenden und geduldeten Ausländerinnen und Ausländern vom 23.12.2014 hat die räumliche Beschränkung des Aufenthaltes von Asylsuchenden und ausreisepflichtigen Geduldeten auf den Bezirk der Ausländerbehörde aufgehoben, wenn sich eine Ausländerin beziehungsweise ein Ausländer seit drei Monaten erlaubt, geduldet oder gestattet im Bundesgebiet aufhält. Im Zuge von Maßnahmen zur kontrollierten Unterbringung und Versorgung von Flüchtlingen wird derzeit (Januar 2016) eine Wiedereinführung von Wohnsitzbeschränkungen durch Auflagen für Asylsuchende und geduldete Ausländerinnen und Ausländer erwogen.

Erwerbstätigkeit. Die BeschV in der geänderten Fassung vom 06.11.2014 erlaubt mit Zustimmung der Bundesagentur für Arbeit bereits nach drei Monaten erlaubten, geduldeten oder gestatteten Aufenthalts im Bundesgebiet die Beschäftigung von Ausländerinnen und Ausländern, die eine Duldung besitzen. Vom Zustimmungsvorbehalt wird u. a. abgesehen, wenn eine Berufsausbildung in einem staatlich anerkannten oder vergleichbar geregelten Ausbildungsberuf oder ein Praktikum zu Weiterbildungszwecken begonnen wird. Nach § 32 Abs. 5 BeschV entfällt das Zustimmungserfordernis auch dann, wenn es sich um eine Fachkraft handelt oder wenn sich Geduldete oder Asylsuchende seit 15 Monaten ununterbrochen im Inland aufgehalten haben. Aufgrund einer weiteren Änderung der BeschV vom 27.07.2015 (vgl. BGB Teil I. Art. 1 S. 1386) können nunmehr auch Duldungsinhaber ein Praktikum nach § 22 Abs. 1 S. 2 Nr. 1 bis 4 des Mindestlohngesetzes aufnehmen, ohne dass die Bundesagentur für Arbeit zustimmen müsste. Mit der weitgehenden Aufhebung des Arbeitsverbots und der Lockerung der räumlichen Beschränkungen nach einem maximal dreimonatigen Aufenthalt in Aufnahmeeinrichtungen stellt sich das rechtliche Problem einer Parallelität zwischen dem Zugang zum Arbeitsmarkt und dem Zugang zu Integration durch Bildung (sofern man Integration nicht auf die Fähigkeit der Existenzsicherung bei Rückkehr in Herkunftsländer beschränkt).

Bei genauerer Betrachtung wird deutlich, dass die Gruppe der Asylsuchenden, Geduldeten und Flüchtlingen erhebliche Unterschiede bezüglich des öffentlichen und privaten Integrationsinteresses aufweist. Unproblematisch ist zunächst die Kategorie der anerkannten Schutzberechtigten (Konventionsflüchtlinge oder „subsidiär“ Schutzberechtigte aus Kriegs- und Bürgerkriegsgebieten): Sie haben aufgrund der festgestellten Verfolgungsgefahr oder Gefahr für Leib und Leben als Folge willkürlicher Gewalt in Kriegs- oder Bürgerkriegslagen ein gesichertes Aufenthaltsrecht und damit auch die Möglichkeit der Verfestigung durch ein Niederlassungsrecht bereits nach drei Jahren (vgl. § 26 Abs. 3 AufenthG). Ein Rest von rechtlicher Unsicherheit besteht hier allenfalls im Ausnahmefall des Widerrufs der Anerkennung wegen einer Änderung der für die Anerkennung maßgeblichen Umstände innerhalb eines Dreijahreszeitraums. In der Diskussion ist, ob angesichts der großen Zahl von Flüchtlingen aus Syrien und Afghanistan nicht eine stärkere Unterscheidung zwischen temporärem Schutzbedürfnis und dauerhafter Niederlassung im Bundesgebiet vorgenommen werden sollte. Für den Zugang zu Bildungsleistungen sind auch bei Einführung derartiger Unterscheidungen keine wesentlichen Auswirkungen zu erwarten.

Die praktischen Probleme, die sich hier stellen, liegen in der Schwierigkeit, mit den komplexen Regeln des Asylverfahrensrechts festzustellen, ob eine konkrete Verfolgungsgefahr im Herkunftsstaat tatsächlich vorliegt. Da der weit überwiegende Teil der illegalen Massenzuwanderung organisiert erfolgt, besteht ein essenzielles Interesse von Asylantragsstellenden, die oft unter Einsatz hoher finanzieller Mittel der gesamten, im Herkunftsland verbleibenden Familie ihre Flucht nach Deutschland unternommen haben, am Verbleib in Deutschland – ungeachtet der rechtlichen Vorgaben für die Anerkennung als international Schutzberechtigte.

Asylbewerberleistungsgesetz. Die Rechtsstellung von Asylsuchenden und Geduldeten in Bezug auf soziale Leistungen wird durch das zum 01.03.2015 in Kraft getretene neugefasste Asylbewerberleistungsgesetz (AsylbLG) definiert, das aufgrund der Rechtsprechung des Bundesverfassungsgerichtes (BVerfG) in Bezug auf finanzielle Leistungen neu gefasst werden musste und eine weitgehende Annäherung an den Standard des SGB II vorgenommen hat (vgl. Kapitel 1.2.3). Allerdings ist diese Beschreibung unvollständig, wenn sie den regelmäßig nahtlosen Übergang von der Aufenthaltsgestattung in eine Duldung außer Acht lässt, da die Duldung wiederum den Übergang zu einer Regularisierung durch Erteilung einer Aufenthalts- oder Niederlassungserlaubnis ermöglicht, die die Gleichstellung im Bereich des Sozialleistungsrechts gewährleistet. Unabhängig hiervon gelten die reduzierten Leistungen des Asylbewerbergesetzes für Asylsuchende, geduldete Ausländerinnen und Ausländer im Besitz einer temporären humanitären Aufenthaltserlaubnis nur für einen maximalen Zeitraum von 15 Monaten, wenn nicht Ausländerinnen und Ausländer die Dauer des Aufenthalts rechtsmissbräuchlich selbst beeinflusst haben (vgl. § 2 Abs. 1 AsylbLG).

Das Asylbewerberleistungsgesetz ist durch das Asylverfahrensbeschleunigungsgesetz vom 20.10.2015 dahin geändert worden, dass bestimmte Gruppen von Leistungsberechtigten, u. a. Personen, deren Ausreisetermin feststeht oder bei denen aus von ihnen zu vertretenden Gründen Abschiebungen nicht durchgeführt werden können, keinen Anspruch auf bestimmte Leistungen haben (vgl. auch Kapitel 1.2.3). Im Übrigen soll bei einer Unterbringung in Gemeinschaftsunterkünften der notwendige Bedarf so weit wie möglich durch Sachleistungen gedeckt werden und finanzielle Leistungen sollen nur erbracht werden, soweit Sachleistungen nicht mit vertretbarem Verwaltungsaufwand möglich sind. Für die zusätzliche Deckung persönlicher Bedarfe des täglichen Lebens sieht das AsylbLG für alleinstehende Leistungsberechtigte 143 Euro, für zwei Erwachsene im gemeinsamen Haushalt je 129 Euro, für weitere Leistungsberechtigte ohne eigenen Haushalt 115 Euro, für Jugendliche ab 15 Jahren 85 Euro und für Kinder ab dem siebten Lebensjahr 92 Euro sowie für Kleinkinder 84 Euro monatlich vor. Sonstige finanzielle Leistungen werden gewährt, wenn sie im Einzelfall zur Sicherung des Lebensunterhalts oder der Gesundheit oder zur Deckung besonderer Bedürfnisse von Kindern (auch im Bereich der Bildung) erforderlich sind (vgl. §§ 3 Abs. 1 AsylbLG in der Fassung des Asylverfahrensbeschleunigungsgesetzes vom 20.10.2015, BGBl. I S. 1722, 725). Kann eine Unterbringung nicht in Gemeinschaftseinrichtungen erfolgen, so werden für die Deckung der Bedarfe an Ernährung, Kleidung, Gesundheitspflege etc. außerhalb der Unterkunftskosten pauschalierte Sätze in Ansatz gebracht, die bei alleinstehenden Erwachsenen 216 Euro, bei Kindern bis zur Vollendung des 14. Lebensjahres 157 Euro betragen (vgl. § 3 Abs. 2 AsylbLG).

Ausreisepflichtige Ausländerinnen und Ausländer. Die Ablehnung eines Asylantrags bedeutet nicht, dass die wegen Unbegründetheit ihres Schutzbegehrens oder wegen Unzuständigkeit („Dublin-III-VO“ über die Zuständigkeit zur Durchführung des Asylverfahrens) abgelehnten Asylsuchenden Deutschland verlassen und in ihre Herkunftsländer oder für die Durchführung des Asylverfahrens an sich zuständige Drittstaaten (EU-Staaten) zurückkehren. Insgesamt verlässt von ausreisepflichtigen Ausländerinnen und Ausländern (abgelehnte Asylsuchende und sonstige Ausländerinnen und Ausländer, deren Aufenthaltsrecht erloschen ist oder die sich illegal in Deutschland aufhalten, z. B. wegen

Überschreitung ihres Visums) nur ein kleiner Teil freiwillig Deutschland oder wird abgeschoben: 18.300 Abschiebungen im Jahr 2015 stehen ca. 193.500 (Stand: September 2015) aktenkundigen ausreisepflichtigen Ausländerinnen und Ausländern gegenüber, im Vergleich zu 2014 mit 10.900 Abschiebungen bei ca. 154.200 aktenkundigen ausreisepflichtigen Ausländerinnen und Ausländern (vgl. AZR 2015). Die meisten Ausländerinnen und Ausländer wurden geduldet, mussten also etwa aus gesundheitlichen Gründen nicht ausreisen.

Es gibt unterschiedliche Gründe für die Vollzugsmängel: Neben langen Verfahrensdauern, komplizierten Verfahren, einer Vielzahl gerichtlicher Folgeverfahren, faktischen Schwierigkeiten wie fehlenden Reisedokumenten, Identitätsverschleierung, Rücknahmeweigerung von Heimatstaaten, Verletzung von Mitwirkungspflichten, Krankheit etc. ist es auch der fehlende politische Wille zur Rechtsdurchsetzung, der sich auch in Erscheinungen wie der aus rechtsstaatlicher Sicht bedenklichen Akzeptanz von „Kirchenasyl" dokumentiert. Auf diese Weise geht die Kalkulation und Vertragsgrundlage organisierter Schleusung auf: Ein – wenn auch prekäres – Bleiberecht wird unabhängig von den rechtlichen Vorgaben der Zuwanderung erlangt. Nur damit wird in der Regel auch der hohe finanzielle Aufwand für die Schleusung erwirtschaftet und die Erwartung an künftige finanzielle Zuwendungen für die im Herkunftsland verbliebene Familie erfüllt. Zwar gibt es keine empirischen Erhebungen über „Pullfaktoren" der illegalen Einwanderung über ein Asylverfahren. Unbestritten sind aber die im Vergleich zu anderen EU-Mitgliedstaaten höheren Leistungen nach dem Asylbewerberleistungsgesetz (u. a. 143 Euro monatliches „Taschengeld") neben anderen Faktoren wie den Chancen auf dem legalen oder schwarzen Arbeitsmarkt wesentliche Faktoren der Zuwanderung nach Europa und Weiterwanderung nach Deutschland.

Duldung. In der Regel verfügen ausreisepflichtige Ausländerinnen und Ausländer in den Fällen des Nichtvollzugs einer Ausreisepflicht über eine Duldung. Sie ist kein Aufenthaltstitel, sondern bedeutet nur den Aufschub des Vollzugs der Ausreisepflicht. Wegen der Schwierigkeiten der Durchsetzung des Ausländerrechts hat sich die Zahl der Duldungen vervielfacht. Dabei handelt es sich nicht eigentlich um ein neues Phänomen sondern eines, dessen integrationspolitische Brisanz nicht ins Rampenlicht der Öffentlichkeit geriet, solange die Asylsuchendenzahlen in den Jahren 2000 bis 2010 auf einem vergleichsweise niedrigen Niveau verharrten. Nicht selten wurden Duldungen über viele Jahre hinweg ständig verlängert. Der Gesetzgeber hat zur Korrektur der Praxis der Entwicklung eines „Quasiaufenthaltsrechts" die humanitäre Aufenthaltserlaubnis erweitert, wenn dringende humanitäre oder persönliche Gründe den vorübergehenden Aufenthalt erfordern oder wenn die Ausreise aus rechtlichen oder tatsächlichen Gründen unmöglich ist und mit dem Wegfall der Ausreisehindernisse in absehbarer Zeit nicht zu rechnen ist.

Da aber diese Kategorie der Aufenthaltserlaubnis an die Voraussetzung gebunden ist, dass die betreffende Person ihre Mitwirkungspflichten nicht verletzt, sind nach wie vor zahlreiche Ausländerinnen und Ausländer (nur) im Besitz einer Duldung, oft über lange Zeiträume. Von den ca. 113.000 Duldungsinhabern, die sich Ende 2014 im Bundesgebiet aufhielten (neben 177.900 Inhabern einer Aufenthaltsgestattung), sind über 31.000 Personen schon seit mehr als sechs Jahren im Besitz einer „Kettenduldung" (BAMF 2016a, S. 204). Daraus ergeben sich bezüglich der Integration durch Bildung besondere Fragen.

Im Lauf der Zeit hat sich die Duldung in Verbindung mit gewissen Integrationsanforderungen immer stärker zu einem Ersatzaufenthaltsrecht entwickelt, das nicht nur den Zugang zum Arbeitsmarkt, sondern auch den Zugang zu Integrations- und Bildungsmaßnahmen eröffnet (vgl. Kapitel 1.2.3).

1.2.3 Anspruch auf Integration durch Bildung

Die nachfolgenden Ausführungen beziehen sich allgemein auf Ausländerinnen und Ausländer. Beispielhaft sind zusätzliche Angebote und Regelungen für Asylsuchende, Geduldete und Flüchtlinge aufgenommen, die mittels einer Befragung der Kultusministerien in den Bundesländern erhoben wurden[4]. Eine Übersicht darüber, wie viele Asylsuchende im Jahr 2015 in den einzelnen Bundesländern Erstanträge stellten, findet sich in Kapitel 1.3.2, Tabelle 6.

Gleichbehandlung bei sozialen Leistungen – Grundsätze. Das deutsche Sozialrecht unterscheidet im Prinzip nicht nach Staatsangehörigkeit beziehungsweise Ausländereigenschaft, sondern nach dem Beschäftigungsstatus und Wohnsitz. Der Zugang zu staatlichen Bildungsleistungen für Arbeitnehmerinnen und Arbeitnehmer im weitesten Sinne knüpft ausschließlich an die Arbeitnehmereigenschaft an. Ansonsten gilt für den Zugang zu Sozialleistungen,

---

[4] Im Rahmen des vorliegenden Jahresgutachtens wurde eine Umfrage in allen Bundesländern (mit Ausnahme von NRW) durchgeführt. Der Fragebogen (vgl. Anhang) erfasst spezifische Regelungen zu den einzelnen Bildungsphasen.

vorbehaltlich spezialgesetzlicher Regelung, das Prinzip, dass die Leistungen des SGB für alle Personen gelten, die ihren Wohnsitz oder gewöhnlichen Aufenthalt im Bundesgebiet haben. Einen Wohnsitz hat nach der gesetzlichen Definition (vgl. § 30 Abs. 3 SGB I) jemand dort, wo er eine Wohnung unter Umständen innehat, die darauf schließen lassen, dass er die Wohnung beibehalten und benutzen wird. Den gewöhnlichen Aufenthalt hat jemand dort, wo er sich unter Umständen aufhält, die erkennen lassen, dass er an diesem Ort oder in diesem Gebiet nicht nur vorübergehend verweilt.

Asylsuchende und Geduldete sowie Inhaber einer vorübergehenden humanitären Aufenthaltserlaubnis erhalten nach dem Asylbewerberleistungsgesetz (AsylbLG[5]) nur Leistungen nach diesem Gesetz. Seit 01.03.2015 wurden bestimmte Gruppen humanitärer Aufenthaltserlaubnisinhaber (vollziehbar ausreisepflichtige Ausländerinnen und Ausländer, deren Abschiebung aus rechtlichen oder tatsächlichen Gründen unmöglich ist) vom Gesetz ausgenommen, insbesondere bei Unmöglichkeit der Ausreise seit 18 Monaten nach § 25 Abs. 5 AufenthG – insgesamt ca. 50.000 Personen (vgl. § 1 Abs. 1 Nr. 3c AsylbLG i. d. Fassung des Gesetzes vom 20.10.2015). Das bedeutet, dass diese Personen grundsätzlich die nach dem SGB und landes- und bundesrechtlich vorgesehenen allen Bedürftigen in gleicher Weise zustehenden sozialen Leistungen in Anspruch nehmen können (zur Förderung der Berufsausbildung vgl. S. 49).

Kinder- und Jugendhilfe (SGB VIII). Leistungen der Kinder- und Jugendhilfe (vgl. § 2 Abs. 2 SGB VIII – Angebote der Jugendarbeit, Jugendsozialarbeit, erzieherischer Kinder- und Jugendschutz, Förderung der Erziehung der Kinder in der Familie, in Tageseinrichtungen, Hilfe zur Erziehung und ergänzende Leistungen) werden jungen Menschen, Müttern, Vätern und Personensorgeberechtigten gewährt, die ihren tatsächlichen Aufenthalt im Inland haben. Ausländerinnen und Ausländer können Leistungen nur beanspruchen, wenn sie rechtmäßig oder aufgrund einer Duldung ihren gewöhnlichen Aufenthalt im Inland haben. Asylsuchende sind grundsätzlich davon ausgeschlossen, da sie im Allgemeinen keinen gewöhnlichen Aufenthalt im Bundesgebiet haben. Teilweise wird aber angenommen, dass dennoch Leistungen gewährt werden können (vgl. Hoffmann 2006).

---

[5] Letzte Änderung durch Art. 2 des Gesetzes vom Oktober 2015 zur Beschleunigung des Asylverfahrens (Asylverfahrensbeschleunigungsgesetz).

Der „gewöhnliche Aufenthalt" wird aufgrund einer Prognose der Aufenthaltsdauer ermittelt. Steht von vornherein die beschränkte Dauer eines Aufenthalts, z. B. aufgrund einer dreimonatigen Duldung zur Durchführung von Abschiebungsmaßnahmen, fest, so liegt kein gewöhnlicher Aufenthalt vor. Es muss allerdings nicht in jedem Fall eine bestimmte Aufenthaltsdauer festgestellt werden, wenn aufgrund der Duldung eine Aufenthaltsbeendigung nicht absehbar ist. Die Inanspruchnahme von Leistungen begründet zwar grundsätzlich einen Ausweisungsgrund. Tatsächlich wird aber in der Praxis nicht aus dem Grund der Abhängigkeit von Sozialhilfe abgeschoben. Für den Zugang zu Leistungen nach dem Gesetz sind für unbegleitete Minderjährige noch die Bestimmungen des Haager Minderjährigenschutzabkommens zu beachten sowie unter Umständen des Europäischen Fürsorgeabkommens, soweit sie Inländerbehandlung im Bereich der Fürsorge beziehungsweise der Jugendhilfe oder des Jugendschutzes vorsehen.

Frühkindliche Bildung – Anspruch auf Betreuung. Auch Asylsuchende, Geduldete und Flüchtlinge haben einen Anspruch auf einen Betreuungsplatz für ihre Kinder in Kindertageseinrichtungen oder in der Tagespflege, soweit sie ihren gewöhnlichen Aufenthalt im Bundesgebiet haben. Dies wird in den Bundesländern grundsätzlich gleich geregelt: Der Anspruch auf Betreuung gilt für Kinder ab dem vollendeten ersten Lebensjahr bis zum Schuleintritt. Er ist unabhängig vom Aufenthaltsstatus und gilt z. B. nicht für den Aufenthalt von Asylsuchenden in der Erstaufnahmeeinrichtung. Sobald die minderjährigen Kinder für die Dauer des Asylverfahrens einer Gemeinde zugewiesen wurden, greift der Anspruch auf Betreuung nach § 24 SGB VIII, da dann die Voraussetzung des gewöhnlichen Aufenthalts (vgl. § 6 Abs. 2 SGB VIII) gegeben ist.

Weitere Regelungen lassen sich z. B. in folgenden Bundesländern finden:

- Bayern: Ab dem Zeitpunkt der Aufnahme in eine Anschlussunterkunft kommt der Rechtsanspruch des Kindes auf einen Betreuungsplatz in einer Tageseinrichtung oder in Tagespflege zum Tragen, wenn es das erste Lebensjahr vollendet hat (vgl. § 24 SGB VIII). Für den zeitlichen Umfang dieses Anspruchs gelten für Kinder von Asylsuchenden dieselben Grundsätze wie für andere Kinder, d. h., die tägliche Besuchszeit richtet sich individuell nach dem Bedarf des Kindes bezüglich Bildung, Erziehung und Betreuung in einer Tageseinrichtung beziehungsweise in Tagespflege und dem Bedarf der Erziehungsberechtigten nach Unterbringung ihres Kindes (vgl. § 24 SGB VIII).
- Brandenburg: Kinder von Asylsuchenden haben denselben Rechtsanspruch auf Kindertagesbetreuung wie alle Kinder: vom vollendeten ersten Lebens-

jahr bis zum Ende der 4. Klasse (Krippe, Kindergarten, Hort). Es ist vom Einzelfall und von den örtlichen Gegebenheiten abhängig, ob eine klassische Kitabetreuung von Anbeginn geeignet ist. Eine auch zeitweise Trennung von Eltern und Kindern kann für viele Familien, insbesondere die Kinder, problematisch sein. Deshalb können gemeinsame Bildungs- und Begegnungsangebote wie Eltern-Kind-Gruppen an Kitas oder in Gemeinschaftsunterkünften das wirksamere und preiswertere Mittel sein.

- Rheinland-Pfalz: Es besteht nach § 5 Abs. 1 KitaG ein Rechtsanspruch auf einen Kindergartenplatz für Kinder, die das zweite Lebensjahr vollendet haben, bis zum Schuleintritt.
- Sachsen-Anhalt: Im Landesrecht § 3 KiFöG ist geregelt, dass bereits ein Anspruch auf Kinderbetreuung unter einem Jahr besteht.

Primar- und Sekundarstufe – Vollzeitschulpflicht für Asylsuchende, Geduldete und Flüchtlinge. Die Vollzeitschulpflicht besteht in allen Bundesländern für diese Gruppe von Kindern und Jugendlichen bis 16 beziehungsweise 18 Jahre. In der Mehrzahl der Bundesländer ist die Schulpflicht an den gewöhnlichen Aufenthalt geknüpft. Dementsprechend ruht die Vollzeitschulpflicht während des Aufenthalts von Asylsuchenden in der Erstaufnahmeeinrichtung und greift erst, wenn die Kinder und Jugendlichen einer Kommune zugewiesen wurden. Die Schulpflicht endet für ausreisepflichtige Kinder und Jugendliche mit der Erfüllung der Ausreisepflicht. Ausnahmen bilden zum einen Baden-Württemberg, Bayern und Thüringen, wo die Vollzeitschulpflicht an eine festgelegte Wartezeit nach Zuzug aus dem Ausland gebunden ist, und zum anderen Berlin, Hamburg, das Saarland und Schleswig-Holstein, wo auch Kinder im Asylverfahren bis 16 beziehungsweise 18 Jahre bereits während ihres Aufenthalts in der Erstaufnahmeeinrichtung vollzeitschulpflichtig sind.

Im Folgenden sind die abweichenden Regelungen in den genannten Bundesländern im Detail aufgeführt:

- Baden-Württemberg: Die Schulpflicht beginnt gemäß § 72 Abs. 1 Satz 3 SchG sechs Monate nach dem Zuzug aus dem Ausland.
- Bayern: Die Schulpflicht greift gemäß Art. 35 Abs. 1 BayEUG drei Monate nach dem Zuzug aus dem Ausland für Kinder und Jugendliche, die selbst oder bei denen einer ihrer Erziehungsberechtigten eine Aufenthaltsgestattung nach dem Asylverfahrensgesetz besitzen oder eine Aufenthaltserlaubnis nach § 23 Abs. 1 oder § 24 wegen des Krieges in ihrem Heimatland oder nach § 25 Abs. 4 Satz 1 oder Abs. 5 AufenthG besitzen.

- Thüringen: Die Schulpflicht beginnt nach § 17 Abs. 1 Satz 2, 2. HS ThürSchulG drei Monate nach dem Zuzug aus dem Ausland. Eine Aussetzung der Schulpflicht aufgrund mangelnder Sprachkenntnisse ist nicht möglich (vgl. § 17 Abs. 5 ThürSchulG). Gemäß § 17 Abs. 1 ThürSchulG unterliegt der Schulpflicht unter anderem, wer in einem Ausbildungsverhältnis oder einem Arbeitsverhältnis steht. Schulpflichtig im Sinne des Satzes 1 ist auch, wem aufgrund eines Asylantrags der Aufenthalt gestattet ist oder wer hier geduldet wird, unabhängig davon, ob er selbst diese Voraussetzungen erfüllt oder nur ein Elternteil.
- Berlin: Gemäß § 41 Abs. 2 SchulG unterliegen auch Kinder und Jugendliche, denen aufgrund eines Asylantrags der Aufenthalt in Berlin gestattet ist, der allgemeinen Schulpflicht.
- Bremen: Die Schulpflicht wird vom Tag der Aufnahme in eine Erstaufnahmeeinrichtung an umgesetzt.
- Hamburg: Flüchtlingskinder und jugendliche Flüchtlinge sind bis zum Alter von 18 Jahren schulpflichtig. Die Beschulung erfolgt vor Ort in den Einrichtungen der zentralen Erstaufnahme, bis die Schülerinnen und Schüler mit dem Übergang in eine Einrichtung der öffentlichen Unterbringung eine reguläre Schule besuchen.
- Saarland: Gemäß § 1 Abs. 1 SchPflG besteht auch für ausländische Kinder, Jugendliche und Heranwachsende, die im Besitz einer Aufenthaltsgestattung sind, Schulpflicht.
- Schleswig-Holstein: Die Schulpflicht wird vom Tag der Aufnahme in eine Erstaufnahmeeinrichtung an umgesetzt.
- Brandenburg: Die Schulpflicht gilt ab der Anmeldung an dem Ort, dem die Kinder und Jugendlichen durch die Erstaufnahmeeinrichtung (EAE) zugewiesen werden. In der Erstaufnahme ist sie ausgesetzt. Dort finden vorbereitende Sprachkurse statt. Der tatsächliche Schulbeginn kann sich jedoch in Abhängigkeit von der örtlichen Situation verzögern. Wie für alle anderen Kinder und Jugendlichen ist auch für sie eine schulärztliche Untersuchung obligatorisch; die vorangegangene Untersuchung in der EAE ist dafür nicht ausreichend. Sollte diese schulärztliche Untersuchung nicht sofort möglich sein, kann die Einschulung dennoch erfolgen; die Untersuchung ist möglichst kurzfristig nachzuholen.

Regelungen bei Nichtbeachtung der Vollzeitschulpflicht. Schulpflichtige Asylsuchende, Geduldete und Flüchtlinge, die ihrer Schulpflicht nicht nachkommen, können der Schule zwangsweise zugeführt werden – wie alle anderen Kinder und Jugendlichen auch. Bevor eine Behörde eingeschaltet wird und damit eine zwangsweise Zuführung erfolgt, wird in allen Bundesländern jedoch das verfügbare Angebot an pädagogischen Interventionsmaßnahmen ausgeschöpft.

Schulbesuchsrecht. Vor Einsetzen der allgemeinen Schulpflicht haben Kinder und Jugendliche, die sich im Asylverfahren befinden und im Besitz einer Aufenthaltsgestattung sind oder deren Ausreisepflicht nach Ablehnung des Asylantrags aufgeschoben worden ist (Duldung), in einigen Bundesländern ein Schulbesuchsrecht, z. B. in Rheinland-Pfalz und Baden-Württemberg.

Asylbewerberleistungsgesetz (AsylbLG). Nach § 3 Abs. 3 AsylbLG werden auch Asylsuchenden und geduldeten Kindern, Jugendlichen und jungen Erwachsenen der Bedarf für Bildung und die Teilhabe am sozialen und kulturellen Leben in der Gemeinschaft entsprechend den allgemeinen Vorschriften der §§ 34a und b SGB XII erstattet. Diese Vorschriften erfassen insbesondere Kosten für Schulausflüge und Klassenfahrten sowie Ausstattung mit persönlichem Schulbedarf (pauschal im ersten Jahr 70 Euro pro Monat, Beförderungskosten für Schülerinnen und Schüler, gemeinschaftliche Mittagsverpflegung, Lernförderung, Mitgliedsbeiträge in den Bereichen Sport, Spiel, Kultur und Geselligkeit, Unterricht in künstlerischen Fächern, Teilnahme an Freizeiten). Sonstige Leistungen können insbesondere gewährt werden, wenn sie im Einzelfall zur Sicherung des Lebensunterhalts oder der Gesundheit oder zur Deckung besonderer Bedürfnisse von Kindern geboten sind. Grundsätzlich erlaubt diese Vorschrift einen weiten Auslegungsspielraum, der gegebenenfalls auch Integrationsleistungen zu Bildungszwecken für Kinder erfasst. Für diejenigen Leistungsberechtigten, die sich seit 15 Monaten ununterbrochen im Bundesgebiet aufhalten und die Dauer des Aufenthalts nicht „rechtsmissbräuchlich" selbst beeinflusst haben, gelten die allgemeinen sozialhilferechtlichen Regelungen. Damit wird zukünftig ein wesentlich größerer Teil der geduldeten Ausländerinnen und Ausländer und ihrer Kinder (ausreichend ist, wenn ein Elternteil in der Hausgemeinschaft Leistungen nach dieser Vorschrift erhält) sozialhilfeabhängigen Inländerinnen und Inländern völlig gleichgestellt.

(Förder-)Angebote für Asylsuchende, Geduldete und Flüchtlinge im Schulbereich. Die Angebote im schulischen Bereich stehen Kindern und Jugendlichen uneingeschränkt zur Verfügung. Zusätzliche Fördermaßnahmen, insbesondere zum Erlernen der deutschen Sprache, werden in allen Bundesländern und in allen Schularten durchgeführt. Zum Teil werden Vorbereitungsklassen oder ähnliche Maßnahmen, die auf (meist verpflichtenden) Sprachstandserhebungen basieren, dem Regelunterricht vorgeschaltet. Das bedeutet, dass erst nach dem Erlernen der Sprache und entsprechend den individuellen Voraussetzungen und Kompetenzen eine Zuweisung in die entsprechende Jahrgangsstufe der Regelklasse erfolgt. In allen Bundesländern werden Deutschkurse angeboten, die sich in der Benennung zwar unterscheiden, aber alle das Ziel des Spracherwerbs und damit der Integration in die Regelklasse gemein haben.

Beispiele für Fördermaßnahmen in einigen Bundesländern:

- Bayern: Für Schülerinnen und Schüler mit nicht deutscher Muttersprache, die als Quereinsteiger in das bayerische Schulsystem eintreten und nur über rudimentäre oder gar keine Deutschkenntnisse verfügen, werden Übergangsklassen und Deutschförderklassen angeboten. Die Grundlage für den Unterricht in der Übergangsklasse stellt der Lehrplan „Deutsch als Zweitsprache" dar.
- Brandenburg: Allen Schülerinnen und Schülern aus Flüchtlings- und asylsuchenden Familien steht Unterricht zu. Die konkrete Unterstützung der Schulen erfolgt auf Grundlage der Eingliederungsverordnung des Landes. Dementsprechend werden die Gruppen und Kurse „im Rahmen personeller und schulorganisatorischer Voraussetzungen" eingerichtet. Aufgrund der oft sehr unterschiedlichen Vorkenntnisse kann es in manchen, vor allem kleineren Orten bei der Organisation Schwierigkeiten geben, wenn es darum geht, Deutsch als Zweitsprache in verschiedenen Förderstufen zu unterrichten. In diesem Fall werden Kinder und Jugendliche aus mehreren Orten an einem Ort gemeinsam gefördert. Dies erfordert Transportleistungen durch die Träger der Schülerbeförderung, die Kreise und kreisfreien Städte. An manchen Orten wird diese Arbeit von Ehrenamtlichen unterstützt.
  Finanzielle Unterstützung können die jungen Flüchtlinge – ebenso wie andere Schülerinnen und Schüler – durch den Schulsozialfonds für kostenpflichtige schulische Angebote erhalten. Hilfe auf dem Weg zu einem höheren Schulabschluss bietet das Brandenburger Schüler-BAföG.
- Hessen: Das Angebot an „Intensivmaßnahmen", d. h. Intensivklassen und Intensivkursen zur sprachlichen Erstintegration von begleiteten und unbegleiteten minderjährigen Asylsuchenden, Geduldeten, Flüchtlingen, Zuwanderern und Spätaussiedlern, erfolgt nach § 50 Abs. 3 und Abs. 4 der Verordnung zur Gestaltung des Schulverhältnisses; Alphabetisierungskurse für Schülerinnen und Schüler ohne schulische Vorbildung finden gemäß § 51 statt.
- Niedersachsen: Die Begriffe „Integrationsklasse" und gegebenenfalls „Kooperationsklasse" werden für Organisationsformen sprachlicher Förderung zugewanderter Kinder und Jugendlicher im niedersächsischen Bildungssystem

nicht verwendet. Grundsätzlich ist auf den Runderlass „Förderung von Bildungserfolg und Teilhabe von Schülerinnen und Schülern nicht deutscher Herkunftssprache“ (RdErl. d. MK vom 01.07.2014 – 25-81625 – VORIS 22410) hinzuweisen. Mit der Einrichtung von Sprachlernklassen, Förderkursen „Deutsch als Zweitsprache“, Förderunterricht und/oder flexibilisierten und individualisierten Formen schulischer Sprachförderung („Besondere Sprachförderkonzepte“ gemäß 3.5 des o. a. RdErl.) als pädagogischen Organisationsformen ist ein fließender Übergang zu den Unterrichtsformen der Regelklasse zu gewährleisten (mitunter in musisch-kulturellen und in praxisbezogenen Fächern sowie im Sport). Der Besuch einer Sprachlernklasse ist auf ein Jahr begrenzt, kann aber in begründeten Einzelfällen bis auf die Dauer von zwei Jahren ausgedehnt werden. Formen gerichteter und ungerichteter Sprachförderung sollten sich wechselseitig bedingen mit dem Ziel, die Anteile gemeinsamen Unterrichts zügig zu erhöhen.

- Sachsen: Bei nicht ausreichenden Deutschkenntnissen wird der Besuch einer Vorbereitungsklasse und von dort ein individueller schrittweiser Übergang in die Regelklasse angestrebt. In den Vorbereitungsklassen steuern Betreuungslehrkräfte als Beraterinnen und Berater, Mentorinnen und Mentoren sowie Integrationsbegleiterinnen und Integrationsbegleiter die schulischen Integrationsprozesse und gestalten u. a. in enger Abstimmung mit den Eltern den weiteren Bildungsweg der Kinder und Jugendlichen. Zur durchgängigen sprachlichen Bildung wurde das Fach „Deutsch als Zweitsprache“ als reguläres Unterrichtsfach etabliert und wird in den Vorbereitungsklassen und ergänzend zum Unterricht in den Regelklassen bildungslaufbahnbegleitend in allen Schularten bis zur Erlangung bildungssprachlicher Kompetenzen unterrichtet.
- Schleswig-Holstein: Erweiterter Sprachunterricht für Kinder und Jugendliche aus Flüchtlingsfamilien wird auch am Nachmittag und in den Ferien angeboten (vgl. Flüchtlingspakt der Landesregierung Schleswig-Holstein vom 06.05.2015).

Einstufung in eine Klassenstufe. Die Zuständigkeit, neu zugewanderte Schülerinnen und Schüler in eine bestimmte Klasse einzustufen, ist in den Bundesländern unterschiedlich geregelt. Tabelle 1 zeigt die jeweiligen Zuständigkeiten für die Zuteilung in Vorbereitungs- und Regelklassen in den 16 Bundesländern.

Tabelle 1: Zuständigkeiten für die Zuteilung von neu zugewanderten Schülerinnen und Schülern in Vorbereitungs- und Regelklassen nach Bundesländern

	Zuständigkeit für Zuteilung in	
Bundesland	**Vorbereitungsklasse**	**Regelklasse**
Baden-Württemberg	Schulleiter der aufnehmenden Schule, gegebenenfalls in Abstimmung mit der Schulaufsichtsbehörde	Vorbereitungslehrkraft in Kooperation mit aufnehmender Schule
Bayern	Aufnehmende Schule	
Berlin		a) Grundschule: Schulleitung auf Empfehlung der Lehrkraft im Benehmen mit der Schulaufsicht b) Weiterführende Schulen: Schulaufsicht auf Empfehlung der Klassenkonferenz der Lerngruppe für Neuzugänge
Brandenburg	Über die Aufnahme entscheidet die Schulleitung in Kooperation mit dem Landesschulamt auf der Grundlage der Zeugnisse oder entsprechender Unterlagen sowie eines Gesprächs mit der Schülerin/dem Schüler und den Eltern (vgl. § 3 Abs. 1 EinglV).	
Bremen	Schulen auf Basis der vorliegenden Daten	
Hamburg	a) Allgemeinbildende Schulen: Schulinformationszentrum b) Berufliche Schulen: Hamburger Institut für berufliche Bildung Die Zuweisung erfolgt jeweils auf Basis einer Empfehlung der Lehrkraft der vom betreffenden Kind/Jugendlichen besuchten Lerngruppe der zentralen Erstaufnahme oder nach einem Beratungsgespräch.	Verwaltungsservice der Schulaufsicht und Schulleitung
Hessen	Aufnahme- und Beratungszentren an Schulämtern in enger Kooperation mit aufnehmenden Schulen	Bislang zuständige Schule

	Zuständigkeit für Zuteilung in	
Bundesland	**Vorbereitungsklasse**	**Regelklasse**
Mecklenburg-Vorpommern	Schulleitung nach Abstimmung mit der zuständigen Schulbehörde und dem DaZ-Koordinator	
Niedersachsen	Schulleitung der aufnehmenden Schule	Klassenkonferenz der Sprachlernklasse
Nordrhein-Westfalen	–	–
Rheinland-Pfalz	Verwaltungsvorschrift des Ministeriums für Bildung, Wissenschaft, Weiterbildung und Kultur vom 01.08.2015 „Unterricht von Schülerinnen und Schülern mit Migrationshintergrund“: Schülerinnen und Schüler, deren Muttersprache oder Herkunftssprache nicht Deutsch ist, werden grundsätzlich in die ihrem Alter und ihrem bisherigen Bildungsgang entsprechende Klassenstufe aufgenommen.	
Saarland		Allgemeinbildende Schulen: aufnehmende Schule
Sachsen	Schulaufsicht (besondere Bildungsberatung)	
Sachsen-Anhalt	Landesschulamt	
Schleswig-Holstein	Schulleitung der aufnehmenden Schule	
Thüringen	Schulleitung der aufnehmenden Schule	

Hochschule – Bundesausbildungsförderungsgesetz (BAföG). Ausbildungsförderung nach BAföG für den Besuch von weiterführenden allgemeinbildenden Schulen und Berufsfachschulen, Fachschulen sowie Fachoberschulklassen, Abendschulen, höheren Fachschulen und Hochschulen (vgl. § 2 BAföG i. d. F. vom 27.07.2015) wird ohne weitere Voraussetzungen Ausländerinnen und Ausländern im Grundsatz unter zwei Bedingungen gewährt:

- wenn sie ihren gewöhnlichen Aufenthalt im Inland haben und außerhalb des Bundesgebiets als Flüchtlinge im Sinne der Genfer Konvention anerkannt worden sind oder
- wenn sie die Voraussetzungen für die Rechtsstellung von heimatlosen Ausländerinnen und Ausländern erfüllen.

Ansonsten erhalten Ausländerinnen und Ausländer dann Ausbildungsförderung, wenn sie sich selbst vor Beginn des förderungsfähigen Teils des Ausbildungsabschnitts insgesamt fünf Jahre im Inland aufgehalten haben und erwerbstätig gewesen sind oder wenn sich zumindest ein Elternteil während der letzten sechs Jahre vor Beginn des förderungsfähigen Teils der Ausbildung im Inland aufgehalten hat und rechtmäßig erwerbstätig gewesen ist. Von der letzteren

Voraussetzung kann nach Ermessen abgesehen werden, wenn die Erwerbstätigkeit unverschuldet nicht ausgeübt werden konnte und der Elternteil insgesamt mindestens sechs Monate erwerbstätig gewesen ist.

Für Unionsbürgerinnen und Unionsbürger gelten ungeachtet der in der Unionsbürgerrichtlinie 2003/38 zugelassenen Ausnahme für Studienbeihilfen folgende Zugangsvoraussetzungen: Unionsbürgerinnen und Unionsbürger, die ein Recht auf Daueraufenthalt im Sinne des EU-Freizügigkeitsgesetzes besitzen (fünf Jahre Aufenthalt), sowie andere Ausländerinnen und Ausländer, die eine Niederlassungserlaubnis oder Erlaubnis zum Daueraufenthalt in der EU besitzen, sind Deutschen gleichgestellt. Entsprechendes gilt für Unionsbürgerinnen und Unionsbürger, die als Arbeitnehmerin oder Arbeitnehmer oder Selbstständige in Deutschland erwerbstätig sind oder waren, sowie deren Ehegatten und freizügigkeitsberechtigte Kinder. Einbezogen sind auch Unionsbürgerinnen und Unionsbürger, die vor dem Beginn der Ausbildung im Inland in einem Beschäftigungsverhältnis standen, dessen Gegenstand mit dem der Ausbildung in inhaltlichem Zusammenhang steht.

Anderen drittstaatsangehörigen Ausländerinnen und Ausländern wird Ausbildungsförderung nur gewährt, wenn sie ihren ständigen Wohnsitz im Inland und eine qualifizierte Aufenthaltserlaubnis (insbesondere aus humanitären Gründen Aufgenommene nach §§ 22, 23 Abs. 1, 2 oder 4 (Aufnahme für syrische Flüchtlinge, Resettlement u. Ä.), 23a (Aufenthaltsgewährung in Härtefällen), 25 Abs. 1 und 2 (Aufenthaltserlaubnis für anerkannte Flüchtlinge), § 25a, § 104a AufenthG) besitzen oder als Familienangehörige Deutscher (§ 28 AufenthG) oder als Ehegatten oder Lebenspartner oder Kind einer Ausländerin beziehungsweise eines Ausländers mit Niederlassungserlaubnis im Besitz einer Aufenthaltserlaubnis sind. Erfasst hiervon ist neben den Aufenthaltserlaubnissen für bestimmte aus völkerrechtlichen, humanitären oder politischen Gründen Aufgenommene auch die neue Kategorie der Aufenthaltsgewährung für gut integrierte Jugendliche und Heranwachsende (vgl. § 25a AufenthG), die mit dem Inkrafttreten des Gesetzes zur Neuregelung des Bleiberechts auf die Inhaber einer Aufenthaltsgewährung für geduldete Ausländerinnen und Ausländer bei nachhaltiger Integration (vgl. § 25b AufenthG n. F.) erweitert wird.
Entsprechendes gilt für Ausländerinnen und Ausländer mit humanitären Aufenthaltserlaubnissen nach § 25 Abs. 3 oder Abs. 4 Satz 2 (sogenannte nationale Abschiebungsverbote, vorübergehender Aufenthalt aus dringenden humanitären Gründen) sowie für Ehegatten, Lebenspartner oder Kinder einer Ausländerin oder eines Ausländers, die eine Aufenthaltserlaubnis zum Zweck des Ehegatten-

oder Kindernachzugs besitzen, sofern sie sich seit mindestens vier Jahren in Deutschland ununterbrochen rechtmäßig, gestattet oder geduldet aufhalten. Geduldeten Ausländerinnen und Ausländern, die ihren ständigen Wohnsitz im Bundesgebiet haben, wird Ausbildungsförderung geleistet, wenn sie sich seit mindestens vier Jahren ununterbrochen gestattet oder geduldet im Bundesgebiet aufhalten (vgl. § 8 Abs. 2a AsylbLG n. F.). Im Juli 2015 hat das Bundeskabinett eine weitere Änderung des BAföG beschlossen, wonach Geduldete und Inhaber bestimmter humanitärer Aufenthaltstitel künftig nicht mehr erst nach vier Jahren, sondern schon nach 15 Monaten Ausbildungsförderung erhalten. Asylsuchende erhalten während der Dauer des Asylverfahrens (Aufenthaltsgestattung) grundsätzlich nur Leistungen nach dem Asylbewerberleistungsgesetz (AsylbLG) und sind damit vom Zugang zu einer Ausbildungsförderung nach dem BAföG ausgeschlossen.

Berufsausbildung – Berufsschulpflicht für Asylsuchende, Geduldete und Flüchtlinge. Ohne Unterscheidung nach Staatsangehörigkeit oder aufenthaltsrechtlichem Status besteht in einer Reihe von Bundesländern (Brandenburg, Mecklenburg-Vorpommern, Nordrhein-Westfalen, Saarland, Schleswig-Holstein) für Jugendliche ohne Ausbildungsverhältnis Berufsschulpflicht bis Ende des Schuljahres, in dem das 18. Lebensjahr vollendet wird. Für Jugendliche mit Ausbildungsverhältnis endet die Berufsschulpflicht in Bayern, im Saarland und in Thüringen spätestens bis zum Ende des Schuljahres, in dem das 21. Lebensjahr vollendet wird, d. h., es ist möglich, den Unterricht über das 18. Lebensjahr hinaus zu besuchen. Unterschiede zwischen den Ländern bestehen in der Altersspanne des freiwilligen Besuchs einer Berufsschule.

Aus der Berufsschulpflicht ergibt sich kein Anspruch auf eine Ausbildung. Ziel in allen Bundesländern ist die Integration junger Ausländerinnen und Ausländer in das duale Ausbildungssystem beziehungsweise in die Vollzeitberufsschule oder das schulische Übergangssystem – analog zu allen anderen Jugendlichen. Mit der Aufnahme einer Ausbildung setzt die Berufsschulpflicht wieder ein beziehungsweise bei Jugendlichen mit Hochschulzugangsberechtigung die Berufsschulberechtigung. Da ein Schulabschluss und ausreichende Deutschkenntnisse Grundvoraussetzungen für eine erfolgreiche Ausbildung sind, können berufsschulpflichtige Jugendliche ohne Sprachkenntnisse andere Unterrichtsangebote wahrnehmen.

In einigen Bundesländern ist der Bedarf an aufnehmenden Berufsschulen insbesondere für Asylsuchende, Geduldete und Flüchtlinge größer als das bestehende Angebot.

Spezifische Angebote sind beispielhaft im Folgenden aufgelistet:

- Bayern: Entsprechend der Beschlussfassung des Bayerischen Landtags zum Nachtragshaushalt 2016 wurde für das Schuljahr 2015/2016 die Zahl der Berufsintegrationsklassen auf mindestens 440 Klassen deutlich erhöht (Schuljahr 2014/2015: insgesamt rund 260 Klassen mit etwa 4.500 Plätzen an 80 regionalen Berufsschulstandorten). Damit steht seit Schuljahresbeginn im September 2015 mindestens 8.200 berufsschulpflichtigen Asylsuchenden und Flüchtlingen ein Platz innerhalb der zweijährigen Berufsvorbereitung in den Berufsintegrationsklassen in Vollzeit – anstatt üblicherweise nur einmal wöchentlich – mit begrenzter Klassengröße zur Verfügung, um Deutschkenntnisse zu erwerben, Grundwerte des Zusammenlebens in Bayern kennenzulernen und sich auf eine Berufsausbildung oder einen weiteren Schulbesuch vorzubereiten. Das Staatsministerium wird dieses Angebot weiträumig ausbauen: In 2016/2017 ist eine Aufstockung auf 1.000 Klassen geplant. Aufgrund des hohen Bedarfs werden berufsschulpflichtige Flüchtlinge, denen nach Eintritt der Berufsschulpflicht noch kein adäquates schulisches Angebot gemacht werden kann, auch weiterhin zunächst von der Berufsschulpflicht befreit. Diese Möglichkeit sieht das Bayerische Erziehungs- und Unterrichtsgesetz vor (Art. 39 Abs. 4 BayEUG). Nach Möglichkeit besuchen die Jugendlichen dann nicht staatliche Angebote (z. B. Volkshochschule, Bundesagentur für Arbeit). Während faktisch aus dem Ausland zugezogene Jugendliche (z. B. Kinder von Asylsuchenden, Kinder von Migrantinnen und Migranten der Europäischen Union) meist die zwölfjährige Schulpflicht nicht nachweisen können, werden sie bis zum 21. Lebensjahr beschult. Eine explizite gesetzliche Regelung hierzu besteht nicht, vielmehr ergibt sich der Sachverhalt aus dem Zusammenhang und in Anlehnung an Art. 39 Abs. 2 BayEUG.
- Brandenburg: Berufsschulpflichtige Jugendliche werden gemäß § 39 BbgSchulG in die Berufsschulklassen integriert. Für die Gruppe der berufsschulpflichtigen ausländischen Jugendlichen ohne Ausbildungsplatz und ohne ausreichende Deutschkenntnisse ist seit 01.02.2016 (Beginn zweites Schulhalbjahr) die Möglichkeit eines zweijährigen Bildungsgangs geschaffen. Damit sind gesonderte Klassen für Flüchtlinge, sogenannte BFS-G-Plus-Klassen, an den Oberstufenzentren (OSZ) eingerichtet. Der Unterricht beinhaltet u. a. Spracherwerb, berufliche Orientierung, Praxislernen und Unterrichtsfächer wie Deutsch, Mathematik, Kommunikation und Politische Bildung.

- Mecklenburg-Vorpommern: Beginnend mit dem Schuljahr 2015/2016 wurden Sprachkurse (orientiert am BAMF) für die Zielgruppe eingesetzt. Derzeit ist diese Gruppe zahlenmäßig noch vergleichsweise gering. Ab dem Schuljahr 2016/2017 soll „Deutsch als Zweitsprache" in der beruflichen Bildung integriert werden.
- Niedersachsen: Schulpflichtige Jugendliche, die nicht ausbildungsreif sind, besuchen das schulische Berufsvorbereitungsjahr (BVJ), hierzu zählt auch die BVJ-Sprachförderklasse.
  Jugendliche, die nicht mehr schulpflichtig sind, besuchen eine berufsvorbereitende Maßnahme der Arbeitsverwaltung oder eine Maßnahme der Kommune, zum Beispiel eine Jugendwerkstatt.
  Alle anderen Bildungsangebote der berufsbildenden Schulen können unabhängig von der Schulpflicht und vom Eintrittsalter besucht werden. Dies gilt ebenso für die Berufseinstiegsklasse, in der auch der Hauptschulabschluss erworben werden kann.
  Für junge Flüchtlinge beziehungsweise Asylbewerberinnen und Asylbewerber, die in ihrem Heimatland die Schule besucht haben, aber keinen Schulabschluss nachweisen können, besteht die Möglichkeit, direkt eine duale Ausbildung zu beginnen oder die Berufseinstiegsklasse (BEK) zu besuchen, um dort den Hauptschulabschluss zu erwerben. Für diese beiden Bildungsangebote gibt es keine formalen Zugangsvoraussetzungen. Wird ein Bildungsangebot angestrebt, für das es verbindliche Eingangsvoraussetzungen gibt, diese aber nicht dokumentiert werden können, kann die aufnehmende Schule eigenverantwortlich eine Kenntnisprüfung durchführen, in deren Rahmen zu prüfen ist, ob die in einem anderen Land erworbenen Kenntnisse und Fertigkeiten mit den für den jeweiligen Bildungsgang vorgeschriebenen Aufnahmevoraussetzungen gleichwertig sind (BB GVO § 6.1).
  Als Brücke zwischen auslaufender Schulpflicht und dem Übergang in die Berufs- und Arbeitswelt startete im September 2015 das Sprint-Modellprojekt (Sprint = Sprach- und Integrationsprojekt) an öffentlichen berufsbildenden Schulen, um jugendliche Flüchtlinge in modularisierter Form dabei zu unterstützen, Sprachbarrieren abzubauen und sich mit der Berufs- und Arbeitswelt vertraut zu machen. Der Wechsel in ein Regelangebot, z. B. in das BVJ, in die BEK oder in die BFS, ist jederzeit möglich.
- Schleswig-Holstein: Bereits in der Erstaufnahmestelle besteht für berufsschulpflichtige Jugendliche ein schulisches Angebot, das sie auf die Sprachförderung in den regionalen Berufsbildungszentren (RBZ) und Berufsschulen vorbereitet.

- Thüringen: Im berufsbildenden Bereich werden seit dem Schuljahr 2015/2016 spezifische BVJ-Angebote mit erhöhtem Deutschanteil, das sogenannte BVJ-S (Sprache), angeboten. Entsprechende Regelungen sind im Rahmen einer Novellierung der Berufsschulordnung in Vorbereitung. Darüber hinaus werden seitens des Landes zahlreiche Maßnahmen verfolgt, wie etwa die Etablierung fester Beratungstage und Ansprechpartner in den Erstaufnahmestellen durch die zuständige Agentur für Arbeit, die Bereitstellung von Willkommenspaketen mit arbeitsmarktrelevanten Informationen, die frühzeitige Erfassung von Kompetenzen und Qualifikationen in den Erstaufnahmestellen sowie die Durchführung von Modell- beziehungsweise Pilotprojekten für eine gelingende Überführung von Flüchtlingen und Migrantinnen und Migranten in den Ausbildungs- und Arbeitsmarkt.

Regelungen bei Nichtbeachtung der Berufsschulpflicht. Bei berufsschulpflichtigen Asylsuchenden, Geduldeten und Flüchtlingen wird in der Praxis von einer zwangsweisen polizeilichen Zuführung abgesehen. Wie bei allen anderen Jugendlichen auch werden – soweit möglich – Versuche unternommen, die Ursachen für das Fernbleiben vom Unterricht abzuklären und gegebenenfalls die erforderlichen Interventionsmaßnahmen einzuleiten.

Arbeitsförderung – Förderung der beruflichen Ausbildung (SGB III). Anspruch auf Berufsausbildungsbeihilfe haben nach § 59 SGB III grundsätzlich Ausländerinnen und Ausländer, die ihren gewöhnlichen Aufenthalt im Inland haben und entweder im Ausland als Flüchtlinge anerkannt wurden oder im Bundesgebiet nicht nur vorübergehend zum Aufenthalt berechtigt sind. Im Übrigen gelten die Zugangsvoraussetzungen des § 8 Abs. 2, 4 und 5 BAföG entsprechend. Geduldete Ausländerinnen und Ausländer, die ihren ständigen Wohnsitz in Deutschland haben und sich seit vier Jahren rechtmäßig oder geduldet im Bundesgebiet aufhalten, werden während einer betrieblich durchgeführten Berufsausbildung gefördert. Im Anschluss an eine erfolgreiche Berufsausbildung kann ein befristeter Aufenthaltstitel erteilt werden, sofern eine dem Abschluss entsprechende Beschäftigung aufgenommen wird. Weitere Öffnungen des Zugangs zu ausbildungsbegleitenden Hilfen von geduldeten Ausländerinnen und Ausländern und insbesondere die Verkürzung der Voraufenthaltsdauer von vier Jahren auf 15 Monate sind im Entwurf eines Gesetzes der Bundesregierung vom 14.08.2015 (BRatsDrs. 344/15; vgl. Kapitel 1.3.4) vorgesehen.
Für den Zugang von Ausländerinnen und Ausländern zur Förderung von Berufsfortbildungsmaßnahmen, die einen Abschluss einer anerkannten Handwerksausbildung (Meister-BAföG) oder einen Abschluss nach § 5ff. des Berufsbildungsge-

setzes voraussetzen, gelten nach § 8 des Bundesausbildungsförderungsgesetzes i. d. F. vom 27.07.2015 im Wesentlichen die gleichen Voraussetzungen wie nach dem BAföG.

Zugang zu (Weiter-)Bildung und Integrationsmaßnahmen – Integrationskurse und Sprachkurse. Mit dem Zuwanderungsgesetz 2004 hat der Gesetzgeber erstmals die Integration in Verbindung mit der aufenthaltsrechtlichen Stellung der Ausländerinnen und Ausländer geregelt. Einen Anspruch auf und eine Pflicht zur Absolvierung eines Integrationskurses haben Drittstaatsangehörige (nicht aber Unionsbürgerinnen und Unionsbürger), die sich dauerhaft im Bundesgebiet aufhalten, wenn ihnen erstmals eine Aufenthaltserlaubnis zur Erwerbstätigkeit, wegen Familiennachzug oder aus humanitären Gründen dauerhafter Natur erteilt wird. Unionsbürgerinnen und Unionsbürger werden ohne Anerkennung eines Rechtsanspruchs im Rahmen der verfügbaren Plätze zugelassen. Sie haben im Prinzip keinen Rechtsanspruch. Teilweise wird argumentiert, dass dies gegen das Gleichbehandlungsgebot im Hinblick auf den Anspruch deutscher Spätaussiedler auf Sprachförderung verstoße (vgl. Bericht der Bundesbeauftragten für Migration, Flüchtlinge und Integration der Bundesregierung 2014, S. 39).

Mit dem Zugang von Unionsbürgerinnen und Unionsbürgern aus den neuen EU-Mitgliedstaaten, die erstmals die schulischen Mindestanforderungen nicht erfüllen, stellt sich zunehmend auch die Frage der Einbeziehung dieser Personengruppe und ihrer Kinder in Integrationsprogramme. Jeder Integrationskurs besteht aus einem Sprachkurs und einem Orientierungskurs; zusammengenommen dauert er zwischen 660 und 960 Stunden (je nach individuellen Erfordernissen). Keinen Anspruch auf Zugang zu Integrationskursen besitzen auch Asylsuchende und Geduldete sowie Inhaber einer temporären Aufenthaltserlaubnis zu humanitären Zwecken (vgl. § 44f. AufenthG). In der Praxis wurden bislang auch Duldungsinhaber und Asylsuchende im Rahmen der verfügbaren Plätze zugelassen. Das Asylverfahrensbeschleunigungsgesetz vom 20.10.2015 (BGBl. I S. 1722) sieht nunmehr einen optionalen Zugang zu Integrationskursen im Rahmen der verfügbaren Plätze für Ausländerinnen und Ausländer vor, die

- eine Aufenthaltsgestattung besitzen und bei denen ein rechtmäßiger und dauerhafter Aufenthalt zu erwarten ist,
- eine Duldung nach § 60a Absatz 2 Satz 3 (dringende humanitäre oder persönliche Gründe oder erhebliche öffentliche Interessen erfordern die vorübergehende weitere Anwesenheit im Bundesgebiet) besitzen,

- eine Aufenthaltserlaubnis nach § 25 Abs. 5 Aufenthaltsgesetz (Ausreise ist aus rechtlichen oder tatsächlichen Gründen unmöglich, mit dem Wegfall der Ausreisehindernisse ist in absehbarer Zeit nicht zu rechnen) besitzen.

Bei Asylbewerberinnen und Asylbewerbern aus einem sicheren Herkunftsstaat wird vermutet, dass ein rechtmäßiger und dauerhafter Aufenthalt nicht zu erwarten ist. In Hamburg, Brandenburg und Bayern werden dennoch Sprachkurse für diesen Personenkreis angeboten.

In von ESF (Europäischer Sozialfonds) und BAMF angebotenen Sprachkursen zur berufsbezogenen Sprachförderung werden – ohne Rechtsanspruch – bereits auch Asylsuchende und Geduldete berücksichtigt. Diese Kurse sind bestimmt für Menschen mit Migrationshintergrund, die Arbeitslosengeld nach SGB II, Leistungen nach SGB III oder Leistungen nach dem Asylbewerberleistungsgesetz (AsylbLG) beziehen. Im Jahr 2014 waren unter den insgesamt 25.899 Teilnehmenden 3.228 Asylsuchende und 444 Geduldete sowie 402 Flüchtlinge mit einem Aufenthaltstitel (vgl. Bundestagsdrucksache 18/4537 vom 01.04.2015, S. 3). Die Teilnahme an diesen Kursen kann nicht selbst beantragt werden.

Zugang zum Arbeitsmarkt. Der Zugang zum Arbeitsmarkt wurde – abweichend von dem im Aufenthaltsgesetz vorgesehenen Arbeitsmarktsteuerungsprinzip – nicht nur für Inhaber einer Aufenthaltserlaubnis, sondern auch für Asylsuchende und Geduldete geöffnet. Für Asylsuchende gilt ein striktes Arbeitsverbot nur noch für die Zeit der Unterbringung in der Erstaufnahmeeinrichtung. Nach drei Monaten können Asylsuchende und Geduldete eine Arbeit aufnehmen, die allerdings dem Vorrangprinzip unterliegt. Ausnahmen vom Erfordernis der Zustimmung der Bundesagentur gelten für:

- die Berufsausbildung in einem staatlich anerkannten Ausbildungsberuf,
- qualifizierte Beschäftigungen,
- ein Praktikum nach § 22 Abs. 1 S. 2 Nr. 1 bis 4 des Mindestlohngesetzes,
- bei vierjährigem Aufenthalt (wobei bereits nach fünfzehnmonatigem Aufenthalt die Vorrangprüfung entfällt; geprüft wird damit lediglich die Vergleichbarkeit der Entlohnung etc.).

1.2.4 Probleme rechtlicher Gestaltung

Erweiterter Zugang von Asylsuchenden und Geduldeten zu Integrationsmaßnahmen – Durchsetzung der Ausreisepflicht oder Integration. Ein grundsätzliches aufenthaltsrechtliches Problem stellt die aus sozial- und bildungspolitischer Sicht grundsätzlich gewünschte Erweiterung des Zugangs zum Arbeitsmarkt und zu sozialen Leistungen, die der Integration dienen (Sprachkurse, berufliche Weiterbildung), dar. Die ursprüngliche Konzeption der Integrationskurse basierte auf der Unterscheidung zwischen Ausländerinnen und Ausländern, deren Aufenthaltsrecht im Bundesgebiet gesichert ist, und ausreisepflichtigen Ausländerinnen und Ausländern.
Eine Einwanderung findet aber – wie dargelegt – in steigendem Maße nicht über die Erteilung regulärer Aufenthaltstitel, sondern über die Anwesenheit aus faktischen oder rechtlichen Gründen geduldeter Ausländerinnen und Ausländer statt. Einerseits stellen die im Vergleich zu anderen EU-Staaten hohen sozialen Leistungen in Verbindung mit dem erleichterten Zugang zum Arbeitsmarkt für niedrig qualifizierte Tätigkeit Anreize zur illegalen Einreise für eine Teilgruppe dar. Andererseits erscheint es nicht vertretbar, bei Ausländerinnen und Ausländern, deren Aufenthalt auf absehbare Zeit nicht beendet werden kann, und insbesondere bei Kindern und Jugendlichen Integrationsmaßnahmen zu unterlassen. Die Beauftragte für Migration, Flüchtlinge und Integration der Bundesregierung plädiert in ihrem Bericht 2014 dafür, Regelungen über die Förderung von Ausbildung so auszugestalten, dass eine Förderung – ohne Rücksicht auf den aufenthaltsrechtlichen Status – immer dann gewährt wird, wenn die entsprechenden schulischen Voraussetzungen im Inland erfüllt sind. Auf diese Weise sollen alle inländischen Potenziale genutzt werden. Der Zugang zur Ausbildungsförderung sollte daher nach ihrer Auffassung ohne Einschränkungen Asylsuchenden und Geduldeten offenstehen.

Der Gesetzgeber hat diesen Forderungen in den Gesetzen zur Neubestimmung des Bleiberechts und der Aufenthaltsbeendigung vom 25.07.2015 und dem Asylverfahrensbeschleunigungsgesetz vom 20.10.2015 teilweise Rechnung getragen, zugleich aber mit der Unterscheidung danach, ob ein rechtmäßiger und dauernder Aufenthalt zu erwarten ist, die Unterscheidung zwischen ausreisepflichtigen und solchen Ausländerinnen und Ausländern, die trotz irregulärer Einreise eine Aussicht auf Verfestigung des faktischen Aufenthalts haben, stärker betont. Ungeachtet des Nichtbestehens eines humanitären Schutzanspruchs und einer gerichtlich festgestellten Ausreisepflicht ist in der Vergangenheit eine faktische Legalisierung in erheblichem Maße dadurch vorgenommen worden, dass Asylsuchende und geduldete Ausländerinnen und Ausländer in das Integrationssystem einbezogen worden sind. Angesichts einer in ihrer zahlenmäßigen Dimension bisher unerreichten irregulären Zuwanderung durch „Flüchtlinge" soll mittels einer Beschleunigung des Asylverfahrens und einer schnellen Rückführung ausreisepflichtiger Ausländerinnen und Ausländer, die über keinen Schutzanspruch verfügen, in ihre Heimatländer der Zugang zum Arbeitsmarkt ebenso wie die Gewährung von integrationsfördernden Leistungen als Anreizeffekt für illegale Zuwanderung vermindert und dadurch eine weitere unkontrollierte Zuwanderung eingeschränkt werden.

Förderung beruflicher Bildung für Geduldete. Bei dem Versuch des Gesetzgebers, aufenthaltsrechtliche Zielsetzungen mit Integrationsmaßnahmen zu verbinden, kommt es immer wieder zu Brüchen zwischen der aufenthaltsrechtlichen und der integrationsrechtlichen Situation. Daher wird in der rechtspolitischen Diskussion kritisiert, dass der Zugang zum Arbeitsmarkt nicht entsprechend aufenthaltsrechtlich begleitet wird. So wird z. B. darauf hingewiesen, dass der Zugang zum Arbeitsmarkt für Geduldete häufig in der Praxis daran scheitert, dass in der Regel Duldungen wiederholt für Zeiträume von drei bis sechs Monaten erteilt werden. Unternehmen scheuen sich jedoch, angesichts der unsicheren Aufenthaltsperspektive Ausbildungs- beziehungsweise Beschäftigungsverhältnisse einzugehen. Der Bundesgesetzgeber hat diesen Bedenken dadurch Rechnung getragen, dass § 60a Abs. 2 Aufenthaltsgesetz in der Neufassung durch das Gesetz zur Neubestimmung des Bleiberechts und der Aufenthaltsbeendigung vom 27.07.2015 vorsieht, dass eine Duldung aus dringenden persönlichen Gründen erteilt werden kann, wenn der Ausländer eine qualifizierte Berufsausbildung in Deutschland vor Vollendung des 21. Lebensjahres aufgenommen hat und nicht aus einem sicheren Herkunftsstaat stammt. In diesen Fällen kann die Duldung für die Aufnahme einer Berufsausbildung für ein Jahr erteilt und für jeweils ein Jahr verlängert werden, wenn die Berufsausbildung noch fortdauert und in einem angemessenen Zeitraum mit ihrem Abschluss zu rechnen ist. Das Asylpaket II sieht vor, den Zugang zum Ausbildungs- und Arbeitsmarkt für Flüchtlinge zu erleichtern. Beispielsweise ist geplant, dass Flüchtlinge, die erfolgreich eine Lehre in Deutschland abgeschlossen haben, ein Bleiberecht von zwei Jahren erhalten. Das Asylpaket ist zum jetzigen Stand jedoch noch im Gesetzgebungsverfahren (01.02.2016).

Nach einem von der Bundesregierung vorgelegten Entwurf eines Gesetzes vom 14.08.2015 (BRatsDrs. 344/15) zur Änderung des SGB XII und weiterer Vorschriften soll es darüber hinaus weitere Öffnungen für den Zugang von Asylsuchenden, Geduldeten und Flüchtlingen zu Leistungen in der Arbeitsförderung und in der Ausbildungsförderung nach dem BAföG und dem SGB III geben. Die Bundesregierung will dadurch den steigenden Herausforderungen durch die stark steigende Zahl von Asylsuchenden und Flüchtlingen bei der beruflichen Eingliederung insbesondere von Geduldeten Rechnung tragen (BRatsDrs. 344/15, S. 13). Ausbildungsbegleitende Hilfen nach dem SGB III sollen auch für Geduldete künftig wesentlich schneller geöffnet werden. Dies gilt nicht nur für die ausbildungsbegleitende Hilfe nach § 75 SGB III, sondern auch für die sogenannte „assistierte Ausbildung" nach § 130 SGB III, die Maßnahmen im Vorfeld einer Berufsausbildung, beispielsweise bei sozialen Eingewöhnungsschwierigkeiten, umfasst. Damit soll auch für diese Gruppe die Möglichkeit einer vollen begleitenden Unterstützung vor und während einer betrieblichen Berufsausbildung geschaffen werden. Eine bereits für den 01.08.2015 beschlossene Herabsetzung der Voraufenthaltsdauer von vier Jahren auf 15 Monate für Geduldete und bestimmte Personengruppen mit einer Aufenthaltserlaubnis im BAföG und SGB III wird zu diesem Zweck vorgezogen. Geduldete sollen damit bestimmte ausbildungsfördernde Leistungen früher in Anspruch nehmen können.

Das Asylverfahrensbeschleunigungsgesetz vom 20.10.2015 sieht vor, dass die Integration in den Arbeitsmarkt durch Maßnahmen der berufsbezogenen Deutschsprachförderung unterstützt werden kann (§ 45a Aufenthaltsgesetz, vgl. Hailbronner in Druck). Diese Maßnahmen bauen in der Regel auf der allgemeinen Sprachförderung der Integrationskurse auf. Ein Ausländer ist zur Teilnahme an einer Maßnahme der berufsbezogenen Deutschsprachförderung verpflichtet (und berechtigt), wenn er Leistungen nach dem SGB II bezieht und die Teilnahme an der Maßnahme in einer Eingliederungsvereinbarung nach dem SGB II vorgesehen ist. Leistungen zur Eingliederung in Arbeit nach dem SGB II und Leistungen der aktiven Arbeitsförderung nach SGB III bleiben hiervon unberührt.

Ausgeschlossen ist die berufsbezogene Deutschsprachförderung jedoch für einen Ausländer, der eine Aufenthaltsgestattung nach dem Asylgesetz besitzt und bei dem „ein dauerhafter und rechtmäßiger Aufenthalt nicht zu erwarten ist". Das bedeutet, dass zukünftig die für die Gewährung sozialer Leistungen zuständigen Behörden quasi neben den Asylbehörden (Bundesamt) eine Prognose über den Erfolg eines Asylantrags und/oder eines Antrags auf ein humanitäres Aufenthaltsrecht (zuständig sind die Ausländerbehörden der Länder) vornehmen müssen. Für Asylsuchende aus sicheren Herkunftsstaaten gilt die Vermutung, dass ein rechtmäßiger und dauerhafter Aufenthalt nicht zu erwarten ist (vgl. § 45a, Abs. 2 S. 3 AufenthaltsG). Asylsuchende aus den Westbalkanstaaten haben daher keinen Zugang zur berufsbezogenen Deutschsprachförderung. Stattdessen gilt eine Neuregelung der Ermöglichung des Zugangs zum Arbeitsmarkt und zu einer beruflichen Ausbildung für Staatsangehörige von Albanien, Bosnien und Herzegowina, Kosovo, Mazedonien, Montenegro und Serbien. Sie können in den Jahren 2016 bis 2020 im regulären Verfahren eine Zustimmung zur Ausübung einer Beschäftigung erhalten. Diese Zustimmung ist aber grundsätzlich davon abhängig, dass der Antragsteller nicht in den letzten 24 Monaten vor Antragstellung Leistungen nach dem Asylbewerberleistungsgesetz erhalten hat. Dieser Ausschluss gilt aber nicht für Asylbewerberinnen und Asylbewerber, die nach dem 01.01.2015 einen Asylantrag gestellt haben und unverzüglich ausreisen (vgl. § 26 Abs. 2 Beschäftigungsverordnung in der Fassung des Art. 1 der Verordnung zum Asylbeschleunigungsgesetz vom 20.10.2015, noch nicht im BGB I.).

Eine weitere Neuregelung hat das Asylverfahrensbeschleunigungsgesetz vom 20.10.2015 im Bereich der Eingliederung von Ausländerinnen und Ausländern mit Aufenthaltsgestattung (Asylsuchende) vorgenommen: Wer eine Aufenthaltsgestattung besitzt und aufgrund des § 61 Asylgesetz (Aufenthalt in Erstaufnahmeeinrichtung) keine Erwerbstätigkeit ausüben darf, kann bis 31.12.2018 Leistungen nach dem SGB III für die frühzeitige Eingliederung in den Arbeitsmarkt erhalten (Beratungsdienstleistungen der Bundesagentur, Kompetenzfeststellungen, Maßnahmen zur beruflichen Aktivierung und beruflichen Eingliederung; vgl. § 131 SGB III i. V. m. einschlägigen Vorschriften des zweiten und dritten Unterabschnitts des ersten Abschnitts des dritten Kapitels). Systemkonform macht das Gesetz den Entscheid auch in diesem Falle von der Prognose eines rechtmäßigen und dauerhaften Aufenthalts abhängig. Ausgeschlossen sind im Regelfall Asylbewerberinnen und Asylbewerber aus sicheren Herkunftsstaaten, falls es ihnen nicht gelingt, die Vermutung der Sicherheit zu widerlegen.

Für die Förderung der Teilnahme von Asylsuchenden an Sprachkursen zur beruflichen Eingliederung sieht § 421 SGB III in der Neufassung durch das Asylverfahrensbeschleunigungsgesetz vom 20.10.2015 vor, dass die Agentur für Arbeit die Teilnahme von Ausländern, die eine Aufenthaltsgestattung besitzen (Asylbewerberinnen und Asylbewerber) und bei denen ein rechtmäßiger und dauerhafter Aufenthalt zu erwarten ist, an Maßnahmen zur Erlangung erster Kenntnisse der deutschen Sprache fördern kann, wenn dies zu ihrer Eingliederung notwendig ist und der Maßnahmeeintritt bis zum 31.12.2015 erfolgt. Dies gilt auch für Asylsuchende, die nach § 61 Aufenthaltsgesetz (Erstaufnahmeeinrichtung – Arbeitsverbot für sechs Monate) eine Erwerbstätigkeit nicht ausüben dürfen. Auch hier gilt der Ausschluss von Staatsangehörigen aus sicheren Herkunftsstaaten (vgl. § 421 Abs. 1 S. 3 SGB III). Die Dauer der Teilnahme an den Förderungsmaßnahmen ist auf acht Wochen beschränkt.

1.3 Statistische Rahmendaten

In Kapitel 1.2 sind die Personengruppen „Ausländer", „Migranten" und „Flüchtlinge" definiert, insbesondere unter Berücksichtigung der rechtlichen Statūs. In diesem Kapitel werden statistische Rahmendaten dargestellt, die eine Beschreibung weiterer Teilgruppen notwendig machen (siehe z. B. Tabelle 2).

Zwar ist die Datenlage zu Personen mit Migrationshintergrund relativ umfassend, teilweise jedoch aus dem Jahr 2014. Davon unterscheiden sich die statistischen Daten zu Flüchtlingen: Hier gibt es eine Vielzahl von nicht erhobenen Daten; die verfügbaren Daten sind allerdings relativ aktuell. Diesen Forschungsgegenstand hat nun auch der Sachverständigenrat deutscher Stiftungen für Integration und Migration aufgegriffen. In der Expertise „Was wir über Flüchtlinge (nicht) wissen" zur Flüchtlingsintegration spielen eine Reihe von unterschiedlichen Lebensbereichen (Arbeitsmarktzugang, Bildung und Ausbildung, sozialstaatliche Leistungen, Qualifikation etc.) eine zentrale Rolle. Allgemein stellt die Veröffentlichung einen Überblick über den bisherigen Forschungsstand zur Integration von Flüchtlingen dar und bietet die Grundlage für das Forschungsprojekt „Von der Aufnahme zu gesellschaftlicher Teilhabe: Die Perspektive der Flüchtlinge auf ihre Lebenslagen in Deutschland", das am 01.02.2016 gestartet ist (vgl. SVR 2016).

1.3.1 Personen mit Migrationshintergrund

Die Gruppe der Personen mit Migrationshintergrund im engeren Sinn[6] kann unterschieden werden nach

a) Personen mit eigener Migrationserfahrung, d. h. dem Anteil der Bevölkerung, der seit 1950 zugewandert ist – hierunter fallen auch Asylbewerberinnen und Asylbewerber;
b) Personen ohne eigene Migrationserfahrung, d. h. in Deutschland geborene und damit nicht zugewanderte Ausländerinnen und Ausländer sowie Deutsche mit Migrationshintergrund (vgl. Statistisches Bundesamt 2015b).

---

[6] Personen mit Migrationshintergrund im engeren Sinn sind alle Personen mit und ohne eigene Migrationserfahrung; hingegen gehören zur Gruppe der Personen mit Migrationshintergrund im weiteren Sinn auch jene Personen, deren Migrationserfahrung nicht durchgehend bestimmbar ist (vgl. Statistisches Bundesamt 2015b, S. 6).

Tabelle 2 zeigt alle Personengruppen nach Geburtsland und Staatsangehörigkeit. Hierbei sind der Vollständigkeit halber auch nicht zugewanderte Deutsche, also Personen ohne Migrationshintergrund, einer Gruppe (IVa) zugeordnet.

Tabelle 2: Zuordnung der Bevölkerung nach Geburtsland und Staatsangehörigkeit (vgl. Statistisches Bundesamt 2014a, S. 668)

		Geburtsland	
		Ausland Personen mit eigener Migrationserfahrung	**Inland** Personen ohne eigene Migrationserfahrung
Staatsangehörigkeit	**Nicht deutsch**	I. Zugewanderte Ausländer a) Ausländer der ersten Generation	II. Nicht zugewanderte Ausländer a) Ausländer zweiter Generation (Eltern gehören zu I.) b) Ausländer dritter Generation (Eltern gehören zu II.)
	Deutsch	III. Zugewanderte Deutsche[1] a) Spätaussiedler, Flüchtlinge und Vertriebene deutscher Volkszugehörigkeit mit deutscher Staatsangehörigkeit ohne Einbürgerung b) Zugewanderte Eingebürgerte einschließlich eingebürgerter Spätaussiedler c) Während eines Auslandsaufenthalts geborene Kinder von Deutschen ohne Migrationshintergrund[2]	IV. Nicht zugewanderte Deutsche a) Deutsche ohne Migrationshintergrund b) Nicht zugewanderte Eingebürgerte c) Kinder von Spätaussiedlern, Flüchtlingen und Vertriebenen deutscher Volkszugehörigkeit mit deutscher Staatsangehörigkeit ohne Einbürgerung d) Kinder von Eingebürgerten e) Ius-soli-Kinder von Ausländern f) Personen mit einseitigem Migrationshintergrund

1 Alle befragten Experten stimmten darin überein, dass es nicht zweckdienlich sei, die Definition von Migrationshintergrund mit den Betroffenen der Wanderungsströme zu befrachten, die während des Dritten Reiches oder in den Jahren nach dem Ende des Zweiten Weltkrieges als Folge von Umsiedlung, Flucht oder Vertreibung in die heutige Bundesrepublik kamen. Deshalb werden bei der Bevölkerung mit Migrationshintergrund nur jene Zuwanderer berücksichtigt, die nach 1949 zugewandert sind. Bei der Vielzahl der Fälle ohne Angabe des Zuzugsjahres werden jene einbezogen, die nach 1949 geboren sind oder – sofern vorher geboren – die eine ausländische Staatsangehörigkeit neben der deutschen haben, weil dies als klares Indiz für die (Spät-)Aussiedlereigenschaft gilt.

2 Mit den Daten des Mikrozensus ist es nicht möglich, diese Personengruppe zu identifizieren, wenn sie nicht mit ihren Eltern zusammenlebt.

Im Jahr 2014 lebten insgesamt ca. 80,9 Millionen Menschen in Deutschland. Ein Fünftel der Bevölkerung (entspricht ca. 16,4 Millionen Personen) weist einen Migrationshintergrund im engeren Sinn auf (vgl. Statistisches Bundesamt 2015b, S. 38). Wie Abbildung 1 zeigt, sind zwei Drittel der Personen mit Migrationshintergrund selbst zugewandert. Darunter fallen Ausländerinnen und Ausländer mit eigener Migrationserfahrung mit 35,8 Prozent sowie (Spät-)Aussiedler[7] und Deutsche mit Migrationserfahrung, aber ohne Einbürgerung (18,9 Prozent) und Eingebürgerte mit eigener Migrationserfahrung (11,7 Prozent).
33,6 Prozent der Personen mit Migrationshintergrund zählen zur zweiten oder dritten Generation, die in Deutschland geboren wurden. Unter die zweite und dritte Generation fallen vor allem Deutsche ohne Migrationserfahrung mit mindestens einem zugewanderten oder mit ausländischem Status in Deutschland geborenen Elternteil mit 22,6 Prozent und Ausländerinnen und Ausländer ohne eigene Migrationserfahrung mit 8,2 Prozent. Eingebürgerte ohne Migrationserfahrung machen 2,8 Prozent aus. Insgesamt sind etwa 44 Prozent der Bevölkerung mit Migrationshintergrund ausländische Staatsangehörige und 56 Prozent Deutsche (vgl. BAMF 2016b, S. 10).

---

[7] Es handelt sich dabei um Personen, die angegeben haben, als (Spät-)Aussiedler nach Deutschland eingereist zu sein, und deren miteingereiste Angehörige. Bereits in Deutschland geborene Nachkommen dieser Personengruppe sind darin nicht enthalten.

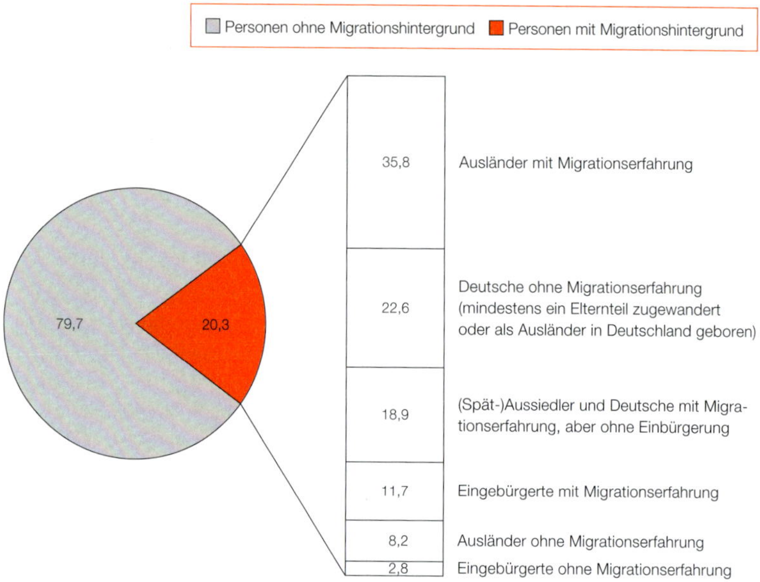

Abbildung 1: Zusammensetzung der Personen mit Migrationshintergrund in Deutschland im Jahr 2014 (vgl. BAMF 2016b, S. 10; Angaben in Prozent)

Alter der in Deutschland lebenden Bevölkerung. Die demografische Entwicklung der Bevölkerung in Deutschland insgesamt lässt sich in der ersten Spalte in Tabelle 3 ablesen. Die zahlenmäßig stärksten Gruppen sind zwischen 35 und 65 Jahre alt. Die in den letzten Jahrzehnten rückläufigen Geburten sind in den Alterskohorten von null bis 20 Jahren zu sehen. Hier beträgt die Fünf-Jahres-Kohorte jeweils ca. 3,5 bis vier Millionen Kinder und Jugendliche. Die in Deutschland lebende Bevölkerung mit Migrationshintergrund ist deutlich jünger als die Bevölkerung ohne Migrationshintergrund. Betrachtet man die ersten fünf Alterskohorten (bis 25 Jahre), sind von den Personen mit Migrationshintergrund die Deutschen mit Migrationshintergrund im engeren Sinn ohne eigene Migrationserfahrung überproportional vertreten.

Wie Tabelle 3 verdeutlicht, besitzt über ein Drittel der Kinder unter zehn Jahren (35,1 Prozent) einen Migrationshintergrund. Ebenso beträgt der Anteil der Kinder und Jugendlichen mit Migrationshintergrund in der Altersgruppe von zehn bis 15 Jahren etwa ein Drittel (31,4 Prozent). In den Altersgruppen von 15 bis 25 Jahren weist jeder Vierte einen Migrationshintergrund auf (25,7 Prozent).

Ein ähnliches Bild zeigt sich in der Altersgruppe 25 bis 55 Jahre (22 Prozent). Lediglich 9,2 Prozent der Fünfundsechzigjährigen und Älteren haben einen Migrationshintergrund. Bedingt durch die deutlich jüngere Altersstruktur ist auch das Durchschnittsalter niedriger: Personen mit Migrationshintergrund sind im Durchschnitt 35,4 Jahre alt. Deutlich höher fällt das Durchschnittsalter bei der Bevölkerung ohne Migrationshintergrund mit 46,8 Jahren aus (vgl. Statistisches Bundesamt 2015b, S. 84).

Tabelle 3: Eckzahlen zur Bevölkerung nach Migrationsstatus und ausgewählten Merkmalen (vgl. Statistisches Bundesamt 2015b, S. 38)

Altersgruppen in Jahren	Bevölkerung 2014							
	Insgesamt	Ohne Migrationshintergrund	Mit Migrationshintergrund im weiteren Sinn	Mit Migrationshintergrund im engeren Sinn				
				Zusammen	Deutsche		Ausländerinnen und Ausländer	
					Mit	Ohne	Mit	Ohne
					Eigene Migrationserfahrung			
	Tausend							
0 bis 5	3.419	2.237	–	1.182	24	966	63	130
5 bis 10	3.466	2.242	–	1.224	41	958	119	106
10 bis 15	3.690	2.533	–	1.157	54	866	113	125
15 bis 20	4.008	2.897	–	1.111	105	625	156	226
20 bis 25	4.493	3.420	–	1.074	218	343	329	184
25 bis 35	10.062	7.533	–	2.528	865	215	1.200	248
35 bis 45	10.284	7.619	–	2.665	964	128	1.350	223
45 bis 55	13.243	11.057	–	2.186	997	35	1.096	58
55 bis 65	10.880	9.220	–	1.660	873	16	751	19
65 bis 75	8.717	7.751	–	965	444	10	496	16
75 bis 85	6.554	6.049	–	505	325	/	170	7
85 bis 95	1.995	1.872	–	123	97	/	23	/
95 und älter	86	81	–	/	/	–	/	/
Insgesamt	80.897	64.511	–	16.386	5.011	4.165	5.866	1.345

Während sich die Altersstruktur unterscheidet, ist die Geschlechterverteilung (siehe Abbildung 2) ähnlich. Detailliertere Zahlen liefert der Lagebericht der Bundesregierung 2014 (vgl. Die Bundesbeauftragte für Migration, Flüchtlinge und Integration S. 32): Innerhalb der Bevölkerung mit Migrationshintergrund überwiegt mit 50,4 Prozent nur unwesentlich der Männeranteil gegenüber dem Frauenanteil (49,6 Prozent). In der Bevölkerung ohne Migrationshintergrund beträgt der Anteil der Männer 48,8 Prozent. Hier liegt mit 51,2 Prozent der Frauenanteil geringfügig höher.

Die folgende Alterspyramide verdeutlicht noch einmal große Unterschiede in der Altersstruktur zwischen Personen ohne und mit Migrationshintergrund.

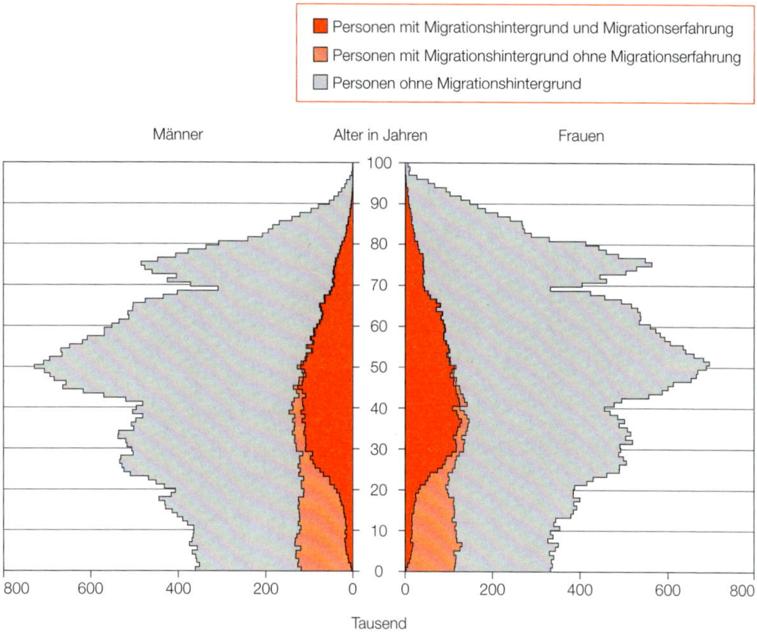

Abbildung 2: Alterspyramide 2014 nach Migrationserfahrung (vgl. Statistisches Bundesamt 2015b, S. 16)

Personen mit Migrationshintergrund und persönlicher Migrationserfahrung. Die Gruppe der Personen mit Migrationshintergrund und Migrationserfahrung ist im Vergleich zur Bevölkerung ohne Migrationshintergrund deutlich jünger. Die meisten Personen mit Migrationshintergrund und Migrationserfahrung sind in der Altersklasse 30 bis 60 Jahre. Damit liegt der Fokus auf der Integration dieser Altersgruppe in den Arbeitsmarkt wie auch auf der betrieblichen (und allgemeinen) Weiterbildung.

Personen mit Migrationshintergrund ohne persönliche Migrationserfahrung. Während die Bevölkerung in Deutschland demografisch altert (vgl. Kapitel 1.4), sind insbesondere die Personen mit Migrationshintergrund ohne Migrationserfahrung in der Altersgruppe der Null- bis Zwanzigjährigen überproportional stark vertreten. Hier handelt es sich hauptsächlich um Migranten der zweiten beziehungsweise dritten Generation. Für die jeweiligen Bildungsphasen lassen sich aus dieser Alterspyramide wichtige Daten ablesen: Insbesondere für den frühkindlichen Bereich, die Primar- und Sekundarstufe sowie für den Ausbildungsbereich ist die Gruppe der Personen mit Migrationshintergrund ohne Migrationserfahrung eine Zielgruppe, die das deutsche Bildungssystem vor wichtige Bildungsaufgaben stellt. Letztlich sind Betreuung, Beschulung und Ausbildung dieser Gruppe von zentraler Bedeutung für die erfolgreiche Integration in die Gesellschaft.

Anteil der Personen mit Migrationshintergrund unter 15 Jahren in den 16 Bundesländern. Wie aus Abbildung 3 hervorgeht, bestehen große Unterschiede in der Verteilung der Personen mit Migrationshintergrund unter 15 Jahren auf die 16 Bundesländer.
Der prozentuale Anteil junger Menschen mit Migrationshintergrund unter 15 Jahren an der altersgleichen Bevölkerung ist in den neuen Bundesländern am geringsten bei unter 16 Prozent mit Ausnahme von Berlin (26,5 Prozent). Im Westen Deutschlands ist der Anteil dieser Personengruppe höher, besonders in den Bundesländern Hessen (27,6 Prozent), Baden-Württemberg (27,1 Prozent) und Nordrhein-Westfalen (24,8 Prozent). In Teilen von Hessen steigt der Anteil auf über 48 Prozent der unter Fünfzehnjährigen verglichen mit der altersgleichen Bevölkerung. In Bayern beläuft sich der Anteil der Personen mit Migrationshintergrund unter 15 Jahren durchschnittlich auf 20,4 Prozent (vgl. Statistisches Bundesamt 2015b, S. 18; S. 148ff.).

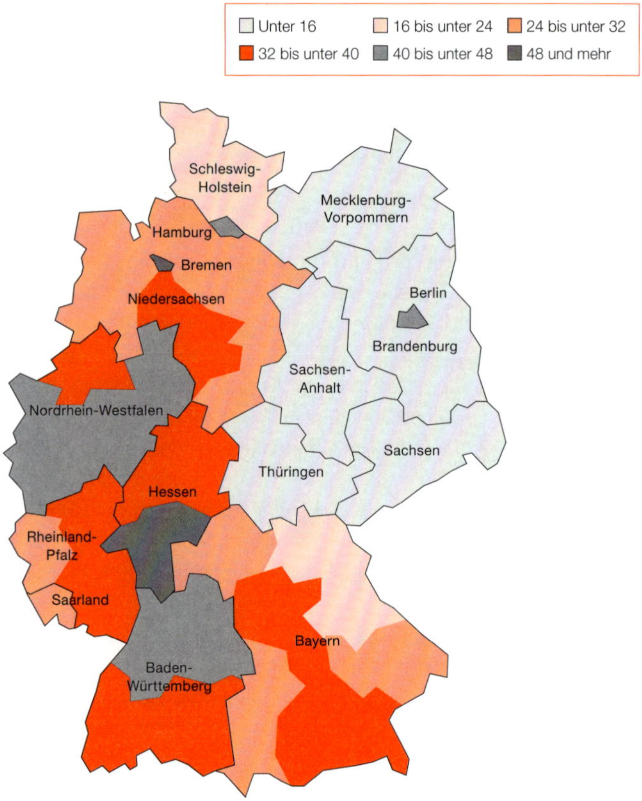

Abbildung 3: Anteil der Personen mit Migrationshintergrund unter 15 Jahren in den Bundesländern (vgl. Statistisches Bundesamt 2015b, S. 18; Angaben in Prozent)

Die nachfolgende Tabelle 4 zeigt die Qualifikationsstruktur der Personen mit und ohne Migrationshintergrund.

Tabelle 4: Bildungsabschlüsse von Personen mit und ohne Migrationshintergrund (vgl. Statistisches Bundesamt 2015b, Angaben in Prozent)

	Personen mit Migrationshintergrund			Personen ohne Migrationshintergrund
	Insgesamt	Darunter: Aus		
		EU-28 und Amerika	Andere Herkunfts-regionen	
Mit berufsqualifizierendem Bildungsabschluss	62,1	70,1	54,8	85,7
Darunter:				
Lehre	39,5	43,4	35,6	58,1
Meister, Techniker, Fachschule	4,9	6,1	3,5	9,9
Akademischer Abschluss[1]	17,7	20,6	15,8	17,7
Ohne berufsqualifizierenden Bildungsabschluss	37,9	29,9	45,2	14,3
Nachrichtlich: Noch in Ausbildung[2]	32,1	26,6	33,9	17,9

1 Bachelor, Master, Diplom oder Promotion.

2 Anteil der noch in schulischer oder berufsqualifizierender Ausbildung befindlichen oder noch nicht schulpflichtigen Personen an der jeweiligen Personengruppe.

Anmerkung: Anteil an der jeweiligen Personengruppe unter Ausschluss noch in Ausbildung befindlicher Personen (in Prozent). Migrationshintergrund: im engeren Sinn. Eigene Berechnungen anhand der vom Statistischen Bundesamt (2015b, S. 262–265) berichteten Daten des Mikrozensus 2014.

Personen mit Migrationshintergrund nach berufsqualifizierendem Abschluss. Unter den Personen mit Migrationshintergrund in Deutschland weisen 62,1 Prozent einen berufsqualifizierenden Abschluss auf (wobei noch in Ausbildung befindliche Personen keine Berücksichtigung finden). Bei den Personen ohne Migrationshintergrund sind dies 85,7 Prozent. Interessanterweise liegt der Anteil der Personen mit einem akademischen Abschluss mit 17,7 Prozent gleichauf zwischen Personen mit und ohne Migrationshintergrund. Der größte Unterschied liegt in der Gruppe, die keinen Abschluss vorweisen kann: 37,9 Prozent der Personen mit Migrationshintergrund haben keinen Berufsabschluss, bei den Personen ohne Migrationshintergrund sind dies nur 14,3 Prozent. Innerhalb der Personen mit Migrationshintergrund zeigt sich in den Bildungsabschlüssen zudem ein deutlicher Unterschied nach Herkunftsregionen. So haben 29,9 Prozent der Personen mit Migrationshintergrund aus der Europäischen Union oder

Amerika keinen berufsqualifizierenden Abschluss, bei den anderen Herkunftsregionen sind dies sogar 45,2 Prozent. Aus der unterschiedlichen Altersstruktur ergibt sich schließlich, dass 32,1 Prozent aller Personen mit Migrationshintergrund sich noch in schulischer oder berufsqualifizierender Ausbildung befinden oder noch nicht schulpflichtig sind. Unter den Personen ohne Migrationshintergrund sind dies nur 14,3 Prozent.

Herkunft der Bevölkerung mit Migrationshintergrund in Deutschland. Abbildung 4 zeigt die Herkunftsländer der Personen mit Migrationshintergrund. Die Mehrheit stammt aus Europa. Über 5,6 Millionen, d. h. 34 Prozent, Personen mit Migrationshintergrund kommen aus den 28 EU-Staaten, insbesondere aus den Ländern Polen (1,6 Millionen; 28,6 Prozent) und Italien (764.000; 13,5 Prozent). Noch etwas häufiger vertreten sind Personen aus dem sonstigen Europa mit 5,8 Millionen (35 Prozent): Der Großteil kommt aus der Türkei (2,9 Millionen; 49,4 Prozent), gefolgt von der Russischen Föderation (1,2 Millionen; 20,6 Prozent). Kasachstan ist mit 5,6 Prozent (920.000 Personen) das einzige zahlenmäßig bedeutende nicht europäische Herkunftsland.

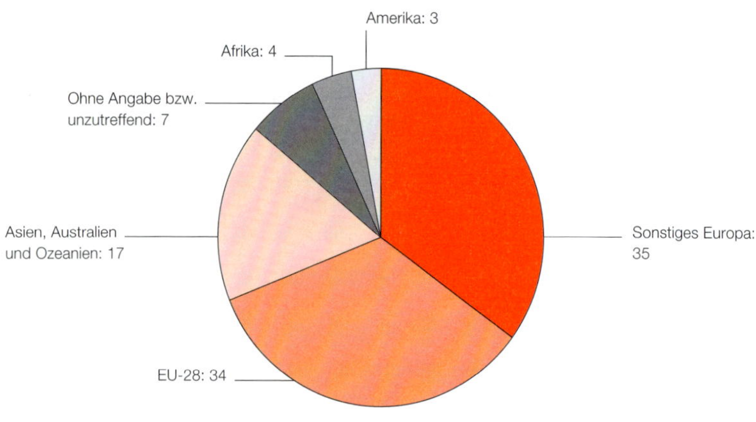

Abbildung 4: Bevölkerung mit Migrationshintergrund im engeren Sinn und nach Herkunftsland (eigene Darstellung nach Zahlen des Statistischen Bundesamtes 2015b, S. 148; Angaben in Prozent)

Zuzüge und Fortzüge unter Berücksichtigung der Herkunfts- und Zielländer. Seit dem Tiefpunkt der Wanderungszahlen in Deutschland im Jahr 2006 ist ein kontinuierlicher Wiederanstieg des Zuzugs zu verzeichnen (siehe Tabelle 5).

Im Jahr 2014 wurden etwa 1,5 Millionen Zuzüge registriert und damit ein Anstieg um 19,4 Prozent im Vergleich zum Vorjahr (1,2 Millionen). Eine solch hohe Zuwanderungszahl gab es zuletzt im Jahr 1992. Unter den Zuziehenden waren 1,3 Millionen Zuzüge von ausländischen Staatsangehörigen – Unionsbürgern und ihren Familienangehörigen sowie Drittstaatsangehörigen. Ebenso stieg die Zahl der Fortzüge im Jahr 2014 im Vergleich zum Vorjahr an (14,6 Prozent). 2014 wurden 0,9 Millionen Fortzüge registriert, darunter ca. 0,8 Millionen Fortzüge von Ausländerinnen und Ausländern. Durch den Anstieg der Zuzugszahlen bei einer gleichzeitig weniger stark steigenden Zahl an Fortzügen ergab sich im Jahr 2014 ein Wanderungsplus von mehr als 550.000 Personen, das höchste seit dem Jahr 1992. Der Wanderungssaldo bei ausländischen Staatsangehörigen betrug knapp +511.000 Personen, während auch 2014 mehr Deutsche das Land verließen (mehr als 26.000 Personen) als zurückkehrten.

Tabelle 5: Übersicht über Zu- und Fortzüge über die Grenzen Deutschlands von 2005 bis 2014 (vgl. BAMF 2016b, S. 2)

Jahr	Zuzüge			Fortzüge			Wanderungssaldo (Zuzugs- beziehungsweise Fortzugsüberschuss)	
	Gesamt	Davon Ausländer	Anteil in Prozent	Gesamt	Davon Ausländer	Anteil in Prozent	Gesamt	Davon Ausländer
2005	707.352	579.301	81,9	628.399	483.584	77,0	+78.953	+95.717
2006	661.855	558.467	84,4	639.064	483.774	75,7	+22.791	+74.693
2007	680.766	574.752	84,4	636.854	475.749	74,7	+43.912	+99.003
2008*	682.146	573.815	84,1	737.889	563.130	76,3	−55.743	+10.685
2009*	721.014	606.314	84,1	733.796	578.808	78,9	−12.782	+27.506
2010	798.282	683.530	85,6	670.605	529.605	79,0	+127.677	+153.925
2011	958.299	841.695	87,8	678.969	538.837	79,4	+279.330	+302.858
2012	1.080.936	965.908	89,4	711.991	578.759	81,3	+368.945	+387.149
2013	1.226.493	1.108.068	90,3	797.886	657.604	82,4	+428.607	+450.464
2014	1.464.724	1.342.529	91,7	914.241	765.605	83,7	+550.483	+576.924

* Für die Jahre 2008 und 2009 ist zu berücksichtigen, dass aufgrund der bundesweiten Einführung der persönlichen Steuer-Identifikationsnummer im Jahr 2008 umfangreiche Bereinigungen der Melderegister in diesen beiden Jahren vorgenommen wurden, die zu zahlreichen Abmeldungen von Amts wegen geführt haben. Da der Umfang dieser Bereinigungen aus den Meldungen der Meldebehörden statistisch nicht ermittelt werden kann, bleiben der tatsächliche Umfang der Fortzüge in den Jahren 2008 und 2009 sowie die Entwicklung gegenüber den Vorjahren unklar (vgl. dazu die Pressemitteilung Nr. 185 des Statistischen Bundesamtes vom 26.05.2010).

Aufenthaltsdauer. Insgesamt 8,2 Millionen ausländische Personen – eine Teilgruppe aller Personen mit Migrationshintergrund – (vgl. Statistisches Bundesamt 2015a) sind erst seit fünf Jahren und weniger in Deutschland (Stand: 31.12.2014). Allerdings gibt es hier große Unterschiede zwischen den einzelnen Bundesländern (siehe Abbildung 5). Während in Mecklenburg-Vorpommern fast drei Viertel der insgesamt 50.000 ausländischen Personen seit kurzer Zeit in Deutschland leben, zeigt sich in Berlin ein völlig anderes Bild: Hier ist lediglich etwa ein Viertel der ausländischen Bevölkerung erst seit weniger als fünf Jahren ansässig. Insgesamt ist ein analoges Bild in allen neuen Bundesländern (mit Ausnahme von Berlin) erkennbar. Bundesweit lässt sich eine relativ einheitliche Verteilung der ausländischen Bevölkerung mit einer Aufenthaltsdauer von fünf bis 15 Jahren feststellen. Der Anteil der Ausländerinnen und Ausländer, die sich bereits seit 30 und mehr Jahren in Deutschland aufhalten, findet seinen Schwerpunkt in den Bundesländern Nordrhein-Westfalen, Hessen und dem Saarland.

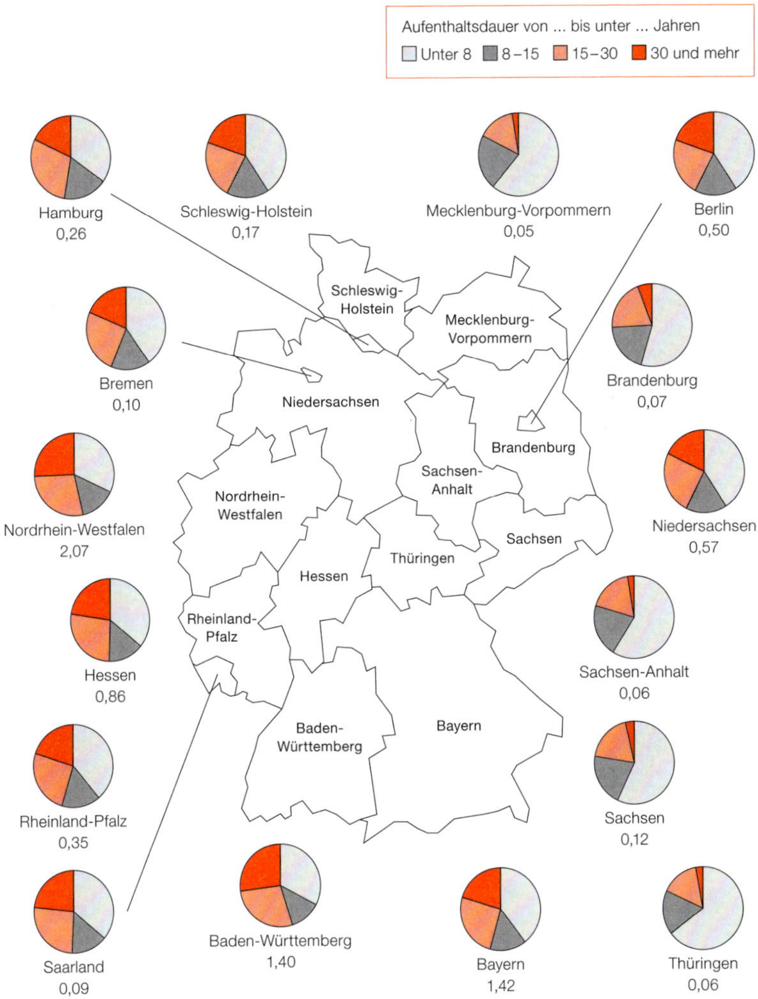

Abbildung 5: Ausländische Bevölkerung am 31.12.2014 nach Bundesländern und Aufenthaltsdauer (vgl. Statistisches Bundesamt 2015a, S. 11; Angaben in Millionen)

1.3.2 Flüchtlinge

Im Jahr 2015 wurden 1.091.894 Asylsuchende im EDV-System EASY (Erstverteilung der Asylbegehrenden) in Deutschland registriert (vgl. Deutscher Bundestag 2016, S. 25). Statistisch erfasst (inklusive soziodemografischer Daten) sind laut Zahlen des Bundesamts für Migration und Flüchtlinge die formellen Erst- und Folgeanträge mit über 475.000 Anträgen (siehe Abbildung 6). Diese Differenz erklärt sich durch die noch ausstehenden Bearbeitungen etlicher Asylfälle.

Entwicklung der Asylantragszahlen. 2015 stellten insgesamt 476.600 Personen einen Asylantrag in Deutschland, wobei die Asylantragszahlen 2015 im Vergleich zu den Vorjahren enorm gestiegen sind. Während im Jahr 2010 insgesamt noch 48.600 Asylanträge gestellt wurden, waren es 2014 bereits 202.800 und 2015 476.600. Hierbei handelt es sich vornehmlich um Erstanträge. Folgeanträge, die nach Ablehnung eines Asylerstantrags gemäß § 71 AsylVfG gestellt werden können, machten in den letzten drei Jahren im Durchschnitt ca. zehn Prozent aus. Abbildung 6 zeigt die Entwicklung der Asylantragszahlen seit 1990 (vgl. BAMF 2016c, S. 3).

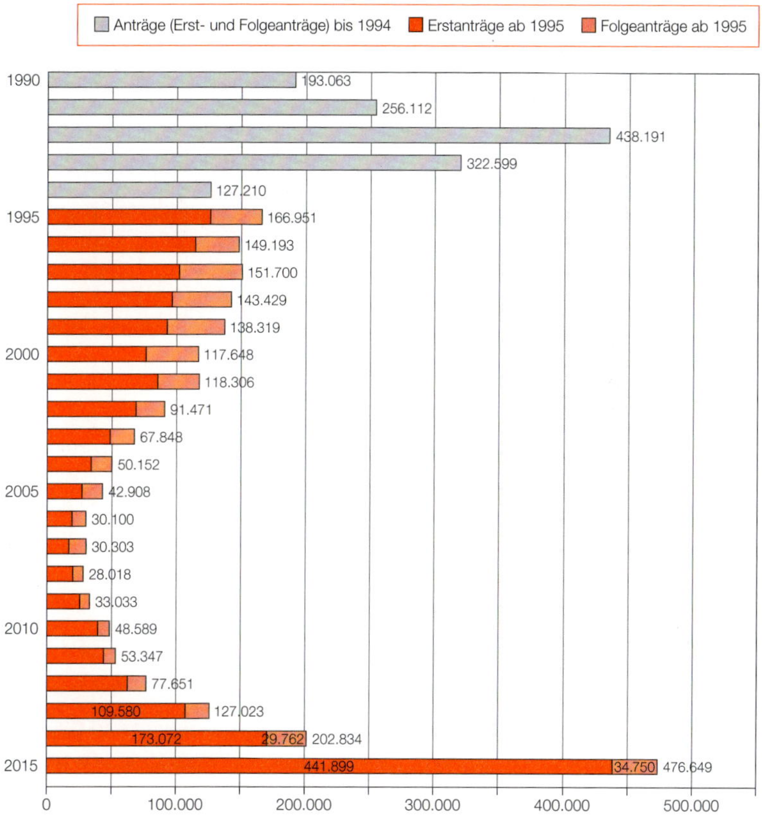

Abbildung 6: Entwicklung der Asylantragszahlen von 1990 bis 2015 (vgl. BAMF 2016c, S. 3)

Die nachfolgende Abbildung 7 zeigt die acht EU-Mitgliedstaaten, in denen die meisten Asylbewerberinnen und Asylbewerber 2015 registriert wurden: Über 1,2 Millionen Asylsuchende beantragten erstmals Schutz in den Mitgliedstaaten der Europäischen Union. Etwa die Hälfte der Personen reichte ihren Antrag in Deutschland oder Ungarn ein.

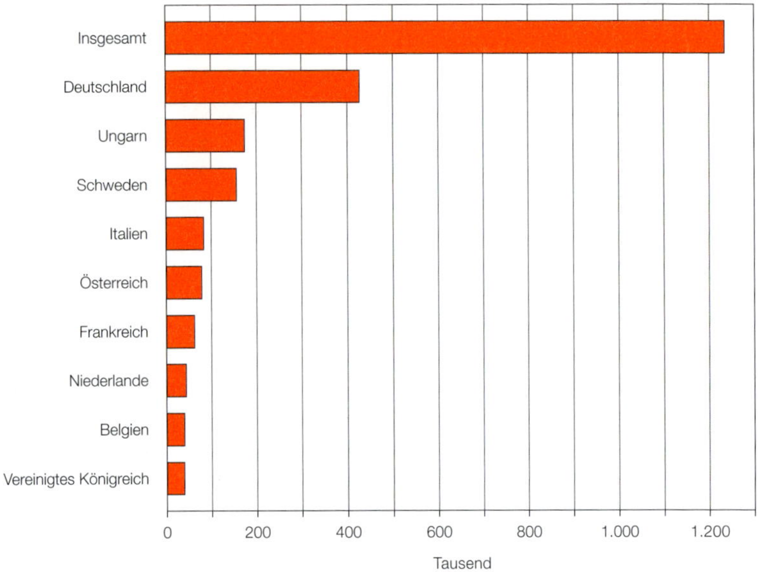

Abbildung 7: Erstmalige Asylsuchende in den EU-Mitgliedstaaten 2015 (eigene Darstellung nach Zahlen des Statistischen Amtes der Europäischen Union 2015)

Entscheidungen über Asylanträge. 2015 wurden in Deutschland 282.728 Asylanträge entschieden (vgl. BAMF 2016a). Insgesamt wurde 140.900 Personen, die einen Asylantrag stellten, Schutz gewährt. Die Gesamtschutzquote[8] lag damit bei knapp der Hälfte, während 17,8 Prozent der Verfahren formell eingestellt und 32,4 Prozent Ablehnungen erteilt wurden (vgl. BAMF 2016a).

Alter und Geschlecht. 2015 stellten insgesamt 441.900 Personen einen Asylerstantrag. Davon sind 56 Prozent (247.000 Personen) unter 25 Jahren, 31,1 Prozent (137.500 Personen) sind minderjährig (siehe Tabelle 6) und damit ist diese Gruppe von besonderer Bedeutung für das deutsche Bildungssystem. Jungen und Mädchen sind in der Altersgruppe bis unter 16 Jahre ungefähr gleich verteilt. Vergleicht man diese Zahl mit der Gesamtzahl von 3,6 Millionen Personen

---

[8] Die Gesamtschutzquote setzt sich zusammen aus der Anzahl der Asylanerkennungen, der Flüchtlingsanerkennungen, der Gewährung von subsidiärem Schutz und der Feststellungen eines Abschiebeverbots bezogen auf die Gesamtzahl der Entscheidungen im betreffenden Zeitraum.

mit Migrationshintergrund unter 15 Jahren in Deutschland (siehe Tabelle 3), macht die Gruppe der Asylerstantragstellerinnen und -antragsteller unter 16 Jahren nur einen kleinen Anteil aus. Die Gruppe der Sechzehn- bis unter Achtzehnjährigen, die in das berufsschulpflichtige Alter fallen, ist mit 20.500 Personen wesentlich kleiner. Allerdings ist hier zu bedenken, dass in dieser Altersgruppe nur zwei Jahre zusammengefasst werden. In der Gruppe der Sechzehn- bis unter Achtzehnjährigen gibt es überwiegend männliche Antragsteller (79,4 Prozent). Speziell für die Subgruppe der unbegleiteten minderjährigen Asylerstantragstellerinnen und -antragsteller 2014 ist zu beachten, dass die Mehrheit (77,1 Prozent) zwischen 16 und unter 18 Jahren alt ist (vgl. BAMF 2016a). Bei den erwachsenen Flüchtlingen ist die größte Gruppe jünger als 25 Jahre. Mit zunehmendem Alter sinkt die Personenanzahl. Insgesamt sind somit 71,1 Prozent der Asylerstantragstellenden jünger als 30 Jahre. Diese Altersstruktur steht im deutlichen Kontrast zur Altersstruktur der Bevölkerung in Deutschland ohne Migrationshintergrund (siehe Abbildung 3). Die Mehrheit der Asylerstanträge 2015 wurde mit 69,2 Prozent von Männern gestellt (vgl. BAMF 2016a). Ein Überblick über Asylerstanträge nach Altersgruppen und Geschlecht unterteilt ist Tabelle 6 zu entnehmen.

Tabelle 6: Asylerstanträge 2015 nach Altersgruppen und Geschlecht (vgl. BAMF 2016c, S. 7)

Altersgruppen in Jahren	**Asylerstanträge**						Anteil männlicher Antragsteller innerhalb der Altersgruppen	Anteil weiblicher Antragsteller innerhalb der Altersgruppen
	Insgesamt		Aufteilung der männlichen Antragsteller nach Altersgruppen		Aufteilung der weiblichen Antragsteller nach Altersgruppen			
	Personen	Prozent	Personen	Prozent	Personen	Prozent	Prozent	Prozent
Bis unter 16	117.008	26,5	64.475	21,1	52.533	38,5	55,1	44,9
16 bis unter 18	20.471	4,6	16.253	5,3	4.218	3,1	79,4	20,6
18 bis unter 25	109.672	24,8	88.121	28,8	21.551	15,8	80,3	19,7
25 bis unter 30	67.258	15,2	50.828	16,6	16.430	12,1	75,6	24,4
30 bis unter 35	46.698	10,6	32.923	10,8	13.775	10,1	70,5	29,5
35 bis unter 40	31.239	7,1	21.216	6,9	10.023	7,4	67,9	32,1
40 bis unter 45	20.194	4,6	13.704	4,5	6.490	4,8	67,9	32,1
45 bis unter 50	12.848	2,9	8.557	2,8	4.291	3,1	66,6	33,4
50 bis unter 55	7.489	1,7	4.711	1,5	2.778	2,0	62,9	37,1
55 bis unter 60	4.245	1,0	2.386	0,8	1.859	1,4	56,2	43,8
60 bis unter 65	2.382	0,5	1.294	0,4	1.088	0,8	54,3	45,7
65 und älter	2.395	0,5	1.116	0,4	1.279	0,9	46,6	53,4
Insgesamt	441.899	100	305.584	100	136.315	100	69,2	30,8

Herkunftsland. Die Herkunftsländer der Personen, die einen Asylerstantrag stellen, verändern sich abhängig vom aktuellen Weltgeschehen von Jahr zu Jahr deutlich. 2010 und 2011 wurden die meisten Asylerstanträge noch von Personen aus Afghanistan gestellt, 2012 von Personen aus Serbien und 2013 von Personen aus der Russischen Föderation. 2014 stammt die mit Abstand größte Gruppe Flüchtlinge aus Syrien mit 39.300 Erstanträgen. 2015 sind die Hauptherkunftsländer Syrien mit über 158.500 Erstanträgen, Albanien mit 53.800 Erstanträgen und Kosovo mit 33.400 Erstanträgen. Ein detaillierter Überblick über die Entwicklung der Asylerstantragszahlen der Hauptherkunftsländer im Zeitraum von 2010 bis 2015 ist in Abbildung 8 dargestellt.

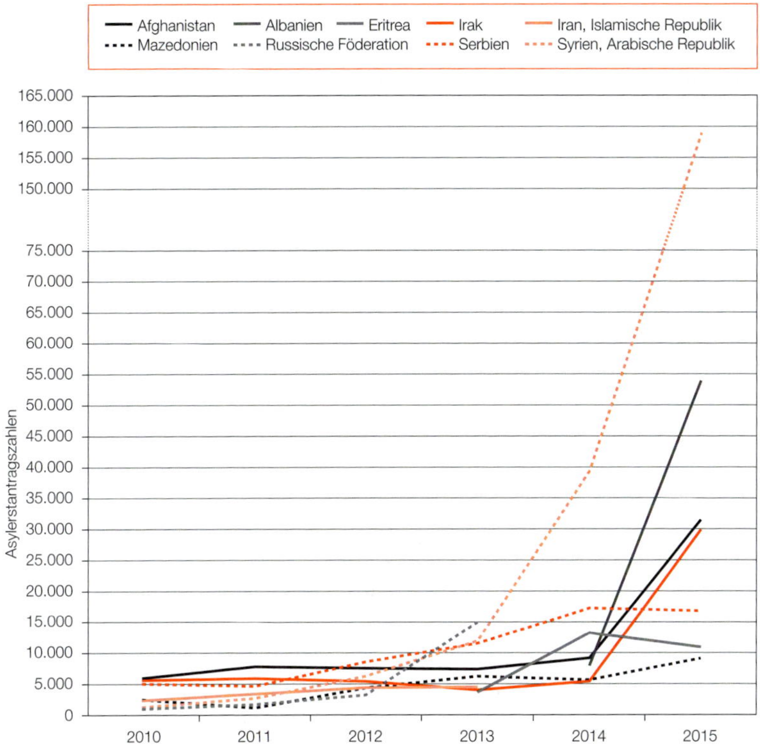

Abbildung 8: Entwicklung der Asylerstantragszahlen nach ausgewählten Herkunftsländern von 2010 bis 2015 (eigene Darstellung nach Zahlen aus BAMF 2015a, S. 19; BAMF 2016c, S. 8)

Religionszugehörigkeit. Wie Abbildung 9 zeigt, gehört die Mehrheit der Flüchtlinge 2014 mit 63,3 Prozent dem Islam an. Die zweitgrößte Religion ist das Christentum mit 24,6 Prozent. Zur Bedeutung der religiösen Identität für die Integration siehe Kapitel 1.1.

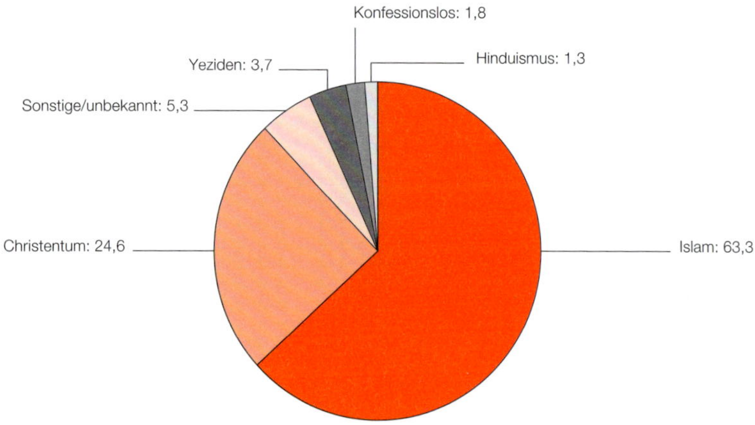

Abbildung 9: Asylerstanträge 2014 nach Religionszugehörigkeit (vgl. BAMF 2015a, S. 25; Angaben in Prozent)

Verteilung auf die Bundesländer. Die Asylerstanträge werden nach dem Königsteiner Schlüssel, der jährlich neu berechnet wird und sich nach Steuereinnahmen und Bevölkerungszahlen richtet, auf die Bundesländer verteilt (vgl. BAMF 2015a). Folglich differiert die Anzahl der Flüchtlinge in den Bundesländern deutlich. Tabelle 7 ist zu entnehmen, dass 2015 die meisten Asylerstanträge in Bayern (67.639), Nordrhein-Westfalen (66.758) und Baden-Württemberg (57.578) gestellt wurden und die wenigsten in Bremen (4.689), im Saarland (10.089) und in Rheinland-Pfalz (17.625).

Tabelle 7: Verteilung der Asylerstanträge 2015 auf die Bundesländer (vgl. BAMF 2016d, S. 5)

Asylanträge nach Bundesländern	Anzahl
Baden-Württemberg	57.578
Bayern	67.639
Berlin	33.281
Brandenburg	18.661
Bremen	4.689
Hamburg	12.437
Hessen	27.239
Mecklenburg-Vorpommern	18.851
Niedersachsen	34.248
Nordrhein-Westfalen	66.758
Rheinland-Pfalz	17.625
Saarland	10.089
Sachsen	27.180
Sachsen-Anhalt	16.410
Schleswig-Holstein	15.572
Thüringen	13.455
Unbekannt	187
Bundesländer insgesamt	441.899

Qualifikationsstruktur. Über die Qualifikationsstruktur der aktuell ankommenden Flüchtlinge liegen keine repräsentativen Daten vor. Allerdings ergeben sich erste Hinweise aus Analysen der amtlichen Statistik der Bundesagentur für Arbeit (BA), die Aussagen über die bei der BA registrierten Erwerbspersonen aus den wichtigsten Asylherkunftsländern zulassen (vgl. Brücker/Hauptmann/Vallizadeh 2015). Dementsprechend hatten 53 Prozent dieser Personen aus den Asylherkunftsländern keine abgeschlossene Berufsausbildung, 22 Prozent berufsqualifizierende Abschlüsse und zehn Prozent eine akademische Ausbildung (die Verbleibenden fallen in die Kategorie „Sonstiges/keine Angabe"). In der Gruppe an Herkunftsländern, die besonders von Krieg, Bürgerkrieg und politischer Verfolgung betroffen sind, liegt der Anteil ohne berufsqualifizierende Ausbildung sogar bei 71 Prozent, jeweils acht Prozent haben einen mittleren oder akademischen Abschluss. Qualitativ ähnliche Ergebnisse ergeben sich aus nicht repräsentativen Erhebungen des BAMF auf Basis von Selbstauskünften sowie aus nicht repräsentativen Befragungen von Teilnehmern von Integrationsprogrammen (vgl. Brücker/Hauptmann/Vallizadeh 2015).

1.4 Demografische und ökonomische Rahmenbedingungen

Ein wesentlicher Aspekt für die Integration von Personen mit Migrationshintergrund und Flüchtlingen ist die Integration auf dem Arbeitsmarkt. Aufgrund der demografischen Entwicklung in Deutschland kann die Zuwanderung gerade auch vor dem Hintergrund eines prognostizierten Fachkräftemangels von einiger Bedeutung für die deutsche Volkswirtschaft sein. Wie in Kapitel 1.2 erläutert, hängt das Recht des Zugangs zum Arbeitsmarkt vom rechtlichen Aufenthaltstitel und von der erwarteten Verbleibedauer ab. Für eine erfolgreiche Integration am Arbeitsmarkt wird es darüber hinaus aber in besonderer Weise auf die Bildung der Personen mit Migrationshintergrund und Flüchtlinge ankommen.

1.4.1 Demografische Entwicklung und zukünftiger Fachkräftebedarf

Es ist seit langem bekannt, dass sich in Deutschland aufgrund der derzeitigen Altersstruktur der Bevölkerung, längerer Lebenserwartung und sinkender Geburtenraten ein deutlicher demografischer Wandel hin zu einer alternden Bevölkerung vollzieht. Schon aus der im vorangegangenen Abschnitt dargestellten Alterspyramide ergibt sich insgesamt für die kommenden Jahrzehnte ein deutlicher Bevölkerungsrückgang. Zwar hat sich der seit 2003 erkennbare Bevölkerungsrückgang seit 2011 aufgrund starker Zuwanderung nicht fortgesetzt, und auch für die nächsten zehn Jahre ist aufgrund weiterer zu erwartender Nettozuwanderung eher nicht mit einem Rückgang unter die derzeitige Bevölkerungszahl von rund 81 Millionen zu rechnen. Auf lange Sicht aber werden sich die Ursachen des Bevölkerungsrückgangs noch weiter verstärken und vermutlich durchsetzen.
So geht aus der aktuellen Bevölkerungsvorausberechnung des Statistischen Bundesamtes (2015c, S. 15) hervor, dass die Bevölkerung Deutschlands bei sich fortsetzenden langfristigen demografischen Trends bei einer langfristigen jährlichen Nettozuwanderung von 200.000 Personen bis 2060 auf 73 Millionen zurückgehen wird. Sollte die jährliche Nettozuwanderung langfristig bei in historischer Betrachtung realistischeren 100.000 Personen liegen, würde die Bevölkerungszahl bis 2060 sogar auf unter 68 Millionen sinken. Aufgrund der

im zweiten Halbjahr 2015 sprunghaft gestiegenen Zuwanderung von Flüchtlingen bleibt unklar, inwiefern diese beiden Zuwanderungsszenarien als realistisch angesehen werden können. Die Bevölkerungsvorausberechnung weist auch eine Modellrechnung mit einem Wanderungssaldo von 300.000 Personen aus, bei der die Bevölkerung bis 2060 nur auf knapp 78 Millionen sinken würde. Welches Ausmaß an jährlicher Nettozuwanderung – also nach Abzug etwa von später in die Heimatländer zurückkehrenden Flüchtlingen – in Zukunft dauerhaft zu erwarten ist, ist derzeit nicht seriös abzuschätzen.

Allerdings kommt hinzu, dass aufgrund der demografischen Trends die Erwerbsbevölkerung noch deutlich stärker zurückgehen wird als die Gesamtbevölkerung. Weitgehend unabhängig vom angenommenen Zuwanderungsszenario wird der Anteil der Bevölkerung im Erwerbsalter (20 bis 64) laut der Bevölkerungsprojektion von derzeit 61 Prozent auf 51 bis 52 Prozent im Jahr 2060 zurückgehen (vgl. Statistisches Bundesamt 2015c, S. 17; siehe auch Statistische Ämter des Bundes und der Länder 2009). Trotz eines relativ geringen projizierten Bevölkerungsrückgangs bis 2030 wird sich die Altersstruktur der Bevölkerung auch schon bis dahin deutlich verändern. Für 2030 wird ein Anteil der Bevölkerung im Erwerbsalter von 55 Prozent vorhergesagt. Wiederum bleibt abzuwarten, inwiefern die aktuelle Zuwanderung von Flüchtlingen diese Trends verändert.

Vor dem Hintergrund der demografischen Entwicklung gibt es wiederholt Versuche, nicht nur die Bevölkerungsentwicklung, sondern auch den zukünftigen Fachkräftebedarf der deutschen Wirtschaft zu prognostizieren. Das ist ein noch weit schwierigeres Unterfangen: Im Zuge des demografischen Wandels ist ja nicht notwendigerweise damit zu rechnen, dass etwa die Anzahl der Firmen oder Arbeitsplätze in Zukunft konstant bleiben wird. Auch gilt ganz generell, dass sich Märkte an den Rückgang des Arbeitsangebots anpassen. So dürften beispielsweise die Löhne in besonders knappen Berufsfeldern stärker steigen als in Berufsfeldern ohne zusätzlichen Bedarf, was entsprechende Anpassungen bei der Ausbildungs- und Berufswahl junger Menschen oder auch der Umschulung älterer Menschen mit sich bringen dürfte. Auch dürften im Zuge der Anpassung von Produktionstechnologien bestimmte Tätigkeiten zunehmend automatisiert oder digitalisiert werden, sodass der Produktionsfaktor Arbeit durch den Produktionsfaktor Kapital substituiert wird. Schließlich können Produktionsprozesse im Rahmen von international arbeitsteiligen Produktionsketten entsprechend umgestaltet werden. Dementsprechend sind Prognosen von „Fachkräftelücken“ oder „Fachkräftemangel“ prinzipiell mit gehöriger Vorsicht zu genießen (vgl. etwa auch Brücker u. a. 2013, S. 4).

Gleichwohl kann es am Arbeitsmarkt zu Ungleichgewichten („Mismatch“) in Bezug auf Bildung, Berufe oder Regionen kommen. Insofern ist damit zu rechnen, dass das sinkende Arbeitsangebot die Situation verstärken könnte, dass in bestimmten Teilen des Arbeitsmarkts offene Stellen unbesetzt bleiben.

So versucht die Studie „Arbeitslandschaft 2040“ von Prognos im Auftrag der vbw (2015a) auf Basis von Entwicklungen auf der Angebots- und Nachfrageseite des Arbeitsmarkts zukünftige Ungleichgewichte am Arbeitsmarkt aufgrund des sinkenden Arbeitskräftepotenzials zu prognostizieren. Dabei wird wiederum eine jährliche Nettozuwanderung von 200.000 Personen angenommen. Bis zum Jahr 2040 sagt die Studie einen Mangel von 3,9 Millionen Arbeitskräften voraus (siehe Abbildung 10), bis zum Jahr 2020 bereits einen Arbeitskräftemangel von 1,8 Millionen (vgl. vbw 2015a, S. 55).

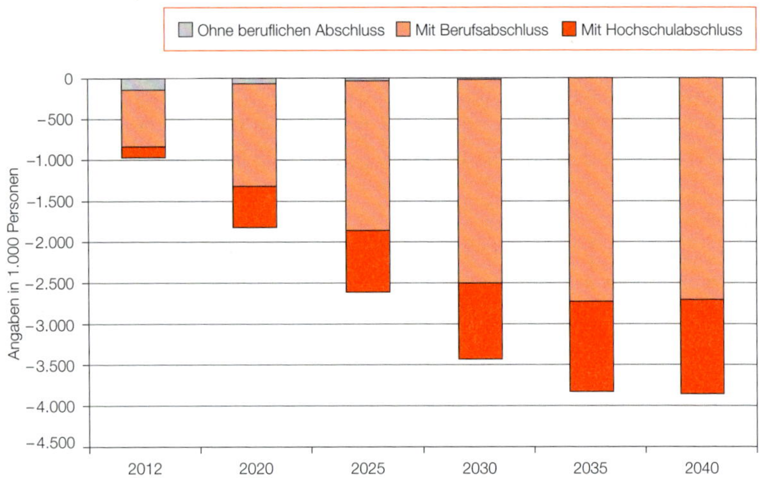

Abbildung 10: Arbeitskräftesaldo nach Qualifikationen, 2012 bis 2040 (vgl. vbw 2015a, S. 56)

Dabei wird bei den Personen ohne beruflichen Abschluss langfristig sogar ein Überangebot an Arbeitskräften vorhergesagt. Mangel wird nur bei Personen mit höheren Qualifikationsstufen prognostiziert: Im Bereich der Personen mit Berufsabschluss werden bis 2020 entsprechend den Modellrechnungen 1,2 Millionen Arbeitskräfte fehlen, bis 2040 sogar 2,7 Millionen. Bei Hochschulabsolvierenden wird bis 2020 eine Lücke von 520.000 und bis 2040 eine Lücke von 1,2 Millionen Personen erwartet. Entsprechend diesen Modellrechnungen wird die „Fachkräftelücke“ – nicht zuletzt vor dem Hintergrund des in den letzten Jahren sichtbaren Anstiegs im Hochschulzugang unter jungen Personen – im Bereich der beruflichen Ausbildung also noch stärker ausfallen als im Bereich der Hochschulbildung.

Der rechnerische Mangel bei den qualifizierten Arbeitskräften erstreckt sich dabei nahezu über die gesamte Bandbreite an Sektoren, Berufen und Tätigkeiten. In Bezug auf die Fachrichtungen ist er bei den Personen mit Berufsabschluss besonders stark ausgeprägt im Bereich der Krankenpflege, bei medizinischen Diensten und im sonstigen Gesundheitswesen, bei den Hochschulabsolvierenden besonders stark in den Fachrichtungen Ingenieurswissenschaften, Naturwissenschaften und Mathematik, Rechts- und Wirtschaftswissenschaften sowie Medizin.[9] Als eine unter mehreren Handlungsempfehlungen zur Bekämpfung des Mangels führt die Studie – neben einer breiten Bildungsoffensive – die gezielte Zuwanderung an.

Vor dem Hintergrund der dargestellten zukünftigen Entwicklungen der Bevölkerung im Erwerbsalter und des Fachkräftebedarfs ergeben sich zwei wichtige Schlussfolgerungen für die Integration von Personen mit Migrationshintergrund und Flüchtlingen:
Erstens ist der zu erwartende Rückgang der Bevölkerung im Erwerbsalter so groß, dass er selbst durch historisch umfangreiche Zuwanderung nicht wird geschlossen werden können. Unter der Annahme, dass die Nettozuwanderung langfristig bei jährlich 200.000 Personen liegt, wird die Bevölkerung im Erwerbsalter bis 2030 um über vier Millionen, bis 2060 um über elf Millionen zurückgehen. Es würde eines Zuwanderungssaldos von insgesamt 450.000 bis 500.000 Personen jährlich bedürfen, um diesen Rückgang aufzuwiegen. Wie aus den im vorangegangenen Abschnitt berichteten Daten zu ersehen ist, ist der Wanderungssaldo seit 2010 zwar deutlich angestiegen. In den Jahren davor lag der Saldo jeweils deutlich unter 100.000, war zum Teil sogar negativ. Seit dem Jahr 2010 ist der Wanderungssaldo von 128.000 kontinuierlich auf 429.000 im Jahr 2013 angestiegen, und im zweiten Halbjahr 2015 hat sich die Zuwanderung von Flüchtlingen noch einmal sprunghaft ausgeweitet. Geht man aber – wie die Bevölkerungsprojektionen dies tun – davon aus, dass eine so hohe Nettozuwanderung kein langfristiger Zustand ist, so wird die Zuwanderung nicht ausreichen, den Rückgang der Bevölkerung im Erwerbsalter auszugleichen.

---

[9] Für spezielle Prognosen zum MINT-Bereich siehe etwa auch Koppel/Plünnecke (2008) und Anger/Koppel/Plünnecke (2015).

Zweitens wird die Möglichkeit der Integration der Personen mit Migrationshintergrund und Flüchtlinge in den deutschen Arbeitsmarkt sehr stark von ihrer Qualifikationsstruktur abhängen. Wie berichtet ist im Bereich der Personen ohne beruflichen Abschluss keinerlei Arbeitskräftemangel zu erwarten, sondern der prognostizierte Arbeitskräftemangel ist allein im Bereich der Personen mit beruflichem Bildungsabschluss und der Hochschulabsolventinnen und -absolventen anzusiedeln. Vor diesem Hintergrund sind die im vorangegangenen Abschnitt berichteten Zahlen zur Qualifikationsstruktur der Bevölkerung mit Migrationshintergrund ernüchternd: Innerhalb der Bevölkerung mit Migrationshintergrund insgesamt liegt der Anteil der Personen ohne berufsqualifizierenden Bildungsabschluss mit 38 Prozent deutlich über dem entsprechenden Anteil innerhalb der Bevölkerung ohne Migrationshintergrund (14 Prozent). Der Anteil der Personen mit Hochschulabschluss liegt mit knapp 18 Prozent hingegen in der Bevölkerung mit und ohne Migrationshintergrund gleichauf. Entsprechend ist der Anteil der Personen mit (mittleren oder höheren) beruflichen Bildungsabschlüssen in der Bevölkerung mit Migrationshintergrund (44 Prozent) deutlich geringer als in der Bevölkerung ohne Migrationshintergrund (68 Prozent). Unter den Zuwandernden aus den wichtigsten von Krieg betroffenen Asylherkunftsländern ist der Bildungsstand noch einmal deutlich niedriger. Während repräsentative Daten über die schulische und berufliche Qualifikation von Flüchtlingen bislang noch ausstehen, weist die wachsende Zahl an Umfragen und Erhebungen in der Summe darauf hin, dass viele der neu Zugewanderten aufgrund fehlender Qualifikation und beruflicher Erfahrung allenfalls eine Helfertätigkeit übernehmen können. Insbesondere die Integration von Frauen in den Arbeitsmarkt ist gegenüber der von Männern von einer Reihe von Hemmnissen geprägt, die neben ungenügender Ausbildung in Schule und Beruf auch an kulturspezifische Gegebenheiten bei Arbeitsteilung und Kinderbetreuung gebunden sein dürfte (vgl. BAMF 2015e).

Der relativ hohe Anteil von Personen ohne berufsqualifizierende Ausbildung wird also das Ausmaß, in dem die Zuwanderung von Migranten und Flüchtlingen zur Deckung des zukünftigen Fachkräftebedarfs beitragen könnte, deutlich beschränken. Dementsprechend werden auch ihre Möglichkeiten zur Integration in den Arbeitsmarkt davon abhängen, dass ihre Qualifikationsstruktur deutlich verbessert wird. Dies gilt umso mehr für die Kinder der derzeitigen Personen mit Migrationshintergrund und Flüchtlinge.

1.4.2 Bildungsinvestitionen, Zuwanderung und Arbeitsmarktintegration

Aus dem Vorgenannten ergibt sich direkt, dass der Bildungsstand der Personen mit Migrationshintergrund und Flüchtlinge einen entscheidenden Faktor für die Chancen zur Integration in den deutschen Arbeitsmarkt darstellen wird.[10] Dies scheint vor dem Hintergrund der aktuellen Arbeitsmarktsituation offensichtlich: In Deutschland beträgt die Arbeitslosigkeit unter Personen mit Hochschulabschluss derzeit 2,5 Prozent, bei Personen mit abgeschlossener Lehre 5,1 Prozent und bei Personen ohne Berufsbildungsabschluss 20 Prozent (vgl. Institut für Arbeitsmarkt- und Berufsforschung 2015a). In einer solchen Situation werden die Beschäftigungschancen auch der Personen mit Migrationshintergrund und Flüchtlinge vor allem vom Bildungsstand abhängen: Mit berufsqualifizierender Ausbildung dürften die Arbeitsmarktchancen gut aussehen, ohne hingegen nicht.
Insofern wird es gerade bei den Kindern mit Migrationshintergrund darauf ankommen, dass sie hierzulande ihr volles Bildungspotenzial ausschöpfen können. Deshalb wird ein großer Teil der weiteren Analysen in diesem Gutachten genau hier ansetzen. In diesem Themenfeld ist auch darauf hingewiesen worden, dass dazu insbesondere ein kontinuierlicher Schulbesuch in Deutschland wichtig sein könnte (vgl. Alba/Handl/Müller 1994). Gerade auch bei unbegleiteten minderjährigen Flüchtlingen werden die zukünftigen Arbeitsmarktchancen entscheidend von erfolgreichen Bildungsinvestitionen abhängen.

In Bezug auf die Bildungsinvestitionen besteht ein wichtiger zu berücksichtigender Punkt darin, dass ein gehöriger Teil der Migration insgesamt von temporärer Natur ist. In europäischen Empfängerländern haben zehn Jahre nach der Ankunft fast die Hälfte der Migranten das Land wieder verlassen (vgl. Dustmann/Görlach 2015). Sowohl die eigenen Bildungsinvestitionen der Migranten als auch die Investition der migrierenden Eltern in die Bildung ihrer Kinder hängen von der beabsichtigten Dauer des Aufenthalts und der Rückkehrwahrscheinlichkeit ab (vgl. Dustmann 1999, 2008). Ist die Migration permanent, so finden sich tendenziell höhere Bildungsinvestitionen im Vergleich zu einer temporär angelegten Migration.[11] Dies dürfte damit zusammenhängen,

---

[10] Für einen Überblick über die Forschungsliteratur über den Zusammenhang zwischen Bildung und Migration sowie als Hintergrund für die weitere Diskussion siehe Dustmann/Glitz (2011).

[11] Darüber hinaus gibt es zirkuläre Migration. Auf Grundlage des Ausländerzentralregisters zeigt sich, dass gut zehn Prozent der sich in Deutschland befindenden Nicht-EU-Bürgerinnen und Nicht-EU-Bürger bereits einmal wieder fortgezogen und danach erneut zugewandert sind (vgl. Schneider/Parusel 2011).

dass sich Investitionen in die Bildung erst ab einer gewissen Dauer lohnen, über die sie später Erträge am Arbeitsmarkt bringen können.

Für Personen mit Migrationshintergrund, die ihre Bildungsabschlüsse aus ihrer Heimat mitbringen, hat die wissenschaftliche Literatur tendenziell zunächst ein Downgrading in Bezug auf Beruf und Bildung festgestellt. Erst nach und nach finden sie in Positionen, die ihrem Hintergrund entsprechen (vgl. Dustmann/ Frattini/Preston 2013; Dustmann/Preston 2012).

Dies dürfte zumindest teilweise an der geringen Transferierbarkeit der im Heimatland erworbenen Bildungsabschlüsse liegen (z. B. Basilio/Bauer 2010). Inwieweit dabei allerdings die Anerkennung von Bildungsabschlüssen helfen kann, ist ungewiss: Für die Wissenschaft, aber auch für die potenziellen Arbeitgeberinnen und Arbeitgeber ist es schwierig, den Signalwert des jeweiligen Abschlusses von den tatsächlich erworbenen Bildungsinhalten zu trennen. Insofern bleibt unklar, ob eine bessere Anerkennung von Abschlüssen die Situation von Personen mit Migrationshintergrund und Flüchtlingen verbessern kann.

Neben dem allgemeinen Bildungsniveau ist insbesondere auf die besondere Rolle des Beherrschens der Sprache des Ziellandes für eine erfolgreiche Integration in den Arbeitsmarkt diskutiert worden. Zunächst ist auf die große Bedeutung von Sprachkenntnissen für eine erfolgreiche Bildungsintegration hinzuweisen (vgl. z. B. Ruhose 2013). Darüber hinaus ist auch die direkte Bedeutung von Sprachkenntnissen für den Erfolg am Arbeitsmarkt in der Literatur zahlreich belegt (vgl. z. B. Chiswick 1991; Bleakley/Chin 2004, 2010) und gerade auch für Deutschland gezeigt worden (vgl. z. B. Dustmann/van Soest 2002; Esser 2006). Vor diesem Hintergrund ist es naheliegend, auch bei Flüchtlingen den Spracherwerb durch entsprechende Maßnahmen zu unterstützen (vgl. etwa BDA 2015).

Schließlich sind auch die Effekte von Migration auf den einheimischen Arbeitsmarkt in einer umfangreichen wissenschaftlichen Literatur untersucht worden. Insgesamt sind durch die Zuwanderung positive Effekte am Arbeitsmarkt zu erwarten. Tendenziell ist dabei allerdings davon auszugehen, dass diejenigen Menschen in Bezug auf ihre Arbeitsmarktchancen (Einkommen oder Beschäftigungschancen) zumindest relativ verlieren, deren Arbeitsleistungen Substitute zu denen der Migranten sind, wohingegen diejenigen gewinnen, deren Arbeitsleistungen Komplemente sind (vgl. z. B. Sinn 2015). Bei Zuwanderung von

Geringqualifizierten wären also tendenziell negative Effekte für Geringqualifizierte und positive Effekte für besser Qualifizierte zu erwarten (vgl. z. B. Borjas 2003, 2014; Aydemir/Borjas 2011). Allerdings bringen Zuwandernde zumeist sehr spezifische Fähigkeiten mit sich, sodasss auch Geringqualifizierte durchaus komplementär zu ihnen auftreten können. Durch Spezialisierung auf komparative Vorteile kann es so zu positiven Effekten auch für Geringqualifizierte kommen (vgl. z. B. Card 2012). Empirisch finden sich für Deutschland keine eindeutigen Arbeitsmarkteffekte der Migration. Tendenziell zeigen sich so gut wie keine adversen Arbeitsmarkteffekte und zum Teil durchaus positive Effekte für Einheimische, wobei es aber auch abweichende Ergebnisse gibt.[12]

Darüber hinaus kann Migration mittelfristig Strukturwandel hervorrufen, indem sich die Produktionstechnologie an die neuen Gegebenheiten anpasst (vgl. Braun/Kvasnicka 2014; Lewis 2011, 2013). Durch die Spezialisierung von Personen mit Migrationshintergrund und Einheimischen entlang ihrer komparativen Fähigkeitsvorteile und entsprechende Berufswahl verändert sich die Berufsstruktur. Tendenziell ist dabei zu beobachten, dass Einheimische ausnutzen, dass sie einen relativen Vorteil in Berufen haben, die einen vermehrten Einsatz der Sprache mit sich bringen. Da diese Berufe tendenziell besser bezahlt sind, können Einheimische mittel- bis langfristig von der Anwesenheit von Migrantinnen und Migranten profitieren (vgl. Peri/Sparber 2009, 2011; Peri 2012; Cattaneo/Fiori/Peri 2015). Auch ist die Tendenz zu beobachten, dass Migration zu verstärkten Bildungsanstrengungen der Einheimischen führen kann, um in höherqualifizierte Berufe ausweichen zu können (vgl. Ruhose 2015). Insofern kann also durchaus damit gerechnet werden, dass eine zusätzliche Integration von Personen mit Migrationshintergrund und Flüchtlingen in den Arbeitsmarkt sowohl für die Zuwandernden als auch für die Einheimischen positive Effekte mit sich bringen kann.

Zusammenfassend ist festzuhalten, dass in Deutschland aufgrund der demografischen Entwicklung in Zukunft ein erheblicher Qualifikationsbedarf im Bereich der Personen mit Berufsabschluss und der Hochschulabsolventinnen und Hochschulabsolventen zu erwarten ist, nicht jedoch im Bereich der Personen ohne beruflichen Abschluss. Die Zuwanderung von Personen mit Migrationshintergrund und Flüchtlingen birgt ein großes Potenzial, zumindest einen Teil dieses Qualifikationsbedarfs zu schließen. Dazu wird es aber entscheidend

---

[12] Vgl. etwa Bauer/Flake/Sinning (2013); Bonin (2005); Brücker/Jahn (2011); D'Amuri/Ottaviano/Peri (2010); Felbermayr/Geis/Kohler (2010); Glitz (2012).

darauf ankommen, ob die Zuwandernden die für den Zugang zum deutschen Arbeitsmarkt notwendigen Qualifikationen mitbringen oder kurzfristig erwerben können. Da ein großer Teil der aktuell ankommenden Flüchtlinge solche Qualifikationen nicht mitbringt, besteht eine große Herausforderung für eine erfolgreiche Integration darin, Sprache und Qualifikationen im Bildungssystem zu vermitteln (vgl. Wößmann 2016). Gelingt dies, kann Migration zur Deckung des zukünftigen Qualifikationsbedarfs beitragen.

1.5 Die psychologische Situation von Zuwandernden

1.5.1 Erfordernisse einer erfolgreichen Akkulturation in Deutschland

In diesem Kapitel wird von Zuwandernden als der Gesamtgruppe der Ausländerinnen und Ausländer, der Asylbewerbenden und der Personen, denen die Eigenschaft als Flüchtling zuzuerkennen ist (anerkannt Schutzberechtigte), gesprochen, die zum Zweck eines längeren Aufenthalts – unter Einschluss eines vorübergehend zeitlich befristeten Aufenthalts – oder eines Daueraufenthalts aus ihren Heimatländern nach Deutschland kommen (vgl. Kapitel 1.2).

Neuanpassungen in verschiedensten Lebensbereichen als Herausforderung und Risiko. Unabhängig von Herkunfts- und Aufnahmeland ist die psychologische Situation von Menschen, die ihr Heimatland verlassen und zum Zweck eines längeren oder dauerhaften Aufenthalts in ein anderes Land wandern, dadurch gekennzeichnet, dass sie Neuanpassungen in verschiedensten Bereichen ihres Lebens leisten müssen. Dazu gehören u. a. das Zurechtfinden in einer neuen beruflichen Tätigkeit, die Bewältigung administrativer Erfordernisse und der Aufbau neuer Sozialkontakte. Im Falle einer Zuwanderung nach Deutschland kommt für die allermeisten Menschen die Anforderung hinzu, eine neue Sprache zu erlernen (anders als in den klassischen Einwanderungsländern – z. B. USA, Kanada – oder in Aufnahmeländern, die früher Kolonialgebiete außerhalb Europas hatten – z. B. Frankreich, Portugal –, bei denen aufgrund dieses Umstandes große Teile der Zuwandernden die Sprache des Aufnahmelandes bereits im Herkunftsland erlernt haben).

Eine erfolgreiche Bewältigung der genannten Akkulturationsanforderungen resultiert in der strukturellen, kulturellen, sozialen und identifikatorischen Assimilation der Zuwandernden in die deutsche Gesellschaft (vgl. Esser 2001). Strukturelle Assimilation meint die Integration in das deutsche Bildungswesen und den deutschen Arbeitsmarkt, sodass keine Statusunterschiede zwischen Zuwandernden und nicht Zugewanderten in Bildungsabschlüssen und Arbeitsmarktchancen mehr bestehen. Kulturelle Assimilation bedeutet den Erwerb vergleichbarer Fähigkeiten, wie sie die Mitglieder der Aufnahmegesellschaft haben; im Mittelpunkt steht hier der Erwerb der deutschen Sprache. Soziale Assimilation bedeutet den Aufbau positiver Kontakte und von Freundschaften zu Deutschen. Identifikatorische Assimilation schließlich bedeutet die Entwicklung einer positiven Einstellung und eines Gefühls der Zugehörigkeit zu Deutschland (vgl. Esser 2001).

Kompetenz in der deutschen Sprache. Dem Erwerb der deutschen Sprache kommt eine Schlüsselrolle bei der erfolgreichen Akkulturation auf den unterschiedlichen Dimensionen zu. So zeigten die großen Schulvergleichsstudien, wie z. B. Programme for International Student Assessment (PISA), immer wieder die zentrale Bedeutung der Lesekompetenz im Deutschen für den schulischen Erfolg von Zuwandererkindern (vgl. z. B. Prenzel u. a. 2013). Weiter ist eine hohe Kompetenz in der deutschen Sprache Voraussetzung für den Aufbau interethnischer Kontakte und prädiktiv für Lebenszufriedenheit und Wohlbefinden, für eine positive nationale Identifikation mit dem Aufnahmeland Deutschland und eine erfolgreiche Integration in den deutschen Arbeitsmarkt (vgl. für einen Überblick Titzmann/Schmidt-Rodermund/Silbereisen 2005; Kristen u. a. 2011; Michel/Titzmann/Silbereisen 2012; Hochman/Davidov 2014). So fanden beispielsweise Gorodzeisky u. a. (2014), dass die Sprachkompetenz türkischstämmiger Zuwandernder im Deutschen prädiktiv für das psychische Wohlbefinden ihrer Kinder war (vermittelt über die Qualität der Eltern-Kind-Kommunikation). Akhtar (2012) untersuchte Austauschstudierende in Deutschland und fand, dass eine hohe Sprachkompetenz im Deutschen das auf die akademischen Anforderungen bezogene Stresserleben verringerte und das psychische Wohlbefinden förderte.

Integration unterschiedlicher kultureller Identitäten. Eine weitere Herausforderung, die Zuwandernde bewältigen müssen, liegt darin, dass sie unterschiedliche kulturelle Kontexte in ihrer Identität und Lebensgestaltung in Einklang bringen müssen. Kulturen – egal ob diese auf national definierte Gruppen, ethnische Gruppen oder andere soziale Kategorisierungsmerkmale (z. B. Geschlecht/Geschlechterkulturen) bezogen sind – sind definiert als Sets von impliziten Normen oder Handlungsaufforderungen, denen eine Person entsprechen muss, will sie ein wertgeschätztes Mitglied der jeweiligen Kultur sein (vgl. Oyserman u. a. 2009; Markus/Kitayama 2010). Personen, die über einen längeren Zeitraum ihrer Lebensgestaltung zwei (oder mehr) Kulturen ausgesetzt sind und die mit diesen Kulturen verbundenen Normen und Handlungsimperative in ihre Identität integriert haben, werden als bikulturell (beziehungsweise multikulturell) bezeichnet (vgl. Benet-Martínez u. a. 2002). Relativ zu „monokulturellen" Personen sind bikulturelle (oder multikulturelle) mit einem breiteren Spektrum von Erwartungen, denen sie gerecht werden müssen, konfrontiert, da verschiedene Kulturen mit unterschiedlichen Werten, Normen und somit unterschiedlichen impliziten Anforderungen an die Person verbunden sind (vgl. z. B. Benet-Martínez/Haritatos 2005; Markus/Kitayama 2010).

Ein Beispiel stellt eine auf die „religiöse Identität" bezogene Herausforderung dar. So kann sich eine Person bei der Entscheidung, ob sie ihren Glauben in ihrer Kleidung (z. B. Kopftuch, Kippa) zum Ausdruck bringt, unterschiedlichen Normen gegenübersehen: Während die säkularisierte Mehrheitsgesellschaft „Religion entweder als durch die Aufklärung überwundene Irrationalität, als Traditionalität oder als Privatsache wertet" (Gärtner 2013, S. 225), gilt eine entsprechende Kleidung in der Herkunftskultur u. U. als religiöses Gebot und ist, als Ausdruck des „Öffentlichmachens" der eigenen religiösen Bindung, positiv konnotiert.

Verschiedene Akkulturationsmodelle beschreiben die psychologischen Prozesse, mittels derer Personen versuchen, unterschiedliche oder gar widersprüchliche kulturelle Anforderungen zwischen Herkunftskultur und Aufnahmekultur miteinander zu vereinbaren. Das bekannteste Modell wurde von Berry (2015) vorgelegt, der vier Akkulturationsstrategien unterscheidet:

- Assimilation bedeutet, dass die Person die Aufnahmekultur in die eigene Identität aufgenommen und die Herkunftskultur aufgegeben hat.
- Integration bedeutet, die Aufnahmekultur wurde angenommen und gleichzeitig die an die Herkunftskultur gebundene Identität bewahrt.
- Separation bedeutet, dass die Herkunftskultur in der eigenen Identität aufrechterhalten, die Aufnahmekultur aber ignoriert oder gar abgelehnt wird.
- Marginalisierung bedeutet, dass sich die Person weder mit ihrer Herkunfts- noch mit der Aufnahmekultur identifiziert.

Verschiedene Autoren haben die Subgruppe derjenigen, die beide Kulturen integrieren (Integration), näher zu beschreiben versucht. LaFramboise, Coleman und Gerton (1993) unterscheiden beispielsweise zwischen Personen, die in Abhängigkeit vom Kontext zwischen ihren beiden kulturellen Identitäten wechseln („alternation"), auf der einen Seite und Personen, die eine neue kulturelle Identität in Form einer Mischung aus beiden Kulturen entwickeln („fused"), auf der anderen Seite. Hong u. a. (2000) sprechen von „cultural frame switching" als einer Kompetenz Bikultureller oder Multikultureller, in Abhängigkeit vom sozialen Kontext (z. B. in Abhängigkeit von der jeweils gesprochenen Sprache; vgl. Chen, 2015) zwischen kognitiven und verhaltensbezogenen „interpretative frames", die mit den verschiedenen Kulturen verbunden sind, zu wechseln. So fanden beispielsweise Verkuyten und Pouliasi (2002), dass in Holland lebende griechischstämmige Kinder dann, wenn ihnen ein Fragebogen in griechischer Sprache vorgelegt wurde, in dem noch dazu einige Symbole der griechischen Kultur abgebildet waren (z. B. die Nationalflagge), stärker im Sinne ihrer griechischen Identität antworteten, z. B. Werte wie Gehorsam von Kindern gegenüber ihren Eltern, Familientradition und Freundschaft stärker bejahten, als wenn ihnen ein Fragebogen in niederländischer Sprache, mit Symbolen der niederländischen Kultur illustriert, gegeben wurde – in dem sie sich stärker im Sinne ihrer niederländischen Identität beschrieben. Benet-Martínez (vgl. Benet-Martínez u. a. 2002; Benet-Martínez/Haritatos 2005) spricht von „bicultural identity integration" als einer zweidimensionalen Personvariablen, auf der sich bikulturelle Personen voneinander unterscheiden können: „cultural blendedness" (z. B. „Ich bin Deutsch-Türkin") vs. „compartmentalization" („Ich sehe mich als Türkin in Deutschland") und „cultural harmony" (z. B. „Ich kann die deutsche und die türkische Kultur gut miteinander in Einklang bringen") vs. „conflict" („Ich fühle, dass die deutsche und türkische Kultur unvereinbar miteinander sind"). Während in manchen Fällen Konflikte, die sich aus mit verschiedenen Kulturen verbundenen Normen oder Anforderungen ergeben, durch „blending" oder „compartmentalization" gelöst werden können, ist das in anderen Fällen nicht möglich (vgl. Gärtner 2013). Theoretisch sind die beiden Dimensionen jedoch unabhängig voneinander und sagen Unterschiedliches vorher (vgl. Benet-Martínez/Haritatos 2005): Während beispielsweise geringe „cultural blendedness" damit einhergeht, dass die Person wenig offen für neue Erfahrungen ist, größere Sprachbarrieren erfährt und in stärker ethnisch segregierten Umgebungen lebt, ist geringe „cultural harmony" eher mit Problemen im interpersonalen Bereich verbunden, z. B. einem stärkeren Erleben sozialer Diskriminierung und belasteten interethnischen Beziehungen.

Alle geschilderten Akkulturationstheorien verweisen darauf, dass Zuwandernde eine identifikatorische Integrationsleistung zu vollbringen haben und dass das subjektive Erleben der unterschiedlichen Kulturen und ihrer Vereinbarkeit maßgeblich dafür ist, inwieweit dies gelingt. So fanden z. B. Berry u. a. (2006) in ihrer Untersuchung von über 7.000 Jugendlichen der ersten und zweiten Zuwanderergeneration in 13 verschiedenen Aufnahmeländern, unter diesen auch Deutschland, dass das objektive Ausmaß der Verschiedenheit der jeweiligen beiden Kulturen (gemessen über die Scores, die die Länder auf den Dimensionen von Hofstede (2001) hatten: „individualism-collectivism, power distance, masculinity-femininity, uncertainty avoidance, long- vs. short-term orientation") für den Akkulturationserfolg irrelevant war, während die gewählten Akkulturationsstrategien vorhersagten, wie gut sich die Jugendlichen in der Aufnahmekultur integrierten: Diejenigen mit Integrations- und Assimilationsstrategien waren psychologisch und soziokulturell besser angepasst als diejenigen, die Separations- oder Marginalisierungsstrategien verfolgten. Speziell für Deutschland fanden Hannover u. a. (2013), dass Jugendliche aus Zuwandererfamilien in standardisierten Leistungstests besser abschnitten, wenn sie ihre Identität als deutsch (Assimilation) oder aber als eine Mischung aus deutscher und Herkunftskultur beschrieben (Integration), als wenn sie sich ausschließlich über ihre Herkunftskultur definierten (Separation).

1.5.2 Akkulturationserwartungen und soziale Vorurteile der Deutschen gegenüber Zuwandernden

Akkulturationserwartungen der Deutschen. Laut einer Befragung aus dem Frühjahr 2015 (vgl. Gesellschaft für Konsum-, Markt- und Absatzforschung 2015), an der ca. 2.000 Bundesbürgerinnen und Bundesbürger teilnahmen, ist die vordringlichste Sorge der Deutschen derzeit auf die Zuwanderung gerichtet: Während es im vergangenen Jahr noch 13 Prozent der Befragten waren, die dieses Thema als die dringlichste Aufgabe überhaupt betrachteten, sind es nun 35 Prozent. Dabei ist der Anteil derjenigen gestiegen, die die Bekämpfung von Ausländerfeindlichkeit und eine bessere Integration für zielführend halten, und der Anteil derjenigen, die eine strengere Handhabung der Anerkennung von Asylanträgen oder von Abschiebungen befürworten, zurückgegangen.

Interessant ist, dass die Erwartungen, die die Mitglieder der jeweiligen Aufnahmegesellschaften in Europa, und so auch in Deutschland, gegenüber Zuwandernden haben, inzwischen ganz überwiegend in Richtung einer Integration von Herkunfts- und Aufnahmekultur ausgeprägt sind. So bejahten in einer repräsentativen Befragung von Deutschen aus dem Jahre 2008 (Mehrfachantworten waren möglich; vgl. Zick/Küpper/Hövermann 2011) 80,6 Prozent die Aussage, dass Zuwandernde ihre Herkunftskultur bewahren und gleichzeitig die deutsche Kultur übernehmen sollten (Integration), wohingegen nur 29 Prozent der

Meinung waren, Zuwandernde sollten ihre Identität als Mitglied ihrer Herkunftskultur zugunsten einer Identifikation mit der Kultur der Aufnahmegesellschaft ablegen (Assimilation). 41 Prozent der Deutschen vertraten gegenüber Zuwandernden ein reines Integrationskonzept, erwarteten also eine Integration beider Kulturen und lehnten gleichzeitig die Möglichkeit der vollständigen Assimilation ab.

Dies bedeutet, Zuwandernde sehen sich hier einer weiteren Akkulturationsanforderung gegenüber, der sie nicht in jedem Fall gerecht werden können. Wie die Forschung zu bi- und multikulturellen Identitäten gezeigt hat, erleben viele die mit unterschiedlichen Kulturen verbundenen Normen und Handlungsimperative als nicht überlappend oder gar konflikthaft, wie z. B. im Falle der oben geschilderten Unvereinbarkeit zwischen den Anforderungen der säkularisierten deutschen Mehrheitsgesellschaft und den für bestimmte religiöse Minderheiten geltenden Kleidungsgeboten (vgl. Benet-Martínez u. a. 2002; Benet-Martínez/Haritatos 2005). Wird die Zugehörigkeit zu verschiedenen Kulturen in der eigenen Identität integriert, kann zwar eine besonders hohe interkulturelle Kompetenz, nämlich die Kompetenz zum „cultural frame switching“ (vgl. Hong u. a. 2000; Chen 2015) oder eine komplexe, integrierte bi- beziehungsweise multikulturelle Identität resultieren (vgl. Martínez/Haritatos 2005); wird sie jedoch nicht bewältigt, können dauerhaftes Stresserleben, Gefühle von Angst und Bedrohung (oder auch tatsächliche Bedrohungen, da man den widersprüchlichen Anforderungen im eigenen Verhalten nicht gleichzeitig gerecht werden kann) die Folge sein (vgl. z. B. Hui u. a. 2015). Ein Beispiel stellen intergenerationale Konflikte innerhalb von Zuwandererfamilien dar, in denen Kinder oft als sprachliche und kulturelle Mittler zwischen ihren Eltern, die weniger kompetent in Hinblick auf die Bewältigung der Assimilationsanforderungen sind, und der Aufnahmekultur dienen müssen (vgl. z. B. Nauck 1994; Weitekamp/Reich/Bott 2002; Titzmann/Sonnenberg 2015).

Sorgen, Ängste und soziale Vorurteile der Deutschen. Zuwandernde sehen sich auch der Herausforderung gegenüber, dass nicht alle Deutschen ihnen gegenüber positiv eingestellt sind. Die Welle von Hilfsbereitschaft und das starke bürgerschaftliche Engagement, das sich in weiten Kreisen der deutschen Bevölkerung bei der Unterstützung der gegenwärtig nach Deutschland kommenden Flüchtlinge gezeigt hat (vgl. z. B. Karakayali/Kleist 2015), darf nicht darüber hinwegtäuschen, dass viele Bürgerinnen und Bürger die gegenwärtige Flüchtlingspolitik auch kritisch bewerten. So ergab eine von der ARD in Auftrag gegebene repräsentative Infratest-Befragung der wahlberechtigten Bevölkerung in Deutschland im November 2015, dass 44 Prozent der Meinung waren, Zuwanderung habe für Deutschland eher Nachteile (gegenüber 37 Prozent, für die die Vorteile überwogen, und 14 Prozent, die „sowohl – als auch" antworteten). 50 Prozent bejahten die Aussage „Es macht mir Angst, dass viele Flüchtlinge zu uns kommen" (gegenüber 48 Prozent, die diese Aussage ablehnten, und zwei Prozent Unentschiedenen). Solche Sorgen und Ängste können, wenn nicht adäquat auf sie reagiert wird, die Grundlage für die Entstehung negativer Einstellungen oder sozialer Vorurteile gegenüber Zuwandernden sein. So äußerten beispielsweise 47 Prozent der im November 2015 in der Infratest-Studie Befragten Verständnis (von „wenig Verständnis" bis „sehr großes Verständnis") für die Protestmärsche der sogenannten Pegida-Bewegung gegen die derzeitige Einwanderungs- und Flüchtlingspolitik – nur 50 Prozent hatten „gar kein Verständnis" (vgl. Infratest dimap 2015).

Soziale Vorurteile sind definiert als sozial geteilte Überzeugungen über die Eigenschaften der Mitglieder der jeweiligen Gruppe, die Grundlage für diskriminierendes Verhalten gegenüber den Personen sind (vgl. Sassenberg u. a. 2007), oder als negative Einstellungen, die jedem Mitglied der Gruppe, d. h. nicht aufgrund individueller Eigenschaften, sondern nur aufgrund der Zugehörigkeit zu der jeweiligen sozialen Gruppe, entgegengebracht werden (vgl. Zick/Küpper/Hövermann 2011). Soziale Vorurteile gegenüber Zuwandernden sind kein spezifisch deutsches, sondern ein weltweit zu beobachtendes Phänomen. Einer Befragung von jeweils 1.000 repräsentativ ausgewählten Personen in acht europäischen Ländern im Jahr 2008 zufolge sind negative Vorurteile gegenüber Zuwandernden in Deutschland im europäischen Vergleich geringer als in Ungarn, Großbritannien, Polen und Italien, aber stärker als in Frankreich und den Niederlanden ausgeprägt (vgl. Zick/Küpper/Hövermann 2011). Aussagen wie „Es gibt zu viele Zuwanderer in Deutschland" bejahten zum damaligen Zeitpunkt 50,5 Prozent der Deutschen. 42,4 Prozent der Befragten stimmten der Aussage zu, dass, wenn Arbeitsplätze knapp sind, Deutsche mehr Anrechte auf sie haben sollten als Zuwandernde, und 40,8 Prozent waren der Meinung, dass Zuwandernde eine Belastung für unsere Sozialsysteme darstellten. Allerdings gab es gleichzeitig auch positive auf Zuwandernde bezogene Einstellungen. So stimmten 75 Prozent der Deutschen der Aussage zu, dass Zuwandernde unsere Kultur bereichern. Auch gegenüber den derzeit nach Deutschland kommenden Flüchtlingen sind durchaus auch positive Einstellungen zu beobachten. So gaben in der repräsentativen Infratest-Studie, die die ARD im November 2015 in Auftrag gegeben hatte, 46 Prozent der Befragten an, dass sie die Flüchtlinge für eine Bereicherung für das Leben in Deutschland hielten (gegenüber 48 Prozent

Ablehnungen dieser Aussage, Rest unentschieden). 56 Prozent der Befragten glaubten, dass die Flüchtlinge perspektivisch auf dem deutschen Arbeitsmarkt gebraucht würden (gegenüber 40 Prozent Ablehnungen, Rest unentschieden).

Derzeit liegen noch keine wissenschaftlichen Studien vor, die Einstellungen (und mögliche soziale Vorurteile) der Deutschen gegenüber den gegenwärtig nach Deutschland kommenden Flüchtlingen in repräsentativen Stichproben erfasst hätten. Auch liegt keine systematische Forschung zu der Frage vor, wie sich die Einstellungen von Deutschen gegenüber den unterschiedlichen Gruppen von Zugewanderten, die schon lange in Deutschland leben, unterscheiden. Dennoch gibt es indirekte empirische Evidenz dafür, dass insbesondere türkischstämmige Zugewanderte und Zugewanderte muslimischen Glaubens sich negativen Einstellungen gegenübersehen. Eine Studie von Asbrock (2010) fand, dass deutsche Studierende insbesondere Türken als signifikant weniger kompetent wahrnehmen als Deutsche. Die Studie von Zick, Küpper und Hövermann (2011) belegt negative Einstellungen gegenüber Menschen muslimischen Glaubens in Deutschland. So stimmten in ihrer repräsentativen Befragung nur 16,6 Prozent der Befragten der Aussage zu, dass die muslimische Kultur gut nach Deutschland passe, 52,5 Prozent der Aussage, dass der Islam eine Religion der Intoleranz sei, und 76,1 Prozent der Aussage, dass die muslimischen Ansichten über Frauen unseren Werten widersprächen. Negative Einstellungen gegenüber Menschen mit schwarzer Hautfarbe wurden zwar von vergleichsweise weniger Deutschen bejaht, aber auch hier gab es doch einen beträchtlichen Anteil von Zustimmungen. So bejahten 30,5 Prozent die Aussage, dass es eine natürliche Hierarchie zwischen schwarzen und weißen Völkern gäbe.

Dass sich negative Einstellungen in diskriminierendem Verhalten gegenüber Zuwandernden niederschlagen und sich auf die psychologische Situation der Betroffenen negativ auswirken können, haben ungezählte Studien belegt. Für Deutschland fand eine groß angelegte Studie des Sachverständigenrats für Integration und Migration (2012), dass 39 Prozent der ausländischen Studierenden, die im Jahr 2012 befragt worden waren, angaben, wegen ihrer Herkunft diskriminierend behandelt worden zu sein. Daten aus einer repräsentativen Befragung von 1.844 nach Deutschland Zugewanderten (SOEP) zeigen, dass Diskriminierungserleben einen schlechteren psychischen und körperlichen Gesundheitsstatus zur Folge hat (vgl. Igel/Brähler/Grande 2010). Glock und Krolak-Schwerdt (2013) fanden, dass deutsche Lehramtsstudierende bei der Beurteilung von Schulleistungen von türkischstämmigen Kindern negativ voreingenommen waren. Zander u. a. (2015) fanden, dass Physiklehrerinnen dann, wenn sie einen türkischen Hintergrund hatten, von ihren (zukünftigen) deutschen Kollegen weniger Kompetenz attestiert wurde. Martiny u. a. (2014) zeigten, dass sowohl türkisch- als auch deutschstämmige Jugendliche der Meinung waren, die meisten Menschen würden die Mathematikkompetenz von Deutschen für höher halten als die von aus der Türkei nach Deutschland Zugewanderten.

1.5.3 Besonderheiten der psychologischen Situation von regulär Zuwandernden

Regulär nach Deutschland Zuwandernde (vgl. Kapitel 1.2.1) haben ihr Herkunftsland in aller Regel aus eigenem Entschluss verlassen, mit dem Ziel, ihre Lebensbedingungen oder die ihrer Familie im Aufnahmeland zu verbessern. Wichtig für ihre psychologische Situation ist weiterhin, dass sie in ihr Herkunftsland jederzeit zurückkehren können, weil sie dessen Schutz genießen. Die Entscheidung, nach Deutschland zu migrieren und dort zu bleiben, ist somit das Ergebnis der Abwägung von Kosten und Nutzen: Die erwarteten oder erlebten Vorteile überwiegen die Nachteile, die als mit dem Verlassen der eigenen Heimat verbunden antizipiert oder erlebt werden, wie z. B. der Verlust alltäglicher Kontakte zu Verwandten und Freunden oder die Abwertung von im Herkunftsland erworbenen schulischen oder beruflichen Zertifikaten.
Wichtige Beispiele für Menschen, die mit einer sozialen Aufstiegsorientierung regulär nach Deutschland migrieren, stellen die in den letzten Jahren deutlich verstärkten Zuwanderergruppen aus den alten EU-Mitgliedstaaten und den neu beigetretenen osteuropäischen EU-Mitgliedstaaten dar, aber auch die Personen, die im Zuge der systematischen Anwerbung von Arbeitskräften in den späten 1950er bis frühen 1970er Jahren des vergangenen Jahrhunderts eingewandert sind und heute bereits in dritter oder vierter Generation in Deutschland leben. Innerhalb dieser Gruppe ist zur Beschreibung ihrer psychologischen Situation weiterhin danach zu differenzieren, was der vorherrschende Zweck ihrer Zuwanderung in die Aufnahmegesellschaft Deutschland war oder ist. Die wichtigsten Zwecke der Zuwanderung sind (a) Erwerbstätigkeit, Studium oder Ausbildung, (b) Familien- und Ehegattennachzug zu deutschen Staatsangehörigen und zu Drittstaatsangehörigen von Drittstaatsangehörigen und (c) (Spät-)Aussiedlung (vgl. BAMF 2015b, S. 50; vgl. Kapitel 1.2).

Zuwandernde, die zum Zweck der Erwerbstätigkeit nach Deutschland kommen. Arbeitsmigration bedeutet, dass Personen aus dem Entschluss heraus migrieren, die sozioökonomische Situation oder die Lebensumstände für sich und gegebenenfalls die eigene Familie zu optimieren. Sie sind also motiviert durch die Aussicht auf die Verbesserung des eigenen Lebensstandards oder darauf, den eigenen Kindern gute Ausbildungsmöglichkeiten und berufliche Optionen zu verschaffen. Dieses Phänomen wird auch als „immigrant optimism" (vgl. Kao/Tienda 1995) bezeichnet.

Zuwandernde: Selbstselektion psychisch besonders stabiler Menschen?
In einer Studie von Glaesmer u. a. (2009) wurde eine bevölkerungsrepräsentative Stichprobe von N = 2.510 Personen aus Deutschland untersucht. 11,1 Prozent waren Personen, die entweder selbst oder bei denen mindestens einer der beiden Eltern im Ausland geboren worden waren. Erhoben wurden Lebenszeitprävalenzen für potenziell traumatisierende Erlebnisse und Vier-Wochen-Prävalenzen für posttraumatische Belastungsstörungen, generalisierte Angststörungen, somatoforme Beschwerden und Zwei-Wochen-Prävalenzen für depressive Störungen. Die Ergebnisse zeigen, dass die Zugewanderten im Vergleich zu Deutschen ohne Migrationsgeschichte zwar signifikant häufiger ein traumatisierendes Ereignis erlebt hatten (im Einzelnen: Kriegshandlungen, Heimatvertreibung, körperliche Gewalt, Zeuge eines Traumas; 33,6 Prozent mindestens ein traumatisierendes Erlebnis gegenüber 22,4 Prozent der Personen ohne Migrationserfahrung), aber nicht häufiger von psychischen Störungen betroffen waren. Diese Befunde werfen die Frage auf, ob diejenigen Menschen, die ihr Herkunftsland verlassen, relativ zu denen, die in gleicher Situation im jeweiligen Land verbleiben, besonders psychisch resilient sind: Sie nehmen – auch unter widrigen Umständen und in eine mehr oder weniger ungewisse Zukunft hinein – ihr Schicksal in die Hand und zeichnen sich entsprechend möglicherweise durch eine besonders stabile psychische Konstitution aus.

Die Aussicht auf gute Verdienstmöglichkeiten war die typische Motivation der sogenannten Gastarbeiter, die im Zuge der Anwerbung von Arbeitskräften in den späten 1950er bis frühen 1970er Jahren des vergangenen Jahrhunderts nach Deutschland eingewandert sind (die größten Gruppen waren Türken, Griechen, Italiener) und die typischerweise eine Beschäftigung im Bereich gering qualifizierter Tätigkeiten fanden. Heute nehmen die Personen, die mit dem Zweck der Erwerbstätigkeit nach Deutschland einwandern, zu zwei Dritteln eine qualifizierte Beschäftigung auf. Diese Veränderung ist einerseits Ausdruck der verstärkten EU-Binnenmigration – diese Personen stellen die mit Abstand größte Gruppe dar (vgl. Kapitel 1.2) – und andererseits einer stärker an der

Qualifikation der Zuwandernden ausgerichteten, selektiven Einwanderungspolitik. Laut Statistiken des BAMF 2013 waren die Hauptherkunftsländer der Zuwandernden aus Drittstaaten mit dem Zweck der Erwerbstätigkeit zu diesem Zeitpunkt Indien, die Vereinigten Staaten, Bosnien-Herzegowina und China. Diese Zuwandernden bringen oft einen Hochschulabschluss mit und arbeiten in Deutschland in akademischen Berufen (teilweise in sogenannten Mangelberufen; vgl. BAMF 2013, S. 51). So fanden beispielsweise Block und Klingert (2012) in einer repräsentativen Befragung von freiberuflichen und selbstständigen Drittstaatsangehörigen, die im Jahr 2011 einen Aufenthaltstitel (nach § 21 AufenthG) in Deutschland hatten, dass sie überdurchschnittlich gut ausgebildet waren: 89,4 Prozent hatten einen Schulabschluss, 83,6 Prozent einen Berufsabschluss und 69,1 Prozent einen Hochschulabschluss. 10,5 Prozent waren in wissensintensiven Dienstleistungen und 8,5 Prozent forschend tätig. Viele der von Block und Klingert (2012) Befragten berichteten, dass ausschlaggebend für ihre Migration nach Deutschland die beruflichen Karrierechancen waren und dass sie sich in ihrem Herkunftsland nicht als Unternehmer hätten selbstständig machen können, so wie sie es jetzt in Deutschland getan haben. Über 70 Prozent beabsichtigten, länger als zehn Jahre in Deutschland zu bleiben.

Zum Zeitpunkt der Einwanderung sind also Personen, die mit dem Zweck der Erwerbstätigkeit regulär zuwandern, durch eine positive Zielorientierung, soziale Aufstiegsorientierung, durch Hoffnung auf Erfolg und durch hohe Bildungsaspirationen für ihre Kinder charakterisiert („immigrant optimism", vgl. Kao/Tienda 1995). Dennoch ist festzustellen, dass sich dies während des Aufenthalts in der Aufnahmegesellschaft durchaus verändern kann und der Optimismus der Einwanderergeneration nicht unbedingt an die nachfolgenden Generationen weitergegeben wird. Dies findet z. B. seinen Ausdruck darin, dass sich Zuwandernde keineswegs mit zunehmender Aufenthaltsdauer immer mehr an die Aufnahmegesellschaft assimilieren, in dem Sinne, dass Unterschiede (z. B. in Bildungserträgen, Arbeitslosigkeitsquoten) über die Generationenabfolge abnehmen und schließlich ganz verschwinden würden (sogenannte direkte Assimilation; vgl. Alba/Nee 1997; Portes/Rumbaut 2005). Vielmehr zeigen sich in verschiedenen Ländern, so auch in Deutschland, insbesondere für sozioökonomisch benachteiligte Zuwanderergruppen häufig Muster einer sogenannten segmentierten Assimiliation (vgl. Alba/Nee 1997; Portes/Rumbaut 2005). Dies kann entweder bedeuten, dass sie sich gar nicht assimilieren, also innerhalb der Aufnahmegesellschaft ihre eigene kulturelle Identität bewahren und ihre Lebenspraxis unverändert fortsetzen (Segregation nach Berry). Oder es kann bedeuten, dass sie sich in sozial benachteiligte Segmente der Aufnahmegesellschaft hinein assimilieren, nämlich in Gruppen benachteiligter Personen ohne Migrationshintergrund oder aber in bereits seit Generationen im Aufnahmeland lebende Zuwanderergruppen aus demselben Herkunftsland hinein (sogenannte abwärtsgerichtete Assimiliation; vgl. Alba/Nee 1997; Portes/Rumbaut 2005).

Einbußen in Motivation, Aufstiegsorientierung und Optimismus können die Folge sein. So fand beispielsweise Walter (2014), der die mathematikbezogene Motivation und die Bildungsaspirationen von Jugendlichen mit und ohne Migrationshintergrund in Deutschland untersuchte, dass in einigen der größten Zuwanderergruppen die Motivation in der ersten Generation stärker war als bei Jugendlichen ohne Migrationshintergrund und als bei Zuwandererjugendlichen der zweiten Generation; ein möglicher Hinweis darauf, dass „immigrant optimism" sich über die Generationen hinweg verringert und einer segmentierten Assimilation Platz macht. Segeritz, Walter und Stanat (2010) fanden unterschiedliche Assimilationsprozesse über die Generationen hinweg in Abhängigkeit vom Herkunftsland der zugewanderten Schülerinnen und Schüler. Bei einem Vergleich ihrer mathematischen Kompetenzen und ihrer anteiligen Repräsentanz am Gymnasium zwischen der ersten, der 1,5ten (außerhalb Deutschlands geboren, doch vor Schulbeginn zugewandert) und der zweiten Generation zeigten sich bei türkischem Hintergrund Hinweise auf eine abwärtsgerichtete Assimilation, nämlich eine Aufrechterhaltung von Disparitäten über die Generationen hinweg, hingegen bei polnischer Herkunft oder Herkunft aus der ehemaligen UdSSR Hinweise auf direkte Assimilation, nämlich eine Angleichung an die Jugendlichen ohne Migrationshintergrund.

Für manche Zuwanderergruppen zeigt sich, dass die Kinder den hohen Bildungsaspirationen ihrer Eltern auch dann entsprechen können, wenn sich die Familien nicht an die Kultur der Aufnahmegesellschaft assimilieren (im Sinne einer Assimilation nach Berry); dies scheint jedoch nur für Zuwanderergruppen zu gelten, die einen vergleichsweise hohen Bildungsstand und sozioökonomischen Status genießen (z. B. Amerikanerinnen und Amerikaner, die in Deutschland weiterhin englisch sprechen und ihre Kinder auf private englischsprachige Schulen schicken). Diese Familien verfügen auch in der Aufnahmegesellschaft über stabile Beziehungen und Ressourcen innerhalb ihrer eigenen Herkunftsgruppe, sodass deren Normen und Werte aufrechterhalten bleiben, ohne dass der Assimilationserfolg dadurch beeinträchtigt werden würde.

Zuwandernde, die zum Zweck des Studiums oder der Ausbildung nach Deutschland kommen. Im Unterschied zur Zuwanderung zum Zweck der Erwerbstätigkeit, die temporär befristet ist, verlängert werden kann oder nach fünf Jahren in einen Anspruch auf Niederlassungserlaubnis und EU-Daueraufenthaltsrecht übergeht, sind Aufenthalte zum Zweck des Studiums und der Ausbildung in der Regel von vornherein befristet. Für nach Deutschland zum Zweck des Studiums zugewanderte Hochschulabsolvierende besteht die Möglichkeit, sich innerhalb von 18 Monaten in Deutschland eine dem jeweiligen Abschluss entsprechende Beschäftigung zu suchen (vgl. Kapitel 1.2.2).

Es gibt Anhaltspunkte dafür, dass diese Studierenden typischerweise zunächst mit dem Ziel nach Deutschland kommen, nach Studienabschluss sofort in ihr Herkunftsland zurückzukehren. So berichten Diehl und Preisendörfer (2007) aus einer Stichprobe von in den Jahren 2004 bis 2006 befragten 600 zufällig aus den Melderegistern ausgewählten Personen, die innerhalb der letzten zwölf Monate ihren Wohnsitz vom Ausland nach Deutschland verlegt hatten, dass nur ein sehr geringer Anteil der zugewanderten Studierenden dauerhaft (8,5 Prozent) in Deutschland bleiben wollte, gegenüber einem Anteil von 39 Prozent der Personen in der untersuchten Gesamtstichprobe. In einer Studie des Sachverständigenrats für Integration und Migration (2012) wurden ausländische Studierende befragt, die schon in einem fortgeschrittenen Stadium ihres Studiums waren. Untersucht wurden 6.239 Masterstudierende und Promovierende aus Drittstaaten, die an einer Universität in einem von fünf verschiedenen EU-Staaten immatrikuliert waren; davon waren 2.706 Studierende in Deutschland eingeschrieben. Die Ergebnisse zeigen für die in Deutschland Studierenden, dass 80 Prozent der in Masterstudiengängen eingeschriebenen und 67 Prozent der Promovierenden gern nach ihrem Abschluss in Deutschland bleiben würden. Wesentliche Begründungen waren, dass die Studierenden ihre Chancen auf dem deutschen Arbeitsmarkt für sehr gut hielten (im Übrigen für besser hielten, als dies bei den ausländischen Studierenden in den anderen untersuchten EU-Ländern der Fall war) und dass sie internationale Berufserfahrung sammeln wollten. Die Daten sprechen weiterhin dafür, dass die Zugewanderten während des Studiums soziale Kontakte zu Deutschen etabliert und häufig die deutsche Kultur schätzen gelernt hatten. Dennoch strebten auch die fortgeschrittenen Studierenden typischerweise einen nur kurz- oder mittelfristigen Aufenthalt in Deutschland nach ihrem Hochschulabschluss an: Nur 12,5 Prozent wollten länger als fünf Jahre nach Beendigung des Studiums bleiben. Und tatsächlich blieben nur gut 25 Prozent der Befragten dann nach ihrem Studienabschluss tatsächlich noch in Deutschland. Als wesentliche Gründe für diese Diskrepanzen wurden ermittelt, dass die Studierenden entweder nichts von der Möglichkeit wussten, eine sich an den Studienabschluss anschließende Aufenthaltsgenehmigung zu erhalten, oder das Verfahren für zu kompliziert hielten.

Zuwandernde, die im Rahmen des Familien- und Ehegattennachzugs nach Deutschland kommen. Die größte Gruppe regulär Zuwandernder bilden Personen, die im Zuge des Familien- und Ehegattennachzugs nach Deutschland kommen. So fanden Diehl und Preisendörfer (2007) in ihrer repräsentativen Befragung von kürzlich Neuzugewanderten, dass 37 Prozent die Familienzusammenführung, 25 Prozent wirtschaftliche Gründe, 16 Prozent politisch-gesellschaftliche Gründe und 23 Prozent andere Gründe als primäres Motiv der Migration nach Deutschland angaben. Auch die Bleibeabsichten waren bei den durch Familienzusammenführung motivierten Zuwandernden besonders hoch: Während insgesamt 39 Prozent der Befragten angaben, langfristig in Deutschland bleiben zu wollen, waren es 55 Prozent derjenigen, für die die Familienzusammenführung das primäre Wanderungsmotiv gewesen war, und 56,1 Prozent derjenigen, die bereits mit ihrem Ehepartner im selben Haushalt in Deutschland lebten.

Langfristige Bleibeabsichten von Zuwandernden werden üblicherweise als Prädiktoren dafür gewertet, dass die Betroffenen selbst in ihre strukturelle Assimilation in die Aufnahmegesellschaft investieren. In der Studie von Diehl und Preisendörfer (2007) zeigen sich jedoch Hinweise darauf, dass in der Gruppe derjenigen, die mit dem primären Ziel der Familienzusammenführung zuwandern, dies nicht unbedingt der Fall ist, sondern hier häufig eine segmentierte Assimilation in die bereits in Deutschland bestehenden familiären Netzwerke hinein angestrebt wird. So waren die Bleibeabsichten von Personen, die bereits vor ihrer Zuwanderung soziale Kontakte (typischerweise in familiäre Netzwerke hinein) nach Deutschland hatten, mit 44 Prozent deutlich häufiger als bei Personen ohne solche Kontakte (26 Prozent) und gleichzeitig – erstaunlicherweise – mit 45,1 Prozent bei Personen, die in Deutschland nicht erwerbstätig waren, höher als bei erwerbstätigen Personen (34,1 Prozent) und mit 47,9 Prozent höher bei Personen, die ihre deutschen Sprachkenntnisse als nicht vorhanden oder schlecht bezeichneten, als bei Personen, die sie als gut oder sehr gut bezeichneten (31,5 Prozent; vgl. Diehl/Preisendörfer 2007, S. 20). Weiter zeigte sich, dass die wenig gebildeten Zuwandernden mit 49,7 Prozent häufiger in Deutschland bleiben wollten als Hochqualifizierte (29,9 Prozent).
Diese Befunde sind kompatibel mit der Sichtweise, dass Zuwanderergruppen, die bereits über mehrere Generationen hinweg in Deutschland leben und des-

halb auch zahlenmäßig besonders groß sind, die Grundlage für segmentierte Assimilationsprozesse bieten. Nach wie vor kommen die meisten Zuwandernden im Rahmen des Ehegatten- und Familiennachzugs aus der Türkei (vgl. BAMF 2015b) und damit aus der Gruppe der Herkunftsländer, bei der die von Diehl und Preisendörfer (2007) befragten Neuzuwandernden besonders hohe Bleibeabsichten hatten (50,4 Prozent gegenüber 21,8 Prozent der aus den EU-15-Ländern und 38 Prozent der aus den neuen EU-Ländern Zuwandernden).

Hierbei zogen im Jahr 2013 mehr Ehefrauen aus der Türkei zu ihren in Deutschland lebenden Männern (49,3 Prozent) als Ehemänner zu ihren in Deutschland lebenden Frauen (38,4 Prozent) nach. Die Verheiratung von in Deutschland sozialisierten Personen mit einer im Herkunftsland sozialisierten Person (meist entfernten Familienangehörigen) kann eine auf die Aufrechterhaltung der Herkunftskultur ausgerichtete Akkulturationsstrategie anzeigen (Separation nach Berry).

Mit der Reform des Zuwanderungsgesetzes im Jahr 2007 wurde festgelegt, dass im Falle eines Ehegattennachzugs von Drittstaatsangehörigen beide Ehepartner das 18. Lebensjahr beendet haben müssen und der nachziehende Ehepartner sich zumindest auf einfache Weise in deutscher Sprache verständigen können muss – um der Praxis Einhalt zu gebieten, dass minderqualifizierte und/oder minderjährige Personen, meist Mädchen und Frauen, nach Deutschland „verheiratet wurden“ (vgl. z. B. Kelek 2005). Auch wenn also die aus Drittstaaten nachziehenden Ehepartner inzwischen volljährig sein müssen, geht ihre Zuwanderung im Vergleich zu derjenigen von Zuwandernden, die mit dem Ziel der Erwerbstätigkeit, eines Studiums oder einer Ausbildung in das Aufnahmeland kommen, weniger auf eigene Initiative, möglicherweise sogar nicht einmal auf einen eigenen Entschluss oder ein persönliches Ziel zurück. So schreiben Diehl und Preisendörfer (2007) zur Veranschaulichung der Ergebnisse ihrer Regressionsgleichung zur Vorhersage der Bleibeabsicht verschiedener prototypischer Neuzuwanderergruppen wie folgt: „Die mit unserem multivariaten Modell prognostizierte Bleibewahrscheinlichkeit beträgt für einen dreißigjährigen hoch gebildeten EU-Migranten, der primär aus wirtschaftlichen Gründen nach Deutschland gekommen ist, hier tatsächlich einer Erwerbstätigkeit nachgeht, ohne Ehepartner hier lebt, gut deutsch spricht und mit seiner momentanen Situation in Deutschland nicht sehr, aber ‚ziemlich zufrieden‘ ist, lediglich fünf Prozent. (…) Eine hohe Bleibeabsicht, nämlich 62 Prozent, besitzt eine 25 Jahre alte Türkin, die zu ihrem Ehemann nach Deutschland gezogen ist, kein Deutsch spricht, nicht erwerbstätig ist, eine mittlere Schulbildung hat und mit ihrem Leben in Deutschland ‚eher unzufrieden‘ ist“ (S. 23).

Für Zuwandernde, die dem zuletzt beschriebenen Prototyp entsprechen, steht im Vordergrund, in die bestehenden Familienstrukturen in Deutschland zu migrieren; möglicherweise hat also Zuwanderung im Rahmen von Ehegatten- oder Familiennachzug eher segmentierte Assimilation zur Folge als Zuwanderung mit dem Ziel der Erwerbstätigkeit, des Studiums oder der Ausbildung. Ein Hinweis auf solche segmentierten Assimilationstendenzen von türkischstämmigen Zuwandernden stammt aus einer Studie von Jacob und Kalter (2013), die Dyaden von Jugendlichen und jeweils einem Elternteil aus muslimischen und Zuwandererfamilien christlichen Glaubens verglichen haben. Sie fanden, dass in den muslimischen Familien über die Generationen hinweg, die sie in Deutschland lebten, die Religiosität stabil blieb oder sich gar verstärkte, wohingegen sie in Zuwandererfamilien christlichen Glaubens über die Generationen schwächer wurde (und damit eine Assimilation an die (vergleichsweise schwächere) Religiosität von Mitgliedern der Aufnahmegesellschaft stattfand). Dieser Befund zeigte sich im Übrigen in allen vier untersuchten Ländern (Deutschland, England, Holland und Schweden). Diehl und Preisendörfer (2007) schreiben über die Assimilation von Neuzuwandernden in bereits im Aufnahmeland bestehende familiäre Strukturen: „Der Bedeutung dieser Netzwerke ist es zuzuschreiben, dass das derzeitige Zuzugsgeschehen nach Deutschland zumindest teilweise in Kontinuität mit den Zuwanderungsprozessen in der Rekrutierungsperiode der 1960er Jahre steht, die ja überwiegend durch den Zuzug gering qualifizierter Arbeitsmigranten geprägt waren. (...) Die im Vergleich zu den Zeiten der Gastarbeiterzuwanderung heute stärker institutionalisierte ethnische Infrastruktur kann zumindest teilweise eine Alternative zur Assimilation und Integration in die Aufnahmegesellschaft bieten. Dies gilt vor allem dann, wenn gleichzeitig die tatsächliche und/oder wahrgenommene Diskriminierung von außen hoch ist und wenn das Verhältnis von Mehrheit und Minderheit durch ökonomische Unterschichtung gekennzeichnet ist ... Diese zwei Bedingungen treffen am ehesten für die zahlenmäßig relativ große Gruppe der türkischstämmigen Nachkommen der Gastarbeitergeneration zu“ (S. 24f.).

Zuwandernde, die als (Spät-)Aussiedler nach Deutschland kommen. Spätaussiedler sind deutsche Volkszugehörige und ihre Ehegatten und Kinder, die die Republiken der ehemaligen Sowjetunion nach 1992 im Wege des Aufnahmeverfahrens verlassen haben und in Deutschland ihren Wohnsitz genommen haben, wenn sie zuvor als Folge von Vertreibung ihren Wohnsitz in den Aussiedlungsgebieten hatten. Bis 1993 bestand dieses Aufnahmerecht auch für deutsche Volkszugehörige, die in den Gebieten der ehemals unter deutscher Verwaltung stehenden Ostgebiete (Polen, Tschechoslowakei, Ungarn, Rumänien, baltische Staaten etc.) ihren Wohnsitz hatten und vor dem 01.01.1993 im Wege des Aufnahmeverfahrens nach Deutschland eingereist sind (Aussiedler). (Spät-) Aussiedler erwerben kraft Gesetzes mit der Wohnsitznahme in Deutschland die deutsche Staatsangehörigkeit. Personen, die aus der DDR zugewandert sind (Aussiedler), haben in der Regel die deutsche Staatsangehörigkeit kraft Abstimmung behalten und waren bereits aufgrund der deutschen Staatsangehörigkeit zur Einwanderung berechtigt.

Insgesamt sind ca. 4,5 Millionen (Spät-)Aussiedler seit 1950 nach Deutschland zugewandert. Die wichtigsten Herkunftsgruppen stammen, nach abnehmender Größe, aus der ehemaligen UdSSR und ihren Nachfolgestaaten, Polen, Rumänien, der Tschechoslowakei und ihren Nachfolgestaaten, Jugoslawien und seinen Nachfolgestaaten, sonstigen Gebieten, und schließlich Ungarn (vgl. Worbs u. a. 2013). Während in den zehn Jahren nach dem Zusammenbruch des Ostblocks Ende der 1980er Jahre des vergangenen Jahrhunderts ungefähr drei Millionen Aussiedlerinnen und Aussiedler nach Deutschland übersiedelten, gingen die Zahlen dann deutlich zurück. Zunächst siedelten vor allem Personen mit deutscher Volkszugehörigkeit über, seit Mitte der 1990er Jahre sind es meist russische Ehegatten oder die Nachkommen dieser Personengruppe, die ganz überwiegend in der russischen Sprache und den postsowjetischen Gesellschaften sozialisiert worden sind (vgl. Herwartz-Emden/Waburg/Westphal 2014).

Als Voraussetzung für ihre Übersiedlung nach Deutschland müssen (Spät-)Aussiedler nachweisen, sich in ihrer Heimat zum deutschen Volkstum bekannt zu haben. Solch ein Bekenntnis kann durch eine Nationalitätenerklärung oder den Nachweis deutscher Sprachkenntnisse auf dem Niveau B1 des Gemeinsamen Europäischen Referenzrahmens für Sprachen oder durch den Nachweis abgelegt werden, dass innerfamiliär Deutschkenntnisse vermittelt wurden. Kann der Antragstellende diese Voraussetzungen nachweisen, erhält er einen Aufnahmebescheid, mit dem er nach Deutschland einreisen kann und – gegebenenfalls unter Einbezug von Ehepartner und Abkömmlingen – automatisch die deutsche Staatsbürgerschaft erhält. Ehegatten und Abkömmlinge können seit dem Jahre 2013 auch zu einem späteren Zeitpunkt nachträglich noch in den Aufnahmebescheid eingeschlossen werden und nach Deutschland einwandern. Das Erfordernis eines Nachweises von Grundkenntnissen der deutschen Sprache gilt jetzt nur noch für Ehegatten und erwachsene Abkömmlinge, nicht jedoch für Minderjährige (vgl. Worbs u. a. 2013). (Spät-)Aussiedler erhielten in den 1990er Jahren in Deutschland finanzielle Eingliederungshilfen und unterschiedliche Angebote zur Integrationsförderung.

Die psychologische Situation der Zuwanderergruppe der (Spät-)Aussiedler ist einerseits dadurch gekennzeichnet, dass sie aufgrund ihrer deutschen Vorfahren und aufgrund der damit verbundenen Privilegien – nämlich der Möglichkeit des einfachen Erwerbs der deutschen Staatsbürgerschaft und in früheren Jahren außerdem die besonderen Integrationsunterstützungsmaßnahmen – eine starke Identifikation als Deutsche und ein Zugehörigkeitsgefühl zu Deutschland mitbringen sollten. So fanden Silbereisen, Lantermann und Schmitt-Rodermund (1999), dass 78 Prozent der (Spät-)Aussiedler als Hauptmotiv ihrer Übersiedlung nach Deutschland angaben, „to live as a German with other Germans". Ein entsprechendes Assimilationsbedürfnis an die Aufnahmekultur sollte auch dadurch gestärkt werden, dass die Betroffenen in ihren Herkunftsländern häufig als ethnische Minderheit, als „Deutsche" oder gar „Nazis" diskriminiert worden sind, sodass für Personen, die aus ehemals kommunistischen Ländern übersiedeln, generell eine „ethnische Verfolgung" angenommen wird (vgl. Schader-Stiftung 2005).

Andererseits ist die psychologische Situation der (Spät-)Aussiedler in Deutschland durch dieselben Probleme gekennzeichnet wie die anderer Zuwanderergruppen auch, wie z. B. sprachbedingte schulische Nachteile oder die Abwertung von im Herkunftsland erworbenen Zertifikaten. So schreiben Herwartz-Emden, Waburg und Westphal (2014): „Neben diesen migrationstypischen Aspekten entsteht eine spezifische Problematik aus der in der deutschen Abstammung fußenden Annahme einer ‚kulturellen Nähe' zur Aufnahmegesellschaft auf der einen Seite und dem Erleben von kulturellen Unterschieden (die auf der langen Trennung vom ‚Mutterland' und unterschiedlichen sozialen, wirtschaftlichen und kulturellen Entwicklungen basieren) sowie Stigmatisierungen auf der anderen Seite" (S. 173).

Bedingt durch die gesetzlichen Vorgaben zum Erwerb der deutschen Staatsbürgerschaft ist die Zuwanderung von Spätaussiedlern inzwischen vor allem auch eine „Familienzuwanderung" (vgl. Herwartz-Emden/Waburg/Westphal 2014, S. 173). Nichtsdestotrotz spricht die Empirie für die Gruppe der (Spät-)Aussiedler für andere Akkulturationsmuster als für die Gruppe der türkischstämmigen Zuwandernden. So zeigt beispielsweise die langjährige Forschung der Jenaer Gruppe um Titzmann und Silbereisen eine mit der Zeit des Aufenthalts in Deutschland zunehmende Assimilation von Aussiedlerjugendlichen in ihren Einstellungen, Sozialkontakten und ihrem Sprachgebrauch (z. B. vgl. Silbereisen/Lantermann/Schmitt-Rodermund 1999; Titzmann/Silbereisen 2009; Titzmann/Sonnenberg 2015). Herwartz-Emden, Waburg und Westphal (2014) sowie Farrokhzad u. a. (2011) berichten aus Interviewstudien mit Müttern und Vätern aus Aussiedlerfamilien, dass diese ihren stark kollektivistisch geprägten Erziehungsstil, den sie selbst in ihren Herkunftsländern erfahren und erlernt hatten, an den stärker individualistisch geprägten Erziehungsstil in deutschen Familien angepasst haben, gleichzeitig ihre Kinder aber nach wie vor stärker als in deutschen Familien üblich auf Leistung und Gehorsam gegenüber Autoritäten hin orientieren wollten. Die Ergebnisse der PISA-Studien zeigen für Deutschland, dass in den meisten der Familien aus der ehemaligen UdSSR und Polen am häufigsten Deutsch zuhause gesprochen wird, nicht aber in türkischstämmigen Familien, in denen in den meisten Fällen eine Mischung aus Türkisch und Deutsch gesprochen wird (vgl. OECD 2004). Entsprechend zeigen Schülerinnen und Schüler dann, wenn sie aus einer Familie stammen, die aus den postsowjetischen Ländern oder Polen zugewandert ist, nicht aber, wenn sie aus einer türkischstämmigen Familie stammen, Angleichungen über die Generationenabfolge in ihren schulischen Leistungen an die von Schülerinnen und Schülern ohne Migrationshintergrund (vgl. Segeritz/Walter/Stanat 2010). Ähnlich stellt sich die Situation in Hinblick auf den deutschen Arbeitsmarkt dar: (Spät-)Aussiedlerinnen und (Spät-)Aussiedler haben häufiger einen Bildungsabschluss, einen Berufsabschluss und sind seltener von Arbeitslosigkeit betroffen als türkischstämmige Zuwandernde (vgl. z. B. Statistisches Bundesamt 2014a). Diese Unterschiede können einerseits auf die unterschiedlichen (vor allem sprachlichen) Akkulturationspraktiken, aber auch auf die unterschiedliche Integrationspolitik gegenüber den beiden Zuwanderergruppen zurückgeführt werden (vgl. Söhn 2008).

1.5.4 Besonderheiten der psychologischen Situation von anerkannt Schutzberechtigten

Im Unterschied zu den bisher beschriebenen Gruppen regulär Zuwandernder, die ihr Herkunftsland freiwillig verlassen haben, sind anerkannt Schutzbedürftige in Deutschland, weil sie keine andere Wahl hatten, als ihre Heimat aufzugeben. Es handelt sich hierbei um die Personen, denen der Flüchtlingsstatus aufgrund der Genfer Flüchtlingskonvention, des Grundgesetzes oder der EU-Richtlinie zum subsidiären Schutz zuzuerkennen ist. Wie in Kapitel 1.2.1 dargestellt, sind dies Menschen, die vor drohender Verfolgung, unmenschlicher oder erniedrigender Behandlung oder willkürlicher Gewalt gegen Zivilpersonen in bewaffneten Konflikten fliehen und nicht in ihr Herkunftsland zurückkehren können.

Traumatisierungen. Insbesondere die Situation von anerkannt Schutzberechtigten im dargelegten Sinne ist häufig von Traumatisierungen gekennzeichnet, die sie als Folge des Erlebens von Ereignissen erfahren, die dem sogenannten Traumakriterium entsprechen. Potenziell traumatisierende Ereignisse sind wie folgt definiert:

Traumakriterium nach ICD-10 (Internationale Statistische Klassifikation der Krankheiten und verwandter Gesundheitsprobleme; Deutsches Institut für medizinische Dokumentation und Information 2015): „... belastendes Ereignis oder eine Situation kürzerer oder längerer Dauer, mit außergewöhnlicher Bedrohung oder katastrophenartigem Ausmaß, die bei fast jedem eine tiefe Verzweiflung hervorrufen würde (z. B. Naturkatastrophe oder menschlich verursachtes schweres Unheil, Kampfeinsatz, schwerer Unfall, Beobachtung des gewaltsamen Todes Anderer oder Opfersein von Folter, Terrorismus, Vergewaltigung oder anderen Verbrechen)."

Traumakriterium nach DSM-IV-TR (Saß u. a. 2003): (1) Die Person erfuhr, wurde Zeuge oder war konfrontiert mit einem oder auch mehreren Ereignissen, die drohenden oder tatsächlichen Tod, drohende oder tatsächliche ernsthafte Körperverletzung oder die Bedrohung der körperlichen Unversehrtheit der eigenen Person oder anderer Personen einschloss, und (2) die Person reagierte darauf (u. a.) mit starker Angst, Gefühlen von Hilflosigkeit oder Grauen; bei Kindern auch desorganisiertes oder agitiertes Verhalten.

Anerkannt Schutzberechtigte fliehen vor Bürgerkrieg oder militärischen Konflikten, vor lebensbedrohender Diskriminierung, Verfolgung, Inhaftierung oder Folter. Viele durchleben auf der Flucht weitere traumatisierende Ereignisse: Sie werden von skrupellosen Schlepperbanden den Naturgewalten ausgesetzt, wie die Menschen, die derzeit in großer Zahl nach Europa zu fliehen versuchen, sie werden Opfer organisierter Kriminalität, körperlicher oder sexueller Gewalt und sind auf ihrem Weg oft wochenlang in Unsicherheit, ob sie jemals ihr Ziel erreichen werden. Die UNICEF (2014) weist auf die besondere Situation von Flüchtlingskindern hin. Ein häufiger Grund für die Flucht von Familien sei auch, dass die Eltern ihre Kinder vor repressiven Regimen schützen wollten, z. B. davor, dass sie als Kindersoldaten missbraucht oder zwangsverheiratet werden, dass sie Opfer von Genitalverstümmelung oder Kinderhandel werden, dass sie aufgrund ihrer Abstammung aus einer ungesetzlichen Beziehung der Eltern diskriminiert werden, z. B. nicht in Geburtsregister eingetragen und damit von sämtlichen Bürgerrechten ausgeschlossen werden (S. 11).

Zusammengefasst sind anerkannt Schutzberechtigte im dargelegten Sinne in ihrem Herkunftsland und auf der Flucht häufig mit potenziell traumatisierenden Ereignissen konfrontiert und erleben Angst, Bedrohung und Unsicherheit. Ehlers und Wildt (2015) betonen, dass jede Reaktion, die Menschen auf ein traumatisches Ereignis hin zeigen, eine normale Reaktion auf ein anormales Ereignis ist. Als Folge des Erlebens traumatischer Ereignisse können sogenannte posttraumatische Belastungsstörungen auftreten, die durch Intrusionen, Vermeidungsverhalten, erhöhtes „Arousal" und Gefühlstaubheit gekennzeichnet sind. Intrusionen meinen das nicht beabsichtigte und unabweisbare Wiedererleben des Traumas in Form von Albträumen, inneren Bildern oder körperlichen Empfindungen. Die Folge ist dysfunktionales Vermeidungsverhalten, mit dem die Personen versuchen, solche Intrusionen zu verhindern; sei es, dass sie aufkommende Gefühle und Gedanken wegzuschieben versuchen, Kontakte mit verbundenen Orten oder Situationen meiden oder Drogen konsumieren, um ihre Symptome zu lindern. Erhöhtes Arousal kann sich darin zeigen, dass die Personen permanent ihre Umgebung nach lauernden Gefahren absuchen, was sich z. B. in Schlaf- oder Konzentrationsstörungen zeigen kann. Das Symptom der Gefühlstaubheit schließlich zeigt sich darin, dass Zustände von Unruhe und Empfindsamkeit, die u. a. durch Intrusionen ausgelöst sein können, mit dem Erleben abwechseln, emotional nichts mehr zu empfinden, was zu sozialem Rückzug und Interessenverlust führen kann (z. B. Ehlers/Wildt 2015).

Traumatisierungen können weiterhin psychische Erkrankungen anderer Art auslösen, wie depressive Beschwerden, generalisierte Angststörungen oder somatoforme Störungen, z. B. chronische körperliche Schmerzen als Folge von Folter oder Erfahrungen sexueller Gewalt (vgl. Liedl/Knaevelsrud/Müller 2014). Weiter entwickeln Betroffene oft in dem Versuch, ihre Symptome zu mildern, Suchterkrankungen. Erfahrungen zeigen, dass viele Traumatisierte oft erst Jahre nach ihrer Ankunft in Deutschland (entweder weil ihnen die sprachlichen Kompetenzen oder das Wissen über Hilfsangebote fehlen, weil Versorgungskapazitäten nicht vorhanden sind, Behandlungsangebote schwer oder nicht erreichbar sind oder die Leistungsträger keine Finanzierung gewähren) in einer psychotherapeutischen oder medizinischen Einrichtung vorstellig werden und dann häufig bereits verschiedene komorbide Erkrankungen ausgebildet haben (z. B. körperliche Leiden, Depression, Substanzmittelmissbrauch, Alkoholmissbrauch, Impulskontrollprobleme, Essstörungen, Selbstverletzungen und Suizidversuche; vgl. Baron u. a. 2014; Universität Konstanz 2015).

Belastbare Studien zur Prävalenz und zu Folgen von Traumatisierungen speziell für derzeit in Deutschland lebende anerkannt Schutzberechtigte liegen nicht vor. Auch eine Aussage darüber, in wie viel Prozent der Fälle und in Abhängigkeit von welchen Randbedingungen Erfahrungen, die das Traumakriterium erfüllen, eine posttraumatische Belastungsstörung auslösen, kann auf der Grundlage empirischer Studien nicht verlässlich gemacht werden. Dass solche Erfahrungen sehr unterschiedlich verarbeitet werden können, also von manchen Menschen erfolgreich überwunden werden, bei anderen hingegen zu lebenslangen Beeinträchtigungen führen, legen die Ergebnisse einer Übersichtsstudie von Lindert u. a. (2008) nahe, in der sich enorme Schwankungen in den Befunden verschiedener Untersuchungen zeigten. Lindert u. a. (2008) erstellten eine systematische Übersicht über nationale und internationale Studien aus den Jahren 1994 bis 2007, die Depressivität, Angst und posttraumatische Belastungsstörungen bei regulär Zuwandernden, die mit dem Zweck der Erwerbstätigkeit gekommen sind, Asylbewerbenden und anerkannt Schutzberechtigten (die Autoren und Autorinnen selbst sprechen von „Flüchtlingen") empirisch analysiert haben. 37 Studien erfüllten die Kriterien für den Einschluss, sie umfassten 24.681 Personen, davon 16.971 mit dem Zweck der Erwerbstätigkeit Zugewanderte und 7.710 anerkannt Schutzberechtigte. Die Prävalenzraten für Depression schwankten zwischen drei und 47 Prozent für die mit dem Zweck der Erwerbstätigkeit Zugewanderten und zwischen drei und 81 Prozent für die anerkannt Schutzberechtigten, für Angststörungen zwischen sechs und 44 Prozent für die mit dem Zweck der Erwerbstätigkeit Zugewanderten und zwischen fünf und 90 Prozent für die anerkannt Schutzberechtigten sowie für posttraumatische Belastungsstörungen zwischen vier und 86 Prozent in der Gesamtgruppe. Die Autorinnen und Autoren schlussfolgern, dass sowohl mit dem Zweck der Erwerbstätigkeit Zugewanderte als auch Asylbewerbende und anerkannt Schutzberechtigte in Hinblick auf ihre psychische Gesundheit und ihre Bewältigungsressourcen äußerst heterogene Gruppen darstellen und dass qualitativ hochwertige Studien mit repräsentativen Stichproben fehlen, um auf der Grundlage einer angemessenen Schätzung der Prävalenzen eine Bedarfsplanung für auf mentale Gesundheit und soziale Unterstützung bezogene Hilfsangebote entwickeln zu können.

Eine speziell auf Deutschland bezogene retrospektive Studie über Personen mit einem Flüchtlingsschicksal wurde von Beutel, Decker und Brähler (2007) vorgelegt. In einer repräsentativen Stichprobe von 2.043 Deutschen verglichen sie Personen, die vor 1946 geboren worden waren und am Ende des Zweiten Weltkrieges, also als Kinder, von Flucht und Vertreibung betroffen waren, mit Deutschen ohne ein solches Schicksal. Die 133 Betroffenen berichteten einen vergleichsweise ungünstigeren Gesundheitszustand, im Besonderen war das Auftreten von Angst- und Panikattacken signifikant erhöht. Ähnliche Befunde wurden von Muhtz u. a. (2011) berichtet, die 502 Menschen, die am Ende des Zweiten Weltkrieges aus den östlichen deutschen Gebieten im Alter von fünf bis zwölf Jahren vertrieben worden waren, nach traumatischen Erfahrungen, posttraumatischen, komorbiden und depressiven Stresssymptomen und ihrer Lebensqualität befragt hatten. 31,5 Prozent der Teilnehmenden nannten posttraumatische Stresssymptome, die die Diagnose einer posttraumatischen Belastungsstörung rechtfertigen, und 33,7 Prozent Symptome einer teilweisen Belastungsstörung. Beide Gruppen berichteten von einer reduzierten Lebensqualität, häufigen depressiven und komorbiden Symptomen und einem geringeren Wohlbefinden als Befragte ohne posttraumatische Belastungsstörung. Diese Ergebnisse zeigen, dass frühe Traumatisierungen, ausgelöst durch Flucht und Vertreibung, für die Betroffenen auch Jahrzehnte später noch negative Auswirkungen haben.

1.5.5 Bildungsphasenunabhängige Handlungsempfehlungen

Aus den geschilderten Gemeinsamkeiten und Besonderheiten, die die psychologische Situation der unterschiedlichen Gruppen von Zuwandernden kennzeichnen, ergeben sich Hinweise, wie die Chancen gesteigert werden können, dass sie sich in Deutschland erfolgreich integrieren, im Besonderen erfolgreich in ihren Bildungserträgen und schlussendlich auf dem Arbeitsmarkt sind.

Förderung der Kompetenz in der deutschen Sprache. Unabhängig davon, aus welchen Motiven oder Gründen heraus Menschen nach Deutschland kommen, gilt, dass, wenn Zuwandernde nicht die Möglichkeit haben, eine hohe Sprachkompetenz im Deutschen zu erlangen, sie einem erheblichen Akkulturationsstress ausgesetzt sind und psychische Belastungen erfahren, da sie eigene Potenziale weniger gut nutzen können, sei es, um von Bildungsangeboten zu profitieren, ihre fachlichen Kompetenzen auf dem deutschen Arbeitsmarkt anzubieten oder um soziale Kontakte zu Deutschen (die eine Ressource darstellen können) zu etablieren und auszugestalten (vgl. Castillo u. a. 2014, 2015). Menschen mit geringen Sprachkompetenzen meiden soziale Kontakte zu Mitgliedern der Aufnahmegesellschaft, um Selbstwerteinbußen zu vermeiden, die mit dem Erleben eigenen sprachlichen Unvermögens einhergehen können. So ist die Beschränkung auf Sozialkontakte zu Mitgliedern der eigenen Herkunftsgruppe sicher oft unfreiwillig und einer subjektiv oder objektiv mangelnden Sprachkompetenz geschuldet. Vor diesem Hintergrund ist es nicht unproblematisch, dass in Deutschland keineswegs alle Heranwachsenden mit Migrationshintergrund in ihren Familien vorwiegend in deutscher Sprache kommunizieren: In der PISA-Studie 2012 galt dies nur für 72,1 Prozent der untersuchten Fünfzehnjährigen (vgl. Prenzel u. a. 2013). In sämtlichen Phasen der Bildung, von der Kindertagesstätte bis zur Weiterbildungseinrichtung, ist also weiterhin mit großer Priorität daran zu arbeiten, dass ein bedarfsgerechtes Angebot zur Sprachförderung vorgesehen wird, begleitet von einer angemessenen Diagnostik zur Beurteilung des aktuellen Sprachstandes und der Identifikation von Förderbedarfen. Eine frühe Förderung erweist sich dabei als besonders effektiv: Kinder im Vorschulalter profitieren am meisten von einem mehrsprachigen Kontext (vgl. z. B. Soderman/Oshio 2008): Häufig übernehmen sie Prosodie und Phonologie einer Zweitsprache auf eine Weise, dass keine Unterschiede zu Erstsprachlernenden erkennbar sind (vgl. z. B. Soderman 2010). Die Phase zwischen dem 15. und 36. Lebensmonat ist zentral für die kindliche Sprachentwicklung: Mit dem Beginn des zweiten Lebensjahrs lernen Kinder, Sprache passiv zu verstehen. Im Alter zwischen 13 und 18 Monaten werden die ersten Worte gesprochen. Mit eineinhalb Jahren erreichen Kinder typischerweise die 50-Wörter-Marke und ab diesem Zeitpunkt nimmt ihre Sprachentwicklung einen exponentiellen Verlauf: Sie erlernen pro Tag im Schnitt neun neue Wörter, sodass sie im Alter von 24 Monaten bereits 200 Wörter sprechen. Wörter werden nun zu Zweiwort- und mit dem dritten Lebensjahr beginnend zu Mehrwortsätzen zusammengefügt. Bis zum Ende des dritten Lebensjahres lernt das Kind, grammatikalisch korrekte Sätze zu formen und selbstreferenzielle Sprachformen („ich", „mich") zu verwenden. Bei Kindern mit nicht deutscher Erstsprache ist eine gezielte Unterstützung des Spracherwerbs – in der Erstsprache und in der deutschen Zweitsprache – und gegebenenfalls die Identifikation von Sprachentwicklungsstörungen in dieser Altersspanne also von herausragender Bedeutung und besonders gut möglich, wenn die Kinder eine öffentliche Einrichtung besuchen.

In der gegenwärtigen Situation kommen aber Menschen ganz unterschiedlicher Altersgruppen in großer Zahl nach Deutschland, ohne Kenntnisse der deutschen Sprache mitzubringen. Auf die spezifischen Herausforderungen einer Sprachförderung insbesondere bei Jugendlichen oder Erwachsenen, für die der Erwerb einer neuen Sprache erheblich langwieriger und weniger wahrscheinlich mit guten Ergebnissen verläuft als für junge Kinder, ist mit entsprechenden Sprachförderangeboten zu reagieren.

Förderung einer positiven Identität als Mitglied der Aufnahmegesellschaft Deutschland. Eine identifikatorische Assimilation an die Aufnahmekultur hat sich als günstig für die psychosoziale Anpassung, den Bildungs- und Arbeitsmarkterfolg Zuwandernder erwiesen (vgl. z. B. Esser 2001; Berry u. a. 2006; Hannover u. a. 2013). Bei der Beschreibung der unterschiedlichen psychologischen Situation, in der sich Menschen in Abhängigkeit vom Grund ihrer Zuwanderung befinden, ist deutlich geworden, dass eine positive Identität als in Deutschland Lebender (beziehungsweise als Deutscher im Falle einer Einbürgerung) auf verschiedene Weise unterstützt werden sollte.
Vergleichsweise günstig stellt sich die Situation für die Gruppe der (Spät-)Aussiedler dar, die ganz überwiegend in dem Bestreben nach Deutschland zuwandern, als Deutsche zu leben (vgl. Silbereisen/Lantermann/Schmitt-Rodermund 1999); sie sollten also in aller Regel positiv mit Deutschland identifiziert sein. Wenn in diesen Gruppen dennoch ein Rückzug in innerethnische soziale Netzwerke oder Benachteiligungen in ihrem Bildungs- oder Arbeitsmarkterfolg beobachtet werden, dann ist dies vermutlich in allererster Linie auf einen Mangel an Kenntnissen der deutschen Sprache zurückzuführen. Titzmann und Silbereisen (2009) fanden beispielsweise bei heute noch zuwandernden Russlanddeutschen, die typischerweise nach zeitgenössischen Kultur- und Konsummustern der sowjetischen Gesellschaften sozialisiert worden sind, kaum noch deutsche Sprachkenntnisse (vgl. Schader-Stiftung 2005), was nach der Übersiedlung nach Deutschland in einer starken Präferenz für innerethnische Sozialkontakte seinen Niederschlag fand (vgl. auch Kalter/Kogan 2014). Entsprechend sind auch für diese Gruppe Angebote zur Unterstützung des Erwerbs der deutschen Sprache vorzusehen, die Familien für ihre Kinder schon im Vorschulalter in Anspruch nehmen können; eine hohe Motivation zum Erwerb der deutschen Sprache kann in dieser Gruppe vorausgesetzt werden (vgl. Silbereisen/Lantermann/Schmitt-Rodermund 1999; Herwartz-Emden/Waburg/Westphal 2014).

Eine positive Identifikation als in Deutschland Lebende beziehungsweise als Deutsche dürfte auch in der Gruppe derjenigen relativ wahrscheinlich sein, die zum Zweck der Erwerbstätigkeit regulär zugewandert sind. Denn diese Personen haben sich für die Migration auf der Grundlage einer persönlichen Kosten-Nutzen-Analyse entschieden, als deren Ergebnis die erwarteten Vorteile der Zuwanderung mögliche Nachteile überwiegen. Aus motivationspsychologischer Sicht ist die Situation dieser Menschen, die in der Erwartung zuwandern, dadurch ihre eigene Lebenssituation (in sozioökonomischer oder anderer Hinsicht) verbessern zu können, günstig. Denn sie erleben Hoffnung und Zuversicht und sind bereit, hohe Anstrengungen für das Erreichen ihres Ziels zu unternehmen. Diese positive Motivation geht typischerweise auch mit dem Bestreben einher, sich in die Aufnahmegesellschaft zu assimilieren, sei es unter Bewahrung oder auch Aufgabe der eigenen Herkunftskultur (vgl. Phinney u. a. 2001). Sofern es gelingt, diese Menschen in ihren Assimilationsbemühungen, z. B. dem Bestreben, erfolgreich das deutsche Bildungssystem zu durchlaufen, zu unterstützen und nicht zu frustrieren – z. B. durch das Erleben von Diskriminierung oder sozialer Deprivation –, sollten sie langfristige Bleibeabsichten entwickeln und entsprechend aktiv in ihren Erfolg in der Aufnahmekultur Deutschland investieren (z. B. Spracherwerb, Zertifikaterwerb).

Allerdings gilt diese positive motivationale Situation nur für die erste Generation, die nämlich aus eigenem Entschluss heraus zum Zweck der Erwerbstätigkeit regulär nach Deutschland migriert ist: Nur sie verfolgt ja mit der Migration ein selbstgesetztes Ziel und erlebt entsprechend eine subjektiv hohe Kontrolle über die Gestaltung ihres Lebensweges. Ganz anders kann sich die psychologische Situation ihrer Nachkommen darstellen: Sie werden in die Situation hineingeboren, in der sie Mitglieder einer ethnischen oder nationalen Minorität sind. Dies kann erklären, warum der „immigrant optimism“ (vgl. Kao/Tienda 1995), der die erste Generation charakterisiert, in manchen Zuwanderergruppen in der zweiten und dritten Generation, also bei denjenigen, deren Eltern oder Großeltern einst nach Deutschland migriert sind, verloren geht. Damit einhergehend nehmen die Unterschiede zu Mitgliedern der Aufnahmegesellschaft in Bildungserträgen und Arbeitsmarkterfolg über die Generationen hinweg nicht ab, sondern (wieder) zu (vgl. Segeritz/Walter/Stanat 2010; Walter 2014).

Die motivationspsychologisch ungünstigere Situation Zugewanderter ohne persönliche Migrationserfahrung gilt auch für Personen, die zum Zweck des Ehegatten- oder Familiennachzugs regulär nach Deutschland kommen: Auch sie haben oft keine persönliche Entscheidung für die Migration getroffen, sondern folgen den Geboten ihrer Familie oder den Normen ihrer Herkunftskultur (vgl. z. B. Kelek 2005). Das Ziel der Wanderung ist hier, in eine bereits bestehende Familie und damit auch in ein bestehendes soziales und berufliches Milieu einzutreten; die Assimilation vollzieht sich somit im Falle eines Familien- und Ehegattennachzugs in der Regel in das entsprechende gesellschaftlich benachteiligte Segment hinein. Für beide Gruppen, die in Deutschland geborenen Nachkommen Zugewanderter und die nachziehenden Ehegatten/Nachkommen, besteht ein besonders hohes Risiko einer abwärts gerichteten Assimiliation (vgl. Alba/Nee 1997; Portes/Rumbaut 2005), weil sie in bereits im Aufnahmeland lebende familiäre

Verbünde eingebunden werden, die in Deutschland nur geringe Bildungs- und Arbeitsmarkterfolge erzielt haben. Ein solches Muster abwärts gerichteter Assimilation kann für die Nachkommen zu einem zusätzlichen Bildungsrisiko werden, denn eine erfolgreiche Bildungs- und Berufskarriere in Deutschland wird in diesen Familien möglicherweise von den Eltern weniger als ein (realistisches) Ziel an die Kinder weitergegeben. Besondere Förderung brauchen Nachkommen der meist türkischstämmigen Zuwandernden, die besonders häufig mit dem Zweck des Familien- oder Ehegattennachzugs nach Deutschland gekommen sind, aber auch deshalb, weil der Ehegattennachzug von einer in der türkischen Herkunftskultur aufgewachsenen Person (meist der Ehefrau) zu einem in Deutschland aufgewachsenen Zugewanderten (meist dem Ehemann) zu einer transgenerationalen Weitergabe des typischerweise relativ geringeren Bildungsniveaus der neuzuwandernden Person führen kann. Ein indirekter Beleg für diese Annahme stammt von Becker (2011b), die fand, dass türkischstämmige Kinder aus Familien mit einer solchen Konstellation relativ zu Kindern aus türkischstämmigen Familien mit anderen familiären Konstellationen die geringsten Deutschkenntnisse hatten (vgl. auch Leyendecker/Schölmerich/Citlak 2006).

Dass die Zuwanderung mit dem Zweck des Familien- und Ehegattennachzugs besonders häufig in der Gruppe türkischstämmiger Menschen vorkommt (vgl. BAMF 2015b), korrespondiert mit dem Muster, nach dem eine Assimilation im Sinne der Angleichung an Mitglieder der Aufnahmegesellschaft in Bildungserträgen und Arbeitsmarkterfolg über die Generationen hinweg gerade bei türkischstämmigen Zuwanderern häufig ausbleibt (vgl. Segeritz/Walter/Stanat 2010; Walter 2014). Ein Rückzug auf innerethnische, familiäre Kontakte, kann noch befördert werden, wenn aufgrund des Lebens in stark ethnisch segregierten Wohnvierteln, des Besuchs von stark ethnisch segregierten Schulen und von Arbeitslosigkeit der Eltern kaum Kontakte zu Deutschen bestehen. Dies kann zur Folge haben, dass auch die Nachkommen, die in Deutschland geboren wurden, sich identifikatorisch auf die Herkunftskultur der Eltern oder Großeltern zurückziehen und keine positive Identifikation als Mitglied der Aufnahmekultur Deutschland entwickeln (vgl. Wolfgramm/Morf/Hannover 2014).

Insbesondere die bereits in Deutschland geborenen Nachkommen Zugewanderter und Zuwandernde, die zum Zweck des Familien- oder Ehegattennachzugs nach Deutschland gekommen sind, sowie deren Nachkommen brauchen also besondere Unterstützung bei ihrer identifikatorischen Assimilation in dem Sinne, dass sie eine positive Identität als Schülerin oder Schüler, als Studierende oder Arbeitnehmende in Deutschland aufbauen können: aufgrund des Erlebens eigenen Erfolgs in der Aufnahmegesellschaft und aufgrund des Erlebens, in Deutschland mit der eigenen Kompetenz und Arbeitskraft gebraucht zu werden. Eine starke Identifikation mit der Aufnahmekultur ist prädiktiv für schulischen Erfolg und erfolgreiche Anpassung auf dem Arbeitsmarkt, ungeachtet der Frage, ob gleichzeitig eine starke Identifikation mit der Herkunftskultur bewahrt wird oder nicht (z. B. vgl. Berry u. a. 2006; Hannover u. a. 2013). Zu einer solchen positiven Identifikation gehört auch die Möglichkeit, die eigene religiöse Identität zu leben, ohne dass dies bei Mitgliedern der Aufnahmegesellschaft negative Reaktionen auslöst (vgl. Gärtner 2013).

Weitere mögliche Gründe für eine mangelnde Identifikation mit der Aufnahmekultur Deutschland können darin liegen, dass Zuwandernde sich sozialer Benachteiligung ausgesetzt sehen, z. B. wenn sie konzentriert in Vierteln mit geringer Lebensqualität wohnen müssen. Unabhängig davon, ob die eigenen Lebensumstände sich möglicherweise gemessen an der Situation im Herkunftsland objektiv verbessert haben, verändern sich die sozialen Vergleichsprozesse in Richtung auf relevante Vergleichsgruppen in der Aufnahmegesellschaft, mit dem Ergebnis, dass Zuwandernde soziale Diskriminierung oder relative Deprivation erleben, also empfinden, vergleichsweise weniger zu bekommen, als ihnen (als neue Mitglieder der Aufnahmegesellschaft) zustehe. Um eine positive Identifikation mit Deutschland zu unterstützen und dem Erleben von Diskriminierung und relativer Deprivation vorzubeugen, sind positive Sozialkontakte zu Mitgliedern der Aufnahmegesellschaft von zentraler Bedeutung. „Ghettobildungen" in Wohnvierteln und Schuleinzugsgebieten sind diesem Ziel abträglich, denn sie verhindern Kontakte zu Mitgliedern der Aufnahmekultur und begünstigen umgekehrt auf Seiten der Deutschen negative Einstellungen gegenüber Zuwanderern, weil soziale Vorurteile auf einem Mangel persönlicher Erfahrungen mit Menschen beruhen, die zu den stereotypisierten Gruppen gehören (vgl. z. B. Sassenberg u. a. 2007).

Gezielte Förderung von zugewanderten Studierenden oder Studierenden aus Zuwandererfamilien. Auch die Gruppe derjenigen, die zum Zweck des Studiums nach Deutschland zuwandern, befindet sich psychologisch gesehen in einer vergleichsweise günstigen Situation. Die Lebensphase des Studiums ist generell charakterisiert durch besonders vielfältige Optionen, neue Erfahrungen zu machen, da viele junge Leute mit dem Zweck der Aufnahme des Studiums ihr familiäres Umfeld und den Heimatort verlassen, also neue Sozialkontakte etablieren und ihre Identität in verschiedenen neuen sozialen Kontexten erweitern und ausbauen können. Die wenigsten Studierenden sind bereits aufgrund eigener

Kinder in feste familiäre Strukturen und geregelte Tagesabläufe eingebunden; auch dies bietet die Chance auf die Entwicklung und Pflege vielfältiger Sozialbeziehungen. Entsprechend gibt es Hinweise darauf, dass auch aus dem Ausland zugewanderte Studierende sozial sehr gut integriert sind (für in Deutschland Studierende aus Drittstaaten siehe z. B. Sachverständigenrat für Integration und Migration 2012).
Derzeit wird das Potenzial, dass in dieser hochqualifizierten Zuwanderergruppe liegt, noch nicht hinlänglich ausgeschöpft: Dass die Bleibeabsichten zugewanderter Studierender sehr viel schwächer ausgeprägt sind als in der Gruppe der Zuwandernden insgesamt ist ein unbefriedigender Zustand (vgl. Diehl/Preisendörfer 2007). Bleibeabsichten von Zuwandernden sind maßgeblich für die Frage, wie stark sie selbst in ihre strukturelle Assimilation im Aufnahmeland investieren (z. B. vgl. Diehl/Preisendörfer 2007). Denn der Aufbau sozialer Kontakte zu Deutschen, der Erwerb der deutschen Sprache oder von in Deutschland anerkannten Ausbildungs- und Studienabschlüssen lohnt sich – im Sinne einer Kosten-Nutzen-Analyse – in dem Maße, wie die Person beabsichtigt, längerfristig in Deutschland zu bleiben. Vor diesem Hintergrund sind weitere Erleichterungen des Übergangs in den deutschen Arbeitsmarkt für Zugewanderte, die an einer deutschen Hochschule einen Abschluss gemacht haben, anzudenken. Dazu gehört, dass die Bleibeabsichten durch die gezielte Bereitstellung von Informationen über die rechtlichen Regelungen betreffend eine Verlängerung der Aufenthaltserlaubnis zum Zweck der Erwerbstätigkeit nach erfolgreichem Studienabschluss verstärkt werden. Wenn viele der vom Sachverständigenrat für Integration und Migration (2012) befragten zugewanderten Studierenden angaben, dass sie englischsprachige Informationsmaterialien zu Möglichkeiten des verlängerten Aufenthalts in Deutschland vermissen, zeigt dies, dass sie bisher wenig in das Erlernen der deutschen Sprache investieren. Dies sollte sich in dem Maße ändern, wie es gelingt, ihre Bleibeabsichten zu verstärken.

Auch Studierende aus zugewanderten Familien, die selbst der zweiten oder dritten Generation entstammen, sollten gezielt unterstützt werden. Sie können als positive Rollenmodelle für andere Zugewanderte dienen und damit auch zum Abbau sozialer Vorurteile über die geringere akademische Leistungsfähigkeit ihrer Herkunftsgruppen beitragen. Denn der Erfolg von Zuwandernden kann am besten durch den Erfolg von Zuwandernden gefördert werden: Je häufiger es gelingt, dass Zuwandernde in privilegierte Schichten der deutschen Gesellschaft aufsteigen, beziehungsweise je mehr Zuwandernde nach Deutschland kommen, um hier zu studieren und zu bleiben, beziehungsweise die eine hohe Qualifikation bereits mitbringen, desto mehr werden die sozialen Kategorien –

die Grundlage für soziale Vorurteile sind – aufgelöst, nach denen Zuwandernde weniger erfolgreich sind als die Mitglieder der Aufnahmegesellschaft.

Weiter können Studierende mit einem Zuwanderungshintergrund mit einer akademischen Qualifikation selbst als Erziehende und Lehrende in Deutschland beruflich tätig werden und damit möglicherweise Kinder und Jugendliche, die derselben Herkunftskultur angehören, besonders wirkungsvoll unterstützen. So liegen z. B. erste Belege aus US-amerikanischen Studien dafür vor, dass Schülerinnen und Schüler von einer Lehrperson profitierten, die derselben ethnischen Minderheit angehört (vgl. Marx/Goff 2006; Marx/Ko/Friedman 2009).

Abbau sozialer Vorurteile und von Stereotypenbedrohung. Die Grundlage sozialer Vorurteile sind quasiautomatische Kategorisierungen, die Menschen in ihrer alltäglichen Wahrnehmung unwillkürlich vornehmen. So kategorisieren Menschen in einem ersten Schritt innerhalb von Millisekunden Personen, denen sie begegnen, auf zahlreichen Dimensionen, wie z. B. Alter, Geschlecht oder Ethnie, und erlangen dadurch eine schnelle und in aller Regel auch hilfreiche Orientierung, um ihr eigenes Verhalten auszurichten. Welche Dimensionen zur sozialen Kategorisierung herangezogen werden, ist u. a. von jeweils aktuellen gesellschaftlichen Diskursen bestimmt – z. B. kann die hohe mediale Aufmerksamkeit, die das Thema der Flüchtlingsströme derzeit in Deutschland erfährt, die Wahrscheinlichkeit erhöhen, dass ein Mensch mit schwarzer Hautfarbe spontan als „Flüchtling" kategorisiert wird.
In einem zweiten Schritt erfolgt auf der Grundlage der sozialen Kategorisierung die Zuweisung stereotypisierter Eigenschaften. Ein soziales Stereotyp ist ein Cluster von untereinander verbundenen Merkmalen, die einer Person – aufgrund ihrer Zugehörigkeit zu einer bestimmten sozialen Kategorie – in ihrer Gesamtheit zugewiesen werden. Soziale Stereotype können positive und negative Merkmale enthalten – zu einem sozialen Vorurteil werden sie dann, wenn die zugeschriebenen Merkmale eine negative affektiv-emotionale Bedeutung haben und somit die Grundlage dafür schaffen, dass Menschen sich gegenüber der mit dem Stereotyp belegten Personengruppe diskriminierend verhalten.

In aufgeklärten, modernen Gesellschaften wie z. B. Deutschland gilt Vorurteilshaftigkeit als politisch inkorrekt. Die Vorurteilsforschung zeigt, dass dies zu einer Veränderung der Ausdrucksformen, nicht aber zum Verschwinden sozialer Vorurteile geführt hat: Die wenigsten Menschen äußern heute noch offen soziale Vorurteile, diese zeigen sich jedoch in indirekter Form, z. B. in geringerer Empathie oder weniger Bewunderung gegenüber von einem Vorurteil betroffenen

Personen oder auch in subtilen negativen mentalen oder emotionalen Assoziationen, die nur mit Forschungsmethoden wie z. B. der Messung von Latenzzeiten (im Millisekundenbereich) nachgewiesen werden können, aber Grundlage für manifestes diskriminierendes Verhalten sein können (z. B. die höhere Wahrscheinlichkeit, dass ein Schwarzer – relativ zu einem Weißen – von einem Polizeibeamten spontan als bedrohlich erlebt und deshalb erschossen wird).

Vorurteile schaffen nicht nur individuelles Leid für die Betroffenen, sondern haben auch die Tendenz, sich selbst zu bestätigen. Wenn sich z. B. in der Gruppe der türkischstämmigen Zuwandernden besonders häufig Muster segmentierter Assimilation zeigen, kann dies auch dadurch bedingt sein, dass sie in besonderem Maße sozialen Vorurteilen von Deutschen ausgesetzt sind (vgl. Asbrock 2010; Zick/Küpper/Hövermann 2011). Denn das Erleben sozialer Vorurteilshaftigkeit kann den Rückzug in die eigene ethnische Herkunftsgruppe, also eine abnehmende Integrationsbereitschaft, zur Folge haben (vgl. z. B. Wolfgramm/Morf/Hannover 2014). Die Forschung über Stereotypenbedrohung (vgl. Steele 1997) zeigt, dass Menschen Sorge haben, Vorurteile über die geringe Leistungsfähigkeit einer Gruppe, zu der sie selbst gehören, im eigenen Verhalten zu bestätigen. Aus dieser sogenannte Stereotypenbedrohung ergeben sich, bei gleichen Leistungsvoraussetzungen, Einbußen in Leistungsergebnissen, durch die das negative Vorurteil dann letztendlich bestätigt wird (für eine Metaanalyse siehe Nguyen/Ryan 2008). So fanden beispielsweise Martiny u. a. (2014), dass in Deutschland lebende Jugendliche, die sich selbst als türkischstämmig bezeichnet hatten, nach der Bedrohung durch das Stereotyp von der geringeren akademischen Leistungsfähigkeit ihrer Gruppe (den Jugendlichen wurde gesagt, deutsch- und türkischstämmige Personen unterschieden sich in ihrer Mathematikkompetenz) signifikant geringere Mathematikleistungen zeigten, als wenn sie nicht bedroht worden waren (hier wurde gesagt, es gäbe keine Unterschiede zwischen den Gruppen) – während die experimentelle Manipulation auf die Leistungen deutschstämmiger Schülerinnen und Schüler keinen Effekt hatte. Maßgeblich für den Bildungserfolg von Zuwandernden ist somit, dass Erziehende und Lehrende solchen negativen Stereotypen aktiv entgegentreten, um Stereotypenbedrohung in Lern- und Leistungssituationen zu verhindern. Steele (1997) beschreibt folgende Strategien, die dazu genutzt werden können: Es sollte eine optimistische Beziehung zwischen Erziehenden/Lehrenden und zu Erziehenden/Lernenden bestehen, in der die Erziehungs- oder Lehrperson der lernenden Person signalisiert, dass sie das notwendige Lernpotenzial hat. Dies kann die Erziehungs- oder Lehrperson erreichen, indem sie herausfordernde Aufgaben stellt, statt Förderung zu betonen, und indem sie die Steigerbarkeit von Kompetenzen durch Training und Erfahrung fokussiert. Durch solche Strategien können Erziehungs- und Lehrpersonen die leistungsbeeinträchtigende Wirkung sozialer Vorurteile bekämpfen.

Soziale Vorurteile werden dadurch aufrechterhalten, dass sie bei der vorurteilshaftigen Person Unsicherheit reduzieren, ihr Orientierung geben und der Bewahrung eines positiven Selbstwerts dienen. Denn Menschen erlangen durch die Kategorisierung anderer in Eigen- und Außengruppen schnelle subjektive Handlungssicherheit, gerade auch in Situationen, in denen sie über die Mitglieder der Außengruppe wenig oder gar nichts wissen (vgl. z. B. Sassenberg u. a. 2007). Die gemeinsame Erziehung von Kindern mit und ohne Zuwanderungshintergrund in Kindertagesstätten, der gemeinsame Schul- oder Universitätsbesuch von Kindern, Jugendlichen und jungen Erwachsenen aus Zuwanderfamilien und deutschstämmigen Familien trägt deshalb zum Abbau sozialer Vorurteile bei: Hier begegnen sie sich als Individuen und nicht als Repräsentanten verschiedener Herkunftsgruppen. Interethnische Sozialkontakte führen dazu, dass individualisiertes Wissen an die Stelle stereotyper Annahmen über die jeweils andere Gruppe tritt; eine Stärkung der positiven Identifikation der Zugewanderten mit der Aufnahmekultur ist genauso eine Folge wie der Abbau sozialer Vorurteile auf Seiten der Deutschstämmigen.

Hilfen für traumatisierte Zuwandernde in Deutschland. Anerkannt Schutzberechtigte haben ein erhöhtes Risiko für posttraumatische Belastungsstörungen als Folge des Erlebens von Situationen, die das Traumakriterium erfüllen. Bevor erwartet werden kann, dass diese Menschen erfolgreich an einer Bildungsmaßnahme in Deutschland teilnehmen können, ist zu klären, ob sie an einer solchen Belastungsstörung leiden, und es sind gegebenenfalls Unterstützungsmaßnahmen einzuleiten.

In Deutschland arbeitet die „Traumaambulanz der Westfälischen Wilhelms-Universität Münster“ mit einer traumafokussierten kognitiven Verhaltenstherapie, nach der eine aktive Auseinandersetzung mit den traumatischen Ereignissen Voraussetzung für einen Behandlungserfolg ist (vgl. Westfälische Wilhelms-Universität Münster 2015). An der Universität Konstanz bietet das „Kompetenzzentrum Psychotraumatologie“ diagnostische und psychotherapeutische Hilfestellungen für anerkannt Schutzberechtigte (die Organisation selbst spricht von „Flüchtlingen“) und Überlebende von organisierter Gewalt an (vgl. Universität Konstanz 2015).

Als hilfreich in der Behandlung von Traumatisierungen haben sich narrative Techniken, die möglichst bald nach der Traumatisierungserfahrung zum Einsatz kommen sollten, und kognitiv-behaviorale Psychotherapie erwiesen. Diese Techniken sind deshalb bedeutsam, weil traumatisierte Menschen häufig von sich aus nicht über ihre Erfahrungen sprechen, aus Sorge, dadurch ihr Leiden weiter zu intensivieren, oder auch aus Angst vor negativen Reaktionen der Gesprächspartnerinnen und Gesprächspartner. Die Vermeidung einer aktiven Auseinandersetzung ist tatsächlich aber nachteilig für die Bewältigung, allein schon deshalb, weil das permanente Überwachen der eigenen Gedanken und Gefühle, mit dem Ziel, die intrusiven Erinnerungen zu verdrängen, Aufmerksamkeit bindet und z. B. Konzentrations- und Schlafstörungen begünstigen kann. Die aktive Auseinandersetzung mit Erinnerungen an die traumatischen Erlebnisse führt deshalb oft zu einer deutlichen Verbesserung der Symptomatik (vgl. Liedl/Knaevelsrud/Müller 2014; Ehlers/Wildt 2015).

Gemeinsamkeiten verschiedener Vorgehensweisen in der Trauma-Psychotherapie bestehen in einem phasenorientierten Ablauf, bei dem in einer ersten Stabilisierungsphase Techniken der Affektregulation und des Umgangs mit belastenden Intrusionen erlernt werden, gefolgt von einer zweiten Phase, in der die Person sich mit den traumatischen Erinnerungen direkt konfrontiert, unterstützt durch Entspannungsverfahren und kognitive Umstrukturierung, und einer dritten Phase, in der es um eine Konsolidierung in der neuen Lebenssituation geht, hier stehen die Alltagsbewältigung und die Erarbeitung von Strategien im Mittelpunkt, durch die die erreichten Therapieerfolge stabilisiert werden sollen (vgl. Liedl/Knaevelsrud/Müller 2014; Ehlers/Wildt 2015).

Obwohl (potenziell traumatisierte) anerkannt Schutzberechtigte eine weltweit wachsende Gruppe von Menschen darstellen – die UNICEF schrieb im Jahr 2014, dass weltweit mehr als 50 Millionen Menschen auf der Flucht sind –, liegen kaum Studien über die Wirksamkeit psychotherapeutischer Interventionen vor (für einen internationalen Überblick über schul- und gemeindebasierte psychologische Interventionsstudien für um Asyl nachsuchende und anerkannt schutzberechtigte Kinder siehe Tyrer/Fazel 2014). Für Deutschland konnten die folgenden Studien gefunden werden: Kruse u. a. (2009) wiesen für eine Gruppe von 35 Menschen aus Bosnien, die in Deutschland lebten, Erfolge einer psychotherapeutischen Behandlung nach. Im Vergleich zu einer Kontrollgruppe von 35 weiteren aus Bosnien geflohenen Menschen, die keine Psychotherapie erhielten, berichteten die Behandelten zwölf Monate später von signifikant verringerten posttraumatischen Belastungsstörungssymptomen und weniger somatoformen

Symptomen. Hensel-Dittmann u. a. (2011) berichten von Erfolgen einer narrativen Expositionstherapie für in Deutschland lebende anerkannt Schutzberechtigte, die durch Kriegserlebnisse oder Folter traumatisiert worden waren. Als Folge der Teilnahme an den zehn Therapiesitzungen berichteten die Betroffenen sechs und zwölf Monate später von signifikant geringeren posttraumatischen Belastungssymptomen – eine Therapie in Form eines Stressinokulationstrainings hingegen hatte keinen nachweisbaren Effekt. Möhlen u. a. (2005) berichten von den Erfolgen eines manualbasierten Trainings für zehn aus dem Kosovo geflohene in Deutschland lebende Kinder (mittleres Alter: 13,3 Jahre), in dem den Betroffenen individuelle, familienbezogene und gruppenbezogene auf die Traumata bezogene Gesprächsangebote gemacht und der Trauer- und Bewältigungsprozess durch Entspannungs- und kreative Techniken unterstützt wurde. Als Folge der Teilnahme an der Intervention konnte bei neun der zehn Kinder eine substanzielle Verbesserung ihrer psychosozialen Funktionsfähigkeit erreicht werden. Posttraumatische, angst- und depressionsbezogene Symptome nahmen signifikant ab. Allerdings profitierten nur die Kinder, die nicht von schweren Traumatisierungen, die mit einer hohen Rate komorbider Symptome (Depression und Angst) einhergingen, betroffen waren.

2 Integration in den einzelnen Bildungsphasen

2.1 Frühe Bildung

Erziehung, Bildung und Betreuung in der frühen Kindheit in Kindertageseinrichtungen und Kindertagespflege haben in den letzten Jahren zunehmend an Aufmerksamkeit in der (Fach-)Öffentlichkeit, Politik und Bildungsforschung gewonnen. Bildungsökonomische Studien verweisen z. B. darauf, dass die Renditen durch frühe Interventionen – also speziell vor Schulbeginn – höher ausfallen als bei späteren Interventionen (vgl. Heckmann 2008). Die besondere Betonung der Bildungsfunktion ist allerdings nicht neu, sondern durchzieht die gesamte Geschichte des Kindergartens. Vor über 175 Jahren begründete Friedrich Fröbel den Kindergarten als das notwendige Fundament für die danach folgende Schule, um so die zukünftige Bildungskarriere aller Kinder zu befördern (vgl. Roßbach/Erning 2008). Kindertageseinrichtungen können als die erste außerfamiliale Bildungsinstitution betrachtet werden, die heute zunehmend mehr Kinder besuchen – ab dem vollendeten dritten Lebensjahr fast alle. Hier erfahren die Kinder in der Regel zum ersten Mal die Herausforderungen des Zusammenlebens in einer Gruppe, erleben neue soziale Beziehungen mit Peers und Erwachsenen, müssen sich den Regeln des sozialen Zusammenlebens anpassen, beginnen ein Selbstkonzept und eine erste – auch ethnische und kulturelle – Identität aufzubauen. Darüber hinaus machen sie notwendige Erfahrungen in einer Vielzahl von Bereichen und entwickeln (Vorläufer-)Kompetenzen, die ihren weiteren Bildungs- und Lebensverlauf beeinflussen. Im vorliegenden Zusammenhang ist für Kinder mit Migrationshintergrund sowie für Kinder von Flüchtlingen der Kontakt mit der deutschen Sprache von ganz besonderer Bedeutung. Ihnen fällt der Spracherwerb in dieser Bildungsphase besonders leicht. Dabei spielt nicht nur die einfache Verständigung mit anderen Kindern im Alltag eine Rolle, vielmehr erfahren sie bei entsprechender Förderung auch die Grundlagen einer komplexen Sprache („academic language"), die für den Schulerfolg besonders wichtig ist. Zumindest teilweise begegnen diese Kinder in den Kindertageseinrichtungen zum ersten Mal den kulturellen und religiösen Traditionen in Deutschland, wodurch es möglicherweise Spannungen mit ihrer Herkunftskultur und ihren Religionen gibt, deren Bewältigung für eine gelingende Integration nicht zu unterschätzen ist. Darüber hinaus bedarf es auch realistischer Erwartungen an den frühpädagogischen Bereich und eine umfassende Förderung der Kinder muss auch in der Primarstufe fortgesetzt werden.

Zur allgemeinen Situation von Kindern mit Migrationshintergrund – definiert über das eigene Geburtsland oder das der Eltern oder über die Familiensprache – liegt für den Bereich der frühen Kindheit eine Vielzahl von wissenschaftlich abgesicherten Daten vor. Für die Teilgruppe von Kindern von Flüchtlingen hingegen kann kaum auf hinreichende Daten zurückgegriffen werden. Während für die Gesamtgruppe der Kinder mit Migrationshintergrund allgemeine Fragen der Erziehung und Bildung im Mittelpunkt der Diskussion stehen, wird für die Kinder von Flüchtlingen zentral die Bewältigung einer aktuellen Problemsituation (z. B. Hilfen für traumatisierte Kinder) thematisiert.

2.1.1 Zur Situation von Kindern mit Migrationshintergrund in frühpädagogischen Einrichtungen

In den historischen Trend der Ausweitung nicht elterlicher, speziell institutioneller Betreuung von Kindern vor Schulbeginn sind auch Kinder mit Migrationshintergrund einbezogen. Tabelle 8 enthält die Anteile von Kindern mit und ohne Migrationshintergrund, die 2009 und 2014 in einer Kindertageseinrichtung oder in Kindertagespflege[13] betreut wurden.

Tabelle 8: Quote der Bildungsbeteiligung von Kindern in Kindertageseinrichtungen und Kindertagespflege 2009 und 2014 nach Migrationshintergrund (mindestens ein Elternteil ist ausländischer Herkunft; vgl. für 2009 Autorengruppe Bildungsberichterstattung 2014, S. 55f.; vgl. für 2014 Statistisches Bundesamt 2014b; Angaben in Prozent)

	Unter Dreijährige			Dreijährige bis unter Sechsjährige		
	Insgesamt	**Mit Migrationshintergrund**	**Ohne Migrationshintergrund**	**Insgesamt**	**Mit Migrationshintergrund**	**Ohne Migrationshintergrund**
2009	20	11	25	92	84	96
2014	32	20	38	94	85	98

Abgesehen von erheblichen Länderunterschieden – in Nordrhein-Westfalen befinden sich 14 Prozent der unter dreijährigen Kinder mit Migrationshintergrund in Kindertageseinrichtungen oder in Kindertagespflege, während dies in Hamburg für 26 Prozent der Kinder zutrifft (im Jahr 2013); das Verhältnis von

[13] Dabei ist zu berücksichtigen, dass der Anteil von Kindern in Kindertagespflege gering ist und es sich hier überwiegend um institutionelle Betreuungen handelt.

Kindern ohne Migrationshintergrund beträgt 23 Prozent zu 47 Prozent – lassen sich drei Aspekte festhalten:

- Die Bildungsbeteiligung unterscheidet sich deutlich nach dem Alter, sowohl für Kinder mit als auch für Kinder ohne Migrationshintergrund: Bei den jüngeren Kindern befand sich 2014 etwa jedes fünfte Kind mit Migrationshintergrund in einer Kindertageseinrichtung oder in Kindertagespflege. Bei den älteren Kindern mit Migrationshintergrund lag die Beteiligung bei 85 Prozent. Gleichwohl gibt es in beiden Altersgruppen deutliche Unterschiede in der Bildungsbeteiligung zu Ungunsten von Kindern mit Migrationshintergrund.
- In beiden Altersgruppen hat in dem kurzen Zeitabstand von 2009 bis 2014 die Bildungsbeteiligung zugenommen. Während für die älteren Kinder die Zunahme gering und vernachlässigbar ist, fällt der Zuwachs bei den unter dreijährigen Kindern deutlicher aus.
- Allerdings fällt die Zunahme bei den unter dreijährigen Kindern mit Migrationshintergrund leicht geringer aus als bei denen ohne Migrationshintergrund (neun Prozent zu 13 Prozent).

Verlässliche Daten zur Bildungsbeteiligung der Teilgruppe von Kindern von Flüchtlingen liegen zurzeit nicht vor. Wenn davon ausgegangen wird, dass der Besuch solch einer Kindertageseinrichtung für Kinder mit Migrationshintergrund förderlich ist (siehe Tabelle 9), so besteht in beiden Altersgruppen noch ein deutliches Entwicklungspotenzial. Allerdings zeigen sich erhebliche Segregationstendenzen, die die Begegnung mit der deutschen Sprache in diesen Einrichtungen deutlich erschweren. Tabelle 9 enthält dazu die Anteile von Kindern mit nicht deutscher Familiensprache in einer Kindertageseinrichtung[14] nach Anteilen von Kindern mit ebenfalls nicht deutscher Familiensprache in der gleichen Einrichtung.

---

[14] Dieses Datum wird im Nationalen Bildungsbericht nur für Kinder unter 14 Jahren in Kindertageseinrichtungen berichtet und umfasst deshalb auch den Hortbereich.

Tabelle 9: Kinder mit nicht deutscher Familiensprache im Alter von unter 14 Jahren in Tageseinrichtungen 2006 und 2013 nach dem Anteil der Kinder mit nicht deutscher Familiensprache in der jeweiligen Einrichtung (vgl. Autorengruppe Bildungsberichterstattung 2014, S. 243)

	Von allen Kindern mit einer nicht deutschen Familiensprache befinden sich in einer Kindertageseinrichtung mit ... Prozent bis unter ... Prozent Kinder mit einer nicht deutschen Familiensprache			
	0–25 Prozent	**25–50 Prozent**	**50–75 Prozent**	**75–100 Prozent**
2006	33,7	35,5	22,4	8,4
2013	30,4	36,0	23,2	10,5

Deutlich wird in der Tabelle, dass ein Großteil der Kinder mit einer nicht deutschen Familiensprache in der Kindertageseinrichtung nur sehr eingeschränkt in Kontakt mit der deutschen Sprache kommt. So befindet sich 2013 ein Drittel dieser Kinder in einer Einrichtung, in der über die Hälfte der Kinder eine nicht deutsche Familiensprache haben, und dieser Anteil hat sich seit 2006 noch leicht erhöht (33,7 Prozent zu 30,8 Prozent). Eine sogenannte alltagsintegrierte Sprachförderung in den Kindertageseinrichtungen wird damit deutlich erschwert.

Der Nationale Bildungsbericht berichtet auf der Basis von Kompetenzdaten der Startkohorte 2 des Nationalen Bildungspanels (vgl. Blossfeld/Roßbach/von Maurice 2011) über Unterschiede in sprachlichen Kompetenzen zwischen Kindern mit und ohne Migrationshintergrund (vgl. Autorengruppe Bildungsberichterstattung 2014, S. 60ff.). Tabelle 10 enthält die Mittelwerte im rezeptiven Wortschatz und in den rezeptiven Grammatikkompetenzen von fünfjährigen Kindern in Kindertageseinrichtungen.

Tabelle 10: Mittelwerte im rezeptiven Wortschatz und in grammatischen Kompetenzen von Fünfjährigen in Kindertageseinrichtungen nach Migrationshintergrund (in beiden Bereichen beträgt die Standardabweichung zehn Punkte; vgl. Autorengruppe Bildungsberichterstattung 2014, S. 61)

	Rezeptiver Wortschatz	Grammatische Kompetenzen
Migrationshintergrund		
Ohne Migrationshintergrund	53	53
Mindestens ein Elternteil im Ausland geboren	44	46
Familiensprache		
Deutsch	52	52
Nicht Deutsch	38	41

Unabhängig davon, ob der Migrationshintergrund über den Geburtsort der Eltern oder über die Familiensprache definiert wird, zeigen sich deutliche Nachteile in der Beherrschung der deutschen Sprache (rezeptiver Wortschatz und grammatische Kompetenzen) von fünfjährigen Kindern mit Migrationshintergrund in Kindertageseinrichtungen gegenüber solchen ohne Migrationshintergrund, die bei nicht deutscher Familiensprache besonders deutlich ausfallen (z. B. fast anderthalb Standardabweichungen im Wortschatz). Insgesamt sind die Nachteile deutlicher im Wortschatz als im Verstehen von Satzstrukturen. Diese Unterschiede bestehen, obwohl in dieser Stichprobe des Nationalen Bildungspanels die Kinder mindestens seit dem vierten Lebensjahr eine Kindertageseinrichtung besucht haben.[15] Aufgrund dieser Unterschiede in den Sprachkompetenzen im Deutschen ist es nicht überraschend, dass in den Sprachstandserhebungen, die in allen Bundesländern (ohne Thüringen) ein bis zwei Jahre vor Schulbeginn stattfinden, Kinder mit Migrationshintergrund schlechter abschneiden. So wurde in der Stichprobe des Nationalen Bildungspanels bei 35,5 Prozent der Kinder mit einer nicht deutschen Familiensprache ein Sprachförderbedarf diagnostiziert, während dies nur für 21,5 Prozent der Kinder mit deutscher Familiensprache zutraf (vgl. Autorengruppe Bildungsberichterstattung 2014, S. 61f.).

---

15 Ob sich seit dem Beginn des Besuchs der Kindertageseinrichtung die Unterschiede verringert haben (aber dennoch weiterbestehen), kann mit dieser Stichprobe des Nationalen Bildungspanels nicht beantwortet werden, da der Sprachstand zu Beginn des Besuchs nicht erfasst werden konnte.

Eine Frage ist auch, wie sich die schon beschriebenen Segregationstendenzen auf die Anregungsqualität in den Kindertageseinrichtungen auswirken. Hierzu gibt es zwar in Deutschland wenige systematische Untersuchungen, diese weisen aber durchweg darauf hin, dass in Gruppen mit einem hohen Anteil von Kindern mit Migrationshintergrund die Qualität der Entwicklungsanregungen sinkt. In einer Untersuchung in Hessen und Bayern im Rahmen der Forschergruppe „Bildungsprozesse, Kompetenzentwicklung und Selektionsentscheidungen im Vor- und Grundschulalter – BiKS" sank die Anregungsqualität in den Gruppen mit steigendem Migrationsanteil (vgl. Kuger/Kluczniok 2008). Ein ähnliches Ergebnis zeigt sich auch in der deutschlandweiten „Nationalen Untersuchung zur Bildung, Betreuung und Erziehung in der frühen Kindheit" (NUBBEK; vgl. Tietze u. a. 2013, S. 80ff.). Nicht veröffentlichte vertiefende Analysen im Rahmen der BiKS-Studie weisen auf eine nicht lineare Beziehung hin. Die Anregungsqualität in Gruppen sinkt – unabhängig von den Ausstattungsmerkmalen der Einrichtung und den Einstellungen des pädagogischen Personals – dann überproportional, wenn der Anteil von Kindern mit einer nicht deutschen Muttersprache in den Gruppen eine Grenze von 40 Prozent übersteigt. Informelle Berichte des pädagogischen Personals in Gruppen mit hohem Migrationsanteil legen nahe, dass sie sich trotz der dann häufig kleineren Gruppen oder der besseren Erzieherin-Kind-Relation überfordert fühlen und das Gefühl haben, gar nicht zu ihrer pädagogischen Arbeit zu kommen. Möglicherweise werden in diesen Fällen speziell auf diese Kinder abgestimmte Konzepte (d. h. zielgruppenspezifische Konzepte) benötigt. Allerdings weisen weitere neuere Analysen darauf hin, dass sich dieser negative Effekt des Anteiles von Kindern mit Migrationshintergrund nur in Gruppen von weniger erfahrenen Erzieherinnen und Erziehern (im Sinne von Berufserfahrung in Jahren) zeigt, während sich kein Unterschied in der Förderqualität bei berufserfahrenen Erzieherinnen und Erziehern belegen lässt. Zudem war in dieser Stichprobe das Erziehungspersonal mit wenig Berufserfahrung häufiger in Gruppen mit einem hohen Anteil an Kindern mit Migrationshintergrund beschäftigt als die Erzieherinnen und Erzieher mit längerer Berufserfahrung.

Im vorliegenden Zusammenhang ist auch die Frage wichtig, inwieweit die Kindertageseinrichtungen und das pädagogische Fachpersonal auf die unterschiedliche kulturelle Herkunft und die unterschiedlichen Religionen von Kindern mit Migrationshintergrund und Kindern von Flüchtlingen eingehen. Allerdings sind nach aktuellem Wissensstand hierzu bisher keine belastbaren empirischen Befunde verfügbar. Gleichwohl finden sich in den Bildungsplänen der Länder jedoch vielfältige Anregungen zu interkultureller Erziehung, Wertorientierungen und Religiosität. Als Beispiel wird hier auf den „Bayerischen Bildungs- und Erziehungsplan für Kinder in Tageseinrichtungen bis zur Einschulung“ verwiesen (vgl. Bayerisches Staatsministerium für Arbeit und Sozialordnung, Familie und Frauen (BStMASFF) und Staatsinstitut für Frühpädagogik (ISB) 2012). Interkulturelle Erziehung, kulturelle und sprachliche Unterschiede werden hier sehr wertgeschätzt. Als wichtiger Bestandteil kultureller Kompetenz wird eine positive Einstellung zur Mehrsprachigkeit angesehen. Kinder sollen ein selbstverständliches Miteinander verschiedener Sprachen und Kulturen erleben und erlernen. Empfohlen werden auch Deutschkurse für Eltern mit Migrationshintergrund, die in den Räumen der Einrichtung abgehalten werden sollen. Es wird davon ausgegangen, dass Kinder heute in einem gesellschaftlichen Umfeld aufwachsen, das durch eine Vielfalt von Religionszugehörigkeiten wie auch durch Menschen ohne religiöses Bekenntnis charakterisiert ist. Ethnische und religiöse Bildung und Erziehung sollen die Kinder in der Ausbildung einer eigenen Urteils- und Bewertungsfähigkeit stärken. Im Selbstverständnis der Kindertageseinrichtung sollen unterschiedliche religiös-weltanschauliche Zugehörigkeiten wertgeschätzt werden. Im Mittelpunkt steht dabei das christlich-abendländliche und humanistische Weltbild, zugleich aber eine Offenheit gegenüber anderen kulturellen und religiösen Hintergründen der Familien und der Kinder. „Bei aller Unterschiedlichkeit der Wertvorstellungen und religiösen Traditionen gelten die Bestimmungen des Grundgesetzes und der Bayerischen Verfassung. Sie verpflichten auf die im christlich-abendländlichen Traditionszusammenhang entstandenen Grund- und Menschenrechte“ (vgl. BStMASFF und ISB 2012, S. 166).

2.1.2 Auswirkungen des Besuchs einer Kindertageseinrichtung auf die Entwicklung der Kinder

In einem umfangreichen Review zu den Auswirkungen frühkindlicher institutioneller Bildung und Betreuung findet Anders (2013) keine eindeutigen Hinweise dafür, dass institutionelle Betreuung in den ersten drei Lebensjahren schädlich für die kindliche Entwicklung ist. Vor allem im Hinblick auf die kognitiv-sprachliche Entwicklung werden demgegenüber überwiegend positive Ergebnisse berichtet. Ein früher Einritt in eine institutionelle Betreuung scheint mit einer höheren Wahrscheinlichkeit hoher Bildungsabschlüsse verbunden zu sein. Durchweg positive Auswirkungen zeigen sich bei Kindern ab drei Jahren. Die Auswirkungen sind dabei vor allem abhängig von der während der Betreuung erfahrenen Anregungsqualität. „Qualitativ hochwertige Programme können positive Auswirkungen auf die kognitiv-sprachliche Entwicklung, die sozioemotionale Entwicklung und die Lebensbewältigung haben, die sich noch im Jugend- und Erwachsenenalter nachweisen lassen, obwohl die Höhe der Effekte über die Zeit abnimmt“ (Anders 2013, S. 263). Weiter verweist Anders auf verschiedene Studien, die belegen, dass ein früher Eintritt in Kindertageseinrichtungen vor allem für Kinder förderlich sein kann, die in bildungsbenachteiligten Familien aufwachsen. Eine offene Frage bleibt allerdings, inwiefern bildungsbenachteiligte Kinder in einer besonderen Weise von einer hohen Anregungsqualität in den Kindertageseinrichtungen profitieren können. Dies bedeutet, dass alle Kinder – ob aus bildungsnahen oder bildungsfernen Familien – gleichermaßen von einer guten Anregungsqualität profitieren. Kompensatorische Effekte in dem Sinne, dass Unterschiede im Entwicklungsstand angeglichen werden können, sind allerdings nicht gesichert.

Für den vorliegenden Zusammenhang ist von besonderer Bedeutung, ob sich spezielle Effekte für Kinder mit Migrationshintergrund zeigen. Auch mit Blick auf den internationalen Forschungsstand hält Anders hier fest, dass sich keine differenziellen Effekte vorschulischer Anregungsqualität in Abhängigkeit von der ethnischen Zugehörigkeit finden lassen. In der schon erwähnten BiKS-Studie wurde auch die Entwicklung mathematischer Kompetenzen vom dritten bis zum fünften Lebensjahr untersucht (vgl. Anders u. a. 2012). Dabei zeigte sich, dass Kinder mit Migrationshintergrund – hier Herkunftssprache beider Eltern nicht Deutsch – zwar als Dreijährige einen niedrigeren mathematischen Kompetenzstand aufweisen als Kinder ohne Migrationshintergrund, im Verlaufe der Kindergartenzeit aber etwas aufholen. Bei diesem – erfreulichen – Ergebnis ist jedoch zu berücksichtigen, dass diese Kinder mit Migrationshintergrund schon als Dreijährige einen Kindergarten besuchten – und somit längere Kindergartenerfahrungen haben. Unabhängig von kompensatorischen Effekten zeigen Analysen auf der Basis des Nationalen Bildungspanels, dass ein früher Eintritt in eine institutionelle Betreuung mit besseren Sprachleistungen von Kindern mit Migrationshintergrund einhergeht; davon unabhängig ergeben sich keine Auswirkungen auf die Sprachleistungen in Abhängigkeit vom Anteil von Kindern mit Migrationshintergrund in einer Einrichtung (vgl. Relikowski/Schneider/Linberg 2015).

Vor allem für Kinder mit einer nicht deutschen Familiensprache sind die sprachliche Umwelt und die Sprachförderung in den Kindertageseinrichtungen von besonderer Bedeutung. Zur Förderung von sprachlichen Kompetenzen gibt es eine Vielzahl von spezifischen Förderprogrammen (vgl. Lisker 2011). Allerdings sind in den letzten Jahren sprachstrukturelle Förderprogramme, bei denen einzelne oder mehrere Sprachebenen (z. B. Wortschatz, Grammatik, phonologische Bewusstheit) systematisch trainiert werden, kritisiert worden, weil es oft an einem empirischen Nachweis des Nutzens für die Kinder mangelt (vgl. Jungmann/Koch/Etzien 2013). Am wohl bekanntesten ist die Förderung der phonologischen Bewusstheit, d. h. die Förderung der Einsicht in die Lautstruktur der gesprochenen Sprache beziehungsweise der Fähigkeit, diese manipulieren zu können. Die phonologische Bewusstheit wird als wichtige Vorläuferfähigkeit für die späteren Lese- und Rechtschreibkompetenzen betrachtet. Pröscholdt u. a. (2013) berichten über positive Befunde des Trainings für Kinder mit Migrationshintergrund. Danach profitieren Kinder mit Migrationshintergrund in einem mit Kindern ohne Migrationshintergrund vergleichbaren Ausmaß vom Training der phonologischen Bewusstheit, speziell im Hinblick auf die phonologische Bewusstheit im weiteren Sinne.[16]

Neben gezielten Sprachförderprogrammen für Kinder mit spezifischen Sprachproblemen plädiert der frühpädagogische Bereich stark für eine sogenannte alltagsintegrierte Förderung und für einen frühen Einbezug der Kinder in die Förderung in Kindertageseinrichtungen. Als Vorteile einer Förderung im Alltagshandeln wird gesehen, dass sie sich an alle Kinder richtet und idealerweise die gesamte Anwesenheitszeit zur Förderung von sprachlichen Kompetenzen nutzt. Spezielle Sprachförderprogramme richten sich hingegen auf eingeschränkte Altersgruppen, auf eingeschränkte Kindergruppen, auf einen eingeschränkten Sprachumfang und auf einen knappen Zeitumfang. Allerdings setzt die alltagsintegrierte Sprachförderung bestimmte Qualifikationen (z. B. im Hinblick auf das Erkennen des Sprachstandes der Kinder und auf angemessene Förderimpulse im Alltagshandeln) voraus, Kompetenzen, die in der Vergangenheit nicht im Rahmen der Ausbildung des frühpädagogischen Personals vermittelt wurden. Ein groß angelegtes Programm zur alltagsintegrierten Sprachbildung mit besonderem Fokus auf Kinder mit Migrationshintergrund startete 2011 (vgl. Kapitel 2.1.3); die Evaluationsergebnisse liegen noch nicht vor, da das Programm erst Ende 2015 endete. Vorsichtige Hinweise auf die Wirksamkeit alltagsintegrierter Förderung finden sich in einer Evaluation einer entsprechen-

[16] Pröscholdt u. a. (2013) untersuchten auch, ob die Kombination eines Trainings zur phonologischen Bewusstheit mit weiteren spezifischen Sprachförderprogrammen, die auch besondere Schwachpunkte der Sprachkenntnisse von Kindern mit Migrationshintergrund berücksichtigen, zu einem besseren Ergebnis führt als das Training zur phonologischen Bewusstheit allein. Diese Erwartung wurde nicht bestätigt, weder für Kinder mit noch für Kinder ohne Migrationshintergrund.

den Fortbildungsreihe für pädagogische Fachkräfte, bei der die Kinder der teilnehmenden Fachkräfte vorher und nachher im Hinblick auf verschiedene Sprachmaße getestet wurden (ohne Kontrollgruppe und geringe Fallzahl von zwei- beziehungsweise mehrsprachig aufwachsenden Vorschulkindern; Jungmann/Koch/Etzien 2013). Die Kinder profitieren dabei von einem veränderten Verhalten des pädagogischen Personals. Sprachlich auffällige zwei- beziehungsweise mehrsprachige Kinder zeigen hinsichtlich verschiedener Sprachaspekte zwar die größten Zuwächse, diese sind allerdings nach Regressionsanalysen nicht durch das veränderte sprachliche Verhalten der Erzieherinnen zu erklären.

Für die Förderung von Kindern mit Migrationshintergrund wird der Umgang mit der Erstsprache der Kinder kontrovers diskutiert. Die eine Position fordert eine aktive Förderung der Erstsprache der Kinder mit Migrationshintergrund in der Kindertageseinrichtung, die andere stellt den Nutzen einer solchen Förderung infrage und befürchtet, dass diese auf Kosten der Förderung in der deutschen Sprache ginge (vgl. Gogolin 2010). In einer Untersuchung im Rahmen der BiKS-Studie fragen Kratzmann, Lehrl und Ebert (2013) nach dem Einfluss der Einstellungen der Erzieherinnen und Erzieher zur Förderung der Erstsprache auf die Wortschatzentwicklung der von ihnen betreuten Kinder mit Migrationshintergrund (definiert über das Geburtsland der Eltern und Großeltern). Sie finden einen negativen Einfluss auf die Wortschatzentwicklung vom dritten bis zum fünften Lebensjahr, wenn Erzieherinnen und Erzieher die Einstellung vertreten, die Erstsprache der Kinder sei in die Kindertageseinrichtung stärker einzubeziehen. Dieser Effekt findet sich aber nur bei Kindern, in deren Familien neben der deutschen Sprache auch verstärkt die Erstsprache gesprochen wird und in Einrichtungen mit einem hohen Anteil von Kindern mit Migrationshintergrund.

2.1.3 Ausgewählte Beispiele zur Förderung von Kindern mit Migrationshintergrund in Kindertageseinrichtungen

Es kann an dieser Stelle nicht auf alle Maßnahmen zur Förderung von Kindern mit Migrationshintergrund in der frühen Kindheit eingegangen werden, vielmehr soll im Sinne von Beispielen auf ausgewählte Projekte aus den Bereichen Förderung von Kindern mit Migrationshintergrund in Kindertageseinrichtungen und in der Familienbildung hingewiesen werden.

BMFSFJ-Schwerpunktprogramm „Schwerpunkt-Kitas Sprache & Integration“. Um speziell die sprachpädagogische Arbeit mit Kindern mit Migrationshintergrund in Kindertageseinrichtungen zu befördern, wurde das Bundesprogramm „Schwerpunkt-Kitas Sprache & Integration“ vom BMFSFJ ins Leben gerufen (vgl. Bundesministerium für Familie, Senioren, Frauen und Jugend (BMFSFJ) 2015a). Das Programm wurde bundesweit von 2011 bis Ende 2015 für insgesamt rund 4.000 Kindertageseinrichtungen insbesondere in benachteiligten Sozialräumen durchgeführt. Dafür stellte der Bund rund 500 Millionen Euro zur Verfügung. Das Bundesprogramm setzte seinen Schwerpunkt in der Verankerung einer alltagsintegrierten und reflektierten sprachlichen Bildung im Konzept der Einrichtung, insbesondere unter Berücksichtigung von Kindern unter drei Jahren, von Kindern mit Migrationshintergrund und Kindern aus bildungsfernen Familien. Neben Sachmitteln – beispielsweise für Fortbildungen – erhielt jede teilnehmende Kindertageseinrichtung Mittel für eine halbtags beschäftigte und in der sprachpädagogischen Bildungsarbeit qualifizierte Fachkraft, die als Multiplikatorin in ihrer Kindertageseinrichtung dazu beitragen sollte, die Sprachbildung und sprachliche Förderung der Kinder zu intensivieren und zu optimieren. Schwerpunkte der Arbeit waren die Beratung und fachliche Unterstützung der Einrichtungsteams für (1) die alltagsintegrierte sprachliche Bildungsarbeit und (2) die Zusammenarbeit mit Familien sowie (3) die exemplarische sprachpädagogische Arbeit mit Kindern. Zur Unterstützung der sprachpädagogischen Arbeit wurden den Fachkräften in den „Schwerpunkt-Kitas“ zusätzliche fachliche und programmatische Ressourcen zur Verfügung gestellt, u. a. zwei Qualifizierungsprojekte:

- Die Qualifizierungsoffensive „Sprachliche Bildung und Förderung für Kinder unter drei“ wurde durch das Deutsche Jugendinstitut (DJI) durchgeführt, das „Schwerpunkt-Kitas“ bei ihrer Weiterentwicklung zu sogenannten Konsultationskitas unterstützte (vgl. DJI 2015).
- Unter Mitwirkung von Expertinnen und Experten wurde das Fortbildungsprogramm „verbal* Sprachliche Bildung im Alltag“ entwickelt. Das Fortbildungsprogramm wird von den Pädagogischen Qualitäts-Informations-Systemen gGmbH (PädQUIS gGmbH) durchgeführt und begleitet (vgl. PädQUIS 2015). Ziele der Qualifizierung waren die Aktivierung, Erweiterung und Reflexion von Wissen zur alltagsintegrierten sprachlichen Bildung unter Dreijähriger und die praktische Umsetzung in den Einrichtungen. Die wissenschaftliche Evaluation in einem längsschnittlichen Kontrollgruppendesign ist noch nicht abgeschlossen. Erste Ergebnisse sind Erfolg versprechend. Von 2016 bis 2019 wurde ein neues Bundesprogramm „Sprach-Kitas: Weil Sprache der Schlüssel zur Welt ist“ (vgl. BMFSFJ 2015b) aufgelegt, das auch die besondere Situation von Flüchtlingskindern und ihrer Familien berücksichtigt.

HIPPY – Home Instruction for Parents of Preschool Youngsters.[17] Das Frühförderprogramm HIPPY richtet sich an sozial benachteiligte Kinder im Alter von vier bis sechs Jahren, vor allem aus Familien mit Migrationshintergrund; vereinzelt werden auch sozial benachteiligte deutsche Familien erreicht (vgl. Bierschock/Dürnberger/Rupp 2008). HIPPY, das als Muster für ähnliche Programme betrachtet werden kann, ist ein kindergartenergänzendes Hausbesuchsprogramm, das sich über einen Zeitraum von zwei Jahren mit jeweils 30 Arbeitswochen erstreckt. Während des beschriebenen Zeitraums werden die Familien wöchentlich mit einem Paket von Spiel- und Lernaktivitäten (Arbeitsblätter, Vorlesebücher, Geosets (Plastikförmchen); dazu auch Gegenstände aus der Natur oder aus dem Haushalt) ausgestattet und durch eine Hausbesucherin beziehungsweise einen Hausbesucher, die/der jede zweite Woche die Familien zu Hause aufsucht, durch Rollenspiele in den Umgang damit eingeführt. Zentral für die Verbesserung der Lesekompetenz sind Geschichtenbücher (ab 2014 zwölf Bücher), die die Mütter den Kindern vorlesen und zu denen diese Fragen stellen sollen. Die Eltern sind aufgefordert, fünfmal in der Woche für ca. 15 Minuten gemeinsam mit ihren Kindern zu spielen und zu lernen. Die Ergebnisse dieser Arbeit werden in der darauf folgenden Woche zwischen Hausbesucherin beziehungsweise Hausbesucher und HIPPY-Familie besprochen und eventuell aufgetretene Probleme oder Fragen geklärt. Neben diesen sich im häuslichen Umfeld der Familie abspielenden Aktivitäten finden zweimal im Monat Gruppentreffen für alle HIPPY-Familien statt. Untersuchungen zur Wirksamkeit von HIPPY weisen auf ambivalente Ergebnisse hin (vgl. z. B. für die USA Baker/Piotrkowski/Brooks-Gunn 1998, 1999; für die Niederlande Eldering/Vedder 1999). Eine Evaluation zur Umsetzung an vier bayerischen Standorten zeigte, dass sich durch die Programmteilnahme z. B. die Lesekultur in der Familie verbesserte und die Mütter von Zugewinnen in der Erziehungskompetenz und der Sicherheit im Umgang mit dem Kind berichteten (vgl. Bierschock/Dürnberger/Rupp 2008). Unklar ist, ob die Verbesserungen im Deutscherwerb sowie im sozialen und kognitiven Bereich auf die Teilnahme an HIPPY zurückzuführen sind oder darauf, dass die Kinder parallel zu HIPPY zwei Jahre einen Kindergarten besuchten.

---

[17] Kürzlich wurde der Name von HIPPY verändert in: „Home Interaction for Parents and Preschool Youngsters" (vgl. http://www.impuls-familienbildung.de/hippy.html). Die Namenänderung – von „Instruction" zu „Interaction" – soll einen Einstellungswandel markieren, da Familien nicht „instruiert" werden sollen; vielmehr sei die wechselseitige Beschäftigung und Beziehung zentral. HIPPY wie Opstapje werden derzeit unter dem Dach der IMPULS Deutschland gGmbH angeboten (vgl. Impuls Deutschland 2015).

Opstapje – Schritt für Schritt. Ein vergleichbares Programm für Familien mit Kindern im Alter von zwei bis vier Jahren ist „Opstapje – Schritt für Schritt", das Eltern in ihrem täglichen Erziehungshandeln unterstützen, die Elternkompetenzen stärken und zu mehr Sicherheit und Selbstvertrauen beitragen soll (vgl. Friedrich/Smolka 2012; Impuls Deutschland 2015). Die Ergebnisse einer Evaluationsstudie des DJI verweisen allerdings nur auf eingeschränkte positive Effekte. So finden sich nach Programmende zwischen einer Programm- und einer Kontrollgruppe keine signifikanten Unterschiede im Hinblick auf das elterliche Erziehungsverhalten (vgl. Sann/Thrum 2005; Friedrich/Smolka 2012). In einem Überblick über familienbildende Angebote für Migrantinnen und Migranten zur Unterstützung der frühkindlichen Förderung weisen Friedrich und Smolka (2012) insgesamt auf kurzfristige Effekte vergleichbarer Programme auf die kindliche Entwicklung hin, langfristige Effekte seien hingegen kaum untersucht worden.

Familienzentren als Anlaufstellen. Kinder mit Migrationshintergrund lassen sich nicht nur isoliert in Familien oder in Kindertageseinrichtungen fördern. Offenbar sind jene Förderungsansätze besonders fruchtbar, die Bildungs-, Erziehungs- und Betreuungsprozesse in Kindertageseinrichtungen verbinden mit einem intensiven Einbezug der Eltern, der Familienförderung und Familienbildung (vgl. Stöbe-Blossey/Mierau/Tietze 2008). Vor diesem Hintergrund liegt für eine Verbesserung der frühkindlichen Förderung nahe, die getrennten „Säulen" Kindertageseinrichtungen und Familienunterstützung/Familienbildung stärker zusammenzuführen. Kindertageseinrichtungen sollen dabei eine Funktionserweiterung erhalten: Sie sollen über ihre klassischen Bildungs-, Erziehungs- und Betreuungsprogramme hinaus auch Angebote einer niedrigschwelligen Elternbildung und Elternarbeit bereitstellen, von denen insbesondere Kinder aus benachteiligten Familien und solche mit Migrationshintergrund profitieren können. Die Unterstützungsangebote für Familien – die indirekt auch die Entwicklung der Kinder fördern sollen – reichen von Sprachkursen für Eltern mit Migrationshintergrund über Hilfen zur Reintegration in den Arbeitsmarkt bis zu Angeboten und Kursen zur Unterstützung der elterlichen Erziehungskompetenz. Familienzentren können auch als Anlaufstellen fungieren, die bei besonderen Problemen Kinder und/oder ihre Eltern an andere Institutionen verweisen können (z. B. an therapeutische Einrichtungen bei traumatisierten Flüchtlingskindern). Bundesweite Recherchen in der ersten Hälfte nach der Jahrtausendwende wiesen auf mehrere Hundert solcher Zentren hin, die Erziehung, Bildung und Betreuung mit Familienunterstützungen verbanden (vgl. Diller 2006). Ein Programm zur flächendeckenden Einführung von Familienzentren gibt es allerdings nur in Nordrhein-Westfalen, wo um die 3.000 Kindertageseinrichtungen als Familienzentren arbeiten. Damit haben alle Jugendämter in Nordrhein-Westfalen Familienzentren – bevorzugt in benachteiligten Gebieten – eingerichtet (vgl. Ministerium für Familie, Kinder, Jugend, Kultur und Sport des Landes Nordrhein-Westfalen 2013). Voraussetzungen für die Finanzierung von Familienzentren, zusätzlich zu der normalen finanziellen Förderung von Kindertageseinrichtungen, sind die Erfüllung eines Satzes von Gütekriterien und eine entsprechende Zertifizierung (vgl. Stöbe-Blossey/Mierau/Tietze 2008). Inwieweit sich die Förderung in Familienzentren tatsächlich längerfristig auf die kindliche Entwicklung auswirkt, ist derzeit in Deutschland noch nicht untersucht.

2.1.4 Zur besonderen Situation von Kindern von Flüchtlingen

Die besondere Situation junger Kinder von Flüchtlingen in Kindertageseinrichtungen ist gegenwärtig in Deutschland praktisch nicht erforscht. Deshalb kann im Folgenden nicht auf empirisch abgesicherte Befunde zurückgegriffen werden. Um dennoch einen Eindruck von der Situation zu geben, soll auf programmatische Äußerungen und vereinzelte Aussagen in Zeitschriften oder im Internet zurückgegriffen werden.[18]

Zur Bewältigung der besonderen Situation von Flüchtlingen und ihren jungen Kindern werden hohe Erwartungen an die Leistungsfähigkeit von Kindertageseinrichtungen gestellt. Kinder von Flüchtlingen haben dann ab dem vollendeten ersten Lebensjahr – unabhängig vom Ausgang des Asylverfahrens – Anspruch auf einen Platz in einer Kindertageseinrichtung oder in einer Kindertagespflege, wenn Flüchtlinge in das landesinterne Verteilungsverfahren kommen und infolgedessen die Erstaufnahmeeinrichtung verlassen und für die Dauer der Durchführung des Asylverfahrens einer Gemeinde zugewiesen werden. Die Einrichtungen und das in ihr arbeitende Personal sollen den Kindern und ihren Eltern den Zugang zu einer „neuen" Welt erleichtern. Die Kindertageseinrichtung wird dabei als ein Ort gesehen, an dem die Kinder und auch ihre Familien zur Ruhe kommen können. Dadurch, dass die Eltern die Kinder gut betreut wissen, könnten sie sich besser den Herausforderungen zuwenden, die im Asylverfahren an sie gestellt werden; z. B. können die Eltern dadurch für Behördengänge oder für Sprachkurse entlastet werden. Neben dem frühen Kontakt der Kinder mit der deutschen Sprache sollen die Einrichtungen auch den Eltern

---

[18] Aufgrund der Art der Programmatiken und Äußerungen, die kaum einen systematischen Charakter haben, soll weitgehend auf Literaturverweise verzichtet werden.

den Zugang zu weiterreichenden Hilfsangeboten außerhalb der Einrichtungen erleichtern (z. B. im Hinblick auf therapeutische Unterstützung traumatisierter Kinder und ihrer Eltern, Beratungen zur Vermittlung von Wissen über das deutsche Bildungssystem und zur Bewältigung der Lebenssituation in Deutschland, Hilfen und Unterstützung im Asylverfahren) – Aufgaben, die nicht von den Kindertageseinrichtungen selbst übernommen werden können. Die Einrichtungen und das pädagogische Personal sollen so zu einer „Willkommenskultur" in Deutschland beitragen, in der die Herkunftskulturen wertgeschätzt werden. Über die Integration der Kinder wird auch eine Integration der Eltern erwartet. In verschiedenen Verlautbarungen überwiegt der Tenor, dass Flüchtlingskinder als „Bereicherung" des pädagogischen Alltags in Kindertageseinrichtungen angesehen werden (vgl. z. B. Costa 2015).
Gleichwohl aber werden die Kindertageseinrichtungen und das pädagogische Personal durch Kinder von Flüchtlingen vor besondere Herausforderungen gestellt. Informellen Gesprächen ist zu entnehmen, dass nicht unbedingt alle Erzieherinnen und Erzieher offen für den Umgang mit diesen Kindern und ihren besonderen Problemen sind und durchaus mehr oder weniger starke Belastungen sehen – was eine Integration erschweren kann. Manche Einrichtung, die bisher kaum mit Kindern mit Migrationshintergrund zu tun hatte, sieht sich durch die „Plötzlichkeit" der Zuweisung von Flüchtlingen zu ihrer Kommune vor besondere Probleme gestellt. Große Wissensdefizite werden beim pädagogischen Personal gesehen. Dies betrifft z. B. Wissen über die Herkunftskulturen der Flüchtlinge und damit auch über unangemessene Verhaltensweisen in diesen Kulturen, Wissen über andere kulturelle Erziehungsvorstellungen und Erziehungspraktiken dieser Eltern, Kenntnisse im Erkennen von Traumatisierungen der Kinder und ihrer Eltern und entsprechenden Handlungsmöglichkeiten – auch im Hinblick auf Verweise an diesbezügliche therapeutische Institutionen – und vor allem auch Wissen über den Ablauf des Asylverfahrens. Umgekehrt besteht bei Flüchtlingen ein großer Bedarf an Informationen über die „Lebenswirklichkeit" in Deutschland und über das deutsche Bildungssystem; Erzieherinnen und Erzieher müssen diesen Informationsbedarf zumindest teilweise erfüllen können beziehungsweise dafür an andere Instanzen verweisen können. Insgesamt wird damit ein außerordentlich hoher Fortbildungsbedarf beim pädagogischen Personal, aber auch bei Trägern und Fachberatung konstatiert.

Derzeit werden zur Bewältigung der Situation verschiedenste Maßnahmen angeboten; Angebote zur Fortbildung des pädagogischen Personals stehen dabei im Vordergrund. Als Beispiele seien hier – ohne jeden Anspruch auf Vollständigkeit – erwähnt: die vom STMAS in Auftrag gegebene Fortbildung „Flüchtlingskinder – Willkommen in der Kindertagesbetreuung“ (vgl. http://www.weiterbildungs initiative.de/aktuelles/news/detailseite/data/fluechtlingskinder-in-kitas/) wie auch eine speziell für diese Herausforderungen aufbereitete Internetseite des Ministeriums für Integration, Familie, Kinder, Jugend und Frauen in Rheinland-Pfalz (vgl. https://kita.bildung-rp.de/Fluechtlingskinder.730.0.html) oder das Internet-Informationsangebot „Flüchtlingskinder in Kitas“ der Weiterbildungsinitiative Frühpädagogische Fachkräfte (wiff) (vgl. STMAS 2016). Ebenso gibt es finanzierungsrelevante Übergangslösungen, um den Rechtsanspruch auf einen Platz in einer Kindertageseinrichtung oder Kindertagespflege für diese Kinder erfüllen zu können (vgl. STMAS 2016). Schließlich kann auch ein besonderer Beitrag zur Bewältigung der gegenwärtigen Herausforderungen von Familienzentren erwartet werden, die gleichzeitig Kinderbetreuung, Familienbildung und weitere Unterstützung für Eltern anbieten und so für Flüchtlingsfamilien mit Kindern zu einer bedeutsamen Anlaufstelle werden können. Insgesamt muss aber festgehalten werden, dass es noch einen erheblichen Entwicklungs- und Forschungsbedarf gibt (vgl. Johansson 2014).

2.1.5 Handlungsempfehlungen

Der AKTIONSRAT**BILDUNG** gibt vor dem Hintergrund der berichteten Forschungsergebnisse sowie der besonderen Herausforderungen bei Kindern von Flüchtlingen folgende Handlungsempfehlungen:

Bedeutung des Kindergartenbesuchs. Unabhängig davon, ob es kompensatorische Effekte gibt oder nicht, wirkt sich der Besuch einer Kindertageseinrichtung positiv auf die Entwicklung von Kindern mit Migrationshintergrund in den verschiedenen Entwicklungsdimensionen aus. Deshalb sollte über Werbe- und Informationsmaßnahmen versucht werden, den Familien die besonderen Bildungs- und Integrationschancen, die der Besuch einer Kindertageseinrichtung eröffnet, zu verdeutlichen und möglichst alle Kinder mit Migrationshintergrund möglichst früh in Kindertageseinrichtungen zu bringen, um diesen Beitrag zur Integration zu leisten und bereits vor Schulbeginn grundlegende (Vorläufer-)Kompetenzen für die spätere Schulkarriere zu fördern. Hier wird auch eine besondere Funktion von Unterstützergruppen für Migrantinnen und Migranten, Ehrenamtlichen und Religionsgemeinschaften – vor allem islamischen Religionsgemeinschaften – und anderen Migrantenvereinigungen gesehen, die Aufklärung über die Bedeutung eines frühen Besuchs von Kindertageseinrichtungen und entsprechende Werbung für einen Besuch leisten könnten.

Empfohlen werden hier auch Patenschaften, die die Kinder und ihre Familien individuell begleiten und im Hinblick auf Bildungsprozesse beraten. Um einen frühen Eintritt von Kindern mit Migrationshintergrund in die Kindertageseinrichtungen zu befördern beziehungsweise zu sichern, sollten auch rechtliche Rahmenbedingungen zur Einführung einer Kindergartenpflicht geprüft werden.

Gruppenzusammenstellung. Auf Seiten der Kindertageseinrichtungen sollte bei der Zusammenstellung der Gruppen darauf geachtet werden, dass nicht zu viele Kinder mit ungenügenden Deutschkenntnissen in einer Gruppe sind, um eine alltagsintegrierte Begegnung mit der deutschen Sprache zu ermöglichen. Ebenfalls sollten die Gruppen so gebildet werden, dass sie möglichst Kinder aus verschiedenen Sprachgruppen enthalten, um die Notwendigkeit der Verständigung in der deutschen Sprache zu forcieren. Falls dies aufgrund einer lokalen Häufung von Kindern mit Migrationshintergrund beziehungsweise der gleichen Sprachgruppe nicht möglich sein sollte, müssten besondere Ressourcen bereitgestellt oder spezielle Förderprogramme herangezogen werden. Auf jeden Fall sollten in Gruppen mit höheren Anteilen von Kindern mit Migrationshintergrund gezielt erfahrene Fachkräfte eingesetzt werden. Besonders für Kinder von Flüchtlingen sollte die Möglichkeit eines (frühen) Besuchs einer Kindertageseinrichtung eröffnet werden. Dies setzt voraus, dass genügend Plätze in Einrichtungen vorhanden sind beziehungsweise eingerichtet werden. Die Einrichtungen sollten dabei auch gezielt auf entsprechende Familien zugehen. Gerade für die Bewältigung von Fluchterfahrungen und die Zeit des Ankommens in Deutschland sowie eine breite Eingewöhnung in eine Einrichtung sollten auch zusätzliche finanzielle Ressourcen bereitgestellt werden, um z. B. (zeitweise) kleinere Gruppen zu ermöglichen. Es sollte auch überlegt werden, ob übergangsweise spezielle Gruppen für Kinder mit bestimmten Herkunftssprachen förderlich sein könnten, um die Kinder möglichst schnell erfolgreich in reguläre Gruppen zu integrieren – spezielle Gruppen sollten allerdings nur für eine kurze Zeitspanne eingerichtet werden.

Familienzentren. Der AKTIONSRAT**BILDUNG** empfiehlt, die besonderen Möglichkeiten von Familienzentren gezielt zu berücksichtigen. Durch die Verbindung von Kinderbetreuung, Familienbildung und weiterer Unterstützung von Familien wird hier ein besonderer Beitrag zur Integration von Familien und ihren Kindern erwartet. Familienzentren können auch besondere Anlaufstellen für Migrantenfamilien sowie für Familien von Flüchtlingen bieten. Solche Anlaufstellen könnten auch weitere Fördermöglichkeiten für die Kinder und ihre Familien außerhalb der Einrichtung vermitteln. Dies gilt aber nicht nur für die Familienzentren im Besonderen, sondern auch für die Kindertageseinrichtungen insgesamt. Eltern können hier Informationen erhalten, neue Kontakte knüpfen, und unterstützende Netzwerke können aktiviert werden. Zentral kann hier auch die Zusammenarbeit mit außerinstitutionellen Partnern – wie z. B. therapeutischen Fachkräften für die Bewältigung von Traumaerfahrungen – organisiert werden. Zu überlegen wäre auch, ob nicht systematisch die Unterstützung durch ehrenamtliche „Laienhelfer“ gesucht werden sollte, die selbst über Fluchterfahrungen verfügen.

Förderung der deutschen Sprache. Unabhängig von einer Wertschätzung der Herkunftskulturen und Herkunftssprachen sollte die Förderung der deutschen Sprache im Mittelpunkt des pädagogischen Arbeitens stehen. Zum einen sollte dies zentral über eine alltagsintegrierte Förderung der deutschen Sprache geschehen – was besondere Kompetenzen des pädagogischen Personals voraussetzt –, zum anderen muss aber auch in Fällen, in denen eine solche alltagsintegrierte Förderung nicht ausreicht, an die Entwicklung und Implementierung von speziellen Förderprogrammen gedacht werden, die systematisch die alltagsintegrierte Förderung ergänzen. Aufgrund des bestehenden Entwicklungsbedarfs sollten Modellprogramme für die Förderung von Kindern mit Migrationshintergrund sowie für Kinder von Flüchtlingen in Kindertageseinrichtungen und in Familien weiterentwickelt werden. Ein besonderer Wert sollte dabei auf die Verbindung von institutioneller Förderung und Familienunterstützung gelegt werden. In diesem Zusammenhang sollten – um eine kontinuierlich angelegte Förderung und Begleitung des Übergangs in die Grundschule zu gewährleisten – Konzepte und Programme für den Übergang in die Grundschule entwickelt und erprobt werden, die diese besondere Kindergruppe gezielt unterstützen.

Aus- und Weiterbildung. In der Aus- und Weiterbildung des pädagogischen Personals sollte besonderer Wert auf die Sprachförderung, d. h. alltagsintegriert und in Form von speziellen Förderprogrammen, gelegt werden; dies setzt spezielle Kompetenzen beim Fachpersonal voraus. Ebenso wird die Vermittlung von Wissen über andere Kulturen und der besonderen Herausforderungen einer interkulturellen Bildung und Erziehung empfohlen. Spezielle Fortbildungsveranstaltungen sollten sich dem Thema „Flüchtlingskinder in Kindertageseinrichtungen“ zuwenden. Dies setzt allerdings voraus, dass Strategien verfolgt werden, welche die Weiterbildungsbereitschaft des pädagogischen Personals erhöhen beziehungsweise auf einem bestehenden hohen Niveau halten.

Forschungsbedarf. Schließlich muss die empirische Wissensbasis zur Förderung von Kindern mit Migrationshintergrund in Kindertageseinrichtungen erweitert werden. Dies gilt im Besonderen für die Situation von Flüchtlingskindern und Kindern von Asylsuchenden.

2.2 Primarstufe

Die Grundschule hat als Bildungsinstitution die Aufgabe, zum Gelingen von Integration beizutragen. Hier sind grundlegende Kompetenzen früh zu fördern und es ist sicherzustellen, dass Bildungsbenachteiligungen weitestgehend abgebaut und bestmögliche Fundamente für die weitere schulische und berufliche Zukunft gelegt werden. Konsens in Wissenschaft und Politik ist hierbei, dass insbesondere eine frühe systematische Sprachförderung von zentraler Bedeutung ist, um einen reformierten Umgang mit Heterogenität zu ermöglichen (vgl. Schwippert/Bos/Lankes 2003; Kultusministerkonferenz (KMK) 2007; Stanat/Rauch/Segeritz 2010). Im Rahmen einer erfolgreichen Bildungsintegration von Menschen mit Migrationshintergrund stellen sich neben der Sprachvermittlung jedoch eine Vielzahl weiterer Herausforderungen, auch dadurch, dass Migration ein Begriff ist, der eine Vielzahl von unter anderem kulturellen, sozialen, ökonomischen und rechtlichen Sachverhalten umfasst, die sich darüber hinaus über die Jahre verändern. Sie werden in Kapitel 1 näher besprochen, beispielsweise auch Thematiken wie Einschulung und -stufung oder Schulpflicht.

Die für alle Kinder im Grundschulalter geltenden Entwicklungsaufgaben, z. B. das Ausbauen sprachlicher und kognitiver Fähigkeiten, sozialer Beziehungen, der Autonomie, des Bewusstseins für soziale Normen, eines Selbstkonzepts, können bei Kindern mit Migrationshintergrund teilweise als besonders herausfordernd angenommen werden. So bilden beispielsweise auch sie zunehmend ihre ethnische Identität heraus, werden sich also der Bedeutung der ethnischen Zugehörigkeit im Sozialgefüge bewusst und explorieren diese. Hierbei gehören sie jedoch in der Regel zu einer kulturellen Minderheit, was die Ausbildung einer Balance von psychologischem und sozialem Selbst erschweren kann. Im Folgenden soll die Thematik auf Basis empirischer und für Deutschland repräsentativer Befunde betrachtet werden. Hierzu wird beleuchtet, wie sich die Situation von Grundschulkindern mit Migrationshintergrund strukturell darstellt, warum sprachliche Fähigkeiten so zentral sind, wie diese gefördert werden, welche Zusammenhänge mit schulischen Kompetenzen bestehen, wie sich die Situation der Elterneinbindung in das schulische Geschehen darstellt und wie sich Übergänge auf weiterführende Schulen gestalten.

2.2.1 Datengrundlage

Die Datenbasis der dargestellten Analysen bilden die Internationale Grundschul-Lese-Untersuchung (IGLU) 2011, die zeit- und deckungsgleich durchgeführte Trends in International Mathematics and Science Study (TIMSS), die Ländervergleichsstudie 2011 des Instituts zur Qualitätsentwicklung im Bildungswesen (IQB), sowie Erhebungen des Bundesamts für Migration und Flüchtlinge (2008, 2010, 2011, 2012, 2013, 2014b) und des Statistischen Bundesamts (2010, 2011, 2012, 2013, 2014a, 2014b). IGLU erhebt die Leseleistung von Viertklässlerinnen und Viertklässlern in einem fünfjährigen Zyklus und ist mit einer Stichprobengröße von 4.229 Kindern repräsentativ für Deutschland (vgl. Bos u. a. 2012a). TIMSS erfasst hingegen mathematische und naturwissenschaftliche Kompetenzen in einem vierjährigen Zyklus; in 2011 wurde dieselbe Stichprobe zugrunde gelegt (vgl. Bos u. a. 2012b). Erkenntnisse aus TIMSS/IGLU 2011 können aufgrund der internationalen Ausrichtung in einen globalen Kontext eingebettet werden.
Am IQB-Ländervergleich 2011 nahmen 27.081 Schülerinnen und Schüler der vierten Jahrgangsstufe teil (vgl. Stanat u. a. 2012a). Die Studie ist ebenfalls repräsentativ für Deutschland und erfasst Kompetenzen in den Fächern Deutsch und Mathematik. In allen drei zentralen Studien wurden diverse Hintergrundinformationen auf Kinder-, Eltern-, Lehrkraft- und Schulleitungsebene erhoben. Die Studie ergänzt TIMSS/IGLU 2011 insofern, als aufgrund der Stichprobengröße und der Erhebungsmethoden innerhalb des Migrationshintergrunds die vier meistvertretenen Herkunftsländer (mindestens eines Elternteils) differenziert werden können: Türkei, ehemalige Sowjetunion, Polen und ehemaliges Jugoslawien. In TIMSS/IGLU 2011 sind hierzu die aus einer solchen Differenzierung resultierenden Stichprobengrößen zu gering. Weder in TIMSS/IGLU 2011 noch in den IQB-Ländervergleichsstudien ist erhoben worden, ob ein Flüchtlingsstatus vorliegt oder nicht. Daher wird dieser hier unter Migrationshintergrund subsumiert.

Definition Migrationshintergrund. In TIMSS/IGLU 2011 wird der Migrationshintergrund eines Kindes über das Geburtsland der Eltern und unabhängig von Staatsbürgerschaften definiert, sodass jeweils solche Kinder unterschieden werden können, von denen kein Elternteil, ein Elternteil oder beide Elternteile im Ausland geboren wurden. Demnach sind Personen mit Migrationshintergrund alle Ausländerinnen und Ausländer (auch eingebürgerte ehemalige), alle nach 1949 als Deutsche auf das heutige Gebiet der Bundesrepublik Zugewanderte sowie alle in Deutschland als Deutsche Geborene mit zumindest einem zugewanderten oder als Ausländerin oder Ausländer in Deutschland geborenen Elternteil (vgl. Statistisches Bundesamt 2014a). Der familiäre Sprachgebrauch stellt hier eine weitere Betrachtungsebene dar. Im IQB-Ländervergleich 2011 wird der Migrationshintergrund ebenfalls durch Geburtsländer definiert, hier wird jedoch zusätzlich das Geburtsland des Kindes einbezogen. Die BAMF-Erhebungen basieren auf Meldedaten, wodurch der Migrations- und der Aufenthaltsstatus (z. B. laufendes Asylverfahren) differenziert werden können. Mit Migration ist hier die internationale Migration nach Deutschland, also die räumliche Verlegung des Lebensmittelpunkts über Staatsgrenzen hinweg, gemeint. Die Aufzeichnungen des Statistischen Bundesamts basieren ebenfalls auf offiziellen Statistiken, hier wird die Staatsangehörigkeit erhoben. Die verwendeten Einschlusskriterien sind im Detail in den zitierten Originalquellen nachzulesen. Im Fließtext werden die Begrifflichkeiten der entsprechend zitierten Quellen verwendet.

2.2.2 Strukturelle Merkmale

Wie bereits in vorherigen Kapiteln geschildert, ist es aus wissenschaftlicher Perspektive notwendig, klare Unterscheidungskriterien für einen Migrationsstatus zu definieren. Es besteht Konsens darüber, dass eine reine Differenzierung nach Staatsangehörigkeit (deutsche, andere oder mehrere Staatsbürgerschaften) das interessierende Merkmal nur unzureichend abbildet. Daher wird in den großen vergleichenden Schulleistungs-, aber auch anderen erziehungswissenschaftlichen Studien heutzutage der Migrationshintergrund, häufig definiert über das Geburtsland des Kindes beziehungsweise der Eltern oder die Verkehrssprache im Elternhaus, erfragt. Verschiedene Operationalisierungen des Migrationshintergrunds führen hierbei zu statistisch und inhaltlich bedeutsamen Unterschieden in der Klassifizierung, insbesondere in jüngeren Altersgruppen (vgl. Gresch/Kristen 2011).

Im Jahr 2014 lag der Anteil an Kindern mit Migrationshintergrund unter den Fünf- bis Zehnjährigen bei 35,3 Prozent (vgl. BAMF 2016a, S. 193). Dieser Wert übersteigt also den Anteil von Menschen mit Migrationshintergrund an der Gesamtbevölkerung, was auf die Unterschiedlichkeit der Altersstrukturen der Menschen mit und ohne Migrationshintergrund zurückzuführen ist. Betrachtet man den Anteil an Grundschülerinnen und -schülern ohne deutsche Staatsangehörigkeit (im Vergleich zum Migrationshintergrund), so liegt dieser deutlich geringer bei 7,1 Prozent, was die Konsequenzen verschiedener Operationalisierungen weiter verdeutlicht (vgl. Statistisches Bundesamt 2015d).

In den jährlichen Migrationsberichten des BAMF wird deutlich, dass in der Altersgruppe der Fünf- bis Zehnjährigen der Anteil an Kindern mit Migrationshintergrund im engeren Sinne in den letzten Jahren angestiegen ist (siehe Abbildung 11). Das BAMF nimmt diese Altersstufeneinteilung standardmäßig vor, die Fünf- bis Zehnjährigen können näherungsweise als Kinder im Grundschulalter gewertet werden. Da diese mehr als einem Drittel der Gesamtpopulation an Grundschulkindern entsprechen, kann der Migrationshintergrund als in erziehungswissenschaftlicher Hinsicht bedeutsame Betrachtungsebene angesehen werden.

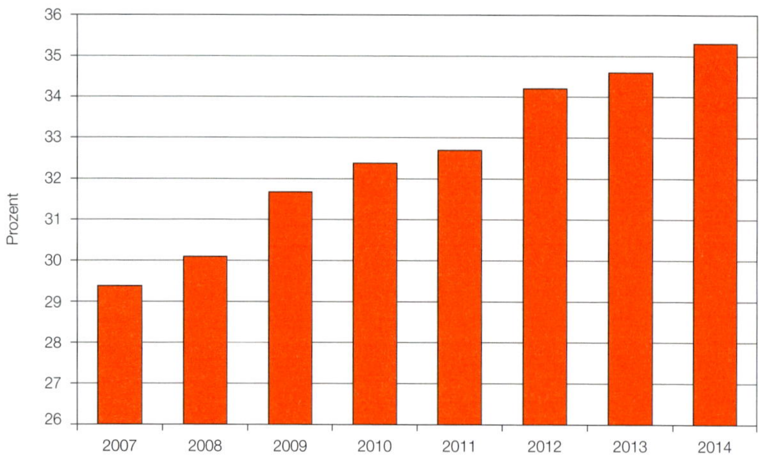

Abbildung 11: Anteil an Kindern mit Migrationshintergrund im engeren Sinne an allen Fünf- bis Zehnjährigen zwischen 2007 und 2014 (vgl. BAMF 2016a, S. 287; für die Jahre 2007 bis 2013 vgl. entsprechende Migrationsberichte)

Kinder mit Migrationshintergrund wachsen durchschnittlich ebenso wie Kinder ohne Migrationshintergrund in Familien mit zwei Bezugspersonen, aber mit mehr Geschwistern auf. Insgesamt ist bei 72,3 Prozent der Viertklässlerinnen und Viertklässler aus TIMSS/IGLU 2011 kein Elternteil im Ausland geboren. Der Unterschied zu den Daten des BAMF entsteht durch die Unterschiedlichkeit der Erhebungsinstrumente und der inhaltlichen Operationalisierung (Geburtsland der Eltern in Fragebogen für Schülerinnen und Schüler vs. Meldedaten zu Migrations- und Aufenthaltsstatus). Bei 27,7 Prozent liegt ein Migrationshintergrund vor, wobei bei 16,1 Prozent beide Elternteile und bei 11,6 Prozent ein Elternteil im Ausland geboren wurde.

In der Gruppe der Kinder, bei denen beide Elternteile im In- oder Ausland geboren wurden, leben die meisten Kinder in einer Familie mit zwei Bezugspersonen (89,6 Prozent und 89,4 Prozent); bei denjenigen, bei denen ein Elternteil im Ausland geboren wurde, sind es etwas weniger (84,8 Prozent). Hier gibt es die meisten Familien mit nur einer Bezugsperson (15 Prozent). Über alle drei Gruppen des Migrationshintergrunds hinweg sind vor allem alleinerziehende Mütter vorzufinden, in den wenigsten alleinerziehenden Familien sind die Väter die Bezugspersonen. Betrachtet man die Anzahl der mit im Haushalt wohnenden Kinder unter 14 Jahren, so lässt sich feststellen, dass Kleinfamilien mit ein bis zwei Kindern unter 14 Jahren am häufigsten vorkommen. Großfamilien mit vier oder mehr Kindern sind selten, auch innerhalb der Gruppe, in der beide Elternteile im Ausland geboren wurden, auch wenn dies hier häufiger zu finden ist (9,4 Prozent vs. sechs Prozent, wenn ein Elternteil im Ausland geboren wurde, und 4,2 Prozent, wenn kein Migrationshintergrund vorliegt).

2.2.3 Sozioökonomischer Status

Auf Basis des IQB-Ländervergleichs 2011 zeigt sich, dass sich der durchschnittliche sozioökonomische Status zwischen den Migrationsgruppen signifikant voneinander unterscheidet. Besonders die Kinder, deren Elternteile beide im Ausland geboren wurden, stammen aus Elternhäusern, in denen der Beschäftigungsstatus der Eltern niedriger ist. In TIMSS/IGLU 2011 zeigt sich ein ähnliches Bild. Bezüglich der beruflichen Tätigkeit in Teil- oder Vollzeit der Väter wird berichtet, dass diese bei Familien häufiger gegeben ist, die keinen Migrationshintergrund haben (90,2 Prozent), die Erwerbstätigkeitsquote der Väter liegt bei 81,5 Prozent, wenn beide Elternteile im Ausland geboren wurden. Auch unter den Müttern ist diese Quote derjenigen ohne Migrationshintergrund mit 77,3 Prozent höher als bei solchen, wo beide Elternteile im Ausland geboren wurden (62,3 Prozent), auch wenn diese über die verschiedenen Gruppen hinweg insgesamt weniger häufig arbeiten als die Väter. Diese Unterschiede zwischen Familien mit und ohne Migrationshintergrund in Bezug auf die Familientypen, die Familiengröße und die Erwerbstätigkeitssituation sind seit 2001 geringer geworden (vgl. Schwippert/Bos/Lankes 2003). Auf Basis von TIMSS 2011 konnte gezeigt werden, dass fast die Hälfte aller Viertklässlerinnen und Viertklässler (49,4 Prozent), deren Eltern beide im Ausland geboren wurden, armutsgefährdet sind. Dies entspricht mehr als dem Zweifachen der Quote (19,2 Prozent) bei Kindern ohne Migrationshintergrund (vgl. Stubbe/Tarelli/Wendt 2012).

Flüchtlinge. Innerhalb der Personengruppe mit Migrationshintergrund ist es lohnenswert, Flüchtlinge differenziert zu betrachten, da sie sich in einer rechtlich und psychisch deutlich anderen Lage befinden als andere Gruppen (vgl. Kapitel 1.2 und 1.5). Der Flüchtlingsstatus kann zum Beispiel über beantragte Asylverfahren operationalisiert werden. Für Grundschulkinder gilt dies automatisch, sobald sich ihre Eltern als politisch Verfolgte um Asyl bewerben. Als Folge globaler Entwicklungen wie militärischer Auseinandersetzungen ändert sich die Anzahl, aber auch die Zusammensetzung der Asylbewerbergruppen über die Jahre deutlich. Statistiken über die Lebensumstände von Flüchtlingen speziell im Grundschulalter liegen nicht für die gesamte Bundesrepublik vor.
Beispielsweise war innerhalb der Gruppe der syrischen Flüchtlinge im Jahr 2014 mehr als ein Drittel (35,4 Prozent) der Personen minderjährig (vgl. Statistisches Bundesamt 2015d). Aufgrund der allgemeinen Schulpflicht spiegelt sich dieser Einwanderungsanstieg auch in den Schulen wider: Im Schuljahr 2014/2015 besuchten 5.440 Kinder syrischer Staatsangehörigkeit Grundschulen in Deutschland (vgl. Statistisches Bundesamt 2015d, S. 376) und damit mehr als doppelt so viele wie im Vorjahr (Schuljahr 2013/2014: 2.577 Kinder). Dennoch zeigt die Betrachtung der letzten Jahre, dass sich die Zunahme an Flüchtlingen nur bedingt in der Grundschulpopulation widerspiegelt, was auch mit den verschiedenen Erhebungskriterien und den betrachteten Zeiträumen zusammenhängen kann. Kinder mit syrischer Staatsangehörigkeit befinden sich außerdem nicht notwendigerweise in einem Asylverfahren, da in den Schulstatistiken lediglich nach Staatsangehörigkeit, nicht nach Flüchtlingsstatus klassifiziert wird. Außerdem werden syrische Staatsangehörige im Rahmen eines Auswahlprogramms kontingentweise aufgenommen.

2.2.4 Sprache

Insbesondere landessprachliche Fähigkeiten gelten als Schlüssel für eine gelingende Integration von international Migrierenden (vgl. Esser 2006 und Kapitel 1.1). Sie tragen zu gelungener Teilhabe an Bildung, Kultur, Sozialleben und der Arbeitswelt bei. Die deutsche Sprache ist ein Kollektivgut, das nicht nur Teil des alltäglichen Lebens, sondern für Grundschulkinder auch Bestandteil aller Schulfächer ist, sodass der schulische Erfolg, auch langfristig, stark von ihrer Beherrschung abhängt (vgl. Gogolin/Neumann/Roth 2003). Im Umkehrschluss bedeutet dies, dass geringe Deutschkenntnisse den Zugang zu Lerngelegenheiten in der Schule reduzieren. Wenn in der Grundschulzeit bereits Defizite, die auf fehlende Sprachkenntnisse zurückzuführen sind, eintreten, kann dies persistierende Folgen für den Rest der Schullaufbahn haben.

Familiärer Hintergrund. Sprachkenntnisse werden Grundschulkindern in vielerlei Kontexten vermittelt. Zentral ist hierbei zum einen die Familie (vgl. Stanat/Schwippert/Gröhlich 2010). Es besteht empirischer Konsens darüber, dass Kinder mit Migrationshintergrund, in deren Familien deutsch gesprochen wird, bessere Leistungen in Kompetenztests zu sprachlichen, aber auch darüber hinausgehenden Fähigkeiten aufweisen als solche, in deren Zuhause nicht deutsch gesprochen wird (vgl. Stanat/Rauch/Segeritz 2010). Dieser Zusammenhang mit dem familiären Sprachgebrauch konnte in IGLU 2011 bestätigt werden und betrug fast eine halbe Standardabweichung auf der Lesefähigkeitsskala (im Vergleich zwischen Kindern, die manchmal oder nie zu Hause deutsch sprechen, und denen, die immer oder fast immer deutsch sprechen). Diese Disparitäten sind im Vergleich zu 2001 etwas geringer geworden (vgl. Schwippert/Bos/Lankes 2003). In TIMSS 2011 zeigte sich, dass dieser Leistungsunterschied im Zusammenhang mit dem familiären Sprachgebrauch in Mathematik und Naturwissenschaft ebenfalls gegeben ist – die Differenz entsprach fast einer halben Standardabweichung in Mathematik und mehr als einer halben Standardabweichung in Naturwissenschaft (vgl. Tarelli/Schwippert/Stubbe 2012).
Mehrsprachigkeit ist ein Phänomen, das für fast jedes fünfte Kind Realität ist. Interessant ist auch, dass nur 0,8 Prozent der Grundschulkinder berichten, zu Hause nie deutsch zu sprechen. In 18,9 Prozent der Fälle wird manchmal und in 80,4 Prozent der Fälle immer oder fast immer deutsch gesprochen. Dies ist ein Indikator dafür, dass das in den Medien gelegentlich aufgebaute Bild einer „Parallelgesellschaft" deutlich in Frage gestellt werden muss. Im internationalen Vergleich zeigt sich, dass dieses Muster durchschnittlich ist, sodass von keiner besonderen Lage Deutschlands ausgegangen werden kann (vgl. Schwippert/Wendt/Tarelli 2012).

Institutionelle Förderung. Ein zweiter zentraler Kontext, in dem Kinder Sprache erlernen, sind Institutionen, in denen die Verkehrssprache Deutsch ist. Eine institutionelle frühe Sprachförderung kann zum Beispiel durch das umfangreiche Besuchen von Kindertageseinrichtungen stattfinden (vgl. Reich/Roth 2007; Valtin u. a. 2007; vgl. auch Kapitel 2.1).
Nach der Einschulung bildet die Grundschule den zentralen institutionellen Rahmen für die Sprachvermittlung. Hier sind neben den allgemeinen Lerngelegenheiten, die Schulen innerhalb der Betreuung und des Unterrichts bieten, auch spezifische Sprachförderungsmöglichkeiten denkbar.

Spezifische Sprachvermittlung. Innerhalb der Notwendigkeit spezifischer Sprachvermittlung kann zwischen der mangelnden Fähigkeit, die Testsprache zu verstehen, und den Lesefähigkeiten unterschieden werden. In TIMSS/IGLU 2011 wurden die Lehrkräfte befragt, bei wie vielen ihrer Schülerinnen und Schüler ihrer Einschätzung nach Schwierigkeiten in diesen beiden Bereichen bestehen und wie viele tatsächlich Förderunterricht im Lesen erhalten. Wie Abbildung 12 verdeutlicht, deckt das Ausmaß an Förderunterricht die tatsächlichen Bedarfe nach Lehrkrafteinschätzungen nicht ab.

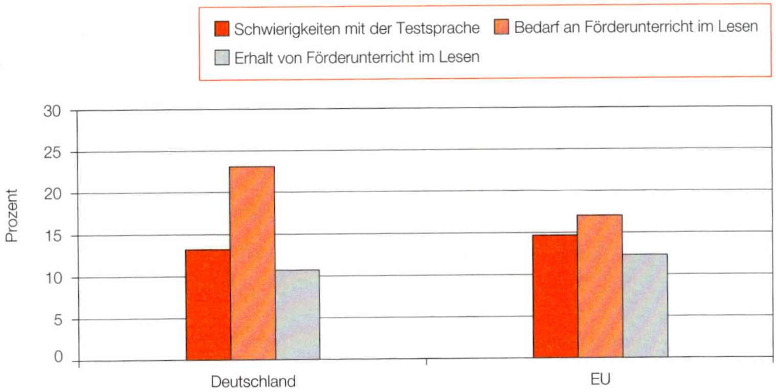

Abbildung 12: Bedarfe an Förderung und tatsächliche Förderungsquoten nach Lehrkrafteinschätzung in TIMSS/IGLU 2011 (vgl. Tarelli u. a. 2012, gekürzte Fassung der Abbildung 5.6, S.156)

Schwierigkeiten mit der Testsprache als solcher weisen nach Lehrkrafteinschätzung also 13,2 Prozent der Grundschulkinder auf, 23,1 Prozent benötigen jedoch Förderung im Lesen. Dieser Unterschied könnte beispielsweise damit zusammenhängen, dass viele Kinder eher Probleme mit Schriftsprache als mit der gesprochenen Sprache aufweisen. Tatsächlich werden jedoch weniger als die Hälfte der Bedarfe gedeckt (10,7 Prozent erhalten Förderunterricht im Lesen). Dieser Unterschied spiegelt einen von den Lehrkräften wahrgenommenen Bedarf an einem Ausbau von Fördermöglichkeiten leseschwacher Kinder wider. Innerhalb der Vergleichsgruppe der Europäischen Union (EU) wird zum einen ein überdurchschnittlicher Leseförderbedarf in Deutschland (23,1 Prozent vs. 17,0 Prozent) und zum anderen eine extremere Diskrepanz zwischen Bedarf und tatsächlicher Fördersituation wahrgenommen (vgl. Tarelli u. a. 2012). Im Kontext vertiefter Analysen der IGLU-Studie 2006 stellt sich diese Situation noch dramatischer dar. Hier konnten Valtin u. a. (2010) Hinweise darauf finden, dass Lehrkräfte die Förderbedürftigkeit ihrer Schülerinnen und Schüler sogar noch unterschätzen und nur ca. ein Drittel objektiv Leseförderungsbedürftiger eine innerschulische Förderung erhält.

Förderbedarf bei Kindern mit Migrationshintergrund. In diesem Zusammenhang liefert die IQB-Ländervergleichsstudie 2011 ebenfalls interessante Erkenntnisse. Hier wurde betrachtet, ob solche Schülerinnen und Schüler, die die standardisiert gemessenen und inhaltlich konzipierten Mindeststandards in sprachlichen Maßen verfehlen, also ohne bedarfsgerechte Förderung Schwierigkeiten mit dem erfolgreichen Übergang in die weiterführende Schule haben, Förderung erhalten und ob hier Unterschiede zwischen Migrationsgruppen bestehen. Bei gleichen Kompetenzniveaus im Fach Deutsch ist die relative Chance eines selbst zugewanderten Kindes, eine Sprach- oder Leseförderung zu erhalten, etwa doppelt so hoch wie bei den Kindern ohne Migrationsgeschichte. Es zeigte sich, dass innerhalb der Gruppe der Kinder, die die Mindeststandards verfehlten, 50,6 Prozent der selbst zugewanderten Kinder zusätzliche Sprach- oder Leseförderung erhielten und 43 Prozent der Kinder, die selbst in Deutschland geboren wurden, beide Elternteile jedoch nicht. Unter denjenigen, bei denen ein Elternteil im Ausland geboren wurde, waren es 41,4 Prozent und unter denjenigen ohne Migrationshintergrund nur 26,7 Prozent (vgl. Stanat/Weirich/Radmann 2012). Insgesamt konnte der Befund aus TIMSS/IGLU 2011, dass Förderbedarfe nicht ausreichend erfüllt werden, also auch hier bestätigt werden. Wie Stanat, Weirich und Radmann (2012) weiterhin zeigen konnten, werden bislang vorwiegend Urteile der Lehrkräfte und ihrer Kolleginnen und Kollegen sowie schulärztliche und elterliche Informationen zur Bestimmung von Förderbedarf herangezogen.

Sprachförderungsangebote. Ein Grund für den international vergleichsweise verbesserungsbedürftigen Umgang mit sprachlichen Defiziten kann darin bestehen, dass keine systematische Handhabe durch Schulgesetzgebungen oder bundesweite Regelungen vorgegeben ist. Gleichzeitig nehmen die Bemühungen in dieser Hinsicht zu. Wie der IQB-Ländervergleich 2011 zeigt, gibt es an nahezu allen Grundschulen in Deutschland zumindest eine Form von Zusatzeinrichtungen zur Förderung sprachlicher oder lesebezogener Defizite. Betrachtet man jedoch die Angebote systematischer Sprachförderung, zeigt sich ein anderes und zwischen den Bundesländern sehr heterogenes Bild: In sieben Bundesländern gaben die Schulleitungen von Kindern, die die Mindeststandards verfehlten, in nur ca. drei Vierteln der Fälle an, dass eine systematische sprachbezogene Förderung stattfindet. In acht weiteren Bundesländern war es sogar nur ca. die Hälfte. Hier ist ein klarer Ausbau- oder Umorientierungsbedarf der Förderangebote in Richtung einer an fundierten pädagogischen Konzepten orientierten systematischen Förderung zu erkennen (vgl. Stanat/Weirich/Radmann 2012). Darüber hinaus gab fast die Hälfte der befragten Lehrkräfte an, einen Fortbildungsbedarf in dieser Hinsicht zu haben (vgl. Richter u. a. 2012). Neben diesen generellen Desideraten bezüglich Sprachförderung stellt sich insbesondere die Frage, wie auf die Bedürfnisse von Kindern eingegangen wird, deren Muttersprache nicht Deutsch ist, insbesondere wenn sie zusätzlich einen Flüchtlingsstatus aufweisen. Auch hier liegen keine systematischen Steuerungsinstrumente vor, die diese Auffangverantwortung oder -umgangsweise auf Bundesebene regeln würden. Lediglich in den Bundesländern Bremen und Sachsen gibt es systematisch Vorbereitungsklassen an Grundschulen und in Bayern Übergangsklassen an Grund- und Mittelschulen speziell für Kinder mit Migrationshintergrund (vgl. Statisches Bundesamt 2014c; Kapitel 1.2.3). Solche Transitionsmodelle waren früher deutlich verbreiteter im deutschen Schulsystem. Gleichzeitig gibt es in allen Bundesländern, wenn auch nicht flächendeckend, Integrationsklassen (mit teilweise abweichender Begrifflichkeit), in denen die deutsche Sprache intensiv erlernt werden soll, da die Förderung von Kindern mit unzureichenden Deutschkenntnissen bundesweit vorgesehen ist (vgl. Kapitel 1.2.3). In diesem Rahmen finden, insbesondere im Primarschulbereich, häufig Modelle wie „Deutsch als Zweitsprache“ (DaZ) Anwendung. Obwohl die Ausgestaltung heterogen verläuft, lässt sich sagen, dass es sich zumeist um zusätzliche Lehreinheiten vor oder nach dem Regelunterricht handelt. Diese Herangehensweise wird häufig in strukturierte Immersion eingebettet, also in die Eingliederung der Schülerinnen und Schüler in den Regelunterricht. Bei allen Fördermaßnahmen kommt es primär auf das Schaffen von Kommunikationsgelegenheiten an. Bilinguale Modelle, also solche, in denen hierbei auf der Erstsprache aufgebaut wird, sind auch aufgrund des Fehlens von entsprechendem sprachlich versierten Personal vergleichsweise selten. Immer noch anzutreffen sind jedoch Ansätze der „Submersion“, also der Eingliederung ohne spezifische Unterstützung des Zweitspracherwerbs. Zu sprach- und integrationsförderlichen Angeboten speziell für Kinder mit Migrationshintergrund oder sogar Flüchtlingsstatus liegen bis dato keine bundesweit repräsentativen Erhebungen vor.

Die Verantwortung für systematische Sprachförderung wird häufig ausschließlich an den Grundschulen verortet. Gleichzeitig ist anzunehmen, dass zumindest einige Grundschulen mit dem Aufbau einer strukturierten und kontinuierlichen Angebotsstruktur, ob am Vor- oder Nachmittag, überfordert sein könnten. Vielmehr sollte in diesem Zusammenhang auch über institutionelle, aber nicht schulische Fördermaßnahmen nachgedacht werden. Denkbar sind außerdem finanziell getragene professionelle Ferien- oder Nachmittagsangebote, die dem Bedarf verstärkt entgegentreten könnten, wie beispielsweise bereits in Berlin implementiert. In Brandenburg wurde speziell für Flüchtlingskinder ein Programm initiiert, in dem auf den Schulbesuch systematisch vorbereitet werden soll. In den täglichen Kursen in den Erstaufnahmeeinrichtungen werden verschiedene Inhalte, aber in erster Linie der Erwerb von Sprach- und Kulturkenntnissen fokussiert.

Umgang mit religiösen und kulturellen Unterschieden. Neben diesen Aspekten von Sprachförderung ist in diesem Kontext ebenfalls von Interesse, wie an Schulen mit kulturellen und religiösen Unterschieden umgegangen wird. Wie bereits kurz erwähnt, entwickeln Kinder im Grundschulalter zunehmend ethnische oder religiöse Identitätsanteile durch Vergleichs- und Explorationsprozesse. Es ist anzunehmen, dass insbesondere Zuwandernde mit nicht christlicher Religionszugehörigkeit, mehrheitlich Muslime, hierbei in vielen Lebensbereichen vor Herausforderungen stehen (vgl. Kapitel 1.1). Auf der anderen Seite stehen auch Schulen Fragen der Umgangsweise mit kultureller Diversität gegenüber: Wie wird mit der Religionslehre verfahren? Wie wird mit religiösen Feiertagen umgegangen? Wie ermöglicht man das Ausleben religiöser Freiheit? Diese und andere Fragen spiegeln sich auch in dem Befund wider, dass fast 25 Prozent der befragten Grundschullehrkräfte in der Ländervergleichsstudie 2011 angaben, bei sich selbst einen hohen oder sehr hohen Fortbildungsbedarf im Bereich interkultureller Pädagogik wahrzunehmen. Gleichzeitig gaben nicht einmal zwei Prozent an, in den vergangenen zwei Schuljahren an einer entsprechenden Veranstaltung teilgenommen zu haben (vgl. Richter u. a. 2012).

Good-Practice-Beispiel Grundschule Kleine Kielstraße. Bezogen auf den Grundschulbereich soll in diesem Zusammenhang ein Good-Practice-Beispiel vorgestellt werden: die Grundschule Kleine Kielstraße aus Dortmund, die im Jahr 2006 den ersten Deutschen Schulpreis unter dem Motto „Es geht auch anders“ (vergeben durch Robert Bosch Stiftung, Heidehof Stiftung und Medienpartner Stern und ZDF) gewonnen hat. In der offenen und förderpädagogisch integrativen Ganztagsschule im Stadtteil Nordstadt, einem Stadtteil mit besonderem Erneuerungsbedarf und erheblichen ökonomischen und sozialen Belastungsfaktoren, liegt der Anteil an Kindern mit Migrationshintergrund bei ca. 95 Prozent und etwa die Hälfte aller Kinder ist berechtigt, Leistungen im Rahmen des Bildungs- und Teilhabepakets zu erhalten. Kinder, deren Muttersprache nicht Deutsch ist und die hier besonderen Förderbedarf haben, werden über die reguläre Beschulung hinaus mindestens zwei Stunden am Tag in sogenannten Willkommensklassen, einem primär sprachlichen Auffangprogramm, spezifisch und intensiv gefördert. Neben dieser strukturellen Maßnahme, bezogen auf gesprochene Sprache und Lesen, finden zusätzliche muttersprachliche Angebote, islamische Religionslehre und interkulturelle Veranstaltungen statt, die einen reformierten Umgang mit Heterogenität zusätzlich befördern. Darüber hinaus wird auf unterschiedliche Lernvoraussetzungen und -geschwindigkeiten durch eine jahrgangsübergreifende Ausrichtung eingegangen (vgl. Grundschule Kleine Kielstraße 2015).

2.2.5 Schulische Kompetenzen

Ein wiederkehrender Befund von Leistungsvergleichen ist, dass Kinder mit Migrationshintergrund schlechtere Leistungen erzielen als Kinder ohne Migrationshintergrund, wobei Unterschiede zwischen Kindern aus verschiedenen Herkunftsländern bestehen. Insgesamt erzielen Kinder mit Migrationshintergrund seltener Leistungen auf den höchsten Kompetenzniveaus und entsprechend häufiger nur Leistungen, die basale Fähigkeitsniveaus widerspiegeln. Wenn Variablen zum sozialen Hintergrund der Schülerinnen und Schüler als Kontrollvariablen aufgenommen werden, verringert sich der Leistungsunterschied, wobei die Konfundierungen je nach Herkunftsland unterschiedlich stark ausfallen. In TIMSS/IGLU 2011 wurden die Kompetenzbereiche Lesen, Mathematik und Naturwissenschaft untersucht. Befunde aus dem IQB-Ländervergleich 2011 werden ergänzend berichtet.

Lesen. Konform mit anderen auch internationalen Befunden zeigt sich auch in IGLU 2011, dass Kinder, deren Eltern beide im Ausland geboren wurden, deutlich schlechtere Leseleistungen erzielen als Kinder ohne Migrationshintergrund. Der Leistungsunterschied entspricht hierbei etwa dem, was in einem Schuljahr hinzugelernt wird (vgl. Schwippert/Wendt/Tarelli 2012). Ein sehr ähnliches Ergebnis finden Haag, Böhme und Stanat (2012) auf Basis des IQB-Ländervergleichs. Für den Kompetenzbereich Zuhören entsprechen die Unterschiede sogar dem, was in mehr als einem Schuljahr gelernt werden kann. Im Vergleich zu den IGLU-Erhebungen aus 2001 (vgl. Bos u. a. 2003) und 2006 (vgl. Bos u. a. 2007) zeigt sich, dass die Rangreihe konstant geblieben ist, in der die Kinder, bei denen beide Elternteile im Ausland geboren wurden, das niedrigste Leseverständnis aufweisen, gefolgt von denjenigen mit einem im Ausland geborenen Elternteil und denjenigen ohne Migrationshintergrund. In Bezug auf die erreichten Kompetenzniveaus lassen sich jedoch im Kohortenvergleich (Teil-)Erfolge verzeichnen: Während das Leseverständnis derjenigen ohne Migrationshin-

tergrund konstant geblieben ist, näherten sich diejenigen mit Migrationshintergrund an, obwohl hierbei Schwankungen zu verzeichnen sind.
Es kann argumentiert werden, dass neben dem mittleren Kompetenzniveau, das eine Gruppe erzielt, auch die Proportionen der Kompetenzstufen von Interesse sind. So kann angenommen werden, dass eine Verminderung sehr niedriger Kompetenzstufen bereits einen wesentlichen Erfolg darstellt, auch wenn sich der Gesamtmittelwert nicht oder nur marginal erhöht. Daher illustriert Abbildung 13, wie sich diese Proportionen in den IGLU-Erhebungszyklen 2006 und 2011 verändert haben. Die Nachteile von Kindern mit Migrationshintergrund sind auch hier ersichtlich. Es zeigt sich, dass innerhalb dieser Gruppe konstant größere Anteile an Kindern nur niedrige Kompetenzstufen erreichen und auch geringere Anteile die höchste Kompetenzstufe erzielen als in der Gruppe ohne Migrationshintergrund. Gleichzeitig sind hier die Proportionen der niedrigsten beiden Kompetenzstufen zurückgegangen, sodass mehr Kinder mit Migrationshintergrund Kompetenzstufe 3 erreichen, auf der verstehend gelesen, Informationen aus einem Text verknüpft und einfache Schlüsse gezogen werden können.

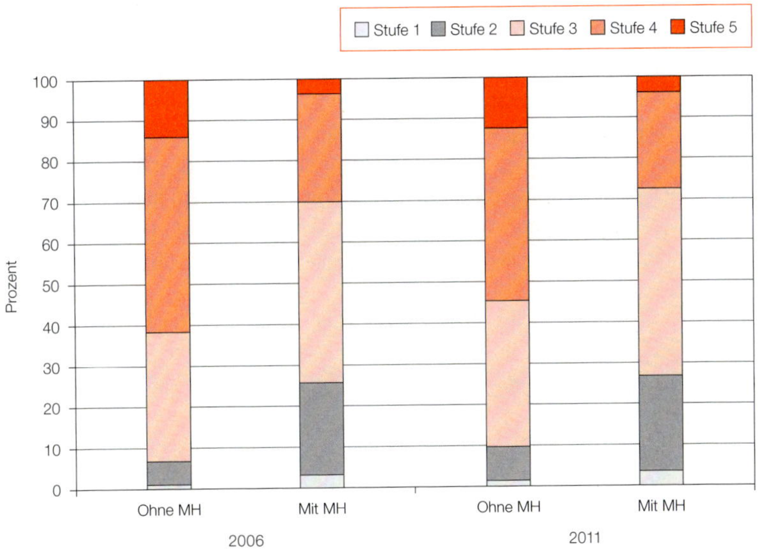

Abbildung 13: Anteile von Kindern mit und ohne Migrationshintergrund (MH) auf unterschiedlichen Kompetenzstufen des Leseverständnisses in IGLU 2006 und 2011 (vgl. Schwippert/Wendt/Tarelli 2012, gekürzte Fassung der Abbildung 7.4, S. 200)

Mathematik. In TIMSS 2011 zeigt sich, dass auch auf Mathematik bezogen die besten Leistungen von den Kindern erbracht werden, deren Eltern in Deutschland geboren wurden. Signifikant schlechter schneiden diejenigen ab, bei denen ein oder beide Elternteile im Ausland geboren wurden, wobei sich diese beiden Gruppen nicht signifikant voneinander unterscheiden (vgl. Tarelli/Schwippert/Stubbe 2012). Innerhalb der IQB-Ländervergleichsstudie 2011 zeigt sich ebenfalls, dass Kinder mit Migrationshintergrund benachteiligt sind, jedoch unterscheiden sich hierbei die Migrationsgruppen signifikant voneinander: Hier zeigen Kinder mit zwei im Ausland geborenen Elternteilen die größten Kompetenzrückstände (vgl. Haag/Böhme/Stanat 2012). In TIMSS 2011 schneidet die Gruppe der Kinder, bei denen ein Elternteil im Ausland geboren wurde, im Vergleich zu dem Erhebungszyklus 2007 besser ab. Abbildung 14 stellt für die Erhebungszyklen 2007 und 2011 dar, wie sich die Proportionen der Kompetenzstufen je nach Migrationshintergrund verteilten. Wie in Abbildung 14 illustriert ist, hat sich an der Kompetenzstufenverteilung innerhalb der Gruppe ohne Migrationshintergrund kein substanzieller Unterschied zwischen 2007 und 2011 ergeben. In der Gruppe mit Migrationshintergrund (ein oder beide Elternteile im Ausland geboren) zeigt sich, dass die Anteile an Kindern, die lediglich Kompetenzstufe 1 oder 2 erreichten, leicht abgenommen haben. Trotz dieser Annäherung an die Gruppe der Kinder ohne Migrationshintergrund erreichen 32,7 Prozent nicht die Kompetenzstufe 3 und konnten entsprechend nur Leistungen zeigen, die auf elementare Fähigkeiten hindeuten. Außerdem wird deutlich, dass die Anteile der Kinder mit Migrationshintergrund, die die höchste Kompetenzstufe erreichen, mit 2,5 Prozent in 2007 und 1,3 Prozent in 2011 in beiden Jahren deutlich geringer sind als die derjenigen ohne Migrationshintergrund (13,3 Prozent und 9,7 Prozent). Migrationsspezifische Disparitäten sind also nach wie vor stark ausgeprägt.

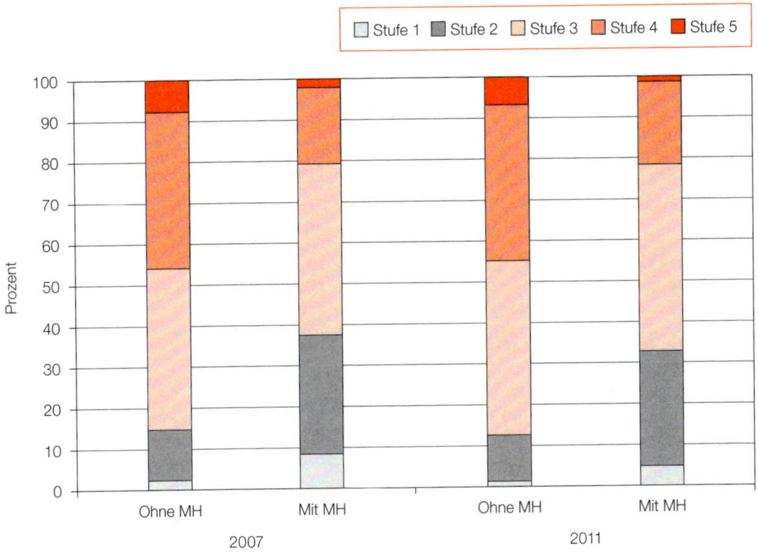

Abbildung 14: Anteile von Kindern mit und ohne Migrationshintergrund (MH) auf unterschiedlichen Kompetenzstufen in Mathematik in TIMSS 2007 und 2011 (vgl. Tarelli/Schwippert/Stubbe 2012, gekürzte Fassung der Abbildung 8.7, S. 260)

Naturwissenschaft. Auch für Naturwissenschaft gilt, dass Kinder mit Migrationshintergrund signifikant schlechter abschneiden als solche, deren Eltern beide in Deutschland geboren wurden (vgl. Tarelli/Schwippert/Stubbe 2012). Auch hier lassen sich keine signifikanten Unterschiede zwischen den beiden Migrationsgruppen finden. Im Vergleich zu 2007 schneiden jedoch beide Gruppen besser ab und nähern sich somit der Gruppe der Kinder ohne Migrationshintergrund an. Folgende Abbildung 15 verdeutlicht diese Entwicklungen differenziert nach Kompetenzstufen und Migrationshintergrund. In Bezug auf die naturwissenschaftlichen Kompetenzstufen fällt als Erstes auf, dass die Proportion des Erreichens der niedrigsten Kompetenzstufen 1 und 2 in beiden Erhebungszyklen deutlich höher in der Gruppe der Kinder mit Migrationshintergrund ausfällt (48 Prozent in 2007 und 41,5 Prozent in 2011) als in der Gruppe ohne Migrationshintergrund (14,4 Prozent in 2007 und 13,4 Prozent in 2011). Ein substanzieller Anteil der Kinder mit Migrationshintergrund verfügt also lediglich über rudimentäres Anfangswissen oder elementares Faktenwissen. Gleichzeitig bedeutet der Unterschied in den Proportionen zwischen 2007 und 2011 eine leichte

Annäherung an das Niveau der Kinder ohne Migrationshintergrund. Inwieweit dieser Befund einen erfreulichen Trend abbildet, wird der nächste Erhebungszyklus zeigen. Wie auch aus der Abbildung hervorgeht, sind die Anteile an Kindern, die die höchste Kompetenzstufe erreichen, unter denjenigen mit Migrationshintergrund um ein Vielfaches geringer (2,5 Prozent in 2007 und 1,3 Prozent in 2011) als in der Gruppe ohne Migrationshintergrund (13,3 Prozent in 2007 und 9,7 Prozent in 2011).

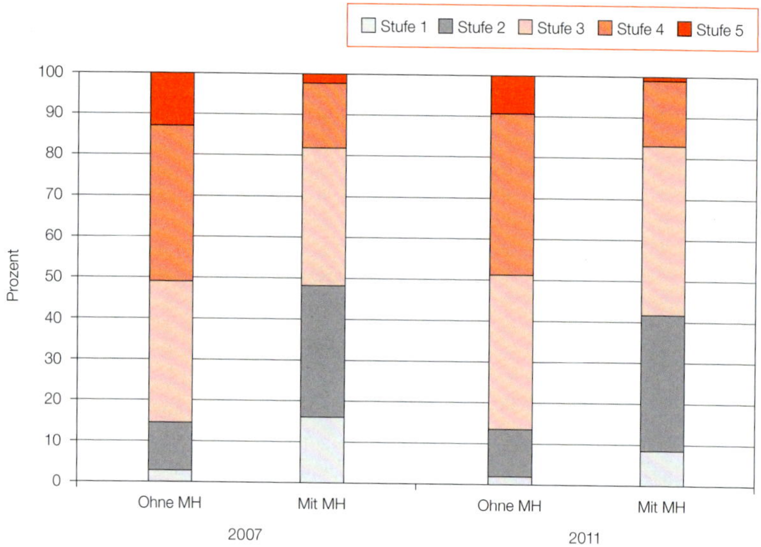

Abbildung 15: Anteile von Kindern mit und ohne Migrationshintergrund (MH) auf unterschiedlichen Kompetenzstufen in Naturwissenschaft in TIMSS 2007 und 2011 (vgl. Tarelli/Schwippert/Stubbe 2012, gekürzte Fassung der Abbildung 8.8, S. 261)

Konfundierungen. Die Befunde aus dem IQB-Ländervergleich und TIMSS/IGLU zeigen also in allen Kompetenzbereichen durchschnittlich deutlich niedrigere erreichte Kompetenzstufen bei Kindern mit Migrationshintergrund als bei Kindern ohne. Teilweise sind signifikante Annäherungen über die Erhebungszyklen zu beobachten, insbesondere im Bereich der Leistungsschwachen. Inwiefern solche Trends aber auch auf strukturelle Veränderungen innerhalb der Gruppe an Menschen mit Migrationshintergrund, eventuell sogar veränderte Bildungsaspirationen der Eltern zurückzuführen sind statt auf gelungene Bildungsreformen oder Förderungsbemühungen, kann anhand der querschnittlichen Studien nicht untersucht werden. Darüber hinaus konnte in vertieften Analysen zu TIMSS/IGLU 2011 gezeigt werden, dass die gefundenen Unterschiede zumindest zu großen Teilen auch auf sozioökonomische Einflüsse zurückgeführt werden können; so reduzieren sich die gefundenen Leistungsunterschiede in den einzelnen Domänen um ca. die Hälfte, wenn entsprechende Merkmale mit betrachtet werden (vgl. Schwippert/Wendt/Tarelli 2012; Tarelli/Schwippert/Stubbe 2012). Kinder mit Migrationshintergrund sind zu großen Teilen sozioökonomisch benachteiligt, was unabhängig vom Migrationsstatus mit der Leseleistung zusammenhängt. Außerdem erklären der familiäre Sprachgebrauch sowie andere kulturelle Herkunftsfaktoren bedeutsame Teile der gefundenen Unterschiede. Kognitive Grundfähigkeiten stellen ebenfalls eine Größe mit relevantem Einfluss auf Unterschiede in schulischen Kompetenzen dar, werden jedoch nicht in allen Studien erhoben.

Differenzierung nach Migrationshintergrund. In Verbindung damit, dass zwischen verschiedenen Herkunftslandgruppen erhebliche Leistungsunterschiede, aber auch Unterschiede in Bezug auf den sozioökonomischen Status, den elterlichen Bildungsstand sowie in der familiären Verkehrssprache bestehen und diese unterschiedlich große Anteile der beobachteten Leistungsunterschiede erklären, wird deutlich, dass Aussagen über die Familien mit Migrationshintergrund nur vorsichtig und unter Berücksichtigung spezifischer Hintergrundmerkmale zu treffen sind. Basierend auf dem IQB-Ländervergleich 2011 wurden vier Herkunftsgruppen von Kindern mit verschiedenem Migrationsstatus differenziert betrachtet. Abbildung 16 stellt die mittleren erreichten Testwerte in Lesen und Mathematik separat für verschiedene Herkunftsländer dar (Skala beginnt für eine bessere Übersichtlichkeit bei 300 Punkten). Diese sind Deutschland (kein Zuwanderungshintergrund; DE), Türkei (TUR), die ehemalige Sowjetunion (ehem. UDSSR), Polen (PL) sowie das ehemalige Jugoslawien (ehem. YUG). Darüber hinaus sind weitere Herkunftsländer in einer Restkategorie abgebildet (anderes Land) und es wird jeweils unterschieden, ob ein oder beide Elternteile in dem entsprechenden Land geboren wurden.

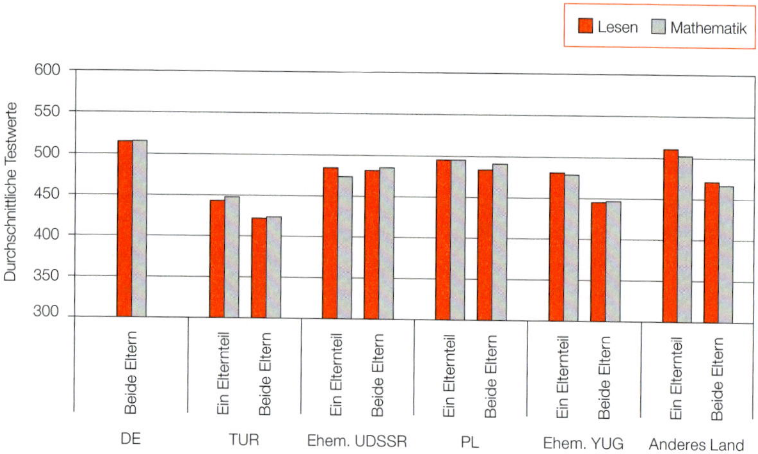

Abbildung 16: Durchschnittliche Testwerte in Lesen und Mathematik, getrennt nach Herkunftsland und Migrationsstatus, im IQB-Ländervergleich 2011 (vgl. Haag/Böhme/Stanat 2012, basierend auf Tabelle 9.3, S. 225)

Aus der Abbildung lässt sich zum einen erkennen, dass Viertklässlerinnen und Viertklässler aus den vier Herkunftsländern im Mittel niedrigere Testwerte erzielen als Gleichaltrige ohne Migrationshintergrund. Auch sichtbar ist, dass diejenigen, deren Eltern beide im Ausland geboren wurden, fast durchweg schlechter abschneiden als solche mit nur einem im Ausland geborenen Elternteil. Darüber hinaus unterstreicht die Darstellung gruppenspezifische Unterschiede je nach Herkunftsland. So erzielen Kinder mit türkischem Migrationshintergrund die signifikant niedrigsten durchschnittlichen Testwerte. Bei Kindern, bei denen ein Elternteil in einem anderen, hier nicht näher ausgewiesenen Land geboren wurde, zeigt sich, dass durchschnittlich nur sehr geringe Unterschiede im Vergleich zu Kindern ohne Migrationshintergrund bestehen. Nicht dargestellt sind die Unterschiede in den Standardabweichungen, die sich ebenfalls herkunftslandspezifisch unterscheiden, oder die zahlenmäßigen Anteile in der Bevölkerung. Die Familien von ca. fünf Prozent der betrachteten Kinder haben Wurzeln in der Türkei, von vier Prozent in der ehemaligen Sowjetunion, von zwei Prozent in Polen und dem ehemaligen Jugoslawien und von weiteren neun Prozent in einem anderen, nicht separat betrachteten Land.

2.2.6 Elternanbindung und Grundschule als Familien-(Bildungs-) Zentrum

Von einer engen Einbindung von Eltern in das Geschehen in der Grundschule, sowohl schul- als auch lernbezogen, werden Verbesserungen in Form einer konstruktiveren Zusammenarbeit von Schule und Elternhaus in Hinblick auf das gemeinsame Erfüllen von Erziehungsaufgaben erhofft. Dies kann durch das Einbeziehen von Eltern in schulische Prozesse, Entscheidungen, Veranstaltungen, Betreuung und Förderung geschehen. Ein weiterer wichtiger Bereich liegt jedoch auch in der gezielten Information der Eltern über Lernziele, pädagogische Hilfestellungen, aber auch individuelle Lernfortschritte, sodass eine abgestimmte optimale Förderung in Schule und familiärer Umgebung erzielt werden soll. Dies soll zu dem Abbau von Bildungsungleichheiten und Leistungsunterschieden beitragen, da neben der Schule die häusliche Umgebung ein zentraler Lern- und Sozialisationsort ist (vgl. Hoff 2006; Hurrelmann 2006). Tatsächlich weisen einige empirische Befunde darauf hin, dass ein positiver Zusammenhang zwischen schulischem Erfolg und elterlicher Beteiligung am Schulgeschehen besteht (vgl. z. B. Jeynes 2003; 2007). Die Einbindung von Eltern in das Schulgeschehen wird daher auch in gewissem Maße gesetzlich geregelt, wobei hierbei große Unterschiede zwischen den Schulgesetzen der einzelnen Länder bestehen, die den Schulen außerdem ein hohes Maß an individuellem Gestaltungsspielraum lassen. Ein Mindestmaß an Elternbeteiligung wird in der Regel durch eine schulische Informationspflicht und ein Mitbestimmungsrecht der Eltern zum Beispiel in Gremien gesichert. Seit einem Beschluss der Kultusministerkonferenz im Jahr 2013 (vgl. KMK 2013) soll die Einbindung jedoch ausgebaut und Zugangsbarrieren für Eltern(gruppen) abgebaut werden. Diese Entscheidung steht auch im Zusammenhang mit einem angestrebten reformierten Umgang mit Heterogenität.

Insbesondere bei Familien, in denen beide Elternteile im Ausland geboren wurden und die selbst andere Schulsysteme besucht haben, erscheint eine umfangreiche Information, Einbindung und Beratung ratsam, um Kindern die gleichen Chancen zu ermöglichen. Beispielsweise können solche Eltern bei Übergangsentscheidungen am Ende der Grundschule auf wenig eigene Erfahrung und gegebenenfalls auf weniger Information über Eigenschaften des deutschen Schulsystems zurückgreifen. Hinzu kommen hierbei möglicherweise sprachliche Barrieren. Zwar haben Eltern der ersten Zuwanderungsgeneration häufig hohe Bildungsaspirationen (vgl. Diefenbach/Nauck 1997), sehen die Verantwortung für das Treffen von Bildungsentscheidungen jedoch unter Umständen weniger bei sich als bei der Institution (vgl. Hartung/Kluwe/Sahrai 2009).

Datengrundlage. Aufgrund der fehlenden einheitlichen Regelung und systematischen Erhebung des Einbindungsgeschehens an deutschen Grundschulen stehen keine spezifisch hierauf ausgerichteten großangelegten Daten zur Verfügung. In ihrer Sekundäranalyse verknüpfen Lokhande, Hoeft und Wendt (2014) Informationen aus Schulleitungs- und Elternfragebögen aus TIMSS/IGLU 2011, um die Fragen zu beantworten, in welchem Ausmaß es welche Formen von Elternbeteiligung an Grundschulen gibt und wie diese von Eltern mit und ohne Migrationshintergrund wahrgenommen werden.

Quantität und Qualität von Angeboten. Es zeigte sich, dass Grundschulen in Deutschland (auch gemäß den gesetzlichen Regelungen) umfangreiche Gelegenheiten bieten, sich als Eltern in Gremien, Pflegschaften etc. zu engagieren und so das Schulgeschehen ein Stück weit mitzubestimmen (im überwiegenden Teil mehr als zweimal pro Jahr). Informationen zum Leistungsniveau und zum allgemeinen Bildungskonzept der Schule werden an einigen Schulen nie oder nur einmal pro Jahr gegeben, im Großteil der Schulen jedoch auch mehrfach im Jahr. In Bezug auf eine lernbezogene Elternbeteiligung, also Aktivitäten, die den Lernfortschritt des Kindes im häuslichen Umfeld fördern sollen, finden insbesondere sehr regelmäßig lernbezogene Austausche zwischen Lehrkräften und Eltern statt (in 44,7 Prozent der Fälle sogar mehr als dreimal pro Jahr), aber auch Unterstützungen der häuslichen Lernbegleitung (in 48,9 Prozent der Fälle mehr als dreimal pro Jahr). Ein Weg, dies zusätzlich zu unterstützen, wäre, zusätzliche Lernmaterialien für zu Hause bereitzustellen, was in ca. einem Viertel der Schulen jedoch nie geschieht (25,9 Prozent). In nur 23 Prozent der Schulen gibt es dieses Angebot häufig, also mehr als dreimal im Jahr. Angebote, bei denen sich die Eltern selbst in Hinblick auf pädagogische Themen fortbilden können, finden ebenfalls an einem Viertel der Schulen niemals (24,3 Prozent) und an nur 6,1 Prozent häufig statt.

Wahrnehmen von Angeboten. Im Rahmen der vorliegenden Arbeit ist von primärem Interesse, wie sehr und an welchen Schulen solche Angebote insbesondere von Eltern mit Migrationshintergrund wahrgenommen werden. Generell gilt, dass Eltern sich nach eigenen Angaben in erster Linie lernbezogen, also in Bezug auf schulische Angebote zu häuslicher Förderung, engagieren und weniger schulbezogen, d. h. zum Beispiel durch die Beteiligung an Gremien oder der Gestaltung von Freizeitangeboten. Angebote, sich mit Lehrkräften über Lernziele und den individuellen Lernstand ihres Kindes auszutauschen, werden von Eltern im Durchschnitt wenig bis gar nicht genutzt. Bei einer differenzierten Betrachtung von Eltern mit Migrationshintergrund zeigen sich hierbei keine signifikanten Unterschiede: Sie beteiligen sich nach eigenen Angaben genauso häufig wie Eltern aus der Mehrheitsbevölkerung. Die elterliche Unterstützung des Lernens zu Hause und die Zufriedenheit mit den Einbindungsmöglichkeiten an der Schule unterscheiden sich nicht in Abhängigkeit vom Migrationsstatus. Dies steht im Widerspruch zu anderen Befunden, was mit der Erhebung über Selbstauskünfte, der Unterschiedlichkeit genutzter Instrumente o. Ä. zusammenhängen könnte (vgl. Jeynes 2007; Börner 2011; Sacher 2012).

Good-Practice-Beispiel Grundschule Kleine Kielstraße. Auch in diesem Zusammenhang bildet die Grundschule Kleine Kielstraße in Dortmund ein Good-Practice-Beispiel (vgl. Grundschule Kleine Kielstraße). Schon vor Schuleintritt finden Unterrichtshospitationen und Sprechtage statt, an denen die Eltern umfassend über das Schulkonzept informiert und gemeinsam häusliche Unterstützungsmöglichkeiten erarbeitet werden. Mehrmals im Jahr finden auch in der Folge Fortbildungen zu Konzepten und Strukturen von Schule und Lernen statt, in deren Rahmen ebenfalls Unterrichtshospitationen ermöglicht werden. Im Vormittagsbereich gibt es darüber hinaus ein Elterncafé, in dem sich Eltern austauschen können, Gastvorträge oder Exkursionen organisiert werden, aber auch Elternfortbildungen stattfinden, wie unter anderem auch Alphabetisierungs- und Sprachkurse. Im Vormittagsbereich stehen Räume und Personal des offenen Ganztags für die Geschwister im Vorschulalter zur Verfügung, sodass die Schule tatsächlich als Familien-(Bildungs-)Zentrum fungiert. Diese Angebotsvielfalt, aber auch die Netzwerkzusammenarbeit mit anderen Projekten Dortmunds und des Landes Nordrhein-Westfalen wird durch eine Schulsozialarbeiterin unterstützt. Die notwendigen zusätzlichen finanziellen Ressourcen stammen aus verschiedenen, aufwendig organisierten Quellen, unter anderem auch Spenden.

2.2.7 Übergang in die weiterführende Schule

Nach der allgemeinbildenden Grundschule ohne Leistungsdifferenzierung ist das Ziel, Kinder gemäß ihrem Leistungsstand und ihrem Fähigkeitspotenzial und unabhängig von ihrer sozialen, ökonomischen oder ethnischen Herkunft in zu ihnen passende, also besonders förderliche sekundäre Schulformen einzuteilen. Man erhofft sich durch homogenere Fähigkeitsgruppen eine bessere Anpassung von Leistung und Anspruch des Unterrichts. Übergangsentscheidungen

sind in Deutschland zwar bundesweit gesetzlich gerahmt, den Ländern bleiben jedoch verschiedene Ausgestaltungsmöglichkeiten offen. So findet in den meisten Ländern der Übergang nach der vierten Klasse statt, in drei Bundesländern jedoch erst nach der sechsten Klasse (Berlin, Brandenburg und Mecklenburg-Vorpommern).
Davon abgesehen gibt es jedoch Schritte, die in allen Ländern vergleichbar verlaufen. Bereits deutlich vor den Übergangsentscheidungen finden Elterninformationsveranstaltungen statt. Am Ende des ersten Halbjahres der letzten Klasse wird daraufhin von der Schule eine Übergangsempfehlung ausgesprochen (in manchen Ländern jedoch erst nach Aufforderung). Wie eine solche Empfehlung zustande kommt, ist in den Ländern ebenfalls nicht einheitlich geregelt. Im Falle einer Übereinstimmung zwischen schulischer Empfehlung und elterlichem Wunsch kann das Kind an einer weiterführenden Schule angemeldet werden. Ist dies nicht der Fall und kann in weiteren Gesprächen keine Einigung erzielt werden, obliegt die Entscheidung in manchen Ländern den Eltern, in anderen werden Eignungsprüfungen eingesetzt (vgl. Füssel u. a. 2010). Sind an einer Schule deutlich mehr Anmeldungen als Kapazitäten gegeben, folgen Auswahlverfahren nach landesspezifischen Verfahrensweisen.

Empirische Befunde. Die umfassendste Erhebung zum Übergang in die weiterführende Schule wurde von Maaz u. a. (2010) in Ankopplung an TIMSS 2007 durchgeführt. Hier wurden 4.768 Schülerinnen und Schüler sowie deren Eltern vor und nach dem Übergang in eine weiterführende Schule befragt, sodass umfangreiche Erkenntnisse gewonnen werden konnten.[19] In den hier zitierten Befunden wurde die Gruppe der Kinder mit türkischem Migrationshintergrund untersucht. Für den vorliegenden Beitrag sind zentrale Befunde zum einen, dass für diese Kinder deutlich schlechtere Chancen bestehen, nach der Grundschule auf ein Gymnasium zu wechseln, als für Kinder ohne Migrationshintergrund. Nach Kontrolle von sozialem Status und Leistung vor dem Übergang hat der Migrationshintergrund jedoch einen positiven Effekt (vgl. Gresch/Becker 2010): Kinder mit denselben Voraussetzungen und türkischen Wurzeln besuchen häufiger ein Gymnasium als solche ohne Migrationshintergrund. Dies kann als ein positiver leistungsunabhängiger Effekt des Migrationshintergrunds gewertet werden, was durch die stärker ausgeprägten Bildungsaspirationen der Eltern erklärbar ist. Es sind jedoch auch weitere Erklärungen denkbar. So könnten Lehrkräfte befürchten, dass sie als ausländerfeindlich wahrgenommen

---

[19] Die Studie fand aufgrund des Designs nur in den 13 Bundesländern statt, in denen der Übergang in die weiterführende Schule nach der vierten Jahrgangsstufe erfolgt.

werden könnten, weshalb sie Kinder mit Migrationshintergrund positiv diskriminieren. Eine andere Erklärung könnte sein, dass Kinder mit türkischem Migrationshintergrund, guten Leistungen und einem hohen sozialen Status als einem Klischee widersprechend wahrgenommen werden und daher besonders positiv auffallen könnten. Festgehalten werden kann auf Basis der Studie, dass mögliche Gründe für die verschiedenen Teilhabequoten von ethnischen Gruppen an Gymnasien eher in frühen Nachteilen zu suchen sind als in Prozessen des Übergangs selbst. Hierzu zählen Gresch und Becker (2010) primär Sprachdefizite, die zu geringeren Leistungen in der Grundschule führen.

2.2.8 Handlungsempfehlungen

Forschungsbedarf. Wie der Beitrag verdeutlicht, besteht grundsätzlich Bedarf an weiteren umfangreichen Datengrundlagen, anhand derer die thematisierten Sachverhalte tiefergehend untersucht werden können. Insbesondere sollte hierbei die Möglichkeit geschaffen werden, auch die Gruppe der Kinder von Flüchtlingen differenziert zu betrachten, da hier ein erheblicher Forschungsbedarf besteht. Darüber hinaus sollten spezifische Erhebungen ein möglichst vielseitiges und genaues Bild ermöglichen, da sich zum Beispiel verschiedene Herkunftsgruppen deutlich voneinander unterscheiden. Einen bereits angebahnten Ansatzpunkt stellt in diesem Zusammenhang der sogenannte Kerndatensatz der KMK dar.

Vermittlung der Landessprache. Um das Niveau der Bildungschancen von Kindern mit Migrationshintergrund zu steigern, lassen sich auf Basis der geschilderten Befunde einige Ansatzpunkte herausstellen. In besonderem Maße sind hier auch Kinder mit Flüchtlingsstatus von Interesse, da davon ausgegangen werden kann, dass sie unter denjenigen mit Migrationshintergrund eine besonders benachteiligte oder förderbedürftige Gruppe darstellen. In Bezug auf eine spezifische Förderung stellt sich die Vermittlung der Landessprache als von primärer Bedeutung heraus. Ein frühes Einsetzen ist hierbei notwendig, sodass sich fächerübergreifende Nachteile nicht in der Sekundarstufe I fortsetzen. Ansatzpunkte sind daher die ersten sechs Schuljahre, also in den meisten Bundesländern auch die Eingangsstufen der Sekundarstufe I. Hierbei erscheint es am zielführendsten, Kinder mit sehr geringen Deutschkenntnissen frühestmöglich in den Regelunterricht einzubeziehen, also immersiven Unterricht anzustreben. Ergänzende Fördermaßnahmen, z. B. im Nachmittagsbereich an Ganztagsschulen insbesondere für Kinder ohne Deutschkenntnisse, sind hierbei

anzuraten. Submersive Modelle, also solche ohne spezifische Förderkomponenten, sind abzubauen.
Kinder mit Flüchtlingsstatus sollten möglichst gleichmäßig auf die Grundschulen verteilt werden, um auf diese Weise heterogene Lernmilieus im Unterricht zu befördern und den Leistungsunterschied zwischen Schülerinnen und Schülern mit und ohne Migrationshintergrund möglichst gering zu halten (vgl. OECD 2015). Nur wenn die Anzahl an neu zugewanderten Kindern an einer Schule sehr hoch ist, sind Vorbereitungsklassen zu implementieren, deren durchschnittliche Besuchsdauer möglichst gering sein und ein Jahr nicht überschreiten sollte.
Wenn die Landessprache an Schulen gefördert oder, wie z. B. im Fall von Flüchtlingskindern, erlernt werden soll, erscheint es sinnvoll, didaktische und auf empirischen Erkenntnissen basierende Materialien für die Lehrkräfte und Familien bereitzustellen, sodass der Spracherwerb bestmöglich begünstigt werden kann. Die Schulung von Fähigkeiten im Umgang mit Heterogenität als solcher, insbesondere jedoch in Bezug auf Kinder mit Flüchtlingsstatus, sollte einen größeren Stellenwert in der Ausbildung von Lehrkräften und dem weiteren pädagogischen Personal einnehmen. Lehrkräfte im Schulbetrieb müssen gegebenenfalls auch in Hinblick auf ihre interkulturellen Kompetenzen entsprechend nachgeschult werden. In diesem Zusammenhang ist ebenfalls zu nennen, dass der Ausbau von Fortbildungen im Bereich interkultureller Pädagogik und individueller Förderung für Lehrkräfte und weiteres pädagogisch tätiges Personal erstrebenswert sind, um weitere Integrationsbemühungen an Schulen zu stützen.

Unterstützung der Schulen. Im Zuge dessen ist es daher empfehlenswert, schulpolitisch personale, zeitliche und finanzielle Ressourcen gemäß den Bedarfen der Schulen zu verteilen und Schulen (auch beraterisch) zu unterstützen, an denen viele Kinder intensiven sprachlichen Förderbedarf aufweisen und die gegebenenfalls Flüchtlinge aufnehmen. Falls für die Versorgung von Kindern mit Fluchtgeschichte notwendig, sollten möglichst unbürokratisch Finanzmittel für breiter qualifizierte Lernhelferinnen und -helfer zur Verfügung gestellt werden. Schulen sollten darüber hinaus über Möglichkeiten ärztlicher und psychologischer Unterstützung dieser Kinder und ihrer Familien informiert werden, sodass sie die Inanspruchnahme mit unterstützen können. Wie das Mercator-Institut für Sprachförderung und Deutsch als Zweitsprache beschreibt, bestehen zwar Fortbildungsangebote für Lehrkräfte und Unterstützungsmöglichkeiten für Schulen, diese unterscheiden sich zum einen jedoch zwischen den Bundesländern und regional erheblich und bedürfen zum anderen wissenschaftlicher Begleitforschung, um eine hohe Qualität zu sichern (vgl. Massumi u. a. 2015). Dasselbe gilt für die vielfältigen schulorganisatorischen Modelle der Bundesländer, die die Aufnahme von neu zugewanderten Schülerinnen und Schülern regeln. Sie alle haben zum Ziel, neu zugewanderte Kinder und Jugendliche bestmöglich zu fördern, wobei hierbei konkrete und übergeordnete schulische Mindeststandards sowie eine belastbare Begleitevaluation bislang fehlen (vgl. Massumi u. a. 2015). Da auch die Verteilung neu Zugewanderter, insbesondere von Asylbeantragenden, zwischen den Bundesländern uneinheitlich verläuft, häufig noch Wohnortswechsel stattfinden etc., muss das Durchsetzen der Schulpflicht zu dem frühestmöglichen Zeitpunkt und für alle Grundschulkinder ein primäres Ziel sein. Hierbei sollten polizeiliche Maßnahmen erst ergriffen werden, wenn pädagogische und jugendamtliche Bestrebungen wirkungslos bleiben. Dieses Ziel der Vollschulpflicht könnte, den schulischen Bemühungen vorgelagert, auch dadurch verfolgt werden, dass eine Zuweisung von Familien zu einem Wohnort möglichst zügig und langfristig erfolgt, dass die Familien über das deutsche Schulsystem aufgeklärt werden und die Verteilung auf passende Bildungseinrichtungen möglichst gut gesteuert wird.

Generell weisen die vorgestellten empirischen Befunde darauf hin, dass der Förderbedarf, unabhängig vom Migrationshintergrund, in Deutschland nur teilweise gedeckt wird. Hier besteht also massiver Ausbaubedarf. In diesem Zusammenhang zeigt sich, dass sich die individuelle Zuweisung von Förderung eher an tatsächlichen Bedarfen als an Heuristiken wie einer anderen Muttersprache orientieren sollte. Die Verantwortung für spezifische Sprachförderung sollte jedoch nicht ausschließlich in Schule oder Elternhaus verortet werden. Ein Ausbau von institutionellen schulunabhängigen oder -ergänzenden Angeboten im Freizeitbereich erscheint erstrebenswert, um dem erheblichen Förderbedarf entgegenzutreten.

2.3 Sekundarbereich

2.3.1 Demografische Situation und damit verbundene Aufgaben und Herausforderungen

Bildungsverläufe von Migranten und Flüchtlingen während der Sekundarstufe sind von besonderer Bedeutung, weil mit der erfolgreichen Bewältigung dieses Bildungsabschnitts in Form von Abschlüssen (Hauptschul- beziehungsweise Mittelschulabschluss, mittlerer Schulabschluss, Hochschulzugangsberechtigung) Weichen für die weitere Integration in die Bildungs- und Arbeitswelt in Deutschland gestellt werden.

Zu Beginn der fünften Jahrgangsstufe (in wenigen Ländern zu Beginn der siebten Jahrgangsstufe) wechseln Schülerinnen und Schüler mit Migrations- und Fluchterfahrung wie auch die deutschen Mitschüler und Mitschülerinnen vom Primarbereich in den Sekundarbereich. Damit verbunden ist die Frage, mit welchen motivationalen und kognitiven Ressourcen die Kinder und Jugendlichen den Übertritt in die Sekundarstufe bewältigen, welche Kompetenzen sie bis zum Ende des Sekundarbereichs erwerben und in welcher Form sie diesen Bildungsabschnitt erfolgreich abschließen. Darüber hinaus stellt sich für den Sekundarbereich die Herausforderung, eine zweite, derzeit noch relativ kleine, aber durch Migration und Flucht belastete Gruppe von Kindern und Jugendlichen (Zuwanderer der sogenannten ersten Generation; s. u.) direkt in das deutsche Schulsystem zu integrieren. Da diese Kinder und Jugendlichen in der Regel nicht über ausreichende Sprachkenntnisse im Deutschen verfügen, gilt hier die Herausforderung der Integration in Schulen und Klassen bei gleichzeitigem Fokus auf die Unterstützung im Erwerb der Zweitsprache Deutsch.

Bevor diese Fragen bearbeitet werden, sollen einige demografische Daten zusammengefasst werden, um eine Einordnung der nachfolgenden Ausführungen zu erlauben. Darüber hinaus ist zu betonen, dass die Situation je nach Bundesland und Situation vor Ort sehr unterschiedlich sein kann und sich deshalb konkrete Empfehlungen zur Förderung der Kinder und Jugendlichen auf die lokal vorherrschende Situation beziehen müssen.

Kinder und Jugendliche mit Migrationserfahrung im Sekundarbereich. Werden die demografischen Daten betrachtet, so ist festzuhalten, dass der Anteil von Kindern und Jugendlichen mit Migrationshintergrund (im engeren Sinne; vgl. Kapitel 1.3.1, Tabelle 3) in der Altersgruppe von null bis 15 Jahren bei 3,6 Millionen liegt. Diese Gruppe stellt einen erheblichen Anteil der Kinder in Deutschland dar und ist für das deutsche Bildungssystem beziehungsweise die pädagogische Praxis von hoher Relevanz. Für den Sekundarbereich ist die Altersgruppe von zehn bis 15 Jahren (1,2 Millionen) sowie teilweise die Altersgruppe von 15 bis 20 Jahren (1,1 Millionen) relevant.

In der Verteilung der unter Fünfzehnjährigen mit Migrationshintergrund auf die Bundesländer ergeben sich deutliche Unterschiede: In den neuen Bundesländern ist der prozentuale Anteil an der altersgleichen Bevölkerung am geringsten (mit Ausnahme Berlins, hier vor allem konzentriert im Westteil der Stadt), während er in den Ballungsräumen Nordrhein-Westfalens, Hessens und Baden-Württembergs mit mindestens einem Drittel deutlich ausgeprägter ist (vgl. Kapitel 1.3.1,

Abbildung 3). Bei den Kindern mit Migrationshintergrund wird dabei unterschieden, ob sie in erster Generation in Deutschland leben (und damit selbst über eigene Migrationserfahrung verfügen) oder ob sie in zweiter oder dritter Generation in Deutschland sind (also die Eltern beziehungsweise Großeltern über eigene Migrationserfahrung verfügen und die Kinder bereits in Deutschland geboren sind). Gerade für Schülerinnen und Schüler mit eigener Migrationserfahrung (als Teil der ersten Generation in Deutschland lebender Migrantinnen und Migranten) sind Fragen des Erwerbs von Deutschkenntnissen sowie wichtiger Kompetenzen zur Teilhabe an der Gesellschaft von besonderer Bedeutung.

Zusammenfassend ist festzuhalten, dass Kinder und Jugendliche mit Migrationserfahrungen im Sekundarbereich eine zahlenmäßig große Gruppe darstellen. Diese möglichst optimal in das Bildungssystem zu integrieren, ist eine zentrale gesellschaftliche Aufgabe und wurde bereits in einer der vorhergehenden Expertisen des AKTIONSRATS**BILDUNG** gesondert behandelt (vgl. vbw 2007).

Kinder und Jugendliche mit Fluchterfahrung im Sekundarbereich. Betrachtet man im Folgenden nun speziell die Gruppe der Flüchtlinge, sind einige Eckdaten von besonderer Relevanz. Diese Gruppe der Kinder und Jugendlichen befindet sich in der Regel in einem Asylbewerberverfahren oder hat dieses durchlaufen. Basierend auf den Angaben im Migrationsbericht 2014 (vgl. BAMF 2016a und Kapitel 1.3.2) haben sich in Deutschland die Asylbewerberzahlen in den letzten fünf Jahren und insbesondere im Jahr 2015 deutlich erhöht. Für den Sekundarbereich zu berücksichtigen ist dabei, dass derzeit mit 26,5 Prozent ein hoher Anteil der Erstanträge von Minderjährigen gestellt wird und damit unter die Schulpflicht fällt. Die Anzahl der minderjährigen Asylbewerberinnen und Asylbewerber (bis unter 16 Jahre) betrug 2015 über 117.000 Personen. Im Jahr 2014 waren es ca. 48.000 Kinder und Jugendliche. Vergleicht man diese Zahlen mit den ca. 3,6 Millionen Menschen mit Migrationshintergrund unter 15 Jahren in Deutschland, handelt es sich hierbei noch um eine verhältnismäßig kleine Gruppe. Aufgrund der sich derzeit rasant verändernden Zahlen an Asylantragstellungen und den in den nächsten Jahren anstehenden möglichen Familiennachzügen infolge bewilligter Antragstellungen ist schwer abzusehen, wie sich der relative Anteil von Kindern und Jugendlichen mit Fluchterfahrung im Verhältnis zu den unter Fünfzehnjährigen mit Migrationshintergrund in Deutschland entwickeln wird. Auf der Basis der Zahlen von 2015 sind bei den Minderjährigen 55 Prozent Jungen und 45 Prozent Mädchen. Zusätzlich zur Gruppe der unter Sechzehnjährigen kommen Personen im Alter zwischen 16 und 18 Jahren (über 20.000 Personen) sowie eine größere Gruppe im Alter zwischen 18 und 25 Jahren

(109.500 Personen; vgl. auch Kapitel 2.5). Bei diesen beiden Gruppen handelt es sich bislang vorwiegend um männliche Antragsteller (ca. 80 Prozent). Da es gerade auch für diese Gruppe notwendig ist, sie im deutschen Bildungssystem zu verankern und ihr längerfristig Arbeitsmöglichkeiten zu eröffnen, haben sich hier spezielle schulische Fördermaßnahmen entwickelt, auf die am Ende des Kapitels gesondert eingegangen wird (vgl. Kapitel 2.3.4). Die Herkunftsländer der Kinder und Jugendlichen im Asylbewerbungsverfahren sind vorrangig die Arabische Republik Syrien, Serbien und Eritrea.

Auch wenn es sich um eine verhältnismäßig kleine Gruppe handelt, ist gerade diese mit ganz besonderen Herausforderungen verbunden: Erstens sind die Bildungserfahrungen der Kinder und Jugendlichen sehr heterogen. Zweitens stellt sich für alle die Herausforderung des Erwerbs von Deutsch als Zweitsprache und der angemessenen Integration in ein Schulsystem mit differenzierenden Schulformen. Außerdem haben viele dieser Kinder und Jugendlichen psychologische und physische Belastungen zu bewältigen (vgl. Kapitel 1.5), die besondere Reaktionen des Bildungssystems – auch in der Zusammenarbeit mit außerschulischen Partnern – verlangen.

Diese einleitenden Informationen sollen einen Kontext schaffen, in den die nun folgenden weiteren Ausführungen zu diesem Kapitel eingebettet sind. Diese beziehen sich in einem ersten Schritt auf die Kenntnisse der empirischen Bildungsforschung, die mithilfe des Bildungsmonitorings Wissen über fachliche Kompetenzen von Kindern und Jugendlichen im Sekundarbereich zur Verfügung stellt. Darauf aufbauend werden Kenntnisse aus der Unterrichts- und Schulforschung zu Fördermaßnahmen und Lehrerfortbildungen zusammengefasst. Für alle diese Bereiche ist festzuhalten, dass der empirische Kenntnisstand mit Bezug auf Kinder mit Migrationserfahrungen deutlich ausgeprägter ist als für die Gruppe der Flüchtlinge. Allerdings gilt für Flüchtlingskinder und -jugendliche, dass sie gleichermaßen wie Schülerinnen und Schüler der ersten Generation nicht in Deutschland geboren wurden und damit zunächst eine andere als die deutsche Sprache erworben haben. Dementsprechend wird in der Darstellung und Interpretation der Ergebnisse aus Schulleistungsstudien ein besonderes Augenmerk auf die Kinder und Jugendlichen mit Migrationshintergrund gelegt, die selbst zugewandert sind (erste Generation).

2.3.2 Kompetenzen in Kernfächern – Ausgangslagen und Entwicklungen

Seit Erscheinen der Ergebnisse aus der Dritten Internationalen Mathematik- und Naturwissenschaftsstudie (vgl. Baumert u. a. 1997) sind in Deutschland viele Schulleistungsstudien in der Sekundarstufe I durchgeführt worden, die wiederkehrend Informationen über die Bildungsbeteiligung und die Leistungsstände in den Fächern Deutsch, Mathematik, Fremdsprachen (Englisch, Französisch) und den Naturwissenschaften (Biologie, Chemie, Physik) liefern. Die getesteten Kompetenzbereiche werden als zentral für gesellschaftliche und berufliche Teilhabe betrachtet. Hinreichende Kompetenzstände in diesen Domänen stellen im Übrigen die Voraussetzung vertiefter Allgemeinbildung dar (vgl. Klieme u. a. 2003). Neuerdings treten im internationalen Testprogramm auch computerbezogene Kompetenzen in den Vordergrund, deren Bedeutung für gesellschaftliche und berufliche Teilhabe unbestritten ist. Ausdruck findet diese Entwicklung in der „International Computer and Information Literacy Study“ (ICILS), an der sich Deutschland im Jahr 2013 beteiligt hat (vgl. Bos u. a. 2014).

Von großer Relevanz sind das „Programme for International Student Assessment“ (PISA; vgl. Prenzel u. a. 2013) und die Ländervergleiche des Instituts zur Qualitätsentwicklung im Bildungswesen (IQB; vgl. Köller/Knigge/Tesch 2010; Pant u. a. 2013). Schließlich soll auch nicht unerwähnt bleiben, dass mit der Studie „Deutsch-Englisch-Schülerleistungen International“ (DESI; vgl. Beck/Klieme 2007) Deutsch- und Englischleistungen in einem Messwiederholungsdesign erhoben wurden und mit den großen Hamburger Schulleistungsstudien (LAU; vgl. z. B. Lehmann/Peek 1997) und Kompetenzen und Einstellungen von Schülerinnen und Schülern (KESS; vgl. z. B. Bos/Bonsen/Gröhlich 2009) auch längsschnittliche Studien vorliegen, die schulische Kompetenzverläufe in den Sekundarstufen I und II beschreiben.

Schülerinnen und Schüler mit Migrationshintergrund. In allen Studien werden gesondert migrationsbedingte Disparitäten ausgewiesen, indem Schülerinnen und Schüler ohne Migrationshintergrund mit unterschiedlichen Stichproben von Jugendlichen mit Migrationshintergrund hinsichtlich ihrer schulischen Kompetenzen und ihrer Bildungsbeteiligung verglichen werden. Wie auch im Grundschulbereich werden Zuwanderer der ersten Generation von denen der zweiten Generation unterschieden. Zusätzlich wird noch die Gruppe berücksichtigt, bei der nur ein Teil der Eltern zugewandert und das Kind selbst in Deutschland geboren ist. Während in den großen Schulleistungsstudien bei den Jugendlichen der ersten und zweiten Generation die Ergebnisse oft noch nach Herkunftsland unterschieden werden (z. B. Türkei vs. ehemalige Sowjetunion vs. Polen vs. Sonstige), wird die heterogene Gruppe der Jugendlichen mit einem zugewanderten Elternteil nicht weiter differenziert. Für PISA lässt sich dabei festhalten, dass die Leistungsrückstände der Schülerinnen und Schüler der ersten und zweiten Generation im internationalen Vergleich sehr groß sind, seit PISA 2000 aber abnehmen, ohne dass sie allerdings verschwinden. Hinsichtlich der Bildungsbeteiligung zeigt sich, dass Jugendliche mit Migrationshintergrund gegenüber denen ohne Migrationshintergrund deutlich geringere Chancen haben, ein Gymnasium zu besuchen, dass dagegen ihre Anteile an Jugendlichen ohne Schulsabschluss oder mit Hauptschulabschluss deutlich höher liegen.

Ähnliche Ergebnisse hat die Organisation für wirtschaftliche Zusammenarbeit und Entwicklung (OECD) – basierend auf PISA-Daten 2012 – in der Einzelstudie „Immigrant Students at School" Ende 2015 veröffentlicht (vgl. OECD 2015). Die Studie zeigt, dass der Leistungsunterschied zwischen Kindern mit und ohne Migrationshintergrund in allen Ländern vorhanden ist, im Lesen höher als in Mathematik oder beim Problemlösen. Die Studie zeigt zudem, dass deutliche Unterschiede auch zwischen den einzelnen Ländern existieren. Der Erfolg hängt ferner vom Schulsystem des Landes ab – so schneiden arabische Schüler in den Niederlanden besser ab als in Dänemark oder Finnland, Schüler aus Bosnien-Herzegowina erreichen in Deutschland höhere Leistungen als in Österreich, unabhängig vom sozioökonomischen Status. Auch das Zugehörigkeitsgefühl der Migrantenkinder war ein Aspekt der Studie. Deutschland liegt im Gefühl der Akzeptanz unter dem OECD-Durchschnitt: 75 Prozent der Schülerinnen und Schüler aus der Türkei fühlen sich in deutschen Schulen angenommen (im Gegensatz zu z. B. Finnland mit 93 Prozent). Die Studie zeigt darüber hinaus einen Zusammenhang zwischen dem Anteil der Schülerinnen und Schüler mit Migrationshintergrund in einer Schule und dem Lernerfolg der Schülerinnen und Schüler: Liegt der Anteil an Migrantinnen und Migranten über 25 Prozent, lernen in allen OECD-Ländern die Fünfzehnjährigen in solchen Schulen schlechter (vgl. OECD 2015).

Schülerinnen und Schüler mit Fluchterfahrung. Die Datenbasis ist hier – im Gegensatz zu den Kindern und Jugendlichen mit Migrationserfahrung – noch relativ dünn. Erste Hinweise auf die Kompetenzen, die die Kinder mit Fluchterfahrung mitbringen, gibt eine für die OECD verfasste Arbeit (vgl. Wößmann 2016), die Schülerleistungen aus frühen internationalen Large-Scale-Assessments in 81 Ländern miteinander vergleicht. Die Ergebnisse zeigen für mathematisch-naturwissenschaftliche Leistungen, dass in Syrien 65 Prozent der Schülerinnen und Schüler nicht Mindeststandards schulischer Bildung erreichen, d. h. mit ihren Kompetenzen auf oder unter der Kompetenzstufe 1 in PISA liegen. In Albanien betrifft dies 59 Prozent. Rund 16 Prozent der deutschen Schülerinnen und Schüler befinden sich auf der PISA-Kompetenzstufe 1. Dies bedeutet, dass zwei Drittel der jungen Syrier und nahezu ebenso viele junge Albaner in ihrer Muttersprache nur einfachste Aufgaben lösen können (vgl. Wößmann 2016).

Lesekompetenzen. In Deutschland werden seit PISA 2000 (vgl. Baumert u. a. 2001) regelmäßig die sprachlichen Kompetenzen in der Sekundarstufe I erhoben. PISA beschränkt sich auf das Leseverständnis in der Verkehrssprache Deutsch und fokussiert dabei die Population der Fünfzehnjährigen, die sich im allgemeinbildenden Schulsystem, in der beruflichen Ausbildung oder in Schulen für Jugendliche mit besonderem Förderbedarf befindet. Es dürfen in Deutschland nur solche Jugendlichen an der Testung teilnehmen, die aufgrund ihrer körperlichen, geistigen und sprachlichen Voraussetzungen in der Lage sind, ein deutschsprachiges Testheft zu bearbeiten. Schülerinnen und Schüler mit Förderbedarf bekommen kürzere und leichtere Testhefte. Da die sprachlichen Voraussetzungen gegeben sein müssen, werden jugendliche Zuwanderer ohne hinreichende Sprachkenntnisse in Deutsch von der Testung ausgeschlossen.

Bei den PISA-Erhebungen 2000 und 2009 bildete Lesen den Schwerpunkt, d. h., die meisten Aufgaben in den PISA-Testheften wurden zum Lesen gestellt, die mathematischen und naturwissenschaftlichen Kompetenzen wurden jeweils mit deutlich weniger Aufgaben getestet. Von Beginn an wurden in PISA die Leistungen von Schülerinnen und Schülern mit Migrationshintergrund ausgewiesen. Im Folgenden sollen die Befunde aus PISA 2009 zusammengefasst werden. Von den damals berücksichtigten Fünfzehnjährigen wiesen 25,6 Prozent einen Migrationshintergrund auf, lediglich 5,8 Prozent waren Jugendliche der ersten Generation, ein Viertel dieser Gruppe gab an, zu Hause primär deutsch zu sprechen (in der zweiten Generation gab jeder Zweite an, zu Hause überwiegend deutsch zu sprechen). Hinsichtlich des sozioökonomischen Status zeigte sich, dass Jugendliche der ersten Generation nicht stärker sozial benachteiligt sind als die der zweiten Generation. Die Abbildung 17 zeigt die Leistungen in unterschiedlichen Migrationsgruppen und kontrastiert diese Befunde mit denen aus dem Jahr 2000. Im Jahr 2000 wurden die Leistungen auf einer Skala abgetragen, deren Mittelwert (über alle OECD-Staaten) bei M = 500 und deren Standardabweichung bei SD = 100 lag. Eine Differenz von 30 Punkten auf dieser Skala entspricht rund dem Kompetenzzuwachs, der in einem Schuljahr der Sekundarstufe I erreicht wird.

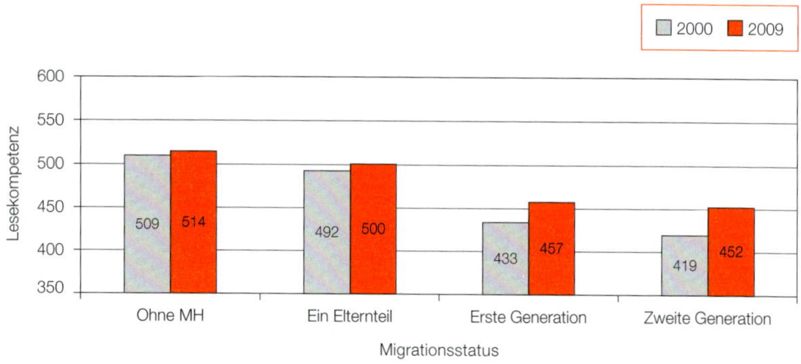

Abbildung 17: Lesekompetenzen von Fünfzehnjährigen in PISA nach Migrationsstatus und Erhebungszeitpunkt (vgl. Klieme u. a. 2010, S. 220)

Anmerkung: Ohne MH: ohne Migrationshintergrund; ein Elternteil: ein Elternteil im Ausland geboren; zweite Generation: Jugendlicher ist in Deutschland geboren; erste Generation: Jugendlicher und seine Eltern sind im Ausland geboren.

Unübersehbar schneiden Jugendliche mit Migrationshintergrund schwächer ab, wobei die Unterschiede zwischen Migranten der ersten und zweiten Generation eher gering sind. Gegenüber den Gleichaltrigen ohne Migrationshintergrund oder mit nur einem Elternteil mit Migrationshintergrund weisen beide Gruppen deutliche Rückstände aus, die mit mehr als eineinhalb Schuljahren korrespondieren.

Überraschen mag der geringe Unterschied zwischen der ersten und zweiten Generation sein. Einen Erklärungsansatz liefern hier die geringen sprachlichen Kompetenzen der Schülerinnen und Schüler mit türkischem Hintergrund, die in der großen Mehrheit der zweiten Generation angehören (73 Prozent in 2009 plus 17 Prozent mit nur einem türkischen Elternteil), aber dennoch über sehr geringe Lesekompetenzen verfügen (vgl. Stanat/Rauch/Segeritz 2010). Dies wird u. a. auf die außerschulische Sprachpraxis zurückgeführt; so geben nur rund 37 Prozent der türkischen Jugendlichen in PISA 2009 an, zu Hause deutsch zu sprechen. Damit verbunden sind vermutlich generell eine höhere Bildungsferne der Familie und auch die fehlende Sprachpraxis in der deutschen Sprache in der Peergroup. Parallel speist sich die Gruppe der ersten Generation sehr stark aus Jugendlichen aus osteuropäischen Ländern, die eine sehr viel stärkere Bereitschaft zur sprachlichen Assimilation in Deutschland aufweisen.

Unübersehbar ist aber auch, dass sich die Leistungen in der ersten und zweiten Generation zwischen 2000 und 2009 deutlich verbessert haben. Der Zuwachs der Schülerinnen und Schüler der ersten Generation von 2000 bis 2009 liegt bei 33 Punkten, die in 2009 getesteten Fünfzehnjährigen der ersten Generation weisen damit einen Kompetenzvorsprung von einem Schuljahr gegenüber den im Jahr 2000 Getesteten auf. Hier mögen sich Effekte inner- und außerschulischer Förderangebote widerspiegeln, die nach PISA 2000 in Deutschland etabliert wurden (vgl. auch im Überblick Schneider u. a. 2012, zu alternativen Erklärungen vgl. Ehmke/Stanat/Klieme 2013). Dazu zählen beispielsweise die sogenannten Sprachlernklassen, die nach PISA 2000 in verschiedenen Ländern der Bundesrepublik Deutschland eingeführt wurden und deren Idee darin besteht, die Jugendlichen mit Migrationshintergrund eine Zeit lang aus dem normalen Klassenverband herauszunehmen, um einen konzentrierten Sprachunterricht mit ihnen durchführen zu können. Erst bei hinreichenden Sprachkenntnissen kehren sie dann in ihre Regelklasse zurück.

Bei allem Optimismus, den die Veränderungen zwischen 2000 und 2009 zulassen, weist die Zuweisung der Fünfzehnjährigen zu Kompetenzstufen auf ein substanzielles Problem im deutschen Bildungssystem hin. In PISA werden die Lesekompetenzen auf sechs Stufen abgetragen. Fünfzehnjährige auf Stufe I oder darunter werden als schwache Leser (Risikogruppe) bezeichnet, da aufgrund ihrer rudimentären Lesekompetenzen die erfolgreiche berufliche und gesellschaftliche Teilhabe gefährdet ist. In diese Risikogruppe fallen in PISA 2009 34,5 Prozent der ersten und 29,7 Prozent der zweiten Generation. Eine noch umfangreichere Datenbasis zu den sprachlichen Kompetenzen in der Sekundarstufe bietet der Ländervergleich des IQB, der ebenfalls im Jahr 2009 durchgeführt wurde (vgl. Köller/Knigge/Tesch 2010). In der Verkehrssprache Deutsch wurden hier drei Kompetenzbereiche (Leseverstehen, Hörverstehen, Orthografie) in großen Stichproben aus allen 16 Ländern getestet. Für die unterschiedlichen Gruppen mit Migrationsstatus zeigt die Abbildung 18 die mittleren Leistungen.

In allen drei Kompetenzbereichen zeigen sich markante Unterschiede, die im Falle des Vergleichs von Jugendlichen ohne Migrationshintergrund und denen der ersten Generation zwei und mehr Schuljahren Lernvorsprung entsprechen. In der Orthografie finden sich auch markante Nachteile der ersten gegenüber der zweiten Generation.

Vertiefte Analysen im Rahmen der PISA- und Ländervergleichsstudien zeigen (z. B. Ehmke/Stanat/Klieme 2013), dass sich die großen Differenzen vor allem auf die Sprachpraxis und die soziale Herkunft zurückführen lassen. Je ungünstiger die soziale Lage der Familien und je häufiger zu Hause eine andere als die Verkehrssprache Deutsch gesprochen wird, desto größer die Rückstände in den sprachlichen Tests. Die sozialen Lagen der Familien sind dabei natürlich erheblich mit den Bildungsabschlüssen der Eltern assoziiert. Mit Blick auf die sprachlichen Kompetenzen von Flüchtlingen kann daraus geschlussfolgert werden, dass ihnen der Erwerb sprachlicher Kompetenzen in der Verkehrssprache Deutsch umso besser gelingen wird (jenseits systematischer Sprachförderung), je günstiger der soziale und kulturelle Hintergrund der Familie ist und je häufiger in der deutschen Sprache außerschulisch kommuniziert wird.

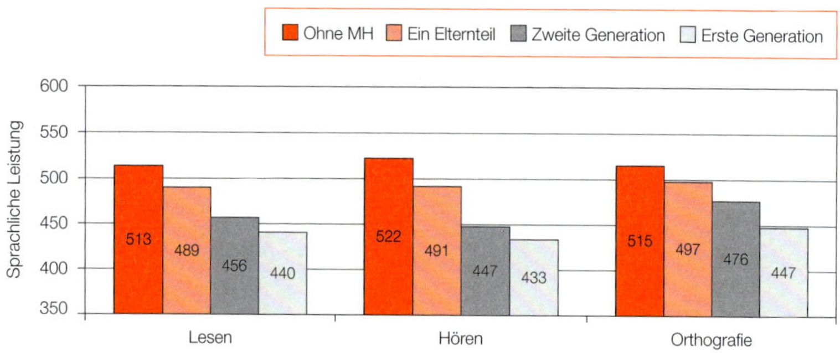

Abbildung 18: Sprachliche Leistungen von Schülerinnen und Schülern der neunten Jahrgangsstufe nach Kompetenzbereich und Migrationsstatus (vgl. Böhme u. a. 2010, S. 207)

Anmerkung: Ohne MH: ohne Migrationshintergrund; ein Elternteil: ein Elternteil im Ausland geboren; zweite Generation: Jugendlicher ist in Deutschland geboren; erste Generation: Jugendlicher und seine Eltern sind im Ausland geboren.

Mathematische Kompetenzen. Der Erwerb mathematischer Kompetenzen ist zu einem erheblichen Teil an sprachliche Kompetenzen gebunden (vgl. Haag u. a. 2013). Hörverstehen in der Verkehrssprache Deutsch trägt maßgeblich zum verständnisvollen Folgen des mathematischen Lehrgangs im Unterricht bei. Leseverstehen bildet eine notwendige, wenn auch nicht hinreichende Voraussetzung für die erfolgreiche Aufgabenbearbeitung in Tests oder Klassenarbeiten, schriftliche und mündliche produktive Sprachkompetenz tragen schließlich auch noch zum Erfolg im Fach Mathematik wie auch in anderen Fächern bei. Folgt man dieser Logik, so ist zu erwarten, dass Schülerinnen und Schüler nicht deutscher Herkunft im Fach Mathematik ebenfalls geringere Kompetenzstände aufweisen sollten. Auch dies soll anhand der Befunde aus PISA und dem IQB-Ländervergleich gezeigt werden. Grundlage dafür bieten die in beiden Studien im Jahr 2012 erhobenen Kompetenzstände. Mathematik war der Schwerpunkt in PISA 2012 wie auch schon im Jahr 2003. Die Abbildung 19 zeigt die entsprechenden Kompetenzen in PISA nach Erhebungszeitpunkt und Migrationsstatus. Auch hier zeigen sich Mittelwertdifferenzen, die in der Spitze mit dem Kompetenzzuwachs von zwei Schuljahren korrespondieren (PISA 2012: Erste Generation vs. Jugendliche ohne Migrationshintergrund). Anders als im Lesen haben sich zwischen 2003 und 2012 primär die Fünfzehnjährigen der zweiten Generation (vor allem solche, deren Eltern aus Osteuropa zugewandert sind) verbessert, ansonsten sind die Differenzen stabil.

Insgesamt zeigen vertiefende Analysen der PISA-Daten, dass auch im Fach Mathematik die migrationsbedingten Disparitäten in erheblichem Maße auf die soziale und kulturelle Benachteiligung sowie die zu Hause realisierte Sprachpraxis (Deutsch vs. Herkunftssprache) der Fünfzehnjährigen zurückzuführen sind. Implikationen für Fördermaßnahmen ergeben sich analog zum Bereich der Lesekompetenzen (siehe Abbildung 19).

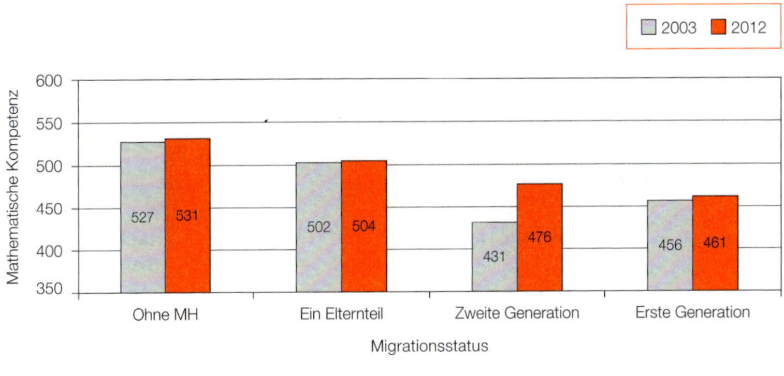

Abbildung 19: Mathematische Kompetenzen von Fünfzehnjährigen in PISA nach Migrationsstatus und Erhebungszeitpunkt (vgl. Prenzel u. a. 2013, S. 300)

Anmerkung: Ohne MH: ohne Migrationshintergrund; ein Elternteil: ein Elternteil im Ausland geboren; zweite Generation: Jugendlicher ist in Deutschland geboren; erste Generation: Jugendlicher und seine Eltern sind im Ausland geboren.

Der Ländervergleich des IQB von 2012 weist leider nicht die Unterschiede nach erster und zweiter Generation aus, vielmehr wird beim Zusammenspiel von Kompetenzen und Migrationsstatus nur danach unterschieden, ob kein Elternteil, ein Elternteil oder beide Elternteile einen Migrationshintergrund haben. Für die erste und zweite Generation werden lediglich die prozentualen Anteile in der Schülerschaft der neunten Jahrgangsstufe berichtet (vier Prozent vs. zwölf Prozent). Bundesweit beträgt der Unterschied zwischen Neuntklässlern ohne Migrationshintergrund und Neuntklässlern, deren Eltern beide im Ausland geboren sind, 56 Punkte, was mit einem Leistungszuwachs von mehr als eineinhalb Schuljahren korrespondiert. Im Ländervergleich zeigt sich auch wieder, dass die Gruppe der türkischen Jugendlichen vergleichsweise besonders geringe Kompetenzstände aufweist.

Naturwissenschaftliche Kompetenzen. Hinreichende naturwissenschaftliche Kompetenzen gelten heute ebenso wie sprachliche und mathematische Kompetenzen als zentrale Voraussetzungen für berufliche und gesellschaftliche Teilhabe. Das große Ausbildungsfeld der gewerblich-technischen Berufe ist darauf angewiesen, dass schulische Absolventen hohe naturwissenschaftliche Kompetenzen einbringen, um den Anforderungen der Ausbildung gerecht zu werden. Aber auch große gesellschaftliche Probleme und Diskussionen (z. B. Energiewende, Gesundheit, Ernährung) erschließen sich ohne hinreichendes naturwissenschaftliches Verständnis nicht. In PISA bildeten die Naturwissenschaften in 2006 und 2015 den Schwerpunkt, die Ergebnisse der Erhebung von 2015 lagen bei Berichtslegung noch nicht vor, sodass wir uns im Folgenden nur auf die fast zehn Jahre alten Ergebnisse aus PISA 2006 stützen können. PISA unterscheidet nicht die Fächer Biologie, Chemie und Physik, sondern geht von einem Konzept des

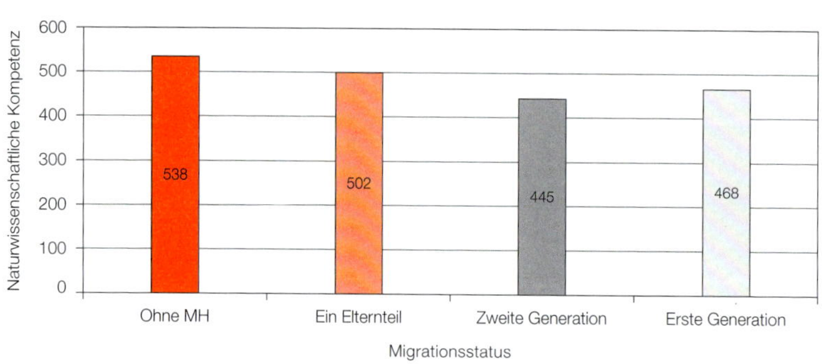

Abbildung 20: Naturwissenschaftliche Kompetenzen von Fünfzehnjährigen in PISA nach Migrationsstatus (vgl. OECD 2007, S. 208)

Anmerkung: Ohne MH: ohne Migrationshintergrund; ein Elternteil: ein Elternteil im Ausland geboren; zweite Generation: Jugendlicher ist in Deutschland geboren; erste Generation: Jugendlicher und seine Eltern sind im Ausland geboren.

integrierten naturwissenschaftlichen Unterrichts aus, wie er in vielen anderen Ländern umgesetzt wird. In PISA 2006 gaben knapp 20 Prozent der Fünfzehnjährigen an, einen Migrationshintergrund zu haben, 6,3 Prozent entstammten der ersten, 7,6 Prozent der zweiten Generation (vgl. Walter 2008). Hinsichtlich der Leistungen ergab sich das Bild in Abbildung 20.

Erkennbar ist, dass die Disparitäten im Bereich der Naturwissenschaften noch größer als im Lesen und in Mathematik ausfallen. Folgt man der Argumentation bei Härtig u. a. 2012, so ist dies plausibel, da naturwissenschaftliche Testleistungen außer vom fachlichen Wissen der Schülerinnen und Schüler in erheblichem Maße auch von deren sprachlichen Leistungen beeinflusst werden. In der entsprechenden Untersuchung lag die Korrelation zwischen Leseverstehen und Leistungen in einem Physiktest bei $r = .41$, in PISA selbst korrelieren Lesekompetenzen und naturwissenschaftliche Kompetenzen im Bereich von $r = .80$. Schülerinnen und Schüler mit Migrationshintergrund, die Probleme in der Verkehrssprache Deutsch haben, werden zusätzlich benachteiligt, wenn die Anforderungen der naturwissenschaftlichen Fachsprache, die auch für Jugendliche ohne Migrationshintergrund hoch sind, im Test relevant werden. Im Ländervergleich des IQB von 2012 (vgl. Pöhlmann/Haag/Stanat 2013) werden für die Fächer Biologie, Chemie und Physik Kompetenzwerte in den Bereichen Fachwissen und Erkenntnisgewinnung am Ende der neunten Jahrgangsstufe berichtet, dabei wird allerdings nicht zwischen erster und zweiter Generation unterschieden. Die Tabelle 11 zeigt die Ergebnisse nach Fach, Kompetenzbereich und Migrationsstatus.

Insgesamt stellt sich ein etwas günstigeres Bild als in PISA dar, dennoch treten Differenzen auf (zwischen Jugendlichen ohne Migrationshintergrund und Jugendlichen, deren Elternteile beide zugewandert sind), die dem Kompetenzzuwachs von rund zwei Schuljahren entsprechen. Regressionsanalysen belegen, dass die zu Hause gesprochene Sprache, das kulturelle Kapital sowie der sozioökonomische Status der Familien teilweise die großen Differenzen in den Kompetenzständen erklären können. Cum grano salis weisen demnach auch die Leistungen in den Naturwissenschaften darauf hin, dass Jugendliche nicht deutscher Herkunft hier im Mittel erhebliche Defizite aufweisen. Ein wichtiger Zugang zur Reduzierung der Disparitäten liegt in der Sprachförderung und der Sensibilisierung von Lehrkräften für die besondere Schwierigkeit, die sich beim Verstehen von fachsprachlichen Texten ergibt.

Tabelle 11: Naturwissenschaftliche Kompetenzen nach Fach, Kompetenzbereich und Migrationsstatus (vgl. Pöhlmann/Haag/Stanat 2013, S. 306–311)

	Mittelwerte der erreichten Kompetenz					
Migrationsstatus	**Biologie**		**Chemie**		**Physik**	
	Fachwissen	**Erkenntnisgewinnung**	**Fachwissen**	**Erkenntnisgewinnung**	**Fachwissen**	**Erkenntnisgewinnung**
Ohne Migrationshintergrund	520	521	520	520	521	520
Ein Elternteil im Ausland geboren	492	494	486	488	483	493
Beide Elternteile im Ausland geboren	466	459	464	461	460	460

Fremdsprachenkompetenzen (Englisch). Fremdsprachenkompetenzen sind nicht Teil von PISA. Dennoch zählen natürlich hinreichende Kompetenzen in der lingua franca Englisch zum Grundgerüst schulischer Bildung. Alternativ zu PISA wurden in Deutschland in der DESI-Studie (vgl. Beck/Klieme 2007) sowie im Ländervergleich des IQB (vgl. Köller/Knigge/Tesch 2010) entsprechende Kompetenzen getestet. Wir beschränken uns im Folgenden auf die Befunde aus dem Ländervergleich, der 2009 durchgeführt wurde und national repräsentative Ergebnisse für das Lese- und Hörverstehen im Fach Englisch bereitstellt.

Die Betrachtung der fremdsprachlichen Leistungen in Gruppen mit unterschiedlichem Migrationsstatus stellt insofern einen interessanten Forschungsgegenstand dar, als Mehrsprachigkeit den Erwerb einer weiteren Sprache erleichtern kann. Autoren wie Cummins (1981) oder Bialystok (2005) argumentieren, dass die sichere Beherrschung von Sprachen aufgrund gedächtnispsychologischer Prozesse das Lernen weiterer Sprachen erleichtert. Daraus folgt, dass Schülerinnen und Schüler, die mehrere Sprachen oberhalb einer kritischen Schwelle beherrschen, höhere Kompetenzen in einer dritten Sprache aufweisen sollten als zunächst einsprachig sozialisierte Schülerinnen und Schüler. Sofern also Kinder aus zugewanderten Familien die Herkunftssprache und die deutsche Sprache hinreichend beherrschen, sollten sie bei gleichen Lerngelegenheiten Vorteile in den Englischleistungen ausweisen. In einer Arbeit von Köller, Leucht und Pant (2012) zum Englischlernen in bilingualen Klassen zeigte sich in der Tat, dass Gymnasiastinnen und Gymnasiasten mit Migrationshintergrund nach Kontrolle der Deutschkenntnisse, des sozialen Hintergrundes, des Geschlechts und der zu Hause gesprochenen Sprache höhere Lese- und Hörverstehensleistungen aufwiesen.

Die Abbildung 21 informiert über die Englischleistungen im IQB-Ländervergleich von 2009 nach Kompetenzbereich und Migrationsstatus.

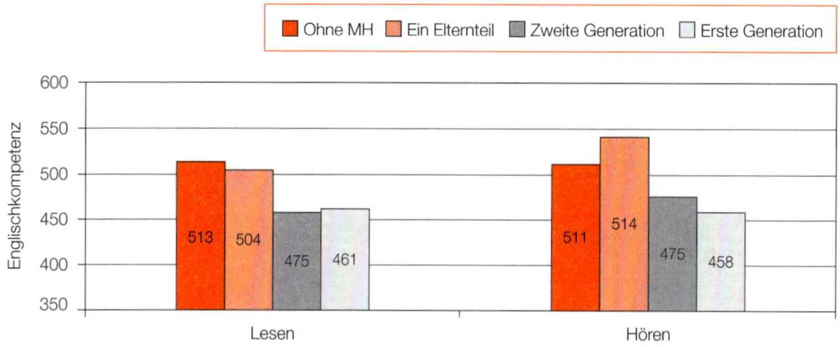

Abbildung 21: Englischkompetenzen von Schülerinnen und Schülern der neunten Jahrgangsstufe nach Migrationsstatus (vgl. Köller/Knigge/Tesch 2010, S. 221)

Anmerkung: Ohne MH: ohne Migrationshintergrund; ein Elternteil: ein Elternteil im Ausland geboren; zweite Generation: Jugendlicher ist in Deutschland geboren; erste Generation: Jugendlicher und seine Eltern sind im Ausland geboren.

In der Tat ergibt sich hier ein anderes Befundmuster als bei den sprachlichen Kompetenzen im Fach Deutsch. Schülerinnen und Schüler mit einem nicht deutschen Elternteil schneiden vergleichbar mit Jugendlichen ohne Migrationshintergrund ab. Der Abstand der Schülerinnen und Schüler der ersten und zweiten Generation zu den anderen beiden Gruppen fällt auch geringer aus, als es bei den sprachlichen Kompetenzen im Fach Deutsch der Fall war. Gleichwohl bleiben auch hier substanzielle Differenzen, die Kompetenzrückständen von fast zwei Schuljahren entsprechen. Dies mag nicht zuletzt dem Umstand geschuldet sein, dass erhebliche Anteile der Schülerinnen und Schüler mit Migrationshintergrund weder in der Herkunfts- noch in der Verkehrssprache Deutsch wirklich hinreichende Kompetenzstände erreichen, die ihnen Vorteile beim Drittsprachenerwerb verschaffen.

Informations- und computerbezogene Kompetenzen. Im Gegensatz zu allen bisher beschriebenen Schulleistungsstudien werden die informations- und computerbezogenen Kompetenzen (ICT-Kompetenzen) in der Sekundarstufe I nicht bei Neuntklässlern oder Fünfzehnjährigen, sondern in der achten Jahrgangsstufe erhoben. Dies rührt u. a. daher, dass die bereits oben erwähnte ICILS-Studie von der International Association for the Evaluation of Educational Achievement (IEA) durchgeführt wird, deren Programm – so auch in der TIMSS-Studie – auf den internationalen Vergleich in der achten Jahrgangsstufe abzielt. Deutschland hat sich 2013 mit einer national repräsentativen Stichprobe von Achtklässlern an ICILS beteiligt (vgl. Bos u. a. 2014). In ICILS werden zum einen die ICT-Kompetenzen erfasst, zum anderen werden aber auch schulische und außerschulische Faktoren identifiziert, die mit dem Ausmaß der ICT-Kompetenzen zusammenhängen. „Das in ICILS unter dem Begriff der computer- und informationsbezogenen Kompetenzen (computer and information literacy, CIL) zusammengeführte Konstrukt wird im Sinne eines Literacy-Ansatzes als individuelle Fähigkeiten einer Person definiert, die es ihr erlauben, Computer und neue Technologien zum Recherchieren, Gestalten und Kommunizieren von Informationen zu nutzen und diese zu bewerten, um am Leben im häuslichen Umfeld, in der Schule, am Arbeitsplatz und in der Gesellschaft erfolgreich teilzuhaben. Zur Erfassung der computer- und informationsbezogenen Kompetenzen der Schülerinnen und Schüler in der achten Jahrgangsstufe wurde im internationalen Vergleich erstmalig ein computerbasierter Kompetenztest in einer Live-Software-Umgebung eingesetzt“ (Eickelmann/Gerick/Bos 2014, S. 10). Die Kompetenzen werden dabei wie in PISA auf einer internationalen Skala mit einem Mittelwert von M = 500 und einer Standardabweichung von SD = 100 abgetragen. Wie üblich werden auch in ICILS Kompetenzstufen (insgesamt fünf) definiert.

Das Besondere an den ICT-Kompetenzen ist, dass sie sehr viel weniger eindeutig Fächern in der Schule und damit curricularen Vorgaben zugeordnet werden können. Zudem liegen die außerschulischen Lern- beziehungsweise Nutzungsgelegenheiten im ICT-Bereich deutlich über den schulischen, Unterschiede zwischen Gruppen entstehen demnach primär durch nicht schulische Einflussgrößen.

Natürlich stellen auch in ICILS die migrationsbedingten Disparitäten in der Computernutzung („Digital Divide“) und in den ICT-Kompetenzen ein Kernthema dar. Wie in PISA werden die vier Gruppen (a) ohne Migrationshintergrund (69,1 Prozent), (b) ein Elternteil mit Migrationshintergrund (11,4 Prozent), (c) erste Generation (15,1 Prozent) und (d) zweite Generation (4,5 Prozent) unterschieden. Hinsichtlich der generellen Nutzungshäufigkeit von Computern (zu Hause oder in der Schule) ergeben sich zwischen den Gruppen keinerlei Unterschiede,

Schülerinnen und Schüler der achten Jahrgangsstufe mit Migrationshintergrund sind dementsprechend beim Zugang zu Computern nicht benachteiligt. Die Abbildung 22 zeigt die Kompetenzunterschiede zwischen den vier Gruppen. Letztendlich ergibt sich ein ganz ähnliches Bild, wie es oben bei der Mathematik und den Naturwissenschaften gezeichnet wurde. Die Differenzen sind substanziell, Schülerinnen und Schüler ohne Migrationshintergrund liegen fast 60 Punkte über denen der ersten Generation. Dies ist umso bemerkenswerter, als ICT-Kompetenzen deutlich weniger durch unterrichtliche Lerngelegenheiten bestimmt werden, weshalb wichtige Gründe außerhalb der Schule vermutet werden können.

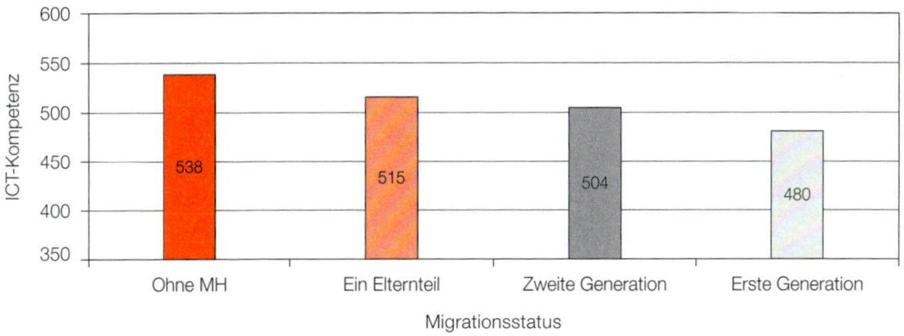

Abbildung 22: ICT-Kompetenzen von Schülerinnen und Schülern der achten Jahrgangsstufe in ICILS nach Migrationsstatus (vgl. Eickelmann/Gerick/Bos 2014, S. 26)

Anmerkung: Ohne MH: ohne Migrationshintergrund; ein Elternteil: ein Elternteil im Ausland geboren; zweite Generation: Jugendlicher ist in Deutschland geboren; erste Generation: Jugendlicher und seine Eltern sind im Ausland geboren.

Benutzt man die Erreichung der Kompetenzstufe 3 als Standard computerbezogener Kompetenz, so verfehlen 41 Prozent der Jugendlichen der ersten und zweiten Generation den Standard, Achtklässler ohne Migrationshintergrund verfehlen zu 22 Prozent diesen Standard. Eine erhebliche Rolle kommt dabei wieder der zu Hause gesprochenen Sprache zu. Wird Deutsch gesprochen, so verfehlen 25 Prozent den Standard, wird eine andere Sprache gesprochen, so erhöht sich der Anteil auf 46 Prozent. Regressionsanalysen in ICILS zeigen weiterhin, dass im nicht gymnasialen Bereich die kulturelle Benachteiligung der Jugendlichen mit Migrationshintergrund einen Teil der Disparitäten erklärt. Im gymnasialen Bereich bleiben die Disparitäten aber auch nach Kontrolle des kulturellen Kapitals bestehen.

Insgesamt zeigt sich im Bereich der ICT-Kompetenzen ein ganz ähnliches Bild wie in den übrigen, oben dargestellten Kompetenzbereichen. Auch hier ist ein Desiderat, die informations- und computerbezogenen Kompetenzen von Jugendlichen nicht deutscher Herkunft zu stärken, um gesellschaftliche und berufliche Teilhabe zu erleichtern.

Zusammenfassung zu den Kompetenzen und Schlussfolgerungen. In den vorherigen Abschnitten ist deutlich geworden, dass Schülerinnen und Schüler nicht deutscher Herkunft in allen untersuchten Teilbereichen erhebliche Rückstände gegenüber Jugendlichen ohne Migrationshintergrund aufweisen. Dies betrifft – wenn auch leicht abgestuft – die Jugendlichen der ersten und zweiten Generation. Ursachen dafür bestehen vielfach in der außerschulischen Sprachpraxis (in der Herkunftssprache) sowie dem kulturellen Kapital und der sozioökonomischen Situation der Familien. Auch in der zweiten Generation finden sich viele Jugendliche, die zu Hause eher nicht deutsch sprechen und damit einen erheblichen Nachteil bei den schulischen Kompetenzen in Kauf nehmen. Folgende Schlussfolgerungen beziehungsweise Handlungsempfehlungen liegen nahe, auf die unten differenzierter eingegangen wird:

- Die mangelnde Assimilationsbereitschaft verschiedener Herkunftsgruppen bleibt ein Problem, das politisch gelöst werden muss.
- Damit heterogene Lerngruppen entstehen, ist eine breite regionale Verteilung der Kinder mit Migrationshintergrund wünschenswert.
- Für Jugendliche aus Flüchtlingsfamilien gilt analog, dass der Königsweg erfolgreicher Bildungsprozesse über den Erwerb sicherer Deutschkenntnisse erfolgen muss. Für die pädagogische Praxis bleibt daher das Desiderat, Gelegenheitsstrukturen für die Verbesserung der Sprachkenntnisse im Deutschen zu schaffen.

2.3.3 Motivationale Voraussetzungen, Selbstbilder und (berufliche) Orientierungen

Während die publizierten Befunde zu migrationsbedingten Disparitäten in unterschiedlichen Kompetenzbereichen umfangreich sind, gibt es vergleichsweise wenige Auswertungen zu den motivationalen Merkmalen und Bildungszielen von Jugendlichen mit Migrationshintergrund. Ausnahmen stellen hier die vertiefenden Analysen der PISA-2003- (vgl. Stanat/Segeritz/Christensen 2010) und der PISA-2006-Daten (vgl. Walter/Taskinen 2008) dar. Auf die Arbeit von Stanat u. a. soll kurz eingegangen werden. Stanat/Segeritz/Christensen 2010 legen bei der Betrachtung motivationaler Merkmale das Konzept des Immigrant

Optimism (vgl. Kao/Tienda 1995) zugrunde und untersuchen für das Fach Mathematik, ob sich Jugendliche aus Zuwandererfamilien durch eine besonders hohe instrumentelle Motivation sowie besonders hohe Aspirationen im Hinblick auf ihre Bildungsabschlüsse und angestrebten Berufe auszeichnen. Neben dem Konzept des Immigrant Optimism beziehen sich die Autoren auf Assimilationstheorien. In der klassischen Assimilationstheorie wird dabei angenommen, „dass über die Generationen hinweg eine lineare Angleichung von zugewanderten ethnischen Gruppen an einen homogenen Kern der jeweiligen Aufnahmegesellschaft erfolgt" (Stanat/Segeritz/Christensen 2010, S. 34). Bezogen auf schulische und berufliche Aspirationen sowie die Lern- und Leistungsmotivation lassen sich aus dem Konzept des Immigrant Optimism und den Assimilationstheorien die folgenden Vorhersagen ableiten:

1. Zuwanderer der ersten Generation, die erst kürzlich zugewandert sind, nehmen die Migration als Chance für den sozialen Aufstieg wahr und zeigen eine hohe schulbezogene Motivation und hohe Schulabschluss- und berufsbezogene Aspirationen.
2. Die Motivation und die Aspirationen sind vor allem bei Personen aus Familien mit niedrigem sozioökonomischem Status hoch.
3. Im Laufe der Zeit/des Assimilationsprozesses an die Aufnahmegesellschaft kommt es dann eher zu einer Abnahme der Aspirationen und der Motivation, die an die der einheimischen Personen angeglichen werden.
4. Dieser Prozess sollte umso stärker sein, wenn Personen nicht an den eigenen sozialen Aufstieg glauben.

Stanat u. a. (2010) prognostizierten, dass die schulbezogene instrumentelle Motivation ebenso wie die Aspirationen bei Schülerinnen und Schülern der ersten Generation höher sein sollten als bei denen der zweiten Generation. Die Annahme wurde mithilfe der PISA-2003-Daten in 14 Teilnehmerstaaten überprüft. Cum grano salis ergaben sich für das Fach Mathematik die folgenden Befunde:

- Schülerinnen und Schüler der ersten und zweiten Generation wiesen eine höhere instrumentelle Motivation auf als Jugendliche ohne Migrationshintergrund.
- Tendenziell lag die Motivation in der ersten Generation noch höher als in der zweiten Generation.
- Bei den Aspirationen zeigten sich zunächst geringere Aspirationen der Jugendlichen der ersten und zweiten Generation auf einen tertiären Bildungsabschluss. Letztendlich war dies auf die geringere Bildungsbeteiligung und die niedrigeren Kompetenzstände zurückzuführen.

- Nach Kontrolle der Mathematikleistungen kehrten sich die Ergebnisse um, d. h., bei vergleichbaren Leistungen wiesen Schülerinnen und Schüler aus Familien mit Migrationshintergrund höhere Aspirationen auf als ihre Mitschülerinnen und Mitschüler ohne Migrationshintergrund.

Die Ergebnisse sowie die ihnen zugrunde liegenden theoretischen Annahmen zeichnen damit ein eher günstiges Bild für die motivationalen Tendenzen von zugewanderten Jugendlichen, vor allem für solche, die erst relativ kurz im Aufnahmeland sind und in der Migration die Chance zum sozialen Aufstieg sehen. Vergleichbare Mechanismen sollten für viele der Jugendlichen mit Fluchterfahrungen gelten.

Die größte deutsche Zuwanderungsgruppe, nämlich die mit türkischer Herkunft, wie auch viele der aktuellen Zuwanderer kommen aus kulturellen Kontexten mit einer Dominanz muslimischer Glaubensgemeinschaften. In der Literatur besteht weitgehend Konsens dahingehend, dass die religiöse wie auch die damit verbundene kulturelle Identität keine Hemmnisse für erfolgreiche Bildungsprozesse im deutschen Bildungssystem per se darstellen. Gelingende Akkulturation muss also keineswegs in der vollständigen Assimilation liegen, indem die Herkunftsidentität zugunsten einer kulturellen Identität im Sinne des Zuwanderungslandes aufgegeben wird. Vielmehr scheinen Ansätze, bei denen eine Bi- oder Multikulturalität hergestellt wird, indem Schülerinnen und Schüler mit Migrationshintergunrd ihre kulturelle Identität bei Akzeptanz und Wertschätzung der deutschen Kultur beibehalten, zielführender zu sein. Ein Beispiel für solche schulischen Konzepte, die auf Multikulturalität abzielen, ist die Staatliche Europaschule Berlin.

Betrachtet man neben den möglichen Aufstiegen auch mögliche Abstiege, zeigen Arbeiten zum „Schuleschwänzen“ (Absentismus), dass Jugendliche mit Migrationshintergrund höhere Raten aufweisen als Schülerinnen und Schüler deutscher Herkunft (vgl. z. B. Baier u. a. 2006). Diese Unterschiede verschwinden allerdings nach Kontrolle der Schulform, des Geschlechts und der sozialen Herkunft (vgl. Köller 2006). Hält man diese drei Variablen konstant, so liegen die Absentismusraten bei Jugendlichen mit Migrationshintergrund nicht höher als bei denen ohne Migrationshintergrund. Der Effekt lässt sich also durch die größere Bildungsferne vieler Familien mit Migrationshintergrund erklären. Trotzdem ist die Vermeidung von Schulabsentismus ein wichtiger Faktor für die erfolgreiche Integration von Kindern und Jugendlichen in unsere Gesellschaft – auch unabhängig von Herkunft und Migrationserfahrung.

2.3.4 Fördermaßnahmen in Unterricht und Schule

Für alle Kinder und Jugendlichen mit Migrations- und Fluchterfahrungen ist der Erwerb von Deutsch als Zweitsprache der zentrale Aspekt für eine erfolgreiche Teilhabe im Schulsystem. Insofern ist das Erlernen der Sprache Ausgangspunkt vieler schulischer und unterrichtsbezogener Fördermaßnahmen. Die bisherige Forschung hat sich vorrangig dem Erwerb von Deutsch als Zweitsprache bei Kindern mit Migrationshintergrund gewidmet. Spezifische Untersuchungen zu Kindern mit Fluchterfahrungen liegen – wie in anderen Kapiteln bereits angemerkt – nur sehr eingeschränkt vor. Trotzdem sollen auf der Basis der vorliegenden Ansätze und Befunde Überlegungen darüber angestellt werden, was die bisherigen Befunde speziell für Kinder mit Fluchterfahrungen bedeuten.

In den folgenden Abschnitten werden zuerst unterrichtsbezogene Modelle in der Förderung von Kindern und Jugendlichen mit Migrations- und Fluchterfahrungen beschrieben. Danach erfolgt eine Konzentration auf die Schulebene: auf die Organisation von Schulklassen, auf schulbezogene Fördermaßnahmen und auf die Zusammenarbeit mit außerschulischen Partnern. Abschließend werden Fragen der Lehrerausbildung und -fortbildung mit einem besonderen Fokus auf Deutsch als Zweitsprache gelegt.

Unterrichtsmodelle zum Erwerb von Deutsch als Zweitsprache. In der Forschungsliteratur wird durchaus kontrovers diskutiert, auf welche Art und Weise Kinder und Jugendliche am besten eine Zweitsprache erwerben. Dabei rückt eine Frage besonders in den Vordergrund: Sollen die Lernenden explizit Unterricht in Deutsch als Zweitsprache erhalten oder ist es besser, wenn sie implizit die Sprache durch die Integration in den normalen Unterricht beziehungsweise Fachunterricht erlernen? Hier zeichnet sich bislang ab, dass ein sogenannter immersiv orientierter Unterricht für den Erwerb der Zweitsprache durchaus vorteilhaft ist. Damit verbunden ist ein Unterricht, bei dem die Kinder und Jugendlichen die Zweitsprache implizit durch hinreichend Gelegenheiten für bedeutungsvolle Kommunikation in allen Unterrichtsfächern erwerben, d. h., diese in vielfältigen authentischen Situationen praktizieren, mit anderen kommunizieren und sich aktiv in Interaktionen einbringen. Dieser positive Effekt ist sowohl für den internationalen (vgl. Genesee/Jared 2008; Genesee 2015) als auch für den deutschsprachigen Raum (vgl. Kuska/Zaunbauer/Moeller 2010; Zaunbauer/Moeller 2007, 2010; Baumert/Köller/Lehmann 2012; Köller/Leucht/Pant 2012) empirisch gut belegt und gilt für alle Schulstufen von der Grundschule bis zum Ende der Sekundarstufe (vgl. Köller/Leucht/Pant 2012). Gleichzeitig zeigt sich aber auch, dass

Kinder und Jugendliche beim Erwerb der Zweitsprache explizite Unterstützung brauchen, z. B. durch Unterricht, der die Grammatik, die Regeln und den korrekten Sprachgebrauch vermittelt und berücksichtigt (vgl. Norris/Ortega 2000; Spada/Tomita 2010).

Immersiv orientierter Unterricht bietet sich vor allem dann an, wenn die Anzahl der Schülerinnen und Schüler mit Migrationshintergrund an einer Schule beziehungsweise in einer Klasse begrenzt ist und diese überschaubar mit anderen Kindern integriert werden können. Trotzdem bedarf es in solchen Fällen der zusätzlichen Unterstützung durch weiteres Lehrpersonal oder geschulte Lernhelfer. An Schulstandorten aber, an denen eine größere Anzahl an Kindern und Jugendlichen Deutsch als Zweitsprache erwirbt beziehungsweise noch über keine ausreichenden Kenntnisse in der deutschen Sprache verfügt, ist es notwendig und üblich, die Lernenden zu Beginn des Zweitspracherwerbs in eigenen Gruppen differenziert zu unterrichten. In speziell für diese Anforderungen zugeschnittenen Klassen (sogenannten Übergangsklassen, Förderklassen etc.) erwerben die Schülerinnen und Schüler vorrangig Deutschkenntnisse, bis es das Niveau erlaubt, sie in Regel- oder Stammklassen zu integrieren beziehungsweise sie auch anderen Schulformen zuzuordnen (für einen Überblick vgl. Massumi u. a. 2015). Innerhalb der Stichprobe des Projektes „Ganz In" zur Weiterentwicklung von Ganztagsgymnasien in Nordrhein-Westfalen wurden hierzu 28 Gymnasien ad hoc befragt (vgl. Berkemeyer u. a. 2010). In elf dieser Schulen wurden für Flüchtlinge eigene Klassen eingerichtet, die einen schnellen Einstieg in das deutsche Schulsystem und die deutsche Sprache befördern sollen. An zwei weiteren Schulen werden Flüchtlinge in bestehende Klassen integriert, erhalten jedoch regelmäßig eigenen Unterricht. An den restlichen 16 Schulen wurden bislang keine spezifischen Angebote eingerichtet.

Darüber hinaus werden Kinder und Jugendliche zum Teil auch teilintegrativ unterrichtet, d. h., sie sind je nach Unterrichtsfach sowohl in eigenen Förderklassen als auch in Regelklassen integriert. Auf die Formen dieser Förderklassen wird im nächsten Abschnitt zu schulischen Fördermaßnahmen vertieft eingegangen.

Gerade für Flüchtlingskinder, die eventuell zu einem späteren Zeitpunkt wieder in ihre Heimatländer zurückkehren, stellt sich oft die Frage, ob sie durch den Erwerb von Deutsch als Zweitsprache in der Entwicklung ihrer Erstsprache behindert werden. Die bisherigen Befunde sprechen hier für eine positive Wirkung des Zweitspracherwerbs auf die Erstsprachkompetenzen. Es gibt zwar empirische Befunde, nach denen Erstsprachentwicklung bei früher Immersion im Primarbereich etwas verzögert sein kann. Diese Differenzen verschwinden jedoch mit der Zeit und sind nach der frühen Primarstufe auf keiner weiteren Altersstufe mehr nachweisbar (vgl. Cheng u. a. 2010; Genesee 2015). Dies bedeutet, dass

Kinder mit Migrations- und Fluchterfahrung keine negativen Auswirkungen auf ihre Sprachentwicklung in der Erstsprache zu erwarten haben.

Einen weiteren „Streitpunkt" in der Debatte um den Erwerb von Deutsch als Zweitsprache stellt die Rolle der Erstsprache für den Spracherwerb dar. Dazu gibt es in Bezug auf die Auswirkungen bei Kindern und Jugendlichen, die eine wenig verbreitete Erstsprache (Angehörige einer Sprachminorität) sprechen und in einem Land leben, in dem die meisten Sprachkontexte monolingual besetzt sind (in Deutschland: deutschsprachig), nur begrenzt empirische Evidenz. Die bestehende Forschung bezieht sich vorrangig auf den angloamerikanischen Sprachraum (vgl. Baumert/Köller/Lehmann 2012). Grundsätzlich gibt es hier zwei Positionen mit dem gegensätzlichen Argument, ob eine Zweitsprache (L2) ausschließlich in dieser Sprache erworben werden soll (sogenannte L2-only immersion) oder ob bilinguale Unterrichtsmodelle angeboten werden. Betrachtet man die Wirksamkeit dieser beiden „Modelle", gibt es keine klare Befundlage: In einer Forschungssynthese für den Grundschulbereich wird das Fazit gezogen, dass bilinguale Programme im Vergleich zur L2-only immersion positive Auswirkungen auf die Entwicklung der Zweitsprachkompetenz haben (vgl. Slavin/Cheung 2005). Es zeigt sich aber auch, dass dabei vor allem zwei Faktoren den Erfolg solcher Modelle bedeutsam beeinflussen (vgl. August/Shanahan, 2006): (a) die Qualität des Unterrichts und (b) die mündlichen Sprachfertigkeiten der Lernenden als Voraussetzung für den Zweitspracherwerb. Bei der Qualität des Unterrichts ist es entscheidend, dass dieser wesentliche Komponenten der Lese- und Sprachfähigkeit systematisch abdeckt. Das bedeutet, dass die Schülerinnen und Schüler ihr Vokabular, ihre Lesekompetenzen und ihre Schreibfähigkeiten systematisch ausbauen können. Bei der Sprachfertigkeit zeigen sich darüber hinaus deutliche individuelle Unterschiede, die zum Teil mit den bisherigen Bildungserfahrungen und Entwicklungen der Kinder, in Abhängigkeit von ihren Herkunftsländern, verbunden sind. Auch diese gilt es im Unterricht adaptiv aufzugreifen und durch Differenzierungsmaßnahmen eine Förderung aller Lernenden zu erreichen.

Auf der Basis des Forschungsstands lässt sich damit nicht eindeutig ableiten, in welcher konkreten Form der Zweitspracherwerb erfolgen sollte. Im Kern stellen aber alle Ergebnisse heraus, dass es um die Qualität des Unterrichts und die Berücksichtigung der individuellen Unterschiede zwischen den Lernenden geht und darum nach Lösungen zu suchen ist, die am besten zur spezifischen Situation an den Schulen passen. An Schulen, in denen viele Kinder mit derselben L1-Herkunftssprache unterrichtet werden und die über eine entsprechende finanzielle und personelle Ausstattung verfügen, kann es sich anbieten, bilinguale Programme umzusetzen. An anderen Schulen, bei denen entweder sehr wenige Schüler mit Migrations- und Fluchterfahrungen oder aber mehrere mit sehr vielen unterschiedlichen Herkunftssprachen unterrichtet werden müssen, ist ein bilingualer Unterricht praktisch nur schwer durchführbar. Studien zum Vergleich von OECD-Ländern haben hierzu auch gezeigt, dass die meisten Länder bilinguale Programme für Kinder mit Migrations- und Fluchterfahrungen nicht in ihren Bildungssystemen verankert haben. Im Gegenteil: Die meisten Länder haben sogar die Entscheidung getroffen, solche Implementationen möglichst einzuschränken (vgl. Stanat/Christensen 2006).

Förderung im Unterricht durch Gelegenheiten zur Kommunikation. Neben der Frage, welche übergeordneten Unterrichtsmodelle den Erwerb von Deutsch als Zweitsprache unterstützen, kann man sich aber auch damit beschäftigen, durch welche Lehrerhandlungen und welche Gestaltung von Lehr-Lern-Prozessen im Fachunterricht die Integration und der Zweitspracherwerb bei Kindern und Jugendlichen mit Migrations- und Fluchterfahrungen gefördert werden können. Wie bereits einleitend beschrieben, hat sich ein immersiv orientierter Unterricht als vorteilhaft erwiesen. Darüber hinaus muss man sich mit der Frage beschäftigen, ob Lehrkräfte die Voraussetzungen ihrer Lernenden diagnostizieren können und welche inneren Differenzierungen sie umsetzen. Fasst man den Forschungsstand zu dieser Thematik zusammen, zielen die meisten Ergebnisse auf die Kommunikationsstrukturen im Unterricht: die Aktivierung und Mitarbeit der Schülerinnen und Schüler, die Verwendung von Lernformen mit mehr Kommunikationsgelegenheiten in kleinen Gruppen und die Anpassung der Fachsprache an unterschiedliche Sprachniveaus.

Aktivierung der Schülerinnen und Schüler in klassenöffentlichen Situationen. Die Bereitstellung von Kommunikationsgelegenheiten im Unterricht bedeutet in einem ersten Schritt, möglichst vielen Schülerinnen und Schülern in einer Klasse überhaupt die Möglichkeit zu geben, sich aktiv am Unterrichtsgespräch und an Kommunikationssituationen zu beteiligen. Dies mag selbstverständlich klingen, ist aber angesichts der Tatsache, dass im deutschen Unterricht nur wenige Schülerinnen und Schüler aktiv beteiligt sind (vgl. Seidel 2014), und dann vor allem die leistungsstarken (vgl. Jurik/Gröschner/Seidel 2013), keineswegs trivial. In der Tat widmet sich national wie international eine Vielzahl von Studien und Lehrerfortbildungsprogrammen der Thematik, wie im Unterricht mehr dialogische Situationen entstehen und mehr Kinder – auch mit unterschiedlichen Voraussetzungen – einbezogen werden können (vgl. Michaels/

O'Connor/Resnick 2008; Mercer 2010; Osborne 2010). Im deutschsprachigen Raum hat sich gezeigt, dass hier durch spezifische Lehrerfortbildungen durchaus positive Wirkungen auf Schülerseite erzielt werden können (vgl. Kiemer/Gröschner/Seidel 2015; Pehmer/Gröschner/Seidel 2015). Dabei ist es nach den bisherigen Studien entscheidend, dass Lehrkräfte z. B. über videobasierte Reflexionen ihres Unterrichts lernen, vermehrt die Perspektive auf ihre Schülerinnen und Schüler und deren individuelle Lernprozesse zu richten. Beispielsweise entwickelten sich Schülerinnen und Schüler von Lehrkräften, die nach der Methode eines solchen Fortbildungsprogramms ihren Unterricht systematisch planten und reflektierten, positiv weiter, indem sie im Verlauf der Fortbildung immer mehr aktiv in das Klassengeschehen eingebunden wurden und sich so ihre Lernmotivation und ihr Interesse am Fach verbesserten. Dies geschah im Vergleich zu einer Kontrollgruppe, deren Lehrkräfte sich traditionell in Form von Workshop-Besuchen zum Thema Kommunikation fortbildeten. Auch wenn diese Fortbildungsformen bislang nicht gezielt für Lehrkräfte von Kindern mit Migrations- und Fluchterfahrungen angewendet wurden, sind Übertragungsformen gut denkbar. Insbesondere die Videografie und die Reflexion von Unterricht, die es Lehrkräften erlaubt, diese Schülerinnen und Schüler aus einem anderen Blickwinkel und mit verringertem Handlungsdruck zu beobachten, könnten helfen, deren Entwicklungen und Lernprozesse besser nachzuvollziehen und diese gezielt zu fördern. In ähnlich gestalteten Fortbildungen im U.S.-amerikanischen Raum hat sich dies bereits als förderlich erwiesen (vgl. Santagata 2009).

Kooperative Lernformen. Ein weiterer Ansatzpunkt zur Bereitstellung von vielseitigen Kommunikationsgelegenheiten für Kinder mit Migrations- und Fluchterfahrungen stellen kooperative Lernformen dar (vgl. Slavin 1996; Slavin/Cheung 2005). So werden Lernformen wie Partner- und Gruppenarbeiten bezeichnet, die eine koordinierte, kokonstruktive Aktivität der Lernenden verlangen mit dem Ziel, eine gemeinsame Lösung eines Problems, einer Aufgabenstellung oder ein geteiltes Verständnis eines Lerninhalts zu entwickeln. Kooperative Lernformen sind intensiv empirisch erforscht. Im Zusammenhang mit dem in den USA sehr verbreiteten Schul- und Unterrichtsprogramm „Success for All“ wurde beispielsweise der Vorteil dieser Lernformen insbesondere für Lernende im Zweitspracherwerb nachgewiesen. Als vorteilhaft hat sich die Methode deshalb herausgestellt, weil sich diese Kinder in klassenöffentlichen Situationen aufgrund ihrer Sprachdefizite oft nicht trauen, vor der gesamten Klasse und den Lehrkräften zu sprechen. Wenn Lehrkräfte allerdings vermehrt kooperative Lernformen einsetzen, erhöht sich der Redeanteil dieser Kinder, da sie in den kleineren Gruppen eher kommunizieren. Empirische Befunde legen so nahe, dass – unter Wahrung wichtiger Prinzipien für kooperatives Lernen – leistungsstarke wie leistungsschwache Schülerinnen und Schüler von diesen Lernformen profitieren. Insbesondere Kinder mit Migrationserfahrungen beziehungsweise im Zweitspracherwerb profitieren von dieser Unterrichtsgestaltung sowohl hinsichtlich der Entwicklung ihrer Sprachkompetenzen als auch ihrer fachlichen Leistungen und Selbstbilder.

Sprachsensibler Fachunterricht. Ein weiteres unterrichtsbezogenes Handlungsfeld stellt die im Fachunterricht verwendete Sprache dar. In diesem Kontext hat sich die Umsetzung eines sogenannten sprachsensiblen Fachunterrichts als besonders relevant herausgestellt (vgl. Ulrich 2001; Leisen 2013). Sprachsensibler Unterricht bezieht die Diversität der Schülerinnen und Schüler in der Art mit ein, dass für die Verwendung und das Verstehen von Fachbegriffen im Unterricht unterschiedliche Differenzierungsmaßnahmen vorgenommen werden. Im sprachsensiblen Fachunterricht wird die Fachsprache an die jeweiligen Lernsituationen (z. B. Einführung neuer Fachbegriffe, erste Nutzung der Begriffe, Übung bekannter Begriffe, Reflexion) angepasst und das fachliche Verstehen durch eine Vielzahl an Darstellungsformen (z. B. Tabellen, Skizzen, Karten, Bilder) unterstützt. Schülerinnen und Schüler erhalten so vielfältige Gelegenheiten, um Fachbegriffe zu üben und zu trainieren. Sie werden ermutigt, diese Begriffe (z. B. durch Sprechhilfen) selbst zu verwenden und auch in freien Gesprächssituationen anzuwenden (vgl. Bolte u. a. 2013). Sprachsensibler Unterricht ist für alle Lernenden von Bedeutung und wurde lange Zeit gerade in den mathematisch-naturwissenschaftlichen Fächern mit hohen Anteilen abstrakter Fachbegriffe unterschätzt. Für Kinder mit Migrations- und Fluchterfahrungen, welche die deutsche Sprache noch eingeschränkt beherrschen, stellt das häufig geforderte Niveau der Fachsprache in den einzelnen Unterrichtsfächern dann eine fast unüberwindbare Hürde dar.

Lehrkräfte müssen deshalb dafür sensibilisiert werden, welches Niveau an Fachsprache sie in ihrem Unterricht anwenden und welche Herausforderungen diese fast selbstverständliche Anwendung gerade für Kinder im Zweitspracherwerb beinhaltet. Dies gilt insbesondere für Kinder und Jugendliche, die über gute mathematisch-naturwissenschaftliche Kompetenzen verfügen, die aber aufgrund des Zweitspracherwerbs wichtige Sprachdefizite zu überwinden haben. Zum sprachsensiblen Fachunterricht werden deshalb derzeit eine Reihe von Fortbildungsprogrammen angeboten, bei denen Lehrkräfte lernen, wie sie Arbeitsaufträge, Hausaufgaben, Schulbuchtexte etc. sprachlich vereinfachen und die

Fachsprache über Differenzierungsmaßnahmen auf unterschiedliche Niveaus transferieren können.

Beispiel: BiSS – Bildung durch Sprache und Schrift
Das bundesweite Programm BiSS – Bildung durch Sprache und Schrift (www.biss-sprachbildung.de) greift die unterrichtsbezogenen Fördermaßnahmen seit mehreren Jahren in Form vielfältiger Teilprojekte und Verbünde auf. In diesem Forschungs- und Entwicklungsprogramm werden Angebote zur Sprachförderung, Sprachdiagnostik und Leseförderung in Hinblick auf ihre Wirksamkeit geprüft und weiterentwickelt (vgl. Schneider u. a. 2012). Umgesetzt werden die Leitideen des Programms anhand von Modulen, die alle relevanten Bildungsetappen vom Kindergarten bis zum Ende der Sekundarstufe berücksichtigen. Konkretisiert werden die Inhalte in Form von Tools, die Lehrkräfte sowie Erzieherinnen und Erzieher konkret in ihrer Praxis einsetzen können. Fortbildungen und Beratung unterstützen die Weiterqualifizierung des pädagogischen Personals. Schlussendlich untersuchen Evaluationsprojekte die Wirksamkeit der Maßnahmen. In Bezug auf die Evaluationsergebnisse lassen sich derzeit allerdings noch wenige Aussagen treffen. Längerfristig sollen mit dem Projekt aber auch für Deutschland systematischere Kenntnisse über den Erwerb von Deutsch als Zweitsprache insbesondere für Kinder und Jugendliche mit Migrations- und Fluchterfahrungen entstehen.

Klassenorganisation, schulische Fördermaßnahmen, Zusammenarbeit mit außerschulischen Partnern und Eltern. Nachdem im vorigen Abschnitt unterrichtliche Fördermaßnahmen zusammengefasst wurden, steht im Folgenden die Schulebene im Fokus. Auf der Schulebene ist relevant, in welcher Form spezifische Schulklassen oder Schulformen gebildet werden, die sich speziell Kindern und Jugendlichen mit Migrations- beziehungsweise auch Fluchterfahrungen widmen. Darüber hinaus stellt sich die Frage nach zusätzlichen schulischen Fördermaßnahmen, die über den Spracherwerb und die Wissensvermittlung hinausgehen und spezielle Aspekte der sozialen und psychologischen Unterstützung ansprechen. Dies kann zudem das Zugehörigkeitsgefühl stärken. Gerade in Bezug auf diese schulischen Fördermaßnahmen kommen dann auch häufig außerschulische Partner ins Spiel.

Förderklassen. In jüngerer Zeit wurden von allen Bundesländern spezifische schulorganisatorische Maßnahmen für die Integration sogenannter neu zugewanderter Kinder und Jugendlicher ergriffen. Dazu wurden die von den Bundesländern wesentlich verfolgten schulorganisatorischen Modelle jüngst vom Mercator-Institut für Sprachförderung zusammengefasst (vgl. Massumi u. a. 2015).

In den Modellen wird wesentlich unterschieden, ob Unterricht in Regelklassen erfolgt oder neu zugewanderte Kinder und Jugendliche außerhalb der Regelklasse unterrichtet werden. Das sogenannte submersive Modell findet dabei nach Massumi u. a. (2015) in der Sekundarstufe dagegen kaum Anwendung. Bei Unterricht in Regelklassen wird differenziert, ob nach einem integrativen oder teilintegrativen Modell vorgegangen wird. Beim integrativen Modell findet die spezifische Sprachförderung außerhalb der Regelklasse statt, alle anderen Fächer werden in der Regelklasse unterrichtet. Beim teilintegrativen Modell wird in Abhängigkeit von den entwickelten Sprachkompetenzen und den Erfordernissen des jeweiligen Fachunterrichts sukzessive eine Integration in die Regelklasse erreicht.

Im sogenannten parallelen Modell werden Kinder und Jugendliche mit Migrations- beziehungsweise Fluchterfahrung dagegen in speziell eingerichteten Klassen in allen Fächern unterrichtet. Dabei ist die Anzahl der Stunden für Deutschunterricht in der Regel höher angesetzt als in einer Regelklasse. Unterschiedlich angelegt ist im parallelen Modell, ob die Schülerinnen und Schüler nach einer bestimmten Dauer dann in Regelklassen wechseln oder in den speziell eingerichteten Klassen auch einen Schulabschluss erwerben können.

Alle schulorganisatorischen Maßnahmen beinhalten zusammenfassend, dass es insbesondere in der Anfangsphase der Integration in das deutsche Bildungssystem erforderlich ist, durch spezifische Maßnahmen den Deutschspracherwerb intensiv zu unterstützen. Dies gilt insbesondere für Regionen, in denen derzeit sehr viele Flüchtlingskinder aufgenommen werden beziehungsweise in denen viele Kinder mit Migrations- und Fluchterfahrungen leben. Auf der Basis dieser intensivierenden Maßnahmen erfolgt dann in der Regel sukzessive die Eingliederung in die „Regelklassen“.

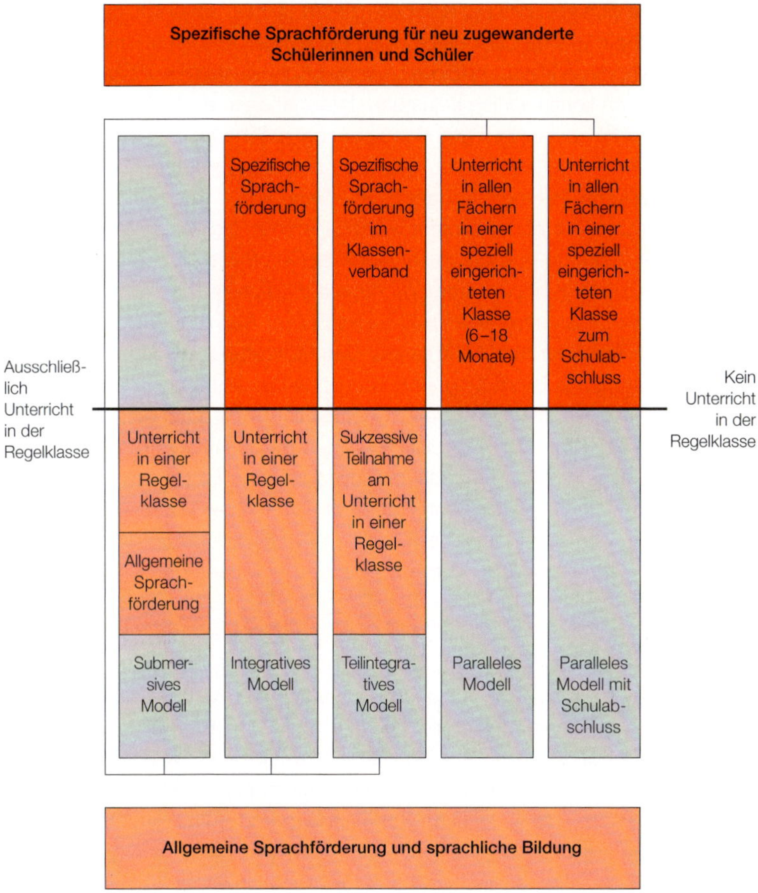

Abbildung 23: Schulorganisatorische Modelle für zugewanderte Kinder und Jugendliche (vgl. Massumi u. a. 2015, S. 45)

Führungsverantwortung der Schulleitung. Neben der Konzentration auf den Spracherwerb ist die Wahrnehmung von Führungsverantwortung auf der Ebene der Schulleitung ein zentraler schulischer Förderaspekt (vgl. Calderon u. a. 2011). Kinder und Jugendliche mit Migrations- und Fluchterfahrungen profitieren von klaren Leitungsstrukturen und einer qualitativ hochwertigen und kontinuierlichen Feststellung ihrer Fortschritte in Kernbereichen des Spracherwerbs, des

Lesens sowie weiterer zentraler Kompetenzen (z. B. mathematisch, naturwissenschaftlich). Es muss den Schulleitungen ein echtes und ernstzunehmendes Anliegen sein, diese Kinder erfolgreich in das Schulsystem zu integrieren, und sie müssen sich kontinuierlich belastbare Informationen dazu einholen, welche Fortschritte die Schülerinnen und Schüler dabei machen.

Außerschulische Partner. Auf der Schulebene kommt darüber hinaus den außerschulischen Partnern eine sehr wichtige Rolle zu (vgl. Calderon u. a. 2011). Dies betrifft Aspekte wie die zusätzliche Sprachförderung, aber auch die Förderung sozialer Kompetenzen. Wichtige außerschulische Partner sind hier Museen, Theater, Sportvereine und Musikschulen. Auch die Zusammenarbeit mit externen Partnern für EDV-Training, Berufsberatung, Bewerbungstraining und psychologische Betreuung sind von hoher Bedeutung. Ein Beispiel für zahlreiche Initiativen, die hierzu derzeit deutschlandweit durchgeführt werden, stellt das Projekt „Startklar" dar (vgl. Projekt „Startklar" 2015). Im Projekt konzentriert man sich speziell auf unbegleitete minderjährige Flüchtlinge (ca. 30 pro Jahr), die auf den qualifizierenden Hauptschulabschluss vorbereitet werden. Der Unterricht wird systematisch erweitert um Nachhilfe, EDV-Training, Berufsberatung, Bewerbungstraining sowie Besuche in Museen und gemeinsame Sportaktivitäten.

Darüber hinaus hat sich gezeigt, dass auch Ferienprogramme und Summer-Camps wichtige ergänzende außerschulische Maßnahmen darstellen. Während zu den bisher genannten Programmen noch keine umfassenden Evaluationsergebnisse vorliegen, sind die positiven Wirkungen von Ferienprogrammen durchaus empirisch dokumentiert. In einer Untersuchung von Stanat u. a. (2012b) erfolgte beispielsweise speziell für Schülerinnen und Schüler mit Migrationshintergrund die Prüfung der Wirkungen eines Summer-Camps auf den Zweitspracherwerb. In zwei unterschiedlichen Maßnahmenpaketen (Theatergruppe, Theatergruppe plus expliziten Sprachunterricht) konnte im Vergleich zu einer Kontrollgruppe gezeigt werden, dass die beiden Summer-Camps positive Wirkungen auf die Sprachkenntnisse der teilnehmenden Kinder hatten.

Zusammenarbeit mit Eltern. Auf der Ebene der Schule steht auch die Zusammenarbeit mit Eltern im Vordergrund (vgl. Calderon/Slavin/Sanchez 2011). Dies betrifft insbesondere die Zusammenarbeit in Hinblick auf den regelmäßigen Schulbesuch der Kinder und Jugendlichen mit Migrations- und Fluchthintergrund. Dies ist von besonderer Relevanz, wenn sich Familien aufgrund laufender Asylbewerbungsverfahren oder des Status einer zeitlich begrenzten

Duldung in äußerst unsicheren Lebensumständen befinden. Auch hier ist unter anderem die Zusammenarbeit mit Partnern wie Sozialpädagogen, Streetworkern etc. von erheblicher Bedeutung. Es ist aber auch nachvollziehbar, dass man hier an Grenzen stößt, wenn die Eltern aufgrund der Unsicherheiten bezüglich ihres Aufnahmestatus in Deutschland wenig Bedeutung in der Teilnahme ihrer Kinder am Schulbesuch sehen (vgl. Kapitel 1.2 und 1.5).

Beispiel: SchlaU-Schule
Ein Beispiel für die Umsetzung eines Schulkonzepts für Jugendliche und junge Erwachsene mit Fluchterfahrungen stellt die SchlaU-Schule in München dar (http://www.schlau-schule.de/). Die Schule hat es sich zum Ziel gesetzt, junge Flüchtlinge im Alter zwischen 16 und 25 Jahren darin zu unterstützen, einen Bildungsabschluss zu erwerben und erfolgreich eine Ausbildung zu absolvieren. Im Unterrichtskonzept greift die SchlaU-Schule oben benannte Aspekte der Unterrichtsförderung auf, indem Lernumgebungen geschaffen werden, die den Deutschspracherwerb unterstützen, vielfältige Gelegenheiten zu Kommunikation und sozialem kooperativem Austausch bieten und sprachsensibel angelegt sind. Das Schulkonzept beinhaltet hohe Führungsverantwortung durch die Leitung sowie intensive Zusammenarbeit mit außerschulischen Partnern. Insbesondere erhalten die Schülerinnen und Schüler auch psychologische Betreuung in der Verarbeitung ihrer zum Teil tief traumatischen Flüchtlingserfahrungen. Das Schulkonzept ist langfristig und nachhaltig angelegt, indem sowohl frühzeitig Praktika zur Berufsorientierung durchgeführt werden als auch nachwirkend der Einstieg in die Ausbildung begleitet wird. Die Schule engagiert sich darüber hinaus in der Fortbildung von Lehrpersonen und trägt so das Wissen um die erfolgreiche Förderung von jungen Flüchtlingen in die Breite. So vielversprechend das Programm ist, muss hier dennoch erwähnt werden, dass bislang belastbare Ergebnisse für seine Wirksamkeit aus Evaluationen fehlen.

Aus- und Fortbildung von Lehrkräften. Die bisherigen Ausführungen haben verschiedene Fördermaßnahmen auf Unterrichts- und Schulebene zusammengefasst, die in Bezug auf die Integration von Kindern und Jugendlichen mit Migrations- und Fluchterfahrungen Erfolg versprechend sind. Dabei zeigt sich einerseits, dass die Schulen und die dort tätigen Lehrkräfte spezifische, für die vorherrschende Situation (Anzahl dieser Schülerinnen und Schüler, Schulform/ -niveau, finanzielle und personelle Ressourcen) angepasste Lösungen finden müssen. Andererseits zeigt sich aber auch, dass man ausreichend pädagogisches Personal benötigt, das professionell für diese spezifischen Anforderungen aus- und fortgebildet werden muss.

Ausbildung von zukünftigen Lehrerinnen und Lehrern. Die Zuwanderung erfordert, dass Lehramtsstudierende auf Kennzeichen von Diversität, auf Maßnahmen zur Individualisierung von Lernprozessen und auf Methoden zur inneren Differenzierung systematisch vorbereitet werden. Dies beinhaltet auch spezifische Kenntnisse zum Zweitspracherwerb sowie zu wichtigen psychologischen und pädagogischen Herausforderungen von Kindern mit Migrations- und Fluchterfahrung. Vor diesem Hintergrund müssen in den Curricula der Lehramtsausbildung sowohl in der universitären als auch in der sich anschließenden schulpraktischen Ausbildung (erste und zweite Phase) diese Aspekte des Umgangs mit der Unterschiedlichkeit der Lernenden thematisiert werden (vgl. Terhart 2000; Terhart 2013). Diese Aspekte sind in jüngerer Zeit an vielen Lehrerbildungsstandorten in Deutschland in der Reform der universitären Lehrerbildungscurricula aufgegriffen worden (vgl. Bauer u. a. 2012; Terhart u. a. 2012; Schulze-Stocker 2015). Zusätzlich erfolgen derzeit curriculare Anpassungen in Bezug auf Inklusion, sprachsensiblen Fachunterricht sowie Deutsch als Fremd- oder Zweitsprache (DAF, DAZ). Die Aufwertung beziehungsweise der Ausbau von DAZ-Modulen in der ersten Phase der Lehrerbildung scheint ein zentrales Desiderat zu sein, das an vielen Standorten auch umgesetzt wird. Auch im Rahmen der vom BMBF finanzierten Qualitätsoffensive Lehrerbildung werden an verschiedenen Standorten in Deutschland Programme im Bereich der DAZ- und Inklusionsausbildung gefördert, auch unter interdisziplinärer Zusammenarbeit z. B. zwischen Pädagogen und Linguisten. Trotz dieser aktuellen Bemühungen besteht weiterhin die Forderung, gemeinsame Standards für die Lehrerbildung in den Curricula kohärent und umfassend abzubilden und ein hohes Niveau an einer berufsfeldorientierten und evidenzbasierten Lehrerbildung zu erreichen (vgl. Bauer/Prenzel 2012). Darüber hinaus bedarf es der weiteren Verstärkung in der Kohärenz der unterschiedlichen Ausbildungsphasen. Aufgrund der Breite der zu vermittelnden Inhalte in den Bildungswissenschaften ist darüber hinaus auch zu diskutieren, den Studienanteil in diesen Bereichen auf Dauer zu erhöhen, weil sonst die zusätzlich geforderten Inhalte nicht entsprechend umgesetzt werden können.

Fortbildung von Lehrerinnen und Lehrern. Erstaunlich ist, dass es trotz der einheitlichen Beteuerung der Bedeutung von Lehrerfortbildung in Deutschland nach wie vor wenig verbindliche Vorgaben für Lehrkräfte gibt. Zwar besteht eine Pflicht zur beruflichen Fortbildung, die durch die Schulgesetze der Bundesländer festgelegt ist (vgl. Avenarius/Füssel 2010). Allerdings gibt es (bis auf einige wenige Ausnahmen) keine Festlegungen dazu, wie viele und welche Fortbildungen in welchem Zeitraum zu absolvieren sind. Betrachtet man den Forschungsstand zur Quantität besuchter Fortbildungsveranstaltungen, zeigt sich, dass zwar die Mehrzahl der Lehrkräfte an Fortbildungen teilnimmt, allerdings ist die Differenz zwischen den Lehrkräften im Umfang sehr groß (vgl. Richter u. a. 2013a).

Neben der Frage der Quantität besuchter Fortbildungsveranstaltungen stellt sich natürlich auch die Frage nach den inhaltlichen Schwerpunkten. Für Integration durch Bildung im Sekundarbereich interessiert hier, ob Lehrkräfte vermehrt Fortbildungen zu Themen wie Spracherwerb, Lesekompetenzen, pädagogische und didaktische Herausforderungen im Umgang mit Heterogenität von Lernenden beziehungsweise auch speziell zu Migration und Flucht besuchen. Im IQB-Ländervergleich wurden beispielsweise mathematisch-naturwissenschaftliche Lehrkräfte zu ihrer Fortbildungsaktivität befragt (siehe Tabelle 12). Nach diesem Raster besuchen Lehrkräfte vorrangig Themenstellungen zu Fachdidaktik, Unterrichtsmethodik, Medien, Curricula und Fachthemen ohne Bezug zum Unterricht. Weit dahinter befinden sich Fortbildungsteilnahmen zu den Themenstellungen, die in diesem Kapitel in Bezug auf die Förderung von Kindern und Jugendlichen mit Migrations- und Fluchterfahrungen behandelt werden: Binnendifferenzierung, Förderung von lernschwachen Schülerinnen und Schülern, Leseförderung, Sprachförderung oder interkulturelle Pädagogik.

Betrachtet man die Unterschiede zwischen Lehrkräften unterschiedlicher Schulformen, zeigen sich weitere interessante Befunde (vgl. Bellenberg/Thierak 2003; Richter u. a. 2010; Richter u. a. 2013b). Lehrkräfte des Gymnasiums besuchen im Vergleich mehr Fortbildungen im Bereich fachlicher und fachdidaktischer Veranstaltungen, dafür aber weniger im Bereich allgemeindidaktischer, pädagogischer und psychologischer Themenstellungen. Dagegen besuchen Lehrkräfte der anderen Schulformen mehr Fortbildungen zu pädagogisch-psychologischen Themenstellungen. Damit scheinen sich die Schwerpunktsetzungen, die bereits im Zuge der universitären Ausbildung vorgenommen wurden, in den interessengesteuerten Fortbildungsaktivitäten fortzusetzen. Kritisch zu bewerten ist dabei, dass Fortbildungen ja dazu dienen sollen, fehlende beziehungsweise wenig ausgeprägte Qualifikationen im späteren Berufsleben auszugleichen beziehungsweise auch auf aktuelle veränderte Anforderungssituationen zu reagieren. Die bisherigen Befunde legen aber eher nahe, dass Lehrkräfte bei den derzeit gegebenen Rahmenbedingungen (wenig Verpflichtung, inhaltliche Freiheit, keine gemeinsamen Standards) vorzugsweise bei ihren bestehenden

Interessenschwerpunkten bleiben. Eine Reaktion der Lehrkräfte auf geänderte gesellschaftliche Situationen, die sich beispielsweise in Bezug auf die steigende Heterogenität der Schülerschaft ergeben, bildet sich auf der Basis der vorliegenden empirischen Erkenntnisse quantitativ nicht in ihrer Fortbildungspraxis ab.

Diese beispielhaften Auflistungen verdeutlichen bereits, dass die Breite, aber auch die Beliebigkeit von Fortbildungen der Lehrkräfte sehr groß ist und sich eine Fortbildung häufig nach dem von den Lehrkräften geäußerten Bedarf richtet (vgl. Richter u. a. 2013b). Darüber hinaus werden Angebot und Nachfrage auf Ebene der Bundesländer erfasst und die Fortbildungen auch lokal durchgeführt. Aufgrund der Vielzahl an Themen und Inhalten fehlen bislang weitestgehend gemeinsame beziehungsweise vergleichbare Standards. Man kann deshalb derzeit nicht gut bestimmen, wie viele Fortbildungen zur Förderung von Schülerinnen und Schülern mit Migrations- und Fluchterfahrungen angeboten werden und welcher Bedarf von Seiten der Lehrkräfte besteht. Im Bereich der Lehrerfortbildungen besteht dringender Forschungsbedarf sowohl hinsichtlich der Beschreibung der derzeitigen Fortbildungssituation als auch hinsichtlich der Wirkungen von Fortbildungsveranstaltungen und -formen.

Tabelle 12: IQB-Ländervergleichsstudie; Anteil an mathematisch-naturwissenschaftlichen Lehrkräften mit Fortbildungsteilnahme pro Themenbereich nach Schulart (vgl. Richter u. a. 2013b, S. 379)

Themenbereiche	**Anteil insgesamt (n = 3.872)**	**Anteil Lehrkräfte an Gymnasien (n = 1.422)**	**Anteil Lehrkräfte anderer Schularten (n = 2.306)**
Vermittlung fachlicher Themen im Unterricht (Fachdidaktik)	33,5	40,6	30,5
Unterrichtsformen und -methoden (fachübergreifend)	19,5	17,9	20,8
Nutzung von Medien im Unterricht	17,7	20,3	16,1
Curricula (Lehrpläne, Rahmenpläne)	15,7	16,2	15,9
Fachliche Themen ohne Bezug zum Unterricht	14,2	17,0	12,7
Schulorganisation/Schulentwicklung	10,5	8,9	11,4
Binnendifferenzierung/Individuelle Förderung	9,8	8,9	10,7
Bildungsstandards der Kultusminister-konferenz	8,7	9,1	9,0
Umgang mit Störungen im Unterricht	8,2	4,4	9,8
Leistungsdiagnostik und Leistungs-beurteilung	7,5	8,6	6,9
Gewaltprävention	7,2	5,1	8,1
Integration/Inklusion von Schüle-rinnen und Schülern mit sonderpäda-gogischem Förderbedarf	5,1	1,7	6,2
Beratung von Eltern oder Schüle-rinnen und Schülern	4,6	3,8	4,7
Förderung von lernschwachen Schülerinnen und Schülern	4,2	1,3	5,6
Lernstandserhebungen/Kompetenz-tests/Vergleichsarbeiten	3,4	2,7	3,8
Leseförderung	2,0	0,8	2,7
Ganztagsangebote	1,9	1,3	2,2
Sprachförderung	1,5	1,7	1,3
Interkulturelle Pädagogik	1,0	0,6	1,2
Jahrgangsübergreifendes Lernen	0,7	0,8	0,7
Anderer Fortbildungsgegenstand	22,8	23,6	21,9

Systematische Professionalisierung der Lehrkräfte: das Mercator-Institut für Sprachförderung und Deutsch als Zweitsprache. Das Mercator-Institut für Sprachförderung und Deutsch als Zweitsprache wurde im Jahr 2012 von der Stiftung Mercator an der Universität Köln eingerichtet. Das Institut hat u. a. die Aufgabe, forschungs- und wissenschaftsbasiert Programme zur besseren Förderung und Integration von Schülerinnen und Schülern mit Migrationshintergrund zu entwickeln mit dem langfristigen Ziel, die Bildungsbeteiligung dieser Gruppe zu erhöhen. Das Institut nähert sich dieser Zielsetzung in drei Arbeitseinheiten:

Arbeitseinheit 1 (Lehrerbildung stärken) erarbeitet Konzepte, um die Bereiche Sprachförderung und Deutsch als Zweitsprache (DAZ) in der Lehrerbildung zu stärken. Lehramtsstudierende aller Fächer sollen für diese Probleme sensibilisiert werden. Auf Hochschulebene bedeutet dies (vgl. Mercator-Institut 2014):

- Kenntnisse und Fähigkeiten in den Bereichen Sprachförderung und DAZ stellen Kernkompetenzen für Lehrkräfte aller Fächer dar.
- In der ersten Phase der Lehrerausbildung wird für alle Studierenden ein verpflichtendes DAZ-Modul implementiert und die Lehramtsausbildung wird insgesamt praxisorientierter.
- Die erfolgreiche Implementation von DAZ-Modulen an lehrerbildenden Hochschulen findet in Kooperation zwischen sprachlichen Fächern, Fachdidaktiken und Bildungswissenschaften statt.

Politisch werden folgende Ziele verfolgt (vgl. Mercator-Institut 2014, S. 7):

- In den zuständigen Ministerien stehen die Themen Sprachförderung, Deutsch als Zweitsprache beziehungsweise durchgängige Sprachbildung auf der politischen Agenda.
- Die Bildungspolitik schafft nachhaltige Strukturen, in denen Sprache als ein Kriterium für Bildungserfolg die entsprechende Wichtigkeit erfährt.
- Die Themen Sprachförderung und Deutsch als Zweitsprache finden ihren Niederschlag in Gesetzen und Verordnungen, möglichst in Form klarer Vorgaben (z. B. Leistungspunkte), da dies nachweislich zu konkreten Angeboten auf Hochschulebene führt.

Arbeitseinheit 2 (Forschung stärken) fördert Forschungsprojekte, die Fragen des „What works?“ im Bereich der Sprachförderung und DAZ beantworten sollen.

Arbeitseinheit 3 (Qualifizierung stärken) fokussiert die Lehrerfortbildung. Mit den Arbeiten in diesem Bereich sollen folgende Ziele erreicht werden (vgl. Mercator-Institut 2014, S. 14):

- Etablierung längerfristiger und nachhaltiger Fortbildungsprogramme in den Bereichen Sprachförderung und DAZ.
- Kooperationen von Lehrkräften in Netzwerken stärken.
- Lehrkräfte aller Fächer für sprachliche Anteile im Fachunterricht sensibilisieren.
- Lehrende an den Hochschulen für das Thema sensibilisieren.
- Referendare (zweite Phase der Lehrerbildung) aller Fächer für sprachliche Anteile im Fachunterricht sensibilisieren.

Mit seinen Arbeiten nimmt das Mercator-Institut in gewisser Weise eine Vorreiterrolle ein. Wissenschaftsbasiert werden Modellvorhaben initiiert, deren Wirksamkeit in den Bereichen Sprachförderung und DAZ in wissenschaftlichen Vorhaben überprüft wird.

2.3.5 Handlungsempfehlungen

Erlernen der Sprache. Die Aufarbeitung des Forschungsstands zum Sekundarbereich stellt sehr klar und deutlich heraus, dass die primäre Aufgabe in der Integration im schnellen und kompetenten Erwerb von Deutsch als Zweitsprache liegt. Dies ist Grundvoraussetzung für fast alle weiteren fördernden Maßnahmen in unserem Bildungssystem. Vor diesem Hintergrund zielen die hier dargelegten Handlungsempfehlungen in besonderer Weise auf Maßnahmen zur Förderung des Spracherwerbs ab. Mit zunehmenden Sprachkompetenzen in der Verkehrssprache Deutsch, so wird geschlussfolgert, wächst auch die Chance zur Integration von Zuwanderern, vor allem auch von Zuwanderern muslimischen Glaubens.

Kinder und Jugendliche bedürfen besonderer Förderung im Zweitspracherwerb. Dies bedeutet, dass bei ihrer Ankunft in Deutschland von Beginn an ausreichend Übergangsklassen und Förderkurse für den Aufbau grundlegender Sprachkompetenzen zur Verfügung stehen. Aufgrund der derzeitigen Fluchtentwicklungen und des ansteigenden Bedarfs an solchen Kursen ist dies keine triviale Forderung. Es müssen ausreichend finanzielle Ressourcen bereitstehen, um diese ersten, aber zentralen Integrationsmaßnahmen umzusetzen.

Pädagogisches Personal. Darüber hinaus wird in einem noch zunehmenden Maße qualifiziertes pädagogisches Personal benötigt. Dies erfordert konsequente Aus- und Fortbildungsmaßnahmen, die auch nicht der Beliebigkeit des individuellen Fortbildungsverhaltens von Lehrkräften unterliegen. Die Beliebigkeit sorgt dafür, dass Lehrkräfte derzeit vorrangig Fortbildungen in ihren Unterrichtsfächern und der Fachdidaktik besuchen. Alle Lehrkräfte sollten angehalten werden, im Verlauf ihrer Berufsbiografie auch Fortbildungen zum Erlernen von Deutsch als Fremdsprache, zum Umgang mit Diversität und zur Individualisierung im Unterricht wahrzunehmen. Darüber hinaus muss man darüber nachdenken, wie Lehrkräfte durch zusätzliche Lernhelfer, die auch außerhalb des Lehramtsstudiums qualifiziert sein können, unterstützt werden. Für den weiteren Spracherwerb bei der Integration in die Regelklassen müssen Kinder und Jugendliche mit Migrations- und Fluchterfahrung ausreichend Gelegenheiten erhalten, sich in der deutschen Sprache verbal auszudrücken, am Unterrichtsgeschehen und an kooperativen Lernformen aktiv beteiligt zu sein und eigene Erfahrungen einzubringen. Darüber hinaus müssen Lehrkräfte sensibilisiert werden für das Niveau der Fachsprache, das sie in ihrem Unterricht selbst (in Form von Arbeitsaufträgen, Aufgabenstellungen, Hausaufgaben) vorgeben, beziehungsweise dafür, welche Anpassungen sie für Kinder mit unterschiedlichen Sprachkompetenzen vornehmen können. Dazu bedarf es der systematischen Fortbildung von Lehrkräften aller Schulformen. Für die universitäre Ausbildung von Lehrkräften ist zu fordern, dass – soweit noch nicht geschehen – Angebote im Bereich Mehrsprachigkeit beziehungsweise Deutsch als Zweitsprache obligatorisch werden müssen. Die Sensibilisierung angehender Lehrkräfte für eine adressatengerechte Verwendung der Fachsprache kann ohne Frage bereits im universitären Kontext angebahnt werden.

Unterstützung der Schulen. Eine breite regionale Verteilung von Schülerinnen und Schülern mit Migrationshintergrund ist empfehlenswert. Auch müssen Schulen ermutigt werden, entsprechend ihrer lokalen Situation und der Anzahl der Schülerinnen und Schüler mit Migrations- und Fluchterfahrung eigene passende Lösungen zu implementieren, wobei sie entsprechende finanzielle Unterstützung (z. B. durch Zusatzlehrkräfte/Lernhelfer) erhalten müssen. Vor Ort muss akzeptiert werden, dass das Ziel aller Bemühungen in einer Integration nicht im Sinne der Assimilation, sondern des Multikulturalismus (vgl. z. B. Phinney u. a. 2001) liegen muss. Schülerinnen und Schüler mit Zuwanderungsgeschichte verbinden die Wertschätzung der eigenen kulturellen Herkunft mit der Wahrnehmung und der Akzeptanz der Werte und der sozialen Praktiken der Aufnahmegesellschaft Deutschland und damit, genauso wie auch Schülerinnen und Schüler ohne Migrationshintergrund, die Akzeptanz der jeweils anderen Gruppe. Dies stärkt nicht nur die gegenseitige Akzeptanz, sondern fördert auch ein tolerantes und offenes Umfeld für die Identifikation mit der eigenen Schule. Darüber hinaus ist die Integration von Schülerinnen und Schülern mit Migrationshintergrund nicht nur eine Aufgabe des pädagogischen Personals an Schulen, sondern sie benötigt ebenfalls den Einsatz außerschulischer Partner im Umfeld der Schulen. Dies betrifft z. B. mögliche Elterninitiativen in der Förderung des Zweitspracherwerbs (z. B. Lesepatenschaften), sozialpädagogische Einrichtungen für Zusatzbetreuungen oder Betriebe zur Bereitstellung von Praktikumsmöglichkeiten. Auch hier müssen die Schulen eine für ihren Kontext individuell passende Lösung finden, dabei aber auch gefordert und darin unterstützt werden, in vollem Maße die im Umfeld bereitstehenden Möglichkeiten auszuschöpfen.

Forschungsbedarf. Schließlich scheint es ein wichtiges Desiderat für die Bildungsforschung zu sein, sehr viel systematischer Bildungsprozesse und Bildungserträge von Flüchtlingen zu untersuchen. Gerade mit Blick auf die großen Schulleistungsstudien wäre es wünschenswert, für diese Gruppe – so die Stichprobengrößen hinreichend sind – gesonderte Auswertungen vorzunehmen und zu dokumentieren. Letztendlich gewänne man so auch Informationen über die Erfolge aller Integrationsbemühungen für diese Gruppe.

2.4 Hochschule

2.4.1 Ausländische Studierende an deutschen Hochschulen

Bei ausländischen Studierenden unterscheidet die Studierenden- und Prüfungsstatistik des Statistischen Bundesamtes zwischen Bildungsinländern und Bildungsausländern. Bildungsinländerinnen und Bildungsinländer sind Studierende mit ausländischer Staatsangehörigkeit, die ihre Hochschulzugangsberechtigung in Deutschland, aber nicht an einem Studienkolleg, erworben haben. Bildungsausländerinnen und Bildungsausländer haben sowohl eine ausländische Staatsangehörigkeit als auch eine ausländische oder eine an einem Studienkolleg in Deutschland erworbene Hochschulzugangsberechtigung. Bildungsausländerinnen und Bildungsausländer kommen überwiegend zum Zweck des Studiums nach Deutschland (vgl. Deutscher Akademischer Austauschdienst (DAAD)/ Deutsches Zentrum für Hochschul- und Wissenschaftsforschung (DZHW) 2015).

Im Unterschied zur Studierenden- und Prüfungsstatistik des Statistischen Bundesamtes wird in der Diskussion um Integration durch Bildung seit Beginn dieses Jahrhunderts nicht mehr primär zwischen Ausländern und Inländern unterschieden, sondern zwischen Personen mit und ohne Migrationshintergrund (vgl. Kapitel 1.2). Dies liegt darin begründet, dass in den letzten Jahrzehnten eine große Zahl von Zuwanderern (Migrantinnen und Migranten) und deren Nachkommen der zweiten und dritten Ausländergeneration die deutsche Staatsangehörigkeit allein oder unter Beibehaltung ihrer ausländischen Staatsangehörigkeit erworben haben. Nach der Definition des Statistischen Bundesamtes (2014b) zählen zu den Menschen mit Migrationshintergrund „alle Ausländer und eingebürgerte ehemalige Ausländer, alle nach 1949 als Deutsche auf das heutige Gebiet der Bundesrepublik Deutschland Zugewanderte sowie alle in Deutschland als Deutsche Geborene mit zumindest einem zugewanderten oder als Ausländer in Deutschland geborenen Elternteil“ (S. 6; vgl. auch Statistisches Bundesamt 2014a, Anhang 1 „Personen mit Migrationshintergrund – Auf dem Weg zu einer definitorischen Abgrenzung“, S. 665ff.). Da die amtliche Hochschulstatistik in Deutschland den Migrationshintergrund der Studierenden nicht erfasst, liegen statistische Daten und Analysen nur für die Gruppe der ausländischen Studierenden – differenziert nach Bildungsinländern und Bildungsausländern – vor, nicht aber für deutsche Studierende mit Migrationshintergrund. Die Herausforderungen, denen sich die Hochschulen infolge der Zuwanderung stellen müssen, werden durch die vorliegenden Daten der amtlichen Hochschulstatistik erheblich unterschätzt, weil Ausländerinnen und Ausländer nach den Ergebnissen des Mikrozensus 2013 weniger als die Hälfte aller Personen mit Migrationshintergrund ausmachen (vgl. Statistisches Bundesamt 2014b).

Neben Bildungsinländern, Bildungsausländern und Deutschen mit Migrationshintergrund wird in diesem Kapitel aus aktuellem Anlass auf eine weitere Gruppe von Personen mit Migrationshintergrund eingegangen – die Flüchtlinge. Unter den Flüchtlingen dürften viele Personen sein, die im Heimatland eine Hochschulzugangsberechtigung erworben oder bereits ein Studium begonnen haben. Für junge Flüchtlinge ist hochschulische Bildung von zentraler Bedeutung für eine gelingende Integration (vgl. KMK 2015a). Flüchtlinge werden von der amtlichen Hochschulstatistik nicht erfasst. Soweit statistische Daten und Analysen für die Gruppe der Flüchtlinge vorliegen, werden diese im Folgenden präsentiert.

2.4.2 Empirischer Forschungsstand zu ausländischen Studierenden an deutschen Hochschulen

Informationen über ausländische Studierende an deutschen Hochschulen enthält der jährlich erscheinende Bericht „Studierende an Hochschulen" des Statistischen Bundesamtes. Der Bericht über Studierende an Hochschulen im Wintersemester 2014/2015 ist am 04.09.2015 erschienen (vgl. Statistisches Bundesamt 2015e). Daten und Fakten zur Internationalität von Studium und Forschung in Deutschland können darüber hinaus der vom DAAD und dem DZHW herausgegebenen Publikation „Wissenschaft weltoffen" entnommen werden. Die aktuelle Ausgabe wurde im Juli 2015 veröffentlicht (vgl. DAAD/DZHW 2015).

Im Studienjahr 2014 waren an deutschen Hochschulen insgesamt 301.350 ausländische Studierende immatrikuliert (vgl. DAAD/DZHW 2015, S. 6). Unter allen nicht englischsprachigen Gastländern entfällt auf Deutschland die höchste Anzahl ausländischer Studierender. Weltweit liegt Deutschland als Gastland hinter den USA und Großbritannien auf dem dritten Platz (vgl. DAAD/DZHW 2015, S. 76). Von den ausländischen Studierenden in Deutschland waren im Jahr 2014 knapp 219.000 Bildungsausländerinnen beziehungsweise Bildungsausländer und 82.500 Bildungsinländerinnen beziehungsweise Bildungsinländer. Nach Angaben des Statistischen Bundesamtes studierten im Wintersemester 2014/2015 bereits über 320.000 ausländische Studierende in Deutschland (vgl. Statistisches Bundesamt 2015e, S. 13). Seit 2008, als weniger als 250.000 ausländische Studierende an Hochschulen in Deutschland immatrikuliert waren, hat sich sowohl die Anzahl der Bildungsausländerinnen und Bildungsausländer als auch die Anzahl der Bildungsinländerinnen und Bildungsinländer von Jahr zu Jahr erhöht. Unter 100 in Deutschland eingeschriebenen Studierenden befanden sich im Studienjahr 2014 drei Bildungsinländerinnen beziehungsweise Bildungsinländer und acht Bildungsausländerinnen beziehungsweise Bildungsausländer. Neun von zehn der Bildungsausländerinnen und Bildungsausländer streben einen Studienabschluss in Deutschland an. Lediglich zwölf Prozent der ausländischen Studierenden halten sich temporär – zum Beispiel im Rahmen eines Erasmus-Aufenthaltes (2013: über 30.000 Teilnehmende) – an einer deutschen Hochschule auf. Trotz der Zunahme in absoluten Zahlen ist seit 2006 der Anteil ausländischer Studierender an allen immatrikulierten Studierenden von 12,5 Prozent auf 11,5 Prozent gesunken (vgl. DAAD/DZHW 2015, S. 9).

Fast die Hälfte der Bildungsausländerinnen und Bildungsausländer an deutschen Hochschulen ist europäischer Herkunft: 26 Prozent stammen aus osteuropäischen und 19 Prozent aus westeuropäischen Ländern. 37 Prozent aller Bildungsausländerinnen und Bildungsausländer sind asiatischer Herkunft. Die mit Abstand größte nationale Gruppe von Bildungsausländern kommt aus China, gefolgt von Russland und Indien (vgl. DAAD/DZHW 2015, S. 14).

Bildungsausländerinnen und Bildungsausländer kommen zwar am häufigsten für ein Erststudium nach Deutschland. In den Bachelorstudiengängen beträgt ihr Anteil an allen Bachelorstudierenden jedoch insgesamt nur vier Prozent (Universitäten: 5,6 Prozent, Fachhochschulen: 4,3 Prozent). Deutlich höher ist ihr Anteil im Master- und Promotionsstudium (Masterstudium an Universitäten: 18,6 Prozent, Masterstudium an Fachhochschulen: 13,1 Prozent, Promotionsstudium an Universitäten: 21,7 Prozent). Die Zunahme der Bildungsausländerinnen und Bildungsausländer an deutschen Hochschulen in den letzten Jahren ist vor allem auf den überdurchschnittlich starken Anstieg der Anzahl der Masterstudierenden zurückzuführen (vgl. DAAD/DZHW 2015, S. 24). Aktuell sind etwa 67.000 internationale Studierende in Masterstudiengänge immatrikuliert. Die deutschen Hochschulen haben in den letzten Jahren ein großes und breit gefächertes Angebot von englischsprachigen Masterstudiengängen entwickelt, das für international mobile Studierende besonders attraktiv ist (vgl. DAAD/DZHW 2015, S. 126).

An den Universitäten waren im Jahr 2014 die meisten Bildungsausländerinnen und Bildungsausländer in den Fächergruppen „Sprach- und Kulturwissenschaften" und „Ingenieurwissenschaften" eingeschrieben. An den Fachhochschulen studierten im Jahr 2014 etwa 42 Prozent der Bildungsausländerinnen und Bildungsausländer ein ingenieurwissenschaftliches Fach. Gegenüber dem Vorjahr stieg an den Universitäten die Anzahl der Bildungsausländerinnen und Bildungsausländer am stärksten in den Ingenieurwissenschaften an, an den Fachhochschulen in der Fächergruppe „Mathematik, Naturwissenschaften". Bei den Masterstudierenden aus dem Ausland sind die Ingenieurwissenschaften besonders beliebt: An Universitäten haben sich in dieser Fächergruppe 34 Prozent und an Fachhochschulen 44 Prozent der Bildungsausländerinnen und Bildungsausländer eingeschrieben (vgl. DAAD/DZHW 2015, S. 137).

Die Anzahl ausländischer Studienanfängerinnen und Studienanfänger betrug im Jahr 2013 erstmals mehr als 100.000. Nach Angaben des Statistischen Bundesamtes (2015d, S. 14) verzeichneten die deutschen Hochschulen im Studienjahr

2014 109.223 ausländische Studienanfängerinnen und Studienanfänger. Seit 2006 nimmt die Anzahl der Bildungsausländerinnen und Bildungsausländer unter den Studienanfängern sehr viel stärker zu als die Anzahl der Bildungsinländerinnen und Bildungsinländer (vgl. DAAD/DZHW 2015).
In den letzten fünf Jahren ist der Anteil der ausländischen Studienanfängerinnen und Studienanfänger an allen Ersteinschreibungen stark gestiegen: An den Universitäten hat mittlerweile jede vierte Studienanfängerin beziehungsweise jeder vierte Studienanfänger eine ausländische Staatsbürgerschaft, an den Fachhochschulen jede beziehungsweise jeder siebte. Gestiegen ist jedoch auch in der Gruppe der Bildungsausländerinnen und Bildungsausländer der Anteil der Studienanfängerinnen und Studienanfänger, die keinen Studienabschluss in Deutschland anstreben, sondern hier lediglich eine temporäre Studienphase absolvieren (2003: 32 Prozent, 2013: 41 Prozent; vgl. DAAD/DZHW 2015, S. 6).

2.4.3 Empirischer Forschungsstand zum Umfang an potenziellen Studierenden unter den Flüchtlingen in Deutschland

Repräsentative Daten zur schulischen und hochschulischen Qualifikation von Flüchtlingen in Deutschland, auf deren Grundlage der Umfang an potenziellen Studierenden abgeschätzt werden könnte, liegen noch nicht vor. Erste Hinweise können jedoch aus Befragungs- und amtlichen Registerdaten abgeleitet werden. Sie sollten jedoch mit großer Vorsicht interpretiert werden.

Eine Befragung der Lawaetz-Stiftung von 19.570 Personen, die im Rahmen der zweiten Förderrunde des durch Mittel des Europäischen Sozialfonds (ESF) geförderten Bundesprogramms „Bleiberechtsprogramm“ bis Ende 2012 erreicht werden konnten, kommt zu dem Ergebnis, dass 12,5 Prozent der Teilnehmenden (das entspricht 975 Personen) studiert haben. Die Studienabschlussquote dieser Teilgruppe liegt bei etwa 40 Prozent. Hochschulzeugnisse im Original oder in Kopie lagen lediglich für etwa ein Viertel der Teilnehmenden mit Studienerfahrung vor. Von den Personen, die ein abgeschlossenes Studium vorweisen konnten und Angaben zu ihren Berufserfahrungen in Deutschland gemacht haben (N = 344 Personen), arbeiteten zum Befragungszeitpunkt nur 23 in einer ihrem Abschluss angemessenen akademischen Position (vgl. Mirbach/Triebl/Benning 2014). Die Ergebnisse der Erhebung der Lawaetz-Stiftung lassen vermuten, dass viele Flüchtlinge mit Studienerfahrung in ihrem Heimatland ihr Studium in Deutschland fortsetzen möchten und dass von jenen, die bereits ein Hochschulzeugnis ihres Heimatlandes vorweisen können, viele an einem Zusatzstudium in Deutschland interessiert sind, um ihre Chancen auf dem akademischen Arbeitsmarkt zu erhöhen.

Das BAMF erhebt die Qualifikation von Flüchtlingen auf der Grundlage freiwilliger Selbstauskünfte. Die Erhebung ist nach Auskunft des BAMF trotz hoher Fallzahlen nicht repräsentativ. Den Angaben zufolge haben unter den 2015 befragten Flüchtlingen 13 Prozent eine Hochschule und 17,5 Prozent ein Gymnasium besucht (vgl. Brücker/Hauptmann/Vallizadeh 2015).

In der amtlichen Statistik der Bundesagentur für Arbeit (BA) können Flüchtlinge gegenwärtig noch nicht umfassend identifiziert werden. Es können jedoch Aussagen über Erwerbslose und Erwerbstätige aus den wichtigsten Herkunftsländern der Flüchtlinge getroffen werden. Allerdings sind in diesen Daten Flüchtlinge noch nicht enthalten. Zudem setzt sich diese Gruppe auch aus Personen zusammen, die nicht als Flüchtlinge nach Deutschland gekommen sind. Die Auswertung dieser Daten ergibt, dass unter den bei der Bundesagentur für Arbeit registrierten sozialversicherungspflichtigen Beschäftigten und Erwerbslosen aus den wichtigsten Asylherkunftsländern 20 Prozent über eine Fachhochschul- oder Hochschulreife verfügten. Unter den besonders von Krieg, Bürgerkrieg und politischer Verfolgung betroffenen Ländern hatten 20 Prozent die Fachhochschul- oder Hochschulreife. Der entsprechende Wert liegt für Deutsche bei 26 Prozent und ist für andere Ausländerinnen und Ausländer mit 20 Prozent gleich hoch wie bei Personen aus Asylländern sowie Kriegs- und Krisenländern (vgl. Brücker/Hauptmann/Vallizadeh 2015).

2.4.4 Empirischer Forschungsstand zu ausländischen Absolventinnen und Absolventen deutscher Hochschulen

Im Prüfungsjahr 2013 schlossen über 395.000 deutsche und etwa 41.000 ausländische Studierende ihr Studium erfolgreich ab. In den letzten zehn Jahren hat sich die Anzahl der Bildungsausländerinnen und Bildungsausländer unter den Absolventinnen und Absolventen fast verdreifacht, die Anzahl der Bildungsinländerinnen und Bildungsinländer unter den Absolventinnen und Absolventen hat sich demgegenüber nur verdoppelt (vgl. DAAD/DZHW 2015).

Der Anstieg der Bildungsausländerzahlen unter den Absolventinnen und Absolventen zeigt sich in fast allen Fächergruppen. Überdurchschnittlich ausgeprägt ist er an den Universitäten in den Fächergruppen „Mathematik, Naturwissenschaften“ und „Ingenieurwissenschaften“, an den Fachhochschulen in den Fächergruppen „Sprach- und Kulturwissenschaften“ und „Gesundheitswissenschaften“. Im Jahr 2013 erwarben in der Gruppe der Bildungsausländerinnen und Bildungsausländer 41 Prozent einen Masterabschluss und 26 Prozent einen Bachelorabschluss. Insgesamt 13 Prozent schlossen eine Promotion erfolgreich ab (sonstige Abschlüsse: 20 Prozent). 47 Prozent aller Absolventinnen und Absolventen unter den Bildungsausländern stammen aus dem Europäischen Hochschulraum, 38 Prozent aus einem asiatischen Land. Die Studierenden aus China stellen mit 14,8 Prozent den mit Abstand höchsten nationalen Anteil an Absolventinnen und Absolventen (vgl. DAAD/DZHW 2015, S. 34).

Im Vergleich zu deutschen Studierenden ist die Erfolgsquote unter den ausländischen Studierenden deutlich geringer: 90,5 Prozent aller Absolventinnen und Absolventen sind Deutsche. In der Gruppe der Studienanfängerinnen und Studienanfänger beträgt ihr Anteil jedoch nur 79,9 Prozent (Studienjahr 2013). Bildungsausländerinnen und Bildungsausländer stellen 16,9 Prozent der Studienanfängerinnen und Studienanfänger, jedoch nur 7,4 Prozent der Absolvierenden. Der Anteil der Bildungsinländerinnen und Bildungsinländer unter den Studienanfängerinnen und Studienanfängern insgesamt entspricht 3,2 Prozent, ihr Anteil unter den Absolventinnen und Absolventen lediglich 2,1 Prozent (vgl. DAAD/DZHW 2015).

Nach einer Analyse des Deutschen Zentrums für Hochschul- und Wissenschaftsforschung (DZHW) weisen Bildungsausländerinnen und Bildungsausländer insbesondere im Bachelorstudium eine deutlich höhere Abbruchquote auf als deutsche Studierende. Das DZHW definiert Studienabbrecherinnen und Studienabbrecher als ehemalige Studierende an einer deutschen Hochschule, die das deutsche Hochschulsystem endgültig ohne Studienabschluss verlassen haben, d. h., Fach- und Hochschulwechselnde zählen nicht zur Gruppe der Studienabbrecherinnen und Studienabbrecher. Die Abbruchquote des Jahrgangs 2008/2009 beträgt für Bildungsausländerinnen und Bildungsausländer in Bachelorstudiengängen 41 Prozent, für deutsche Studierende 28 Prozent (an Universitäten 33 Prozent und an Fachhochschulen 23 Prozent). Im Masterstudium unterscheidet sich die Abbruchquote von Deutschen und Bildungsausländerinnen und Bildungsausländern nur wenig – Deutsche (Universität): elf Prozent; Deutsche (Fachhochschule): sieben Prozent; Bildungsausländerinnen und Bildungsausländer (Universitäten und Fachhochschulen zusammen): neun Prozent (vgl. DAAD/DZHW 2015). Die außerordentlich hohe Studienerfolgsquote der Bildungsausländerinnen und Bildungsausländer im Masterstudium von 91 Prozent steht somit in einem deutlichen Kontrast zur erheblich niedrigeren Erfolgsquote der Bildungsausländerinnen und Bildungsausländer im Bachelorstudium von 59 Prozent.

2.4.5 Empirischer Forschungsstand zu Bleibeabsichten und zum Verbleib von ehemaligen internationalen Studierenden in Deutschland

Alichniewicz und Geis (2013) untersuchten den Verbleib ausländischer Hochschulabsolventinnen und Hochschulabsolventen anhand des Mikrozensus 2011 und der Prüfungsstatistik des Statistischen Bundesamtes. Wird die Anzahl der internationalen Studierenden, die zwischen 2001 und 2010 einen Hochschulabschluss in Deutschland erlangt haben und im Jahr 2011 noch in Deutschland lebten, in Beziehung gesetzt zur Anzahl der von Bildungsausländerinnen und Bildungsausländern abgelegten Prüfungen, dann ergibt sich eine Bleibequote von insgesamt 44,3 Prozent. Wird nach EU-Ländern und Drittstaaten differenziert, resultiert für Absolventinnen und Absolventen aus EU-Ländern (und gleichgestellten Ländern) eine Bleibequote von 51,9 Prozent und für Absolventinnen und Absolventen aus Drittstaaten eine Bleibequote von 40 Prozent (vgl. Alichniewicz/Geis 2013).

Die oben genannten Zahlen zur Bleibeabsicht von internationalen Studierenden beruhen auf Selbstauskünften. Tatsächliche Bleibequoten lassen sich nur für Studierende aus Drittstaaten ermitteln, da diese im Gegensatz zu Bürgern aus dem Europäischen Wirtschaftsraum im Ausländerzentralregister erfasst sind. Auf dieser Grundlage hat das BAMF ermittelt, dass etwa 54 Prozent der Drittstaatsangehörigen, die im Zeitraum von Januar 2005 bis Oktober 2013 in Deutschland studiert haben und deren Aufenthaltstitel („Aufenthalt zum Zweck des Studiums") sich verändert hat, im Oktober 2014 noch in Deutschland lebten (rund 99.700 Personen). 27 Prozent von ihnen erhielten eine Aufenthaltserlaubnis zur Erwerbstätigkeit, 34 Prozent aus familiären Gründen (die auch zur Erwerbstätigkeit berechtigt) und zehn Prozent verfügten über einen unbefristeten Aufenthaltstitel (der nach zwei beziehungsweise drei Jahren Berufstätigkeit erteilt werden kann). 19 Prozent hatten einen Aufenthaltstitel beantragt und sieben Prozent hielten sich zur Arbeitsplatzsuche in Deutschland auf (vgl. Hanganu 2015).

Die Ermittlung von Bleibequoten ehemaliger Studierender auf der Grundlage der Registerdaten des Ausländerzentralregisters hat den Nachteil, dass nicht zwischen Personen mit tatsächlich bestandener Studienabschlussprüfung und Studienabbrecherinnen beziehungsweise Studienabbrechern unterschieden werden kann. Hanganu und Heß (2014) analysierten deshalb die Bleibequote einer Teilgruppe der tatsächlichen Absolventinnen und Absolventen aus Drittstaaten, nämlich derjenigen, die nach dem Studienabschluss einen Aufenthaltstitel zur Arbeitsplatzsuche hatten, anhand einer Befragung von Absolventinnen und Absolventen. An der Befragung beteiligten sich 4.542 Hochschulabsolventinnen und Hochschulabsolventen, die nach ihrem Studium in Deutschland geblieben sind. Die Ergebnisse der BAMF-Absolventenstudie 2013 zeigen, dass fast ein Drittel der Absolventinnen und Absolventen aus Drittstaaten plant, für immer in Deutschland zu bleiben, weitere 42,5 Prozent planen einen Aufenthalt über zehn Jahre. Somit richten sich 73,5 Prozent darauf ein, langfristig in Deutschland zu bleiben. Weitere 19,3 Prozent planen einen mittelfristigen Aufenthalt zwischen fünf und zehn Jahren, nur 7,3 Prozent richten sich auf einen (zunächst) kurzfristigen Aufenthalt von weniger als fünf Jahren ein (vgl. Hanganu/Heß 2014).

Nach den Ergebnissen der BAMF-Absolventenstudie 2013 sind von den befragten Hochschulabsolventinnen und Hochschulabsolventen aus Drittstaaten 85 Prozent erwerbstätig. Knapp zwei Drittel gehen einer bezahlten Vollzeittätigkeit nach, jeweils sieben Prozent arbeiten in Teilzeit oder sind als Selbstständige beziehungsweise Freiberufler tätig. Fünf Prozent arbeiten im Haushalt beziehungsweise in der Betreuung von Kindern (einschließlich Elternzeit) oder anderen Personen. Drei Prozent befinden sich noch im Studium beziehungsweise in der Ausbildung und sechs Prozent promovieren (die Hälfte davon ist neben der Promotion in Teilzeit erwerbstätig). Sieben Prozent der Befragten sind arbeitslos (vgl. Hanganu/Heß 2014, S. 125–127).

Bereits ein niedriger Anteil von voll- oder teilzeitbeschäftigten Hochschulabsolventinnen und Hochschulabsolventen hat zur Folge, dass sich die Ausgaben für Studienplätze und staatliche Stipendien bereits nach wenigen Jahren durch Steuereinnahmen und Sozialabgaben amortisieren. Nach einer Studie der Prognos AG im Auftrag des DAAD und gefördert vom BMBF sind die öffentlichen Gesamtkosten für einen Studienplatz bei einer vierjährigen Studiendauer bereits nach sieben beziehungsweise fünf Jahren gedeckt, wenn 20 beziehungsweise 30 Prozent der internationalen Studierenden nach Abschluss des Studiums in Deutschland entsprechend lange erwerbstätig sind (vgl. Münch/Hoch 2013).

2.4.6 Interventionsfelder: Studienabbruchquote und Bleibequote

Deutschland nutzt das Arbeitsmarktpotenzial ausländischer Studierender zu wenig (vgl. Stifterverband für die Deutsche Wissenschaft/McKinsey & Company 2015). An den Hochschulen gibt es zwar immer mehr Studierende mit ausländischen Wurzeln. Doch 41 Prozent der Bildungsausländerinnen und Bildungsausländer und ein gleich hoher Anteil der Bildungsinländerinnen und Bildungsinländer brechen das Bachelorstudium wieder ab (vgl. Heublein u. a. 2014). Von den erfolgreichen Studierenden bleiben nur rund 44 Prozent in Deutschland (vgl. Alichniewicz/Geis 2013).

Gründe für den Studienabbruch ausländischer Studierender in Deutschland. Was sind die Ursachen für Studienabbrüche im Allgemeinen und für Studienabbrüche ausländischer Studierender im Besonderen? Durch welche Maßnahmen könnten die Hochschulen die Studienerfolgsaussichten verbessern? Das Thema „Studienabbruch" ist für die Hochschulen von hoher Aktualität. In der dritten Phase des Hochschulpaktes, der von der Gemeinsamen Wissenschaftskonferenz (GWK) am 30.10.2014 beschlossen wurde, werden die Länder ab 2016 zehn Prozent der Bundes- und Landesmittel für Maßnahmen zur Senkung des Studienabbruchs einsetzen. Es ist seit langem bekannt, dass die Studienabbruchquoten ausländischer Studierender in den Bachelorstudiengängen viel höher sind als die deutscher Studierender (vgl. Heublein u. a. 2014). Vor diesem Hintergrund verwundert es, dass repräsentative Erhebungen zur Studiensituation ausländischer Studierender fast gänzlich fehlen (vgl. Heublein 2015). Repräsentative Befunde liegen lediglich im Rahmen der Sozialerhebung des Deutschen Studentenwerks vor (vgl. Apolinarski/Poskowsky 2013). Die Sozialerhebung des Deutschen Studentenwerks erhebt jedoch keine Daten zu den wesentlichen Faktoren des Studienerfolgs, außerdem fehlen Angaben über die berufliche Bewährung der von ausländischen Studierenden in Deutschland erworbenen Kenntnisse und Kompetenzen. Vor diesem Hintergrund wird im Folgenden davon ausgegangen, dass für den Studienabbruch ausländischer Studierender im Bachelorstudium ähnliche Schwierigkeiten eine Rolle spielen wie bei deutschen Studierenden (vgl. Heublein u. a. 2010). Darüber hinaus werden im Folgenden spezifische Einflussfaktoren berücksichtigt, die u. a. in einer Literatursynthese als bedeutsam für den Studienabbruch ausländischer Studierender identifiziert wurden (vgl. Rech 2012), sowie eine Untersuchung des damaligen Hochschul-Informations-Systems (HIS) GmbH zum Studienverlauf im Ausländerstudium (vgl. Heublein/Sommer/Weitz 2004).
Deutschlandweit repräsentative Ergebnisse zu den Ursachen und Gründen des Studienabbruchs hat bisher nur das Deutsche Zentrum für Hochschul- und

Wissenschaftsforschung (DZHW) vorgelegt. An der aktuellsten Exmatrikuliertenbefragung aus dem Jahr 2010 – eine neue Studienabbruchstudie wird das DZHW 2016 veröffentlichen – beteiligten sich 2.500 Studienabbrecherinnen und Studienabbrecher, 1.600 Absolventinnen beziehungsweise Absolventen und 400 Hochschulwechsler des Studienjahres 2007/2008 (vgl. Heublein u. a. 2010). Nach den Ergebnissen der Studienabbruchstudie des DZHW beenden Studierende ihr Studium am häufigsten aufgrund von Leistungsproblemen. Finanzielle Probleme spielen ebenfalls eine große Rolle. Hierzu zählen sowohl finanzielle Engpässe als auch Probleme bei der Vereinbarkeit von Studium und Erwerbstätigkeit. An dritter Stelle steht der Studienabbruch aufgrund mangelnder Studienmotivation als Folge falscher Vorstellungen vom Studienfach und den damit verbundenen beruflichen Möglichkeiten (siehe Abbildung 24).

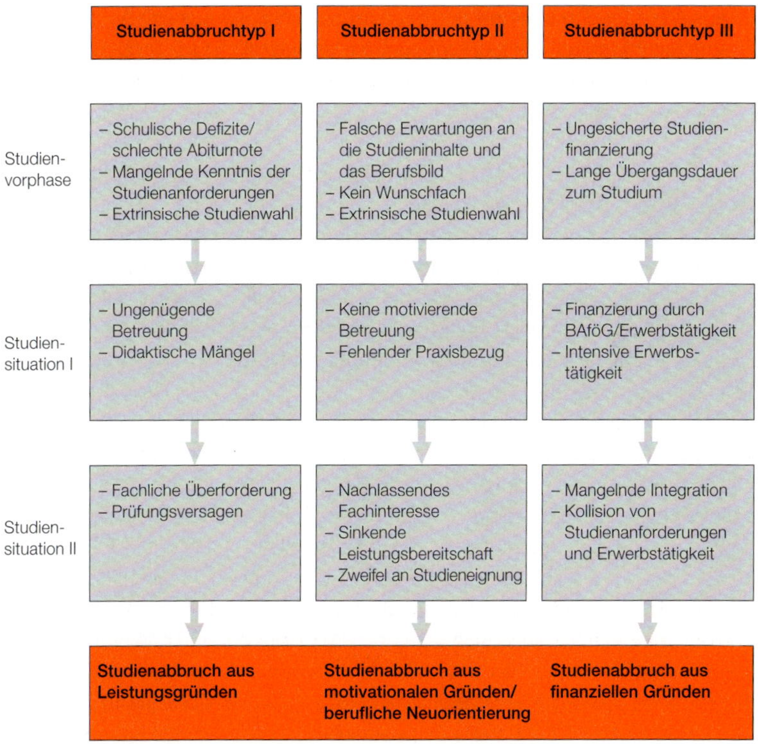

Abbildung 24: Studienabbruchtypen (vgl. Ebert/Heublein 2015, S.70)

Neben den oben genannten allgemeinen Einflussfaktoren wurden für den Studienabbruch ausländischer Studierender die folgenden speziellen Einflussfaktoren identifiziert:

1. Einige Studien weisen darauf hin, dass bei einem Teil der ausländischen Studierenden die fachlichen Kenntnisse nicht ausreichend sind und die Unterrichtssprache, auf der Bachelorstufe zumeist die deutsche Sprache, nicht ausreichend beherrscht wird.
2. Studiengänge an deutschen Hochschulen verlangen von ihren Studierenden Selbstständigkeit und Eigenverantwortung. Nicht alle ausländischen Studierenden zeigen eine für ein erfolgreiches Studieren in Deutschland erforderliche aktive Studienhaltung. Häufig mangelt es ausländischen Studierenden jedoch auch an Wissen über bestehende Betreuungs- und Beratungsangebote der Hochschulen.
3. Ausländische Studierende sind häufig sozial nicht ausreichend an den Hochschulen integriert. Für zwei von fünf ausländischen Studierenden stellt der fehlende Kontakt zu deutschen Kommilitonen ein großes Problem dar (vgl. Apolinarski/Poskowsky 2013).

Ganz ähnliche Befunde berichtet Rech (2012), der anhand einer Sekundäranalyse der 18. Sozialerhebung des Deutschen Studentenwerks Bedingungsfaktoren des Studienerfolgs ausländischer Studierender untersucht hat: Bildungsausländerinnen und Bildungsausländer haben eine gute Studienerfolgsprognose, wenn es ihnen gelingt, sich auf der fachlich-akademischen, institutionellen und sozialen Ebene zu integrieren. Für die Integration auf allen drei Ebenen sind institutionelle Betreuungsstrukturen und deren Nutzung durch ausländische Studierende von großer Bedeutung.

Ausländische Studierende in Deutschland sehen sich darüber hinaus einer Reihe von Schwierigkeiten gegenüber, deren Bedeutung stark mit der Studienstufe variiert. Nach den Ergebnissen der 20. Sozialerhebung des Deutschen Studentenwerks (vgl. Apolinarski/Poskowsky 2013) haben ausländische Bachelorstudierende am häufigsten große bis sehr große Schwierigkeiten mit der Orientierung im Studiensystem (49 Prozent), mit der Studienfinanzierung (46 Prozent) und mit der Zimmer-/Wohnungssuche (43 Prozent). Auf der Masterstufe bereiten der Kontakt zu deutschen Studierenden (43 Prozent) und zur Bevölkerung (43 Prozent) sowie die Verständigung in deutscher Sprache (41 Prozent) am häufigsten große bis sehr große Schwierigkeiten. Doktorierende haben am häufigsten große bis sehr große Schwierigkeiten mit der Verständigung in deutscher Sprache (46 Prozent) und bei der Zimmer-/Wohnungssuche (42 Prozent).

Maßnahmen zur Prävention des Studienabbruchs ausländischer Studierender in Deutschland. Der Studienabbruch ausländischer Studierender ist ganz offensichtlich auf das Wirken mehrerer Faktoren zurückzuführen. Dazu gehören – wie oben ausgeführt wurde – bestimmte Bedingungen, die allgemein für das deutsche Hochschulsystem kennzeichnend sind und das Studienverhalten der deutschen wie der ausländischen Studierenden in ähnlicher Weise beeinflussen.

Das Institut für Hochschulforschung (HoF) an der Martin-Luther-Universität Halle-Wittenberg hat auf der Grundlage der bisher vorliegenden Literatur sowie unter Berücksichtigung laufender Projekte, wie sie beispielsweise im Rahmen des Qualitätspakts Lehre vom Bundesministerium für Bildung und Forschung (BMBF) seit 2011 gefördert werden, Maßnahmen zur Verbesserung der Studienerfolgsaussichten in einer Übersicht zusammengestellt (siehe Tabelle 13). Die Maßnahmen sind bezogen auf die Herkunftsbedingungen und individuellen Studienvoraussetzungen, auf die Studieneingangsphase und auf das Studium sowie auf externe Faktoren wie die Vermittlung von Unterkünften (vgl. Schmid 2015).

Tabelle 13: Maßnahmen zur Verbesserung der Studienerfolgsaussichten (vgl. Schmid 2015, S. 75ff.)

Maßnahmen	
… bezogen auf die Startbedingungen	
Herkunftsbedingungen und individuelle Studienvoraussetzungen	**Ziele**
Vorbereitungskurse (Brückenkurse/Propädeutika, Sprachkurse) Einführungsveranstaltungen und Kennenlernrunden Semesterbegleitende Kurse (Unterstützungs- und Beratungsangebote) Anpassung von Seiten der Hochschulen an die individuellen Studienvoraussetzungen (Anerkennung weiterer Kompetenzen durch die Hochschule)	■ Gleiche Startbedingungen schaffen, Wissenslücken schließen ■ Soziale und akademische Integration ■ Vorbereitung auf das Studium ■ „Studierbarkeit"/„Passfähigkeit" erhöhen
… bezogen auf die Studieneingangsphase und auf das Studium	
Studienwahl	**Ziele**
Informationen zum Studium (Inhalte, Bedingungen, Berufsaussichten usw.) ■ (Frühzeitige) Informationsveranstaltungen für Schülerinnen und Schüler (Studieninformationstage/Messen) ■ (Ständige) Informationsquellen und Beratungsmöglichkeiten durch Schulen und Hochschulen ■ (Online-)Studieninformationssystem, Materialien zur Studienvorbereitung Informationsveranstaltungen für Lehrkräfte und Lehrerfortbildungen W- und P-Seminare (wissenschaftspropädeutische Seminare und Projektseminare zur Studien- und Berufsorientierung) für Schülerinnen und Schüler Schnupperstudium/Frühstudium für Schülerinnen und Schüler	■ Ausführliche Information der Studierenden über Studienmöglichkeiten, -inhalte und -bedingungen, um falschen Erwartungen entgegenzuwirken ■ Vermittlung einer angemessenen Vorstellung der Berufsaussichten/des Berufsbilds ■ Niederschwelliger Zugang zu Informationen, schnelle Reaktion auf Fragen ■ Förderung der geeigneten Studienwahl/von Entscheidungskompetenzen
Orientierungskurse/Orientierungsphase (vor und während des Studiums)/Entscheidungsseminare	■ Entwicklung von Entscheidungskompetenzen ■ Option einer fachlichen Neuorientierung ohne „Versagen"
(Vor-)Praktika	■ Fachidentifikation und -bindung ■ Einblick in Berufstätigkeit

Soziale Integration und fachliche Orientierung	**Ziele**
Einführungsveranstaltungen und Kennenlernrunden (Erstsemestertage) Mentoring Tutorien Arbeitsgruppen/Lernzentren	■ Einbindung in das Lernumfeld – in soziale und akademische Strukturen der Hochschulen (Interaktion mit Studierenden und Lehrenden) ■ Umgang mit akademischen Normen/Werten; Bewegen im Universitätssystem
Hochschulnahe Aufenthaltsangebote/Treffpunkte, z. B. (Inszenierung als) Campushochschule Angebote außerhalb der Hochschule (Freizeit- und Kulturangebote, z. B. Kultur-/Gastronomiepass, Hochschulsport)	■ Soziale Einbindung/Integration (Hochschule und (neuer) Wohnort)
Psychische und physische Ressourcen	**Ziele**
Online-Self-Assessment (Selbsteinstufungsverfahren mit Möglichkeit, Wissensdefizite aufzuarbeiten); vor und während des Studiums	■ Selbstreflexion ■ Falschen Vorstellungen entgegenwirken ■ Wissensdefizite ausgleichen
(Professionelle) Hilfs- und (niederschwellige) Beratungsangebote Mentoring	■ Beratung, Begleitung, Betreuung, Hilfeleistungen, Lernstrategien vermitteln ■ Soziale Integration und fachliche Orientierung
Tutorien (semesterbegleitend/antizyklisch/prüfungsvorbereitend) Zwischentests (unbewertet)/Wiederholungsprüfungen/Auffrischkurse	■ Leistungsüberprüfung (Überprüfung und Aneignung fachlichen Wissens) ■ Fremd- und Selbsteinschätzung der eigenen Leistung, Aufbau einer Selbstwirksamkeitseinschätzung ■ Vermittlung von Lernstrategien, Zeit- und Selbstmanagement
Inhaltliche Studienbedingungen	**Ziele**
Tutorien (semesterbegleitend/antizyklisch/prüfungsvorbereitend) Zwischentests/Wiederholungsprüfungen/Auffrischkurse	■ Leistungsverbesserung von schwächeren Studenten ■ Überprüfung des eigenen Wissensstands; Wissenslücken schließen
■ Nichttraditionelle didaktische Konzepte (Lehrforschungsprojekte, begleitetes Selbststudium, kooperative Lernformen usw.); stärkere Berücksichtigung des Lehrengagements in leistungsgebundenen Mittelzuweisungen ■ Bessere Orientierungsmöglichkeiten und Überblick über Wissen (Unterteilung in Überblicks- und Vertiefungswissen, „Wissenslandkarten") ■ (Eventuell) Reduzieren der Stoffmenge (ohne Qualitätsverlust – Orientierung an Berufswissenschaften) ■ Mehr Zeit für die Einführung in die Fachkultur ■ Abgestimmte Prüfungsinhalte	■ Optimierung der Didaktik/der Vermittlung von Lehrinhalten ■ Ausbau/Verbesserung der Lehrkompetenz ■ Verbesserung der Qualität der Lehre ■ Überforderung/Frustration verhindern; Studienmotivation erhalten und aufbauen ■ Fachidentifikation und -bindung

Berufs-/Praxisbezug	■ Vermittlung eines realistischen Berufsbilds (Berufs-/Praxisbezug) ■ Erleichterung des Übergangs in den Beruf ■ Fachidentifikation und -bindung
Berücksichtigung der spezifischen Qualifikationserfordernisse der regionalen Unternehmen	■ Berufsperspektiven aufzeigen, Berufsbild konkretisieren, Erleichterung des Übergangs von Studium in den Beruf
Institutionelle und strukturelle Studienbedingungen	**Ziele**
Lehrräume (räumliche Angebote, Aufenthaltsbereiche)	■ Verbesserung der Lehr- und Lernumgebung ■ Wissensaustausch ■ Soziale Integration
Hilfs- und Beratungsangebote, Mentoring	■ Angebote zur persönlichen Beratung (Hilfe bei fachlichen und persönlichen Problemen)
Curricula-Entwicklung: ■ Abgestimmte Studienorganisation (Prüfungszeiten/Seminartermine) ■ Flexible Prüfungsformen ■ Flexible Studienzeiten: Teilzeitstudienangebote; berufsbegleitende Studiengänge (Anrechnung beruflicher Qualifikationen) ■ Flexible Fächerverknüpfungsmöglichkeiten (interdisziplinäre Studienanteile) ■ Anpassen an heterogene Studierendenschaft (Anerkennung individueller Studienvorkenntnisse)	■ Verbesserung der Lehr- und Lernbedingungen ■ Vermeidung strikter Fachbereichsgrenzen (Studieninhalte können nach Interesse gewählt werden) ■ Vermeiden von demotivierenden Überschneidungen/mangelhaften Studienbedingungen ■ Studienmotivation erhalten und aufbauen ■ Erleichterung der Vereinbarkeit von Studium und Erwerbstätigkeit/Familie ■ Erhöhung der Passfähigkeit
Identifikation von gefährdeten Studierenden (Frühwarnsystem: Datawarehouse)*	■ Gezielte Beratung und Hilfe ■ Sammeln relevanter Informationen zum Studienabbruch – wodurch abbruchgefährdete Studierende (auf Individual- und Gruppenebene) identifiziert und beraten werden können
Fachspezifischer Karriereservice (in Zusammenarbeit mit den regionalen Unternehmen) Praktika/Studienarbeiten in Kooperation mit Praxispartnern	■ Einbindung in regionale Netzwerke, Berufsperspektiven aufzeigen, Erleichterung des Einstiegs in den Beruf
Vernetzung der am Thema interessierten Hochschulen	■ „Best Practice"-Beispiele identifizieren ■ Nationale und internationale Vernetzung und Austausch
... bezogen auf externe Faktoren	
	Ziele
Betreuungsangebote für Kinder	Erleichterung der Vereinbarkeit des Studiums mit familiären Verpflichtungen
Vermittlung von Unterkünften	Bereitstellung/Organisation von Wohnräumen
Hilfs- und Beratungsangebote	Beratung bei Entscheidungsprozessen und Problemen (Finanzierung usw.)

* Voraussetzung hierfür ist die Bereitschaft der Studierenden, ihren Studienverlauf verfolgen zu lassen.
Quellen: Derboven/Winker (2010, S. 69ff.), Erdmenger/Pasternack (2011, S. 63ff., 88), Gensch/Kliegl (2011), Gensch/Sandfuchs (2007, S. 26ff.), Mödebeck (2012, S. 36ff.)

Nach den Untersuchungen des Deutschen Zentrums für Hochschul- und Wissenschaftsforschung (DZHW) sind für eine Verringerung der Studienabbruchquote ausländischer Studierender vor allem drei Ansatzpunkte bedeutsam (vgl. Heublein/Sommer/Weitz 2004):

- Gewährleistung besserer Rahmenbedingungen für die Studienfinanzierung,
- Intensivere Betreuung an der Hochschule einschließlich der regelmäßigen Kontrolle des Studienfortschritts,
- Klare Auswahlkriterien bei der Gewinnung ausländischer Studierender, die sowohl auf die fachliche als auch auf die allgemeine Eignung zum Studium an einer deutschen Hochschule sowie die Studienmotivation ausgerichtet sind.

Gründe für die niedrige Bleibequote und Maßnahmen zur Verbesserung der Bleibequote ausländischer Absolventinnen und Absolventen in Deutschland. Im Rahmen der Evaluierung von zwei Programmlinien des Förderprogramms STIBET, eines kombinierten Betreuungs- und Stipendienprogramms des DAAD für internationale Studierende, wurden die Geförderten auch nach ihren Plänen für die Zeit nach dem Studien- oder Promotionsaufenthalt befragt. Die Befragung wurde in der Zeit vom 26.11.2013 bis zum 16.01.2014 durchgeführt. Der Fragebogen wurde von mehr als 11.000 internationalen Studierenden ausgefüllt. In der realisierten Stichprobe sind Bildungsausländerinnen und Bildungsausländer an technischen Universitäten sowie Masterstudierende und Doktorierende überrepräsentiert (vgl. Esser/Gillessen/Maiworm 2014). 55 Prozent der Befragten sind davon überzeugt, nach dem Studienabschluss gute Chancen zu haben, in Deutschland eine Arbeit zu finden, die der eigenen Qualifikation entspricht. 34 Prozent würden nach dem Abschluss des Studiums in Deutschland bleiben, wenn es einfacher wäre, eine Aufenthaltsgenehmigung zu erhalten. Allerdings sind nur 51 Prozent der Meinung, dass internationale Studierende in Deutschland auch wirklich willkommen sind, zu bleiben und nach dem Studium eine Arbeit zu suchen. 22 Prozent der Befragten haben persönlich Diskriminierung erfahren oder sind Vorurteilen gegenüber Ausländerinnen und Ausländern begegnet (vgl. Esser/Gillessen/Maiworm 2014).

Die Ergebnisse der STIPET-Befragung zeigen, dass über die innerhalb der letzten Jahre vollzogene Liberalisierung des Aufenthaltsrechts für ausländische Absolventinnen und Absolventen besser informiert werden muss. Darüber hinaus zeigen die Ergebnisse der Befragung, dass überzeugender als bisher kommuniziert werden muss, dass ausländische Studierende nach ihrem Studium in Deutschland weiter willkommen sind.

2.4.7 „Good Practice"-Beispiele

„Good Practice"-Beispiele für die Sicherung des Studienerfolgs. In den letzten Jahren haben die Fakultäten und Fachbereiche eine Vielzahl von Maßnahmen zur Sicherung des Studienerfolgs ergriffen. Dazu zählen nach einer Befragung der Fakultäts- und Fachbereichsleitungen zum Thema Studienerfolg und Studienabbruch durch das DZHW (vgl. Heublein u. a. 2015) beispielsweise:

- Angebote der Fakultäten für Studienbewerberinnen und Studienbewerber (Informationstage/Tage der offenen Tür; gedruckte Informationsmaterialien; kooperative Informationsangebote, z. B. mit Schulen oder der Arbeitsagentur; spezielle Internetportale zur Studieninformation; Self-Assessments; Schnupperstudium/Probestudium),
- Entwicklung von Auswahlverfahren und -kriterien, die sowohl auf die fachliche als auch auf die allgemeine Studieneignung sowie Studienmotivation ausgerichtet sind (z. B. Numerus Clausus, Eignungstest, Aufnahmeprüfung, Aufnahmegespräch, Motivationsschreiben, berufliche Vorerfahrung),
- Erhebung von Daten über den Bildungsweg der Studienanfängerinnen und Studienanfänger (z. B. Art der Hochschulzugangsberechtigung (HZB), Durchschnittsnote der HZB, abgeschlossene Berufsausbildung, berufliche Vorerfahrung, studienfachrelevante Noten der HZB, Fremdsprachenkenntnisse, absolvierte schulische Leistungskurse, Aussagen zur Studienwahl und Fachidentifikation),
- Spezielle Lehrangebote für Studienanfängerinnen und Studienanfänger (z. B. Einführungswoche/-tage, Brückenkurse, Einführungstutorien, Kurse zu Zeitmanagement/Selbstorganisation des Studiums, Kurse zu wissenschaftlichen Arbeitsmethoden, Einsatz von Mentorinnen und Mentoren),
- Lehr- und Betreuungsangebote im Studienverlauf (z. B. Studienfachberatung; Tutorien; Einsatz von Mentorinnen und Mentoren; Arbeit in Kleingruppen/Lerngruppen; verpflichtende Beratung für Studierende mit Leistungsproblemen; Übungen für Studierende, welche die Prüfung nicht im ersten Anlauf bestanden haben; Lehrveranstaltungen zur Erarbeitung der Abschlussarbeit; Weiterbildung der Lehrenden in Didaktik; Zielvereinbarung mit Lehrenden; variable Gehaltsbestandteile für besondere Leistungen in der Lehre),

- Verbesserung des Informationsstandes der Fakultäten über den Studienverlauf ihrer Studierenden (z. B. Anzahl erworbener ECTS-Punkte für jeden Studierenden und jedes Semester; Prüfungsleistungen; Quote der nicht bestandenen Prüfungen; durchschnittliche Studiendauer; studentische Einschätzung der Studienbedingungen; Anzahl der wegen endgültig nicht bestandener Prüfungen Exmatrikulierten; Anzahl der Studierenden, die den Studiengang ohne Abschluss verlassen),
- Beurteilung der Studienbedingungen durch Absolvierende und Studienabbrecherinnen und Studienabbrecher (z. B. Befragung/Abschlussgespräch mit Absolvierenden und Exmatrikulierten ohne Abschluss).

„Good Practice"-Beispiele für die Unterstützung von Studierenden mit Migrationshintergrund und Flüchtlingen. An deutschen Hochschulen gibt es zahlreiche Initiativen, um potenzielle Studierende, Studierende mit Migrationshintergrund und insbesondere auch Flüchtlinge zu unterstützen. Die Hochschulrektorenkonferenz (HRK) hat im Oktober 2015 eine Linksammlung von über 40 Hochschulen publiziert, die bereits einen Webauftritt für Flüchtlinge realisiert haben (vgl. HRK 2015). Die Projektbeschreibungen der Hochschulen enthalten viele Beispiele guter Praxis. Viele Hochschulen haben Sofortprogramme für die fachliche, soziale und organisatorische Integration studieninteressierter Flüchtlinge gestartet. Die Angebote umfassen häufig ein Gasthörerstudium oder Vorstudium, die Nutzung der Bibliotheken, Buddy-Programme zur Unterstützung der Geflüchteten, Tandem-Börsen für Sprachpartnerschaften und psychodiagnostische und therapeutische Hilfestellungen in Zusammenarbeit mit vivo international e. V. (vgl. vivo international e. V. 2015).

An der Ludwig-Maximilians-Universität München (LMU), an der rund 7.000 ausländische Studierende aus über 125 Ländern studieren, wurde unter anderem ein Sofortprogramm für Asylbewerber und Flüchtlinge zur Hinführung zum Studium aufgelegt, das neben einem Orientierungsgespräch die Teilnahme an kostenlosen Deutschkursen, eine zeitlich befristete Einschreibung und eine Teilnahmebestätigung beinhaltet. Darüber hinaus wurden u. a. folgende Maßnahmen – darunter auch viele ehrenamtliche – initiiert (vgl. MUM-Redaktion 2015 sowie eine Zusammenstellung von ausgewählten Initiativen durch Roman Erb, Stabstelle Strategie und Entwicklung der LMU, vom 11.06.2015):

- Durch LMU-Schnupperstunden und LMUniAbende soll die Studierneigung insbesondere auch von Studieninteressierten mit Migrationshintergrund gesteigert und der Studienerfolg unterstützt werden (vgl. LMU 2015a).
- Im Rahmen eines Peer-to-Peer-Mentoring-Programms werden Studienanfängerinnen und Studienanfängern erfahrene Studierende zur Seite gestellt, die ihnen den Einstieg ins Studium erleichtern. Dabei werden insbesondere auch Bewerberinnen und Bewerber aus dem Ausland und mit Migrationshintergrund zur Teilnahme motiviert (vgl. LMU 2015b).
- An einer interkulturellen Beratungsstelle werden internationale Studierende von den Mitarbeiterinnen und Mitarbeitern zu kulturbezogenen Themen beraten, die in Zusammenhang mit dem Studium und dem Leben in Deutschland stehen und im studentischen Alltag teils als problematisch erlebt werden. Dadurch sollen die im „Nationalen Kodex für das Ausländerstudium an deutschen Hochschulen" (vgl. HRK 2015) formulierten Standards in den Bereichen Information, Beratung, Zulassung und Betreuung gesichert werden (vgl. auch LMU 2015c).
- Einzelne Fachbereiche der LMU nutzen ihre Websites, um über Möglichkeiten der Hilfe und Unterstützung für Asylsuchende zu informieren (vgl. LMU 2015d).

An der Hochschule München kommen die Studierenden aus rund 100 Ländern. Zwölf Prozent der Studierenden verfügen über keine deutsche Staatsangehörigkeit, insgesamt 26 Prozent haben einen Migrationshintergrund (vgl. Borberg 2015, S. 4). Um Migrantinnen und Migranten sowie Flüchtlinge zu unterstützen, hat die Hochschule München einen übergreifenden Ansatz entwickelt, der neben Deutschkursen und Lehrveranstaltungen auch Angebote für ehrenamtliche Helfer umfasst (siehe Abbildung 25).

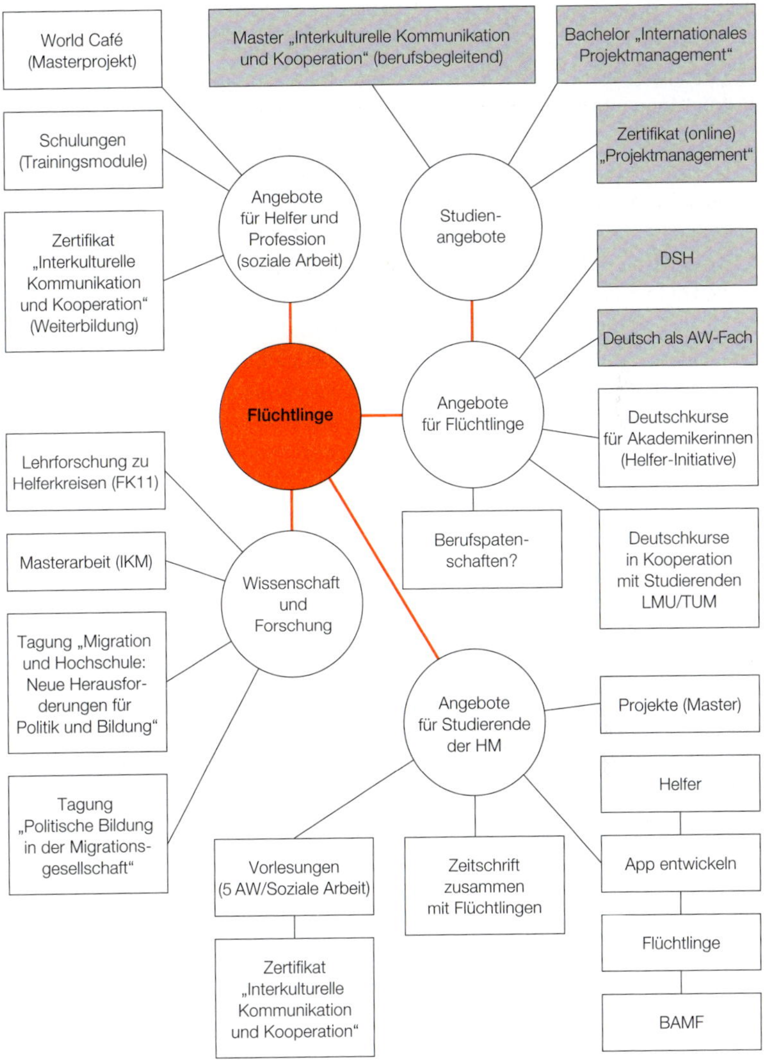

Abbildung 25: Übergreifender Ansatz der Hochschule München (vgl. Borberg 2015, S. 6)

Anmerkung: FK = Fakultät, IKM = Master „Interkulturelle Kommunikation und Kooperation“, AW = Allgemeinwissenschaftliches Wahlpflichtfach, DSH = Deutsche Sprachprüfung für den Hochschulzugang ausländischer Studienbewerber, TUM = Technische Universität München, BAMF = Bundesamt für Migration und Flüchtlinge

2.4.8 Handlungsempfehlungen

Entwicklung und Finanzierung einer neuen Internationalisierungsstrategie für die Hochschulen. Die Anzahl der ausländischen Studierenden an deutschen Hochschulen hat in den letzten Jahren stark zugenommen. Setzt sich die Entwicklung der vergangenen Jahre fort – womit aufgrund der hohen Flüchtlingszahlen zu rechnen ist –, dann werden im Jahr 2025 rund 40 Prozent der Studienanfängerinnen und Studienanfänger einen ausländischen Pass besitzen. Bis zum Jahr 2025 würden sich die jährlichen laufenden Ausgaben für die Finanzierung des Studiums von ausländischen Studierenden in Deutschland von heute rund 1,6 Milliarden Euro auf drei Milliarden Euro erhöhen (vgl. Stifterverband für die Deutsche Wissenschaft/McKinsey & Company 2015). Vor diesem Hintergrund sollte der Bund gemeinsam mit den Ländern und weiteren relevanten Institutionen wie der Hochschulrektorenkonferenz, dem Wissenschaftsrat, dem Deutschen Akademischen Austauschdienst, der Alexander von Humboldt-Stiftung, der Bundesagentur für Arbeit und privaten Initiativen eine neue Internationalisierungsstrategie für das deutsche Hochschulsystem entwickeln (für Grundzüge einer neuen Internationalisierungsstrategie vgl. z. B. Stifterverband für die Deutsche Wissenschaft/McKinsey & Company 2015).
Um Studienchancen für Flüchtlinge zu schaffen und Studienanfängerinnen und Studienanfänger wie auch Studierende und Wissenschaftlerinnen und Wissenschaftler zu fördern, benötigen die Hochschulen sofort eine bedarfsgerechte Unterstützung. Die Bundesregierung sollte den noch bis 2020 laufenden Hochschulpakt III evaluieren und ermitteln, in welcher Höhe die Hochschulen zusätzliche Mittel benötigen, um genügend Studienplätze für Flüchtlinge zu schaffen (vgl. auch Kapitel 6.1).

Erleichterung des Hochschulzugangs und der Hochschulzulassung für Flüchtlinge. Das künftige Fachkräftepotenzial der Flüchtlinge wird erheblich von Investitionen in hochschulische Bildung abhängen. Falls die Schätzwerte des BAMF sowie des Instituts für Arbeitsmarkt- und Berufsforschung (IAB) durch repräsentative Erhebungen bestätigt werden sollten, nämlich dass 20 Prozent der Personen aus Asylzugangsländern über eine Fach- oder Hochschulreife verfügen, dann besteht bei den Flüchtlingen ein erhebliches hochschulisches Qualifizierungspotenzial (vgl. Brücker/Hauptmann/Vallizadeh 2015). Diese Personengruppe könnte ihr Studium in Deutschland fortsetzen beziehungsweise ein Zusatzstudium in Deutschland absolvieren, um das deutsche Ausbildungsniveau zu erreichen und damit ihre Chancen auf dem Arbeitsmarkt zu verbessern (vgl. Mirbach/Triebl/Benning 2014). Allerdings ist jedoch zum jetzigen

Zeitpunkt nicht absehbar, ob diese Gruppe – neben den formalen Studienvoraussetzungen – tatsächlich über die notwendige Studierfähigkeit verfügt, um in Deutschland erfolgreich studieren zu können. Neben den häufig fehlenden Sprachkenntnissen stellt auch die Qualität der besuchten Bildungseinrichtungen in den Herkunftsländern ein großes Problem dar. Ergebnisse aus TIMSS und PISA zeigen, dass z. B. fünfzehnjährige Schülerinnen und Schüler in Albanien einen Rückstand von vier Schuljahren im Vergleich zu deutschen Schulkindern gleichen Alters aufweisen (vgl. Prenzel u. a. 2013). Allgemein bleibt abzuwarten, wie sich der Studienverlauf und -erfolg von Flüchtlingen entwickelt; dies macht ein Monitoring des Studienverlaufs durch die Hochschule zwingend notwendig.

Nach der Befragung der Lawaetz-Stiftung können in Deutschland sehr viele Flüchtlinge keine Schulzeugnisse und Nachweise über Studien- und Prüfungsleistungen vorweisen (vgl. Mirbach/Triebl/Benning 2014). Die Anerkennung von ausländischen Zeugnissen, die zur Aufnahme eines Studiums berechtigen, oder von Studienleistungen und Abschlüssen, die für ein Weiterstudium oder eine Zulassung zu einem Aufbau- oder Promotionsstudium benötigt werden, fällt in Deutschland in die Zuständigkeit der jeweiligen Hochschule. Der Hochschulzugang für Flüchtlinge ist allerdings in den einzelnen Bundesländern nicht einheitlich geregelt und kann sich deshalb von Hochschule zu Hochschule unterscheiden (vgl. Borgwardt/John-Ohnesorg/Zöllner 2015).

Die Kultusministerkonferenz (vgl. KMK 2015b) hat sich am 03.12.2015 auf ein Verfahren zur Beweiserleichterung bei fluchtbedingt fehlenden Nachweisen über die Hochschulzugangsberechtigung verständigt. Zur erleichterten Nachweisführung wird ein dreistufiges Verfahren zur Ermittlung der Studierfähigkeit eröffnet. Es umfasst (1) die Feststellung der persönlichen Voraussetzungen, die sich aus dem jeweils näher bestimmten asyl- beziehungsweise aufenthaltsrechtlichen Status ergeben, (2) die Plausibilisierung der Bildungsbiografie sowie (3) ein qualitätsgeleitetes Prüfungs- und Feststellungsverfahren. Die konkrete Ausgestaltung obliegt den Ländern. Wie die Rekonstruktion der individuellen Bildungsbiografie konkret umgesetzt werden kann, wird im „European Recognition Manual for Higher Education Institutions (vgl. European Area of Recognition – Higher Education Institutions (EAR HEI), Project 2013) beschrieben (siehe Abbildung 26).

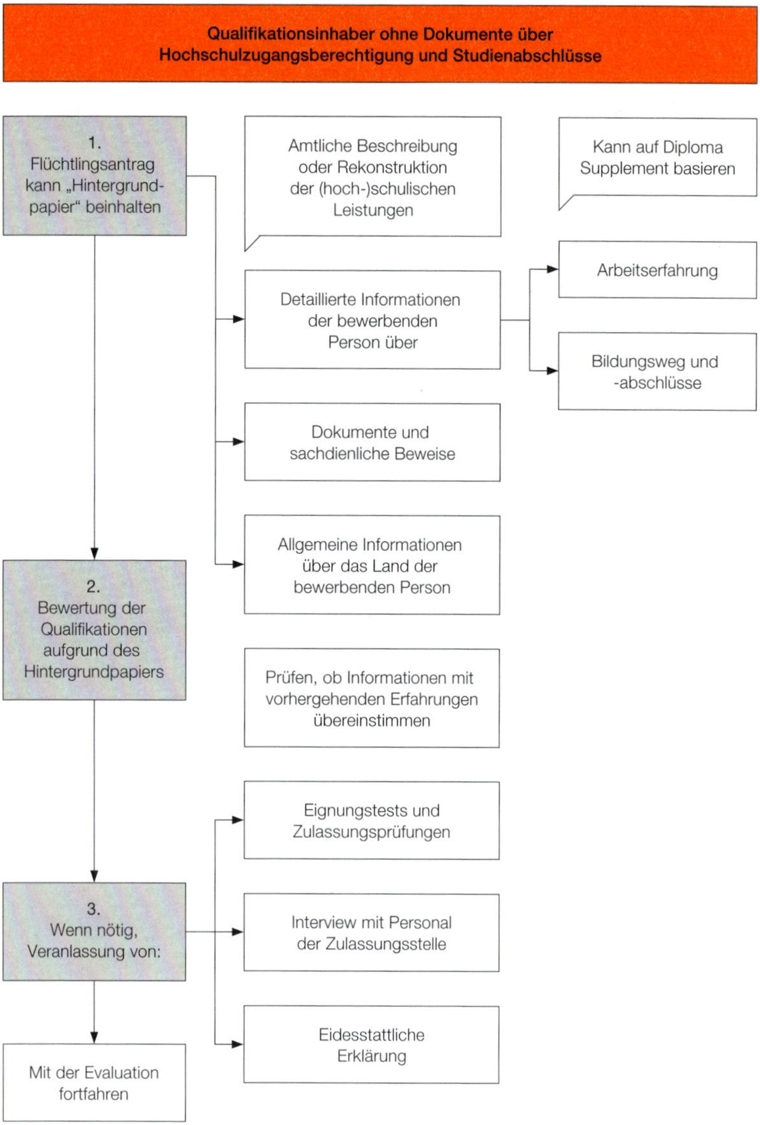

Abbildung 26: Rekonstruktion der Bildungsbiografien von Flüchtlingen ohne Dokumente über Hochschulzugangsberechtigung oder Studienabschlüsse (vgl. EAR HEI Project 2013, S. 125; Übersetzung aus dem Englischen)

Durchführung von Studierfähigkeitstests. Anerkennungsverfahren für ausländische Hochschulzugangsberechtigungen und Auswahlverfahren von deutschen Hochschulen sind allerdings zeitaufwendig und wenig transparent. Deshalb sollten die Hochschulen prüfen, ob durch die Einführung von Studierfähigkeitstests (z. B. analog zum Scholastic Assessment Test in den USA) die derzeitigen Anerkennungs- und Vergleichbarkeitsprobleme gelöst und eine stärkere Auswahl nach Qualität und Leistung erreicht werden könnte (vgl. Stifterverband für die Deutsche Wissenschaft/McKinsey & Company 2015). Neben allgemeinen Studierfähigkeitstests existieren in Deutschland bereits geeignete fachspezifische Studierfähigkeitstests sowie der Test für ausländische Studierende (TestAS). Die Durchführung von Studierfähigkeitstests wird vom AKTIONSRAT**BILDUNG** nicht zuletzt auch deshalb empfohlen, weil zum jetzigen Zeitpunkt nicht absehbar ist, ob studieninteressierte Flüchtlinge – neben den formalen Studienvoraussetzungen – auch über die notwenige Studierfähigkeit verfügen, um in Deutschland ein Studium erfolgreich abschließen zu können.

Ausbau des Kursangebots „Deutsch als Fremdsprache" und „Deutsch als Zweitsprache". Die Unterrichtssprache an deutschen Hochschulen ist in den meisten Studiengängen Deutsch. Ausreichende Deutschkenntnisse (z. B. in Niedersachsen auf der Niveaustufe B 1 des Gemeinsamen Europäischen Referenzrahmens, in Hessen mindestens der Stufe B 2, gegebenenfalls C 1; vgl. Borgwardt/John-Ohnesorg/Zöllner 2015, S. 6ff.) sind für die Zulassung zum Studium nachzuweisen. Im Unterschied zu Asylsuchenden und Flüchtlingen verfügen viele Bildungsausländerinnen und Bildungsausländer an deutschen Hochschulen offenbar über gute oder sehr gute Deutschkenntnisse: 72 Prozent der Bachelorstudierenden, 54 Prozent der Masterstudierenden und 47 Prozent der Doktorierenden schätzen ihre Deutschkenntnisse als gut oder sehr gut ein. Die Verständigung in deutscher Sprache bereitet lediglich 26 Prozent der Bachelorstudierenden, jedoch 41 Prozent der Masterstudierenden und 46 Prozent der Doktorierenden große oder sehr große Schwierigkeiten (vgl. DAAD/DZHW 2015). Deutschkurse sind bei den Sprachenzentren der Hochschulen entsprechend stark nachgefragt. 42 Prozent der Bildungsausländerinnen und Bildungsausländer im Masterstudium haben Deutschkurse als Unterstützungsangebot in Anspruch genommen. Damit sind Deutschkurse das am häufigsten in Anspruch genommene Unterstützungsangebot überhaupt. Allerdings ist lediglich die Hälfte der Bildungsausländerinnen und Bildungsausländer im Masterstudium (53 Prozent), die an Deutschkursen teilgenommen haben, mit der Qualität dieser Kurse auch zufrieden oder sehr zufrieden (vgl. DAAD/DZHW 2015). Es wird empfohlen, die Anzahl der angebotenen Deutschkurse an den Hochschulen auf allen Niveaustufen bedarfsgerecht auszubauen und die Qualität der Kurse durch geeignete Maßnahmen zu sichern.

Asylsuchende und Flüchtlinge mit Deutschkenntnissen auf dem Niveau B 1 sollten weitere Deutschkurse als studienvorbereitende Maßnahme zum Beispiel in den (Landes-)Studienkollegs besuchen, um das Niveau C 1 zu erreichen. Asylbewerber und Flüchtlinge, die nicht über Deutschkenntnisse auf dem Niveau B 1 verfügen, sollten deutsche Sprachkenntnisse in einem Sprachkurs für die Niveaustufen A 1 und A 2 zum Beispiel bei interDaF e. V. am Herder-Institut der Universität Leipzig erwerben (vgl. Universität Leipzig 2015a). Die entsprechenden Angebote müssen ebenfalls bedarfsgerecht ausgebaut und ihre Qualität gesichert werden.

Entwicklung von Konzepten für die integrative Fachsprachenförderung. Neben deutschen Sprachkenntnissen stellt die Beherrschung der jeweiligen Fachsprache eine wichtige Voraussetzung für ein erfolgreiches Hochschulstudium dar. Studienbegleitende Fachsprachenförderung ist deshalb für Personen mit Migrationshintergrund unverzichtbar. Die Hochschulen sind aufgefordert, Konzepte für die integrative Fachsprachenförderung in den einzelnen Studienfächern zu entwickeln und zu erproben und hierfür existierende Förderprogramme zu nutzen (z. B. das Projekt „Miteinander – Stärkung fachspezifischer Sprachförderung in Theorie und Praxis“, vgl. Mercator-Institut für Sprachförderung und Deutsch als Zweitsprache 2014).

Weiterer Ausbau der Förder- und Stipendienangebote für ausländische Studierende. Ausländische Studierende haben häufig große Schwierigkeiten mit der Studienfinanzierung (vgl. Seite 213 in diesem Kapitel). Für Studien- und Lebenshaltungskosten wenden Studierende in Deutschland monatlich im Durchschnitt etwa 800 Euro auf. Viele Personen mit Migrationshintergrund sind für die Finanzierung eines Studiums auf Stipendien und andere Formen der Unterstützung angewiesen. Migrantinnen und Migranten wird empfohlen, die Broschüre „Förderung und Beratung für Zugewanderte in Studium, Abitur und Spracherwerb“ der Bildungsberatung Garantiefonds Hochschule (GF-H) zu konsultieren, die Förderangebote für Studierende und junge Akademikerinnen und Akademiker beschreibt (vgl. GF-H 2015; Onlineversion kostenfrei verfügbar). Die GF-H ist ein aus Mitteln des Bundesministeriums für Familie, Senioren, Frauen und Jugend (BMFSF) gefördertes Programm, das junge Zugewanderte bei der Aufnahme oder Fortsetzung einer akademischen Laufbahn berät. Sie hat bundesweit 21 Beratungsstellen (vgl. GF-H 2015).

Schaffung von ausreichend Wohnraum für ausländische Studierende. Viele ausländische Studierende berichten über große bis sehr große Schwierigkeiten bei der Zimmer- oder Wohnungssuche. Die Nachfrage der ausländischen Studierenden trifft auf einen in den Hochschulregionen bereits sehr angespannten Wohnungsmarkt (vgl. Gesellschaft für Beteiligungen und Immobilienentwicklungen AG 2015). Die Studentenwerke sind daher aufgefordert, zum Beispiel durch Public-Private-Partnership-Projekte neue Wohnheimplätze zu schaffen.

Zielgruppenspezifische Anpassung der Servicepakete der Studentenwerke. Die Studentenwerke übernehmen für deutsche und ausländische Studierende unverzichtbare Aufgaben. Sie stellen nicht nur Wohnheimplätze für ausländische Studierende zur Verfügung, sondern sie bieten u. a. auch psychologische Beratung an (vgl. Kapitel 1.5.3, 1.5.5). Im Jahr 2015 offerierten 29 Studentenwerke sogenannte Servicepakete für ausländische Studierende. Der Leistungsumfang der Servicepakete umfasst in der Regel Wohnraum, Verpflegung und Krankenversicherung und gelegentlich auch zusätzliche Angebote wie beispielsweise Kulturveranstaltungen, Exkursionen sowie Sport- und Sprachkurse. Die Servicepakete können vor Studienbeginn gebucht werden (vgl. Deutsches Studentenwerk 2015). Das kostenpflichtige Angebot der Studentenwerke sollte für die Gruppe der anerkannten und geduldeten Asylbewerberinnen und Asylbewerber und Flüchtlinge mit einer Hochschulzugangsberechtigung zielgruppenadäquat angepasst werden.

Ausbau der akademischen Auslandsämter an den Hochschulen. Neben der Zimmer-/Wohnungssuche haben ausländische Studierende oft Schwierigkeiten bei Behördengängen und organisatorischen Angelegenheiten (z. B. Banken, Versicherungen). Auch die Orientierung an der Hochschule und im Studiengang sowie die Kontaktaufnahme mit deutschen Studierenden bereiten ihnen große bis sehr große Schwierigkeiten (vgl. DAAD/DZHW 2015). Vor diesem Hintergrund sollten die Hochschulen die Beratungs- und Betreuungsangebote ihrer akademischen Auslandsämter (International Offices) sowie die entsprechenden Angebote der Fachstudienberatung bedarfsgerecht ausbauen.

Förderung der Integration von Studierenden mit Migrationshintergrund. Analysen zum Studienabbruch zeigen, dass eine gute soziale Integration die Studienerfolgswahrscheinlichkeit fördert. Im Rahmen des vom DAAD initiierten und vom BMBF finanzierten „Programms zur Förderung der Integration ausländischer Studierender (PROFIN)“ wurden zwischen 2009 und 2012 insgesamt 132 Initiativen von Hochschulen gefördert, die durch geeignete Maßnahmen sowohl im fachlichen Studium als auch im Alltag eine Willkommenskultur schaffen wollten. Zu den Zielgruppen gehörten neben ausländischen Studierenden auch ausdrücklich Bildungsinländerinnen und Bildungsinländer sowie deutsche Studierende mit Migrationshintergrund (vgl. DAAD 2012). Das PROFIN-Programm hat nachweislich Studienerfolg und Deutschlandbindung der teilnehmenden Studierenden verbessert und darüber hinaus zu einer interkulturellen Sensibilisierung und Qualifizierung von Studierenden und Lehrenden beigetragen (vgl. Gaus/Rech 2012). Für eine Verbreitung und Umsetzung der bewährten PROFIN-Konzepte sollten personelle und finanzielle Ressourcen bereitgestellt werden.

Entwicklung von innovativen Studienformaten. Für Migrantinnen und Migranten, deren ausländischer Studienabschluss auf dem deutschen Arbeitsmarkt nicht anerkannt wird oder die beruflich qualifiziert sind, jedoch über keine Hochschulzugangsberechtigung verfügen, sind innovative Studiengangskonzepte zu entwickeln und zu erproben. Entsprechende Qualifizierungsinitiativen werden durch den Bund-Länder-Wettbewerb „Aufstieg durch Bildung: offene Hochschulen“ seit 2008 gefördert (vgl. BMBF 2015). Im Verbundprojekt „Offene Hochschule Oberbayern (OHO)“ werden beispielsweise zielgruppengerechte Studienmodule, Bachelor- und Masterstudiengänge entwickelt, die berufsbegleitend studiert werden können (vgl. Fraunhofer/Lewin/Meidenbauer 2014). Entsprechende Förderprogramme wurden mit Matching Funds des Europäischen Sozialfonds auch auf Landesebene aufgelegt, z. B. das Förderprogramm „Auf- und Ausbau von Strukturen der wissenschaftlichen Weiterbildung an Hochschulen in Baden-Württemberg“ (vgl. ESF 2014).

In diesem Kontext müssen auch neue Lernformate wie beispielsweise Online-Plattformen für den Informationsaustausch oder Peer Learning entwickelt werden, um den spezifischen Bedürfnissen dieser heterogenen Zielgruppe gerecht zu werden.

Entwicklung einer Hochschuldidaktik für multikulturelle Studierendengruppen. In der hochschuldidaktischen Diskussion spielen Überlegungen zu einer spezifischen Didaktik für Studierende mit Migrationshintergrund bislang eine eher untergeordnete Rolle. Wie müssen Lehrveranstaltungen mit multikulturellen Studierendengruppen gestaltet werden, damit pädagogische Ziele wie Bildungsgerechtigkeit, individuelle Förderung, Inklusion, Studierfähigkeit, Abschlussorientierung und Beschäftigungsfähigkeit erreicht werden? Migrationsdidaktische Prinzipien lassen sich in der Praxis zum Beispiel mit Lehr-Lernmethoden wie Service Learning, Planspielen, Peer Learning, forschendem

Lernen, Projektarbeit und Kompetenzerfassung mittels E-Portfolio umsetzen (vgl. Heese/Rappenglück 2014, S. 164ff.; vgl. vbw 2015b).

Entwicklung von Perspektiven für Studienabbrecherinnen und Studienabbrecher. Angesichts der hohen Abbrecherquote unter den ausländischen Bachelorstudierenden müssen Methoden und Instrumente zur Früherkennung und Unterstützung von Studierenden mit hohem Abbruchrisiko entwickelt werden. Entsprechende Arbeiten werden zum Beispiel seit 2014 unter der wissenschaftlichen Leitung der Hochschule der Bundesagentur für Arbeit (HdBA) im Rahmen des PrevDrop-Projekts durchgeführt (vgl. Hochschule der Bundesagentur für Arbeit (HdBA) 2015). Darüber hinaus werden im Rahmen des PrevDrop-Projekts Studierende, die ihr Studium nicht abschließen können oder möchten, durch gezielte Studien- und Berufsberatung in eine berufliche Ausbildung begleitet.

Als Vorbild für derartige Projekte kann das SWITCH-Projekt der Stadt Aachen, der IHK Aachen und des Berufskollegs für Wirtschaft und Verwaltung Aachen empfohlen werden. In diesem Kooperationsprojekt erhalten Studienabbrecherinnen und Studienabbrecher die Chance, in einem sehr kurzen und finanziell überbrückbaren Zeitraum einen hochwertigen Berufsabschluss zu erwerben (vgl. Gronostaj 2015).

Nachqualifizierungsangebote für ausländische Akademikerinnen und Akademiker. Weil ausländische Studienabschlüsse auf dem deutschen Arbeitsmarkt häufig nicht anerkannt werden, müssen Wege gefunden werden, wie ausländische Akademikerinnen und Akademiker durch eine Kombination von Anerkennung der im Ausland erbrachten Studienleistungen und passgenauer Nachqualifizierung einen deutschen Studienabschluss in verkürzter Zeit erwerben können. Das Pilotprojekt ProSALAMANDER der Universitäten Duisburg-Essen und Regensburg, das von der Stiftung Mercator im Zeitraum von 2012 bis 2015 gefördert wurde, sollte von weiteren Hochschulen umgesetzt werden. Die Teilnehmenden am Projekt ProSALAMANDER erhalten nach drei Semestern den Bachelor- oder Masterabschluss einer deutschen Universität (vgl. Jacob/Hermann/Schmidt 2014). Im Ausland erworbene, vergleichbare Prüfungsleistungen werden auf den jeweiligen Studiengang angerechnet und es wird ein individuelles Studienprogramm mit unterschiedlichen fachlichen, sprachlichen und methodischen Lehrmodulen für die Teilnehmerinnen und Teilnehmer erstellt. Da es sich bei der betreffenden Zielgruppe vielfach um Personen mit familiären

Verpflichtungen ohne anderweitige Finanzierungsmöglichkeit handelt, werden die Teilnehmenden mit einem Stipendium ausgestattet.

Ermöglichung von Zusatzstudien für Akademikerinnen und Akademiker mit Flüchtlingsstatus. Akademikerinnen und Akademiker mit Flüchtlingsstatus haben trotz akademischer Abschlüsse häufig keine Chancen auf einen adäquaten Arbeitsplatz in Deutschland. Für Akademikerinnen und Akademiker mit Flüchtlingsstatus haben die Walter Blüchert Stiftung und die Deutsche Universitätsstiftung gemeinsam das Förderprogramm „hochform" entwickelt, das zum Wintersemester 2015/2016 gestartet ist. Das Programm richtet sich an MINT-Akademikerinnen und MINT-Akademiker mit Flüchtlingsstatus, die bereits über gute deutsche Sprachkenntnisse auf Niveaustufe C 1 verfügen. Die geförderten Personen erhalten für ihr Zusatzstudium in Deutschland ein persönliches Coaching durch einen fach- und studienortsnahen Hochschullehrer. Darüber hinaus werden ihnen Workshops, Karriereberatung und Kontakte zur Wirtschaft angeboten und sie erhalten Zuschüsse zu Literatur, Studienmaterialien und Studienreisen (vgl. Walter Blüchert Stiftung 2015a). Für die Entwicklung und Finanzierung ähnlicher Modellprogramme sollte sich der gesamte Stiftungssektor in Deutschland – wie es Gunter Thielen, der Vorstandsvorsitzende der Walter Blüchert Stiftung, zum Tag der Stiftungen am 01.10.2015 gefordert hat – zu einer Allianz zusammenschließen (vgl. Walter Blüchert Stiftung 2015b).

Verstärkte Nutzung sozialer Netzwerke. Stark belastend sind für viele Flüchtlinge in den ersten Monaten die fehlenden Rückzugsmöglichkeiten sowie die fehlende Beschäftigung in den Erstaufnahmeeinrichtungen. Ihnen wird empfohlen, soziale Netzwerke stärker zu nutzen, weil diese helfen können, Perspektiven für die Zukunft zu entwickeln. Beispielsweise können auf dem Portal www.Chance-for-Science.de – Social Network for refugees and local scientists, academics and students (vgl. Universität Leipzig 2015b) Beschäftigte im wissenschaftlichen und forschenden Bereich sowie Studierende, auch jene mit Fluchterfahrung, ihre Profile mit Angaben zur bisherigen Forschungstätigkeit hinterlegen. Über eine integrierte Nachrichtenfunktion besteht die Möglichkeit zur gegenseitigen Kontaktaufnahme. Da viele Flüchtlinge zumindest über Smartphones Internetzugang haben, ist das Portal auch für Mobilgeräte konzipiert. Derzeit wird das Portal auf Englisch und Deutsch angeboten. Darüber hinaus ist es mit der Initiative der Kiron University (vgl. Kiron University 2015) vernetzt – einer Online-Universität für geflüchtete Studierende (vgl. Bachmann/Horn 2015).

2.5 Berufliche Aus- und Weiterbildung und allgemeine Erwachsenenbildung

2.5.1 Berufliche Ausbildung

Junge Migranten und Flüchtlinge haben in der Regel höhere Bildungs- und Ausbildungsaspirationen und eine stärkere soziale Aufstiegsorientierung als deutsche Jugendliche mit vergleichbarem sozialem Hintergrund (vgl. Relikowski/Ylmaz/Blossfeld 2012; Schreyer/Bauer/Kohn 2015). Sie haben allerdings auch größere Schwierigkeiten, konkrete Bildungspläne zu entwickeln und diese umzusetzen, da sie und ihre Eltern zum einen das deutsche Bildungssystem häufig zu wenig kennen und deren Anforderungen unzureichend verstehen (vgl. Relikowski/Ylmaz/Blossfeld 2012). Zum anderen können sie trotz ihres Engagements bei der Suche nach einem Ausbildungsplatz sowie nach der Nutzung von Maßnahmen im Übergangssystem schwerer einen betrieblichen Ausbildungsplatz finden. So zeigte die Schulabgängerbefragung des BIBB (Bundesinstitut für Berufsbildung) von 2012, dass nicht einmal die Hälfte der Schulabgänger mit Migrationshintergrund, die sich für eine betriebliche Ausbildung interessieren, tatsächlich in eine solche Ausbildung einmünden (vgl. BIBB 2013, S. 201).

Zugang zur Ausbildung. Für Asylbewerber und ausreisepflichtige geduldete Ausländer gelten differenziertere Regeln für den Zugang zur beruflichen Ausbildung und zum Arbeitsmarkt. Bis vor kurzem war es aufgrund rechtlicher Bestimmungen für junge Flüchtlinge mit Aufenthaltsgestattung oder Duldung schwierig, eine Berufsausbildung zu beginnen. Die rechtliche Lage hat sich inzwischen aber geändert (vgl. Kapitel 1.2), da die Bundesregierung mit verschiedenen Gesetzesänderungen und Verordnungen klargemacht hat, dass eine Berufsausbildung und eine rasche Eingliederung in den Arbeitsmarkt auch für Jugendliche und junge Erwachsene mit unsicherem Aufenthaltsstatus in Deutschland erwünscht sind (vgl. Zoom 2014). Auch das im Januar 2016 von der Koalition vereinbarte Asylpaket II könnte dazu beitragen: Flüchtlinge, die eine Ausbildung in Deutschland begonnen haben, sollen eine Garantie dafür erhalten, diese auch beenden und danach zwei Jahre arbeiten zu können. Dies soll den Auszubildenden wie auch den ausbildenden Unternehmen Planungssicherheit geben. Das Alter, bis zu dem Flüchtlinge eine Ausbildung aufnehmen dürfen, soll von 21 auf 25 Jahre heraufgesetzt werden. Dies markiert einen Politikwechsel: weg vom Ausschluss hin zur Integration in den Ausbildungs- und Arbeitsmarkt (vgl. Schreyer/Bauer/Kohn 2015). Die praktischen Probleme bei der Umsetzung dieses Politikziels sind aber nicht unerheblich. So stellt sich zunächst die Frage, welche Unterstützung Migranten und Flüchtlinge erhalten, die als ältere Kinder oder Jugendliche nach Deutschland gekommen sind und in der Regel nicht genügend Zeit hatten, sich die Kenntnisse anzueignen, die für einen qualifizierten Schulabschluss erforderlich sind. Der qualifizierte Schulabschluss ist heute aber für die Absolvierung verschiedener Berufsausbildungen meist eine wesentliche Voraussetzung. Junge Flüchtlinge, die wegen Sprachschwierigkeiten oder Bildungsdefiziten Probleme haben, eine berufliche Ausbildung zu bewältigen, erhalten deswegen heute prinzipiell Hilfen in speziellen Kursen zum Erlernen der deutschen Sprache und beim Zugang zu berufsvorbereitenden Maßnahmen im Übergangssystem. Diese Kurse müssen vor dem Hintergrund der abrupt ansteigenden Zahl der Flüchtlinge aber rasch ausgebaut und stärker als bisher auf die unterschiedlichen individuellen Bedürfnisse von Flüchtlingen ausgerichtet werden.

Eine 2015 veröffentlichte Studie des Instituts für Arbeitsmarkt und Berufsforschung (IAB) zeigt, dass die schulische Bildung der Flüchtlinge zwar nur etwas geringer ist als bei anderen Ausländergruppen, die bereits in Deutschland sind, dass aber die berufliche Qualifikation dieser Flüchtlinge erheblich niedriger ist. Das liegt auch daran, dass in vielen Herkunftsländern der Flüchtlinge berufliche Erfahrungen weniger zertifiziert werden, als das in Deutschland der Fall ist. Angesichts des geringen Durchschnittsalters – die Mehrheit der Flüchtlinge ist jünger als 25 Jahre – besteht jedoch ein erhebliches Arbeitskräftepotenzial, das durch verstärkte Anstrengungen in Bildung und Ausbildung qualifiziert werden kann. Ein gutes Beispiel für eine konzertierte Aktion zur gezielten Förderung der Integration von Flüchtlingen in das Ausbildungssystem und den Arbeitsmarkt stellt eine neue Initiative im Freistaat Bayern dar. Dort haben die Staatsregierung, die vbw – Vereinigung der Bayerischen Wirtschaft e. V., die Handwerkskammer (HWK), die Industrie- und Handelskammer (IHK) sowie die Regionaldirektion Bayern der Bundesagentur für Arbeit bereits am 13.10.2015 die Initiative „Integration durch Ausbildung und Arbeit“ unterzeichnet. Passgenaue Bildungs- und Qualifikationsprojekte für Asylbewerber, anerkannte Asylbewerber und Geduldete mit guter Bleibeperspektive wurden in diesem Rahmen vereinbart und werden aktuell durchgeführt. Allein die vbw hat für diese Initiative rund 6,7 Millionen Euro bereitgestellt, um von der Kompetenzfeststellung über Berufsorientierung, Beschulung und Ausbildungsvorbereitung bis zur Eingliederung in den Arbeitsmarkt Projekte anzubieten. In anderen Bundesländern werden ähnliche Maßnahmen vorbereitet.

Integration in den Ausbildungs- und Arbeitsmarkt. In den vergangenen Jahren sind nach der neuen IAB-Studie (2015) die Erwerbsquoten der ausländischen Bevölkerung in Deutschland deutlich angestiegen und die Arbeitslosenraten permanent gesunken. Die jüngste schubartige Flüchtlingswelle wird aber in jedem Fall zu sinkenden Beschäftigungsquoten und steigender Arbeitslosigkeit der ausländischen Bevölkerung führen (IAB 2015a): „Erfahrungen der Vergangenheit zeigen, dass die Beschäftigungsquote von Flüchtlingen von unter zehn Prozent im Zuzugsjahr fünf Jahre nach dem Zuzug auf knapp 50 Prozent steigt" (vgl. IAB 2015a, S. 1). Zu fordern sind deswegen rechtliche Änderungen und unterstützende Maßnahmen, die eine möglichst rasche Integration der jungen Erwachsenen in den Arbeitsmarkt erlauben. So dürfen Asylbewerber zwar prinzipiell drei Monate nach ihrer Ankunft eine Arbeit aufnehmen, allerdings nur, wenn kein Deutscher oder EU-Bürger für den Job infrage kommt. Diese bürokratischen Prüfungen und Hürden sind für Arbeitgeber sehr aufwendig und müssten vom Staat noch pragmatischer gestaltet werden. Darüber hinaus sind weitere Anstrengungen und Initiativen auch von Seiten der Arbeitgeber in Form von speziellen Integrationsmaßnahmen, z. B. in Form von Praktika oder modularen, mit dem Staat und der Bundesagentur abgestimmten Förderketten für Flüchtlinge in den Betrieben für die Chance zur Integration in den Arbeitsmarkt, sehr hilfreich. Zu überlegen ist auch, ob man für bestimmte manuelle und theoretisch weniger anspruchsvolle Tätigkeitsprofile die Zeit der Berufsausbildung bis zur Erlangung eines ersten Zertifikats nicht generell verkürzt und derartige Ausbildungsberufe nicht bewusst bundesweit einführt. Die Schweiz kann dafür ein Beispiel sein, denn dort wird ein vergleichsweise großes Angebot von verkürzten (Ausbildungs-)Berufen mit geringem Anforderungsniveau zur Verfügung gestellt, die die Integrationschancen von leistungsschwachen Jugendlichen und Jugendlichen mit Sprachschwierigkeiten deutlich verbessern (vgl. Buchholz u. a. 2012).

Obwohl das Anerkennungsgesetz, das am 01.04.2012 in Kraft getreten ist, als ein wichtiger Schritt in die richtige Richtung zu werten ist (vgl. BMBF 2015), ist die Anerkennung von Bildungsabschlüssen für Jugendliche und Erwachsene, die ihre Bildungsvoraussetzungen und Arbeitsmarkterfahrungen nicht in Deutschland erworben haben und/oder über keine Dokumente verfügen, immer noch problematisch. Beispielsweise haben in einer von der Lawaetz-Stiftung im Jahr 2014 durchgeführten Befragung von Flüchtlingen rund 87 Prozent im Herkunftsland und/oder in Deutschland eine Schule besucht, gut 50 Prozent von ihnen neun bis zwölf Jahre lang. Über Zertifikate verfügten aber nur 30 Prozent dieser Flüchtlinge. In Bezug auf die Anerkennung von Zeugnissen gibt es im Zuge des neuen Anerkennungsgesetzes deswegen große Bemühungen, die Verfahren zu vereinfachen, aber in vielen Fällen ist die Anerkennung schulischer Vorleistungen gerade aus den derzeitigen Krisenländern und praktischer Vorerfahrungen noch immer ein komplizierter Prozess (vgl. Zoom 2014, S. 12). Positiv ist, dass diese Jugendlichen heute zumindest einen Zugang zum Übergangssystem erhalten.

Jugendliche und junge Erwachsene ohne sicheren Aufenthaltsstatus haben heute grundsätzlich einen Anspruch auf berufliche Bildung. „Jugendliche mit einer Duldung dürfen ohne Wahrung von Fristen eine betriebliche Berufsausbildung in einem staatlich anerkannten oder vergleichbaren Ausbildungsberuf machen. Jugendliche mit einer Aufenthaltsgestattung dürfen dies nach einer Frist, die aktuell neun Monate beträgt, aber gegenwärtig weiter verkürzt wird. Von Jugendlichen mit Duldung und mit Aufenthaltsgestattung muss für eine Berufsausbildung eine Arbeitserlaubnis der Ausländerbehörde eingeholt werden. Diese sollte jedoch im Regelfall ohne Probleme gewährt werden …" (vgl. Zoom 2014, S. 4). Obwohl der Staat heute von einer Abschiebung während der Ausbildungsphase absieht, besteht sowohl für die Jugendlichen mit Duldung und mit Aufenthaltsgestattung als auch für die Ausbildungsbetriebe, die diese Jugendlichen ausbilden, eine erhöhte Unsicherheit. Nach geltendem Recht (Stand: Februar 2016) ist ein Ausbildungsvertrag für diese Jugendlichen noch kein Garant dafür, zumindest bis zum Ausbildungsende beziehungsweise mit einem Arbeitsplatz darüber hinaus hier bleiben zu dürfen. Bildet ein Betrieb die Zielgruppe aus, dann auf „eigene Gefahr". Denn in Abhängigkeit von der Ausländerbehörde müssen Duldungen in der Regel alle drei bis sechs Monate, spätestens nach zwölf Monaten verlängert werden. Gemessen an der Dauer einer Ausbildung von drei Jahren, sind diese Zeitdauern zu kurz. Auch hier sieht das Asylpaket II einige Erleichterungen für die Auszubildenden mit Flüchtlingsstatus sowie für die auszubildenden Betriebe vor.

Für geduldete Jugendliche kommt prinzipiell auch eine Berufsausbildungsbeihilfe in Frage, die aber erst nach einer längeren Frist (von bisher vier Jahren Aufenthalt; eine Verkürzung auf 15 Monate ist vor kurzem vorgenommen worden) gegeben wird. „Im Rahmen einer behördeninternen Abstimmung prüfte die Zentrale Auslandsvermittlung (ZAV) der BA bis zum 30.6.2013 … die Höhe der Ausbildungsvergütung (von Geduldeten in einer dualen Ausbildung) sowie, ob es sich beim angestrebten Beruf um einen staatlich anerkannten oder vergleichbaren Ausbildungsberuf handelte. Die (heute) einzig verfügbaren bundesweiten Eckdaten basieren auf diesem Prüfschritt der BA. Sie weist für Januar 2009 bis Juni 2013 insgesamt 615 Anträge zu dualen Ausbildungen Geduldeter aus, denen die BA zu 90 Prozent zustimmte" (vgl. Schreyer/Bauer/Kohn 2015, S. 4). Die Zahl der jungen geduldeten Flüchtlinge war bis 2013 in absoluten Zahlen aber noch relativ niedrig. Diese Situation dürfte sich beim gegenwärtigen Flüchtlingszustrom durchaus rasch und massiv verändern.

Berufsschulpflicht. Flüchtlinge im berufsschulpflichtigen Alter sollen grundsätzlich auch eine Berufsschule besuchen, da sie häufig nicht die notwendigen Sprachkenntnisse besitzen, ansonsten ist eine Integration in den Ausbildungs- beziehungsweise Arbeitsmarkt nicht möglich. Aus diesem Grund müssen auch spezifische Unterrichtsangebote für diese Zielgruppe geschaffen werden. Grundsätzlich existiert in allen Bundesländern für alle Jugendlichen, also auch für junge Asylbewerberinnen und Asylbewerber, die Pflicht zum Besuch der Berufsschule, sobald die Schulpflicht endet. Bei Nichtbeachtung der (Berufs-) Schulpflicht können Jugendliche der (Berufs-)Schule auch zwangsweise zugeführt werden. Von der zwangsweisen (polizeilichen) Zuführung wird bei berufsschulpflichtigen Asylbewerbern aber in der Regel abgesehen (vgl. Kapitel 1.2.3).

In Baden-Württemberg kann die Berufsschule mit den Rechten und Pflichten eines Berufsschulpflichtigen auch freiwillig bis zum Ende des Schuljahres besucht werden, in dem das 20. Lebensjahr vollendet wird: Die Berufsschulpflicht beziehungsweise dieses Berufsschulrecht wird „durch Besuch spezieller Sprachförderklassen im Rahmen des Vorqualifizierungsjahres Arbeit/Beruf (VAB) – den VAB-Klassen mit Schwerpunkt Erwerb von Deutschkenntnissen (VABO) in Vollzeitform umgesetzt. Damit können auch volljährige Asylbewerber über den Besuch des VABO und anschließend eines regulären VAB Deutsch lernen und gegebenenfalls einen Hauptschulabschluss erwerben" (vgl. Schreyer/Bauer/Kohn 2015, S. 2). Die berufsschulischen Angebote für junge Flüchtlinge mit ungesichertem Aufenthalt sind in den Bundesländern aber noch immer sehr unterschiedlich organisiert und ausgebaut. In Bayern wurden zum Beispiel im Schuljahr 2014/2015 über 180 Klassen für berufsschulpflichtige Jugendliche mit unsicherem Aufenthaltsstatus angeboten. Die Zahl dieser Klassen ist im Jahr 2015 im Zuge des rasch anwachsenden Flüchtlingsstroms von Bayern noch einmal auf rund 480 Klassen kräftig erhöht worden. In diesen Klassen erwerben die Jugendlichen (Sprach-)Kompetenzen und können sich beruflich in Deutschland orientieren (vgl. Schreyer/Bauer/Kohn 2015, S. 2; Kapitel 1.2.3).

Daneben gibt es für Jugendliche und junge Erwachsene mit ungesichertem Aufenthaltstitel besondere Vorschriften bei der Wahl des Wohnortes und der regionalen Mobilität. Grundsätzlich dürfen geduldete Jugendliche oder Jugendliche mit Aufenthaltsgestattung ihren Wohnort nicht selbst wählen, sondern dieser wird ihnen von der Ausländerbehörde zugewiesen, was die Suche nach einem Ausbildungsbetrieb natürlich eingrenzt (vgl. Schreyer/Bauer/Kohn 2015). Es gibt aber die Möglichkeit, bei Aufnahme einer Ausbildung eine Ausnahmegenehmigung zu erhalten. Trotzdem ist davon auszugehen, dass diese Sonderbedingungen zu regional ungleichen Chancen führen und die Aufnahme einer beruflichen Ausbildung von Flüchtlingen erheblich erschweren (vgl. Mirbach/Triebl/Benning 2014). Erst wenn „Jugendliche eine qualifizierte Berufsausbildung erfolgreich abschließen und eine dieser Qualifikation entsprechende Beschäftigung ausüben wollen, können sie bei Passvorlage einen sicheren Aufenthaltsstatus erhalten (§ 18a AufenthG)“ (vgl. Zoom 2014, S. 7f.).

Merkmale der Ausbildungsplatzsuchenden. Die Berufsbildungsstatistik hebt hervor, dass die Ausbildungsanfängerquote ausländischer Jugendlicher in etwa nur halb so hoch ist wie die der deutschen Jugendlichen. Die Abstände zwischen den ausländischen und den deutschen Jugendlichen haben sich darüber hinaus in den letzten Jahren nicht wesentlich verändert. Wenn die Studien des BIBB aufzeigen, dass die Bereitschaft zur räumlichen Mobilität, das eigene Engagement, einen Beruf zu finden, oder die berufliche Flexibilität zwischen deutschen und ausländischen Jugendlichen in etwa gleich sind, aber es dennoch Chancenunterschiede gibt, ist zu fragen, woran dies liegt.

Der Berufsbildungsbericht 2013 zeigt deutlich, dass Ausbildungsplatzsuchende mit und ohne Migrationshintergrund große Gemeinsamkeiten aufweisen, aber doch auch einige Unterschiede. Zu den zentralen Befunden gehört, dass auch Migranten zwei bis fünf Ausbildungsberufe in Erwägung ziehen, wobei Migranten sich stärker auf die 20 beliebtesten Ausbildungsberufe konzentrieren. Auch sind Bewerber mit Migrationshintergrund im Bereich Waren- und Dienstleistungskaufleute und bei sonstigen Dienstleistungsberufen stärker repräsentiert, als dies bei den deutschen Jugendlichen der Fall ist. Seltener sind sie dagegen bei Fertigungsberufen beziehungsweise technischen oder landwirtschaftlichen Berufen zu finden. Die größte Abweichung betraf den besetzungsstärksten Beruf Kaufmann/Kauffrau im Einzelhandel: 31 Prozent der Bewerber mit Migrationshintergrund waren hier interessiert gegenüber nur 18 Prozent der Jugendlichen ohne Migrationshintergrund. Allerdings sind diese Befunde nicht hinreichend, die geringeren Chancen bei der beruflichen Einmündung von Personen mit Migrationshintergrund zu erklären.

Die ungünstigeren schulischen Voraussetzungen der Jugendlichen mit Migrationshintergrund reichen zur Erklärung der geringeren Berufsausbildungsaussichten und der geringeren Chance, einen betrieblichen Ausbildungsplatz zu erringen, offensichtlich nicht aus. Die Berufsbildungsforschung zeigt, dass Unternehmen bei der Rekrutierung von Auszubildenden sowohl kognitive (z. B. Noten) wie auch nonkognitive Fähigkeiten (z. B. Motivation, Ausdauer, sozial umgängliches Verhalten) berücksichtigen. Nonkognitive Fähigkeiten scheinen beim Einstieg in den Arbeitsmarkt und bei der Personalauswahl sogar präferiert zu werden (vgl. Protsch/Solga 2015), allerdings weiß man nicht, ob dies eher deutschen oder nicht deutschen Jugendlichen zugutekommt. In den BIBB-Forschungsberichten wird auch die Tatsache, dass Familien mit Migrationshintergrund in Westdeutschland häufiger als Familien ohne Migrationshintergrund in Regionen leben, die von einem geringeren betrieblichen Ausbildungsangebot geprägt sind, als Erklärung für die niedrigeren Einmündungschancen als nicht hinreichend angesehen.

Der Integrationsauftrag des deutschen Ausbildungssystems legt es jedenfalls nahe, dass die Ausbildungsabschlüsse für Ausländer zu den gleichen Arbeitsmarktchancen führen wie für Deutsche. Einige zurückliegende empirische Analysen weisen zumindest darauf hin, dass insbesondere türkische Ausbildungsabsolventen dennoch schlechtere Arbeitsmarktchancen haben. Die Autoren formulieren: „Dies spricht für einen ‚ethnisierten' Signalwert eines Ausbildungsabschlusses" (vgl. Seibert/Solga 2005, S. 364).

Der BIBB-Bericht (2013) spricht von strukturellen Benachteiligungen und geht darauf ein, dass jeder fünfte Betrieb angibt, aufgrund seiner wirtschaftlichen Tätigkeitsfelder und der spezifischen Kundenerwartungen Ausbildungsplätze bevorzugt an deutschstämmige Jugendliche zu vergeben. Es wird in den BIBB-Studien die Vermutung geäußert, dass die geringeren Chancen der türkischen und vor allen Dingen der Jugendlichen mit arabischer Herkunft auch auf betriebliche Selektionsprozesse zurückgeführt werden müssen. Bereits vor ca. zehn Jahren wurden mit Mikrozensusdaten die Arbeitsmarktchancen von Ausgebildeten und Ausbildungslosen verschiedener ethnischer Gruppen verglichen, um zu prüfen, ob ethnische Benachteiligungen durch Ausbildungsabschlüsse an Bedeutung verlieren. In einer aktuellen Studie des BIBB werden vier Studien kurz referiert, die sich in den letzten zwei Jahren mit den betrieblichen Auswahlprozessen beim Finden von Auszubildenden aus diskriminierungstheoretischer Perspektive auseinandersetzen. Im Ergebnis ist man vorsichtig, denn inwieweit es eine Diskriminierung von Migranten und Migrantinnen in diesen Auswahlverfahren tatsächlich gibt, sei empirisch noch nicht hinreichend geklärt. „Hier besteht noch ein erheblicher Forschungsbedarf, denn belastbare und für alle Ausbildungsbetriebe repräsentative Ergebnisse liegen hierzu bisher nicht vor … Gleichzeitig ist es aber auch erforderlich, die Studien zu den Übergängen in betriebliche Ausbildung, die auf Befragungen von Jugendlichen mit und ohne Migrationshintergrund basieren, fortzuführen und zu vertiefen … Darüber hinaus sollte aber auch versucht werden, die Ressourcenausstattung der Jugendlichen noch umfassender in die Analysen zum Übergang in Berufsausbildung einzubeziehen. Hier bieten die Daten des Nationalen Bildungspanels viel versprechende Möglichkeiten, die es z. B. zulassen, über die formalen schulischen Voraussetzungen der Jugendlichen hinaus auch die durch Kompetenztests ermittelten sprachlichen und mathematischen Fähigkeiten zu berücksichtigen" (Beicht 2015, S. 62).

Diese Hinweise müssen für Flüchtlinge (noch) nicht verifiziert werden, müssen aber als frühe Warnung für mögliche künftige berufliche Einmündungsprobleme im Blick behalten werden.

Der erfolgreiche Übergang von Jugendlichen und jungen Erwachsenen in eine duale Ausbildung und die Integration in den ersten Arbeitsmarkt sind das Ziel des neuen Projektes „Perspektive Beruf für Asylbewerber und Flüchtlinge" ab Herbst 2015 der Stiftung Bildungspakt Bayern, des bayerischen Bildungsministeriums und der vbw. Das Gesamtprojekt besteht aus zwei Bausteinen: Jugendliche Flüchtlinge werden über zwei Jahre auf das Berufsleben vorbereitet (Vorklasse zum Berufsintegrationsjahr und anschließendes Berufsintegrationsjahr). Im ersten Jahr erhalten sie eine intensive sprachliche Förderung, im zweiten Jahr findet eine zusätzliche Berufsvorbereitung statt. Jugendliche, die nach diesen beiden Jahren noch keine Ausbildungsreife erlangt beziehungsweise keinen Platz für eine Einstiegsqualifizierung oder eine Ausbildung gefunden haben, werden u. a. im beruflichen Übergangsjahr ein weiteres Jahr lang unterstützt beziehungsweise auf eine Ausbildung vorbereitet.

2.5.2 Übergangssystem

Auch der Nationale Bildungsbericht 2014 (vgl. Autorengruppe Bildungsberichterstattung 2014, S. 100) kommt zu dem Ergebnis, dass ausländische Jugendliche beim Zugang zur Berufsausbildung benachteiligt sind. Mündet beispielsweise bei den deutschen Neuzugängen in der beruflichen Bildung jeder vierte ins Übergangssystem, so ist es bei den Ausländern fast die Hälfte. Bei den unteren Schulabschlusskategorien steigen bei den ausländischen Jugendlichen die Einmündungsquoten im Übergangssystem auf beinahe 85 Prozent bei den Neuzugängen ohne Hauptschulabschluss und fast drei Fünftel mit Hauptschulabschluss. Auch jene Migranten mit mittlerem Abschluss sehen sich sehr viel häufiger in der beruflichen Bildung auf das Übergangssystem verwiesen.

Im Übergangssystem wird eine berufliche Grundbildung vermittelt, die noch nicht Bestandteil einer vollqualifizierenden Ausbildung ist, sich aber häufig für die Teilnehmer als Sackgasse herausstellt. Für Migranten und Flüchtlinge wirkt das Übergangssystem in der Praxis deswegen häufig wie eine Warteschleife, die nicht in eine qualifizierte Berufsausbildung führt.

Allerdings gibt es in jüngster Zeit über die evaluierten Angebote des bestehenden Übergangssystems hinaus zahlreiche weitere Anregungen, Konzepte und Positionen zur Verbesserung der Situation von jungen Flüchtlingen. Gefordert wird beispielsweise:

- die schnelle und umfassende Öffnung der assistierten Ausbildung und anderer ausbildungsbegleitender Hilfen,
- die Bereitstellung von mehr Geldern zur Sprachförderung und für Integrationskurse sowie die Öffnung des Zugangs zu diesen berufsbezogenen Sprach- und Integrationskursen für Asylsuchende mit einer hohen Bleibewahrscheinlichkeit und Geduldete mit Arbeitsmarktzugang,
- die sprachliche Anpassung bei Abschlussprüfungen (einfache Sprache bei Aufgabenstellungen),
- die Etablierung einer echten Willkommenskultur (u. a. dauerhafte Hilfen durch Sprachkurse und ausbildungsbegleitende Hilfen) mit dem Ziel, den Regelunterricht in der Berufsschule zu bewältigen.

Zudem wird überlegt, ob stark praxisbezogene, aber zeitlich kürzere Ausbildungsgänge, die eine Teilqualifizierung ermöglichen, arbeitsmarktpolitisch bestimmten Gruppen eine echte Chance der Integration eröffnen, die keineswegs in beruflichen Sackgassen und Arbeitslosigkeit endet.

Man wird sagen können, dass Flüchtlinge zwar noch zahlreichen Ausgrenzungsmechanismen ausgesetzt sind, dass aber europäische Initiativen zur Verbesserung der Beschäftigungsbeteiligung, Förderprogramme des Bundes, Initiativen auf Länderebene, der Wirtschaft und der Kommunen neue Perspektiven schaffen, die die Integration durch Ausbildung und Weiterbildung fördern (vgl. Gag/

Voges 2014). Die neue Debatte zu inklusiven Konzepten in der Berufsausbildung unterstreicht diese Bemühungen. Die inklusiven Konzepte der beruflichen Integrationskurse haben letztlich das Ziel, dass junge Menschen eine geregelte berufliche Ausbildung abschließen.

2.5.3 Weiterbildung und allgemeine Erwachsenenbildung

In der Weiterbildungsforschung wird eine stärkere Differenzierung der Analyse des Weiterbildungsverhaltens unter Berücksichtigung des Migrationshintergrunds gefordert. Es kommen seit Jahrzehnten Menschen als Arbeitsmigranten, Familienangehörige, Spätaussiedler, Asylbewerber oder Flüchtlinge nach Deutschland. Angesichts der zunehmenden Internationalisierung von Märkten, demografischer Entwicklungen in Deutschland und globaler Krisen ist davon auszugehen, dass die Gruppe der Erwachsenen mit Migrationshintergrund weiter an Bedeutung gewinnen wird.

Weiterbildungsteilnahme. Bezieht man sich auf den Mikrozensus, nehmen insgesamt nur knapp 15 Prozent der Fünfzehn- bis unter Sechsundsechzigjährigen in Deutschland überhaupt an Weiterbildung teil. Insgesamt ist die Weiterbildungsteilnahme von Migrantinnen und Migranten noch weitaus geringer als jene von Personen ohne Migrationshintergrund: Im Jahr 2012 nahmen 17 Prozent der Personen ohne Migrationshintergrund an Weiterbildung teil, während dies nur neun Prozent derjenigen mit Migrationshintergrund waren. Im Adult Education Survey (vgl. BMBF 2014) werden die Achtzehn- bis Vierundsechzigjährigen u. a. differenziert nach Deutschen und Ausländern ausgewertet, allerdings ergeben sich aufgrund eines erweiterten Verständnisses von Weiterbildungsaktivitäten (Kurse und Lehrgänge, kurzzeitige Bildungs- und Weiterbildungsveranstaltungen, inkl. Vorträge, Schulungen oder Workshops, Schulungen am Arbeitsplatz, private nicht berufsbezogene Weiterbildung in der Freizeit) insgesamt höhere Beteiligungsquoten. Jedoch zeigt sich auch im AES (Adult Education Survey) – ein Baustein im komparativen europäischen statistischen System –, dass im Jahr 2014 Ausländer (32 Prozent) weniger an Weiterbildung teilnahmen als deutsche Staatsbürger (53 Prozent). Dieser Trend zeichnet sich seit dem Berichtssystem Weiterbildung von 1979 ab und wird dadurch verstärkt, dass Deutsche ihre Weiterbildungsteilnahme von 45 Prozent im Jahr 2007 auf 53 Prozent im Jahr 2014 erheblich steigerten, während die Weiterbildungsaktivitäten der Ausländer im gleichen Zeitraum bei 32 Prozent stagnierten (vgl. BMBF 2014, S. 38).

In der beruflichen Weiterbildung sind Personen mit Migrationshintergrund ebenfalls weit unterrepräsentiert (vgl. BMBF 2014, S. 38; Autorengruppe Bildungsberichterstattung 2014, S. 145). Dennoch spielt die berufliche Weiterbildung und insbesondere die betriebliche Weiterbildung bei Migranten (20 Prozent) eine große Rolle und nur ein kleinerer Anteil bezieht sich auf die allgemeine nicht berufsbezogene Weiterbildung (elf Prozent). Ein weiterer ebenfalls kleiner Anteil besucht sowohl Veranstaltungen der beruflichen wie auch der allgemeinen Weiterbildung. Die Weiterbildungsteilnahme von Migranten differiert allerdings erheblich zwischen den verschiedenen Migrantengruppen (vgl. Barz u. a. 2015).

Nach soziodemografischen Aspekten ist die Weiterbildungsteilnahme von den gleichen Einflussfaktoren geprägt, wie dies bei Personen ohne Migrationshintergrund der Fall ist (insbesondere Schulabschluss, Erwerbstätigkeit und Alter). Es wirkt sich also sehr stark der Schulabschluss aus: je höher der Bildungsabschluss, desto größer die Weiterbildungsteilnahme (vgl. Blossfeld u. a. 2014; Tippelt u. a. 2009). Starke Unterschiede zeigen sich zwischen den zugewanderten Generationen nach dem Alter. Bei Zugewanderten ohne eigene Mobilitätserfahrung ergibt sich ein deutlicher Anstieg der Teilnahme von der jüngeren zur älteren Altersgruppe (vier Prozent zu 16 Prozent). Dies ist vor allen Dingen durch die höhere Teilnahme der Älteren an beruflicher Weiterbildung bedingt. Bei den Zugewanderten mit eigener Migrationserfahrung ist das Gefälle gerade umgekehrt (vgl. Öztürk 2014), denn die jüngeren Altersgruppen (15 bis unter 45 Jahre) nehmen dann deutlich häufiger an Weiterbildung teil als die ältere Gruppe (der über Sechsundvierzigjährigen).

Es gibt starke Differenzen in der berufsbezogenen und allgemeinen Weiterbildungsteilnahme nach Herkunftsregionen. Die stärkste Teilnahme haben Zugewanderte aus Westeuropa (sonstige EU-15-Staaten), gefolgt von den neuen EU-Mitgliedsstaaten (baltische Staaten, Slowenien, Slowakei, Tschechien, Ungarn). Erst dann kommt quantitativ die Weiterbildungsteilnahme der Rumänen und Bulgaren. Die deutlich geringste Teilnahmequote haben Personen aus der Türkei und aus dem ehemaligen Jugoslawien (vgl. Öztürk/Reiter 2015).

Erwerb von Kompetenzen. Wichtig sind allerdings nicht nur die Weiterbildungsaktivitäten und die Teilnahme, sondern auch die tatsächlichen Kompetenzen, die Bevölkerungsgruppen erworben haben. Die derzeit aktuellste Studie zur Erfassung von Kompetenzen in der erwachsenen Bevölkerung ist das Programme for the International Assessment of Adult Competencies (PIAAC), das auch Migranten berücksichtigte. An Erkenntnisse aus PISA anknüpfend, werden bei

PIAAC drei Kompetenzdomänen erfasst: Lesekompetenz, alltagsmathematische Kompetenz und technologiebasierte Problemlösekompetenz. Die OECD definiert diese Kompetenzen wie folgt:
„Literacy is defined as the ability to understand, evaluate, use and engage with written texts to participate in society, to achieve one's goals, and to develop one's knowledge and potential ... Numeracy is defined as the ability to access, use, interpret and communicate mathematical information and ideas in order to engage in and manage the mathematical demands of a range of situations in adult life ... Problem solving in technology-rich environments is defined as the ability to use digital technology, communication tools and networks to acquire and evaluate information, communicate with others and perform practical tasks" (vgl. OECD 2013a, S. 59).

Diese Kompetenzen gelten als kognitive Grundkompetenzen, welche die Voraussetzung für den Erwerb weiterer Kompetenzen bilden und damit gesellschaftliche Teilhabe ermöglichen. Der Zusammenhang von Kompetenzen und Arbeitsmarkt ist dabei einer der entscheidenden Aspekte von PIAAC (vgl. Rammstedt/Zabal 2013, S. 26). Zusätzlich sollten Unterschiede zwischen Bevölkerungsgruppen eines Landes Aufschluss über soziale Ungleichheit geben und Hinweise zur Verbesserung der beruflichen und sozialen Mobilität liefern (vgl. OECD 2013a).

Zu den internationalen Vorgaben hinsichtlich der Stichprobe zählen: ein Stichprobenumfang von mind. 5.000 Befragten, Altersumfang 16 bis 65 Jahre und wohnhaft in Privathaushalten. Die Stichprobe in Deutschland wurde als Einwohnermeldeamtsstichprobe gezogen und die Erhebung erfolgte als persönliches Interview (Hintergrundfragebogen) mit festgelegten standardisierten Fragen, wobei die Möglichkeit bestand, einzelne länderspezifische Fragen zu ergänzen (in Deutschland z. B. beim Schul- und Berufsabschluss oder die Staatsangehörigkeit). Ebenfalls einheitlich vorgegeben war die Kompetenzmessung im Lesen und in der Alltagsmathematik, während der Testteil zum technologiebasierten Problemlösen für die beteiligten Länder optional war. Die Bearbeitung der Kompetenztestaufgaben (ca. 45 Minuten) wurde überwiegend am Computer durchgeführt (81 Prozent in Deutschland). Hatte die Befragte/der Befragte keine Computererfahrung (acht Prozent) oder verweigerte die Verwendung des Computers (sechs Prozent) oder konnte nicht ausreichend mit der Steuerung umgehen (vier Prozent), so erhielt er/sie die papierbasierte Kompetenzmessungsversion, dann allerdings ohne die Aufgaben zum technologiebasierten Problemlösen (vgl. Martin u. a. 2013). Insgesamt wurden für PIAAC rund 166.000 Erwachsene in 24 Ländern befragt. Diese Daten wurden von der OECD gemeinsam und im internationalen Vergleich ausgewertet. In Deutschland wurden 5.465 Interviews realisiert. Dies entspricht einer Ausschöpfung von 55 Prozent und ist repräsentativ für Deutschland.

Es ist wichtig hervorzuheben, dass große Differenzen nicht nur zwischen den Ländern, sondern auch innerhalb eines einzelnen Landes bestehen. Einen großen Einfluss hat die formale Bildung, denn je höher die formale Bildung, desto höher auch die Kompetenzwerte. Zwischen Personen mit Mittelschulabschluss und Personen mit Hochschulabschluss liegen in Deutschland rund 75 Punkte und damit über eine Kompetenzstufe. Insbesondere Personen ohne Schulabschluss oder nur mit einem Mittelschulabschluss erreichen sehr niedrige Kompetenzwerte. Über 90 Prozent liegen auf Stufe II und darunter (vgl. Zabal u. a. 2013). In den PIAAC-Ergebnissen zeichnet sich ein Effekt der sozialen Vererbung von Kompetenzen ab. Zuwanderer haben in den meisten Ländern niedrigere Kompetenzen als Muttersprachler. Interessant ist, dass es kaum Unterschiede hinsichtlich der Aufenthaltsdauer im Aufnahmeland gibt. Die OECD zieht den Schluss, dass die Länder mit großen Unterschieden wohl unzureichende Maßnahmen bereitstellen, um Migrantinnen und Migranten (sprachlich) besser zu integrieren. Besonders Personen mit geringen Kompetenzen benötigen Weiterbildungsangebote, um vor dem Verlust des Arbeitsplatzes geschützt zu sein (vgl. OECD 2013b).
Bei den PIAAC-Kompetenzmessungen in Deutschland haben Personen mit Migrationshintergrund bei gleichzeitiger Erwerbslosigkeit ein besonders niedriges Kompetenzniveau beim Lesen und in der Mathematik. Auch hier wirkt sich die schulische Bildung der Migranten als weiterer Einflussfaktor bei der Kompetenzentwicklung aus. Personen mit Migrationshintergrund haben bei beiden Kompetenzdimensionen, also alltagsmathematischer Kompetenz und Lesekompetenz, 19 Kompetenzpunkte weniger als Personen ohne Migrationshintergrund. Auch sind die Altersdifferenzen bei Migrantengruppen stärker ausgeprägt als bei Personen ohne Migrationshintergrund – die Jüngeren haben bessere Kompetenzwerte (vgl. Arbeitsgruppe Bildungsberichterstattung 2014, S. 146f.; Maehler/Massing/Rammstedt 2014).

Weiterbildungsangebote: Sprach- und Integrationskurse. Eine große Bedeutung für Migranten und Flüchtlinge haben selbstverständlich Sprach- und Integrationskurse. 2012 nahmen etwa 94.000 Personen an einem Integrationskurs teil. Die Hälfte der Teilnehmenden waren Altzuwandernde, EU-Bürgerinnen, EU-Bürger und Deutsche ohne Teilnahmeverpflichtung; 36 Prozent waren Neuzuwandernde (wobei vier Fünftel dazu verpflichtet waren) und weitere 15 Prozent

waren als Beziehende von Transferleistungen (ALG II) gehalten, an solchen Kursen teilzunehmen. Etwa ein Viertel der befragten Weiterbildungseinrichtungen (WB-Monitor) hat 2011 Integrationskurse für Migrantinnen und Migranten angeboten. Neben den Volkshochschulen sind auch gemeinnützige private Einrichtungen sowie Weiterbildungsorganisationen von Kirchen und Verbänden stark aktiv, dagegen sind betriebliche, kommerzielle und wirtschaftsnahe Einrichtungen wie auch berufliche Schulen und Hochschulen bei Integrationskursen bislang weniger sichtbar.
Konzentriert man sich auf die Teilnehmerinnen und Teilnehmer der Integrationskurse (vgl. nach der Integrationskursstatistik BAMF 2015c), so ergibt sich bei den Anbietern ein ähnliches, bei den Teilnehmenden aber ein anderes Bild und es kommt seit dem Jahr 2014 zu deutlichen Verschiebungen: Die Teilnehmenden kommen jetzt am häufigsten aus Polen, der Türkei, Rumänien und stark ansteigend aus Syrien. Blickt man auf die Bundesländer, sind die meisten neuen Kursteilnehmer (2014) – mit erheblichem Abstand zu den anderen Ländern – in Nordrhein-Westfalen (15,9 Prozent), Bayern (13 Prozent) und Baden-Württemberg (zehn Prozent) zu verzeichnen.

Die Kurse und die Kursbelegungen an Volkshochschulen im Fachgebiet Deutsch als Fremdsprache stiegen vom Jahr 2000 bis in das Jahr 2011 sehr stark an, denn man kann sagen, dass sich in dieser Zeit sowohl die Kursanzahl als auch die Kursbelegungen verdoppelten. Auch aktuell (2014) – wie die Integrationskursstatistik (BAMF 2015c) zeigt – sind die Volkshochschulen die größten Anbieter der Sprach- und Integrationskurse (38,3 Prozent), gefolgt u. a. von Sprach- und Fachschulen (21,2 Prozent), Bildungswerken (neun Prozent) und Initiativgruppen (7,6 Prozent).

Bei der Weiterbildungsanalyse von Personen mit Migrationshintergrund sind die Einwanderung und die Abwanderung zu berücksichtigen. Den stärksten Einwanderungsüberschuss haben in den letzten Jahren die Länder Polen, Rumänien, Italien, Ungarn, Spanien, Bulgarien und Griechenland, eine besondere Stellung nimmt Syrien ein. Der starke Zuwachs an Sprachkursen und Integrationskursen ist also dem deutlichen Zuwachs an Einwandernden geschuldet (Migrantinnen und Migranten insgesamt 450.000, vgl. Migrationsbericht 2013; BMBF 2015; BAMF 2015c).

Berufsfachliche Weiterbildungsangebote für Migrantinnen und Migranten sind dagegen wenig stark ausdifferenziert. Allerdings muss man festhalten, dass man hierzu keinen kompletten Überblick hat, weil insbesondere jene Veranstaltungen, die Personen mit Migrationshintergrund möglicherweise in der betrieblichen Weiterbildung belegen, ohne dass dies explizit für Migrantinnen und Migranten ausgeschrieben wäre, statistisch nicht präzise erfasst sind. Auch die Teilnahme von Flüchtlingen an berufsfachlicher Weiterbildung wird erst künftig genauer dargestellt werden können. Allerdings lässt sich sagen, dass die zuständigen Ministerien und die einschlägigen berufsbildenden Einrichtungen, die Weiterbildungseinrichtungen und -abteilungen das Problem erkannt haben und aktuell neue integrierende Angebote konzipieren und bereits realisieren. Beispiele hierfür sind:

- Für „Asylsuchende und Geduldete" werden von der Bundesvereinigung der deutschen Arbeitgeberverbände (BDA) vor dem Hintergrund wachsender Fachkräfteengpässe neue Bildungsmaßnahmen zur Förderung des Spracherwerbs, der sozialen Integration, des effektiven Arbeitsmarktzugangs, der Beratung und Vermittlung, des schnelleren Zugangs zu den Förderinstrumenten der Berufsausbildung und generell der Beschleunigung der Asylverfahren gefordert (vgl. BDA 2015).
- Die Münchner Volkshochschule, als Deutschlands größter kommunaler Weiterbildungsanbieter, widmet ihr Schwerpunktthema (2015/2016) der Flüchtlingsthematik.
- Das Projekt AMIGA der Stadt München zeigt, wie gerade akademisch Gebildete durch Förderung, Fortbildung und Beratung für Selfemployment ihre Integrationschancen erweitern (vgl. Stadt München 2015).

Aktuelle Analysen, die auf der Grundlage des SOEP durchgeführt wurden, weisen auf die Notwendigkeit einer zunehmend weiteren Differenzierung des Migrationshintergrunds hin. So zeigte sich in der Vergangenheit, dass Personen der zweiten Zuwanderergeneration im Zugang zu berufsbezogener Weiterbildung gegenüber der ersten Zuwanderergeneration deutlich bessergestellt sind. Eingebürgerte der zweiten Generation scheinen sich in ihrem Weiterbildungsverhalten dem der Deutschen anzunähern (vgl. Öztürk/Reiter 2015, S. 32). Es ist nochmals hervorzuheben, dass türkischstämmige Personen eine geringere Beteiligung an beruflicher Weiterbildung aufweisen als die Gruppe der EU-Bürgerinnen und EU-Bürger. Zu warnen ist dennoch vor der Stigmatisierung von Personen mit Migrationshintergrund pauschal als Problemgruppe. Vielmehr kommt es darauf an, die Ursachen der ungleichen Teilhabe näher zu analysieren.

2.5.4 Handlungsempfehlungen

Die Bildungs- und Ausbildungsvoraussetzungen der Personen mit Migrationshintergrund und der Flüchtlinge umfassen eine große Spannbreite und stellen eine große Herausforderung für das berufliche Ausbildungs- und Weiterbildungssystem dar. Wegen der Sprachschwierigkeiten und der kulturellen Unterschiede müssen für die Jugendlichen und Erwachsenen in der Regel an erster Stelle individuell abgestimmte Sprachförderungsprogramme und Programme zur Förderung der interkulturellen Kompetenz stehen, damit zunächst einmal die Bildungsvoraussetzungen so weit wie möglich hergestellt werden.

Handlungsempfehlungen im Bereich berufliche Ausbildung. Für all jene Jugendlichen und jungen Erwachsenen, denen nach Beendigung der Vollzeitschulpflicht die Integration in den Ausbildungs- und Arbeitsmarkt nicht gelingt, sollte flächendeckend in allen Ländern die Ausweitung der Berufsschulpflicht ab dem 16. bis zum 21. Lebensjahr greifen. Dadurch erhalten insbesondere auch junge Flüchtlinge die Möglichkeit, eine adäquate ausbildungsvorbereitende Qualifizierung an den Berufsschulen zu erwerben beziehungsweise die Grundlage für den Übertritt in eine Einstiegsqualifizierung oder Ausbildung zu schaffen. So können Sprachkenntnisse, fachliche Qualifizierung und Berufsorientierung in Berufsintegrationsklassen in einem zweijährigen Vollzeitmodell erworben beziehungsweise vermittelt werden, wie es zum Beispiel in Bayern bereits der Fall ist.
Ein Hauptproblem bezüglich der beruflichen Erstausbildung ist es, die Bildungspotenziale der Personen mit Migrationshintergrund und der Flüchtlinge schnell festzustellen, um darauf aufbauend individualisierte berufsvorbereitende Maßnahmen im Übergangssystem oder spezifische Berufsausbildungen anzuschließen. Diese Programme müssen insbesondere vor dem Hintergrund der abrupt ansteigenden Zahl der Flüchtlinge rasch ausgebaut werden. Geeignete Verfahren der Kompetenz- und fachlichen Qualifikationsmessung sind in diesem Zusammenhang fortzuentwickeln.
Die Anerkennung von Bildungsabschlüssen von Jugendlichen und Erwachsenen, die ihre Bildungsvoraussetzungen und Arbeitsmarkterfahrungen nicht in Deutschland erworben haben, ist immer noch problematisch. In Bezug auf die Anerkennung von Zeugnissen gibt es im Zuge des neuen Anerkennungsgesetzes zwar große Bemühungen, die Verfahren müssen aber weiter vereinfacht werden. In vielen Fällen ist die Anerkennung schulischer Vorleistungen und praktischer Vorerfahrungen noch immer ein komplizierter Prozess. Nachgewiesene Qualifikationen und berufliche Erfahrungen sollten in Deutschland zertifiziert werden.

Für bestimmte manuelle und theoretisch weniger anspruchsvolle Berufsausbildungen sollte die Zeit der Berufsausbildung bis zur Erlangung eines ersten Zertifikats verkürzt werden. Das Beispiel der Schweiz zeigt, dass ein Angebot von Ausbildungsberufen mit geringem Anforderungsniveau und verkürzten Ausbildungszeiten die Chancen von Flüchtlingen zur Integration in den Arbeitsmarkt deutlich erhöht.

Rechtliche und administrative Regelungen, die eine möglichst rasche Integration der jungen Flüchtlinge in den Ausbildungs- und Arbeitsmarkt behindern, müssen rasch an die neue Lage angepasst werden. Dazu zählen z. B. der Abbau von Regelungen für den Zugang für Flüchtlinge zum regulären Arbeitsmarkt, die bürokratischen Prüfungen und Hürden für Arbeitgeber, die eine Einstellung und Ausbildung von Flüchtlingen be- oder verhindern, oder die Schaffung von rechtlichen Möglichkeiten zur Förderung von Initiativen von Seiten der Arbeitgeber wie die Schaffung anerkannter Praktika, die Einführung von „Brückenjahren", neue Systeme der Begleitung von Flüchtlingen oder die Schaffung von arbeitsmarktrelevanten Zertifikaten mit modularem Aufbau oder verkürzten beruflichen Ausbildungszeiten.

Notwendig für die Integration in die Ausbildung und in den Arbeitsmarkt sind eine noch stärkere Differenzierung nach dem spezifischen Migrationshintergrund, die Berücksichtigung divergenter Lebenserfahrungen, Lebenslagen und Lebensentwürfe und die weitere Entwicklung diversitätsorientierter Analysekonzepte. Es ist zwar richtig, dass die geringere berufliche Ausbildungs- und Weiterbildungsteilnahme auf geringe formale Bildung, auf niedrige berufliche Stellung und auf fehlende Deutschkenntnisse zurückzuführen ist; dieser Hinweis auf Weiterbildungsbarrieren ist allerdings nicht hinreichend.

Junge Migrantinnen und Migranten sowie Flüchtlinge haben oft größere Schwierigkeiten, konkrete Bildungspläne zu entwickeln und diese umzusetzen, da sie und ihre Eltern zum einen das deutsche Bildungssystem zu wenig kennen und deren Anforderungen unzureichend verstehen. Es muss deswegen besser als bisher dafür gesorgt werden, dass die Personen mit Migrationshintergrund und Flüchtlinge über die Struktur des deutschen Schul- und Ausbildungssystems sowie die Fort- und Weiterbildungsmöglichkeiten individuell besser aufgeklärt werden. Es lassen sich auch strukturelle Hemmnisse auf verschiedenen Ebenen verorten: So wird auch der arbeitsmarktstrukturelle Einfluss relevant, denn in der Aus- und Weiterbildung sind jene Personen benachteiligt, die auf die sogenannten „Jedermannsarbeitsmärkte" angewiesen sind, die kaum mit monetären oder nichtmonetären Anreizen zur Aus- und Weiterbildung verbunden sind. Das trifft vor allen Dingen auf die erste Zuwanderergeneration zu. Vor allem bildungsferne Migrantinnen und Migranten sollten deswegen nachdrücklich auf

Bildungs- und Ausbildungschancen aufmerksam gemacht werden. Individuelle Beratung und Betreuung durch Buddy-Programme sollten für Bildungswillige vorgenommen werden.
Die beruflichen Bildungseinrichtungen und die ausbildenden Unternehmen sollten vor dem Hintergrund des anhaltend großen Zustroms von Flüchtlingen unbedingt mit zusätzlichen finanziellen Mitteln für die erforderlichen Fördermaßnahmen ausgestattet werden. Es sind dabei alle ausbildungsbegleitenden Hilfen für junge Menschen mit Fluchthintergrund konsequent zu öffnen und auch zu nutzen, wie beispielsweise die assistierte Ausbildung. Die Vorbereitungsmaßnahmen an den Berufsschulen (z. B. Integrationsklassen) sind bedarfsgerecht auszubauen.

Handlungsempfehlungen im Bereich Weiterbildung und allgemeine Erwachsenenbildung. Das Problem der Weiterbildungsteilnahme ist es, jene Erwerbstätigen mit Migrationshintergrund zu erreichen, die unter ihrem Qualifikationsniveau arbeiten. Bei dieser Gruppe wird durch Dequalifizierung die Weiterbildungsbeteiligung systematisch im Lebenslauf gebremst.
Neben qualifikations- und erwerbsbezogenen Faktoren, bleibt der Migrationshintergrund dennoch ein Einflussfaktor, was darauf hinweist, dass weitere Ausgrenzungsmechanismen wirken.

Die Aus- und Weiterbildungsforschung verweist neben strukturellen Einflüssen auf zahlreiche subjektive Barrieren, denn eine unsichere Berufs- und Lebensorientierung sowie Befürchtungen, den Lern- und den Prüfungsanforderungen nicht zu genügen, werden in verschiedenen Studien als Aus- und Weiterbildungsbarrieren sichtbar. Für die stark expandierende Gruppe der Flüchtlinge müssen solche Barrieren ebenfalls antizipiert werden.
Wenn man konkret die Themenbereiche betrachtet, so sind neben dem dominanten Bereich Deutsch als Fremdsprache beziehungsweise als Zweitsprache der Bereich der Alphabetisierung und dann der Bereich der personalen Bildung, beispielsweise Gesprächskreise und Veranstaltungen zur Vernetzung für Personen mit Migrationshintergrund, besonders hervorzuheben. Bedeutung haben auch Veranstaltungen zur Verbesserung der beruflichen Chancen, insbesondere durch die Arbeitsagenturen und die Migrantenselbstorganisationen sowohl auf Bundes- als auch auf Landesebene (vgl. Öztürk 2014).

Hier knüpfen auch zahlreiche aktuelle Initiativen zur Inklusion von Flüchtlingen an:

- Besonderen Bedarf gibt es in der Beratung und bei Veranstaltungen zur Nachqualifizierung, insbesondere bei der Anerkennung von schulischen und beruflichen Abschlüssen aus dem Ausland. Die talent- und arbeitsmarktbezogene Berufsorientierung gehört in diesen Förderbereich.
- Festzuhalten ist, dass deutlich mehr empirisches Wissen gebraucht wird, um die Repräsentanz von Jugendlichen und Erwachsenen mit Migrationshintergrund in nicht explizit für diese Zielgruppe ausgewiesenen Aus- und Weiterbildungsangeboten zu verorten und zu bewerten.
- Für die Aus- und Weiterbildungspraxis ist eine noch stärkere Teilnehmer- und Adressatenforschung zu fordern, um die weitergehenden Differenzierungen innerhalb der Bevölkerung mit Migrationshintergrund in die Planungen einbringen zu können. Die vorliegenden Studien zu „Bildung, Milieu und Migration“ (vgl. Barz u. a. 2015) zeigen, dass „die“ Migrantinnen und Migranten oder „die“ Flüchtlinge keine einheitliche Gruppe darstellen und dass es notwendig ist, die unterschiedlichen Lebensweisen und Alltagskulturen von Menschen mit Migrationshintergrund bei der Planung von Weiterbildungsmaßnahmen in den Blick zu nehmen. Hypothetisch kann formuliert werden, dass Flüchtlinge nicht schlicht dem entwurzelten Milieu oder dem religiös verwurzelten Milieu zuzuordnen sind, sondern dass z. B. auch Personen zuwandern, die auf der Basis ihrer teilweise hohen Bildung und ihrer modernen Lebensstile beispielsweise dem adaptiv-bürgerlichen Milieu, dem intellektuell-kosmopolitischen Milieu oder dem multikulturellen Performermilieu entsprechen. Hieraus ergibt sich eine große Variation der milieuspezifischen Präferenzen, denen die Angebote in der Erwachsenen- und Weiterbildung entsprechen müssen.
- Aber es geht auch darum, die jeweils spezifischen Zugangsbarrieren auf allen Ebenen der Organisationen, vor allem auch der spezifischen Aus- und Weiterbildungsanbieter, abzubauen.
- Hilfreich sind hier die zahlreichen empirischen Hinweise, dass ohne Zuwanderung das Erwerbspersonenpotenzial bis zum Jahr 2050 um rund ein Drittel sinken würde, dass die Effekte der Zuwanderung maßgeblich von der Qualifikationsstruktur der Zuwandernden und den ihnen angebotenen berufsbildenden und weiterbildenden Maßnahmen abhängen, dass das Einkommen der einheimischen Bevölkerung wie auch das Bruttoinlandsprodukt durch die Zuwanderung steigen, dass langfristig die Zuwanderung keinen negativen Einfluss auf die Arbeitslosenquote in Deutschland hat, dass die langfristigen fiskalischen Effekte der Migration wesentlich an die Qualifikation und die Arbeitsmarktintegration der Zuwanderer gekoppelt sind (vgl. IAB 2015a; Bonin 2014). Barrieren beim Zugang zu Berufsausbildung und Weiterbildung sind daher dysfunktional und es gilt, diese sukzessive abzubauen.

In der Aus- und Weiterbildungsliteratur heißt es, dass es um eine Etablierung einer Anerkennungskultur gehe, in der die Individuen mit ihren Potenzialen im Mittelpunkt stehen, es geht also um eine Veränderung von der Defizit- hin zur Potenzialorientierung. Die Situation von Flüchtlingen ist dabei spezifisch herauszuarbeiten und besonders zu akzentuieren.

3 Handlungsempfehlungen

Die Kernforderung des AKTIONSRATS**BILDUNG** ist die unverzügliche Entwicklung und Umsetzung eines **Masterplans Bildungsintegration** als Teil eines **Masterplans Migration,** der alle Bildungseinrichtungen und -maßnahmen umfasst und die erforderlichen rechtlichen Voraussetzungen schafft. Aus diesem Grund ist die Übersicht über die Handlungsempfehlungen entlang der Typen von Akteuren zu organisieren, die angesichts der Situation von Personen mit Migrationshintergrund und Flüchtlingen Verantwortung tragen. Diese Akteure werden zunächst repräsentiert durch die Gruppe der betroffenen Migrantinnen und Migranten, die sorgfältig, insbesondere entlang der rechtlichen Gegebenheiten, aber auch der Herkunftsmilieus, differenziert werden sollten, weil alle Bildungsmaßnahmen in dieser Situation sehr eng an den Adressatentypen orientiert werden müssen. Des Weiteren geht es um die verantwortlichen Akteure und nicht zuletzt um die Interventionsmaßnahmen im Bildungssystem, die sowohl adressatengerecht als auch spezifisch an der Gruppe der Akteure ausgerichtet werden müssen.
In der epochalen Situation, in der sich Deutschland befindet, müssen sämtliche verantwortlichen Protagonistengruppen zur Mithilfe herangezogen werden. Der AKTIONSRAT**BILDUNG** fordert deshalb die folgenden Akteure auf, einen **Masterplan Bildungsintegration** zu erarbeiten und umzusetzen:

1. Bund,
2. Bund und Länder,
3. Länder und Kommunen,
4. Bildungseinrichtungen,
5. Bildungspersonal,
6. Medien,
7. Wissenschaft,
8. ehrenamtlich Engagierte,
9. Zugewanderte.

1. Empfehlungen an den Bund

- Um die epochale Herausforderung der Flüchtlingsintegration meistern zu können, müssen alle Anstrengungen auf die Gruppe der anerkannten Flüchtlinge und Asylsuchenden mit hoher Bleibeperspektive konzentriert werden. Die Fokussierung bedeutet eine ganzheitliche Förderung der (Aus-)Bildung von Anfang an und – im Rahmen der verfügbaren finanziellen Ressourcen –

eine Öffnung der staatlichen Förderinstrumente auf allen Stufen der Bildungsbiografie, d. h. konkrete Bildungsmaßnahmen ohne lange Wartezeiten.
- Der Zugang zum Ausbildungs- und Arbeitsmarkt ist gezielt und stringent zu öffnen und aufenthaltsrechtlich zu begleiten, damit Arbeitgeber und Zuwandernde Planungssicherheit erhalten. Darüber hinaus sind für die Zielgruppe bei Antritt einer beruflichen Ausbildung alle Förderinstrumente ohne Wartezeit zu öffnen.
- Die Öffnung der Maßnahmen zur Förderung des Erwerbs der deutschen Sprache und deren Finanzierung sind allen Zugewanderten zu gewähren, für die nicht zu erwarten ist, dass sie in absehbarer Zeit zurückgeführt werden.
- Im Berufsbildungsbereich müssen theorieentlastete zweijährige Ausbildungsberufe beziehungsweise das System existierender Teilqualifizierungen als Chance zum Arbeitsmarkteinstieg flächendeckend eingesetzt und gegebenenfalls ausgeweitet werden. Die Teilqualifizierung kann dabei sowohl für beschäftigte, an- und ungelernte Flüchtlinge wie auch für arbeitslose Flüchtlinge eine große Chance sein, um eine Arbeitsmarktintegration zu erreichen.

2. Empfehlungen an Bund und Länder

- Bund und Länder werden aufgefordert, sich im Rahmen ihrer Zuständigkeit bei der Entwicklung eines Masterplans Migration, der alle Formen der Migration umfasst, auch an dem gesamten Zuwanderungsbedarf auszurichten und dabei anzustreben, dass die Anteile an Absolventinnen und Absolventen einer Berufsausbildung und an Akademikerinnen und Akademikern nicht in hohem Maße hinter denen in der Bevölkerung ohne Migrationshintergrund zurückstehen. Die Zahl der Jugendlichen ohne altersgerechte schulische Vorbildung beziehungsweise ohne Berufsabschluss muss gezielt gesenkt werden. Denn eine weitgehend gleichwertige Bildungsbeteiligung ist die Grundvoraussetzung für jede Integrationsbereitschaft Zugewanderter und für die Herstellung einer Chancengleichheit auf dem Arbeitsmarkt.
- Eine breite regionale Verteilung von bildungswilligen und -pflichtigen Migrantinnen und Migranten wie auch Flüchtlingen auf Bildungseinrichtungen ist wünschenswert, damit gleichmäßig heterogene Lerngruppen entstehen.
- Zum Masterplan Bildungsintegration gehören auch die Schaffung und der Ausbau koordinierter Einrichtungen, die
  - die formalen Bildungsqualifikationen im Vergleich zu den inländischen Standards als Grundvoraussetzung für die Fortsetzung des Bildungswegs in Deutschland feststellen;
  - eine Bewertung der nicht deutschen Zertifikate vor dem Hintergrund in Deutschland anerkannter Normen vornehmen;

  - die tatsächlichen Bildungsabschlüsse prüfen und bei Nichtvorliegen eine Qualifikationstestung anbieten;
  - Aufklärung und Information über die Struktur des deutschen Bildungs- und Ausbildungssystems und dessen Entwicklungsmöglichkeiten bieten;
  - eine individualisierte Beratung anbieten und gegebenenfalls eine beratende Begleitung für Bildungswillige vorschlagen sowie bei Bedarf für jede Person ein individualisiertes Förderprogramm ausarbeiten, dabei sind Bildungsunwillige auf Schulpflicht und Bildungschancen aufmerksam zu machen und Verstöße gegen die Schulpflicht zu sanktionieren;
  - die jeweilige Bildungseinrichtung bei der Betreuung von Flüchtlingen beratend unterstützen und unbürokratisch mit zusätzlichen Finanzmitteln für die erforderlichen Fördermaßnahmen ausstatten, je nach Anzahl der aufgenommenen Personen mit Migrations- und Fluchthintergrund.
- Ein Masterplan Bildungsintegration hat in Rechnung zu stellen, dass Bildungsinvestitionen nicht kurzfristig wirken, sondern sich erst ab einer hinreichenden Dauer „amortisieren", und deshalb ist diese notwendige Dauer auch zu gewährleisten.

3. Empfehlungen an Länder und Kommunen

- Länder, Kommunen und die Regionaldirektionen der Bundesagentur für Arbeit haben in allererster Linie und unmittelbar ein breites Angebot an Deutschsprachförderung vorzuhalten, weil die Beherrschung der deutschen Sprache die allererste Voraussetzung für eine Bildungsbeteiligung ist.
- Die Länder haben gemeinsam Standards für die Messung von Qualifikationen sowie entsprechende Verfahren zu entwickeln beziehungsweise flächendeckend einzusetzen, mit deren Hilfe die geeignete Eingliederung Zugewanderter in das Bildungssystem und den Arbeitsmarkt ermöglicht wird.
- Die Länder und Kommunen sind dafür verantwortlich, dass im Zuge der Familienzusammenführung später Nachgezogene in ausreichendem Maße in die Integrationsmaßnahmen einbezogen werden, um das mögliche Risiko integrationsfeindlicher Anpassung zu minimieren.
- Länder und Kommunen haben sicherzustellen, dass keine ethnisch segregierten Wohnviertel entstehen, die die Bildungsintegration (insbesondere wegen mangelnder deutschsprachiger Kommunikation) verhindern.
- Die Länder respektieren die kulturelle Identität von Zugewanderten mit der Maßgabe, dass die gegenseitige Toleranz aller Glaubensbekenntnisse und die Trennung zwischen Staat und Kirche zu den Grundlagen der freiheitlichen demokratischen Ordnung der Bundesrepublik Deutschland gehören.

- Kommunen und Länder stellen für ein Erstscreening Zugewanderter ärztliches und psychologisches Personal bereit, das in der Lage ist, posttraumatische Belastungsstörungen zu diagnostizieren, die Verursacher von Bildungsmisserfolg sein können.
- Für Kinder im Vorschulalter sind die rechtlichen Rahmenbedingungen einer Kindergartenpflicht zu prüfen. Es sollten Werbemaßnahmen erfolgen, die den Eltern die grundlegende Bedeutung eines Kindergartenbesuches für die Entwicklung ihrer Kinder verdeutlichen.
- Die Länder sind verpflichtet, für alle Kinder – und insbesondere in der gegenwärtigen Situation für unbegleitete minderjährige Flüchtlinge wie auch für begleitete Kinder und Jugendliche mit Fluchterfahrung – die Vollzeitschulpflicht vorrangig mittels pädagogischer und jugendamtlicher Maßnahmen durchzusetzen. Die Durchsetzung der Schulpflicht wird erleichtert, wenn die zugewanderten Eltern möglichst schnell bei der nicht nur vorübergehenden Wohnungsfindung unterstützt werden.
- Um – mit dem Ziel ihrer erfolgreichen sprachlichen und sozialen Integration – die Zahl der pro Schule beziehungsweise Schulklasse aufzunehmenden Kinder und Jugendlichen relativ gering zu halten, müssen die Länder eine möglichst breite Verteilung der Zuwandererfamilien anstreben.
- Unter dieser Vorbedingung können Flüchtlingskinder in den Grundschulen sofort in den normalen Klassenverband integriert werden, damit durch den regelmäßigen sprachlichen Austausch mit Kindern ohne Migrationshintergrund die sprachliche und kulturelle Integration schneller gelingt. Nur wenn eine hohe Anzahl zu integrierender Kinder pro Schule nicht vermieden werden kann, müssen die Länder für eine möglichst kurz zu haltende Übergangszeit Vorbereitungs- beziehungsweise Übergangsklassen für Kinder und Jugendliche einrichten, die noch nicht hinreichend die deutsche Sprache beherrschen. Diese spezifische Form der Vorbereitung sollte eine Verweildauer von einem Jahr nicht überschreiten.
- In den weiterführenden Schulen bis zur zehnten Jahrgangsstufe müssen Flüchtlingskinder in Vorbereitungsklassen mit gezieltem Spracherwerb gefördert werden. Nach einer kurzen Übergangsphase sind die Kinder und Jugendlichen auch hier schnellstmöglich in den regulären Klassenverband zu integrieren. Der erhöhte Bedarf an spezialisierten Lehrkräften ist dabei zu beachten.
- Die vorgegebenen Unterrichtssprachen im Bildungsprozess sind einzuhalten.
- Dem Bildungspersonal sind entsprechende Fort- und Weiterbildungen im Hinblick auf Kenntnisse über die fremden Kulturen, Sprachen und Religionen sowie die notwendigen didaktischen Differenzierungen zu vermitteln, damit

geeignete Methoden und Instrumente für die bedarfsgerechte Beschulung, insbesondere von Flüchtlingskindern, zur Verfügung stehen und eingesetzt werden.

- Um die Lehrkräfte in allen Schulen zu entlasten und Flüchtlinge individuell zu fördern, werden breiter qualifizierte Lernhelfer und pädagogische Assistenten eingesetzt.
- Zur Entstehung von „Role-Models" sind alle Anstrengungen zu unternehmen, damit Menschen mit Migrationshintergrund zukünftig wie selbstverständlich als Bildungspersonal zur Verfügung stehen und eingesetzt werden.
- Für zugewanderte Kinder sind Zusatzangebote in oder neben dem regulären Unterrichtsangebot vorzuhalten.
- Die Zahl der Familienzentren zur Integration zugewanderter Eltern und Kinder ist erheblich zu erhöhen und personell hinreichend auszustatten, sodass interkulturelle Kommunikation überhaupt stattfinden kann.
- Bildungseinrichtungen sollten koordinative Aufgaben für die Zusammenarbeit der Eltern mit der Kommune und der Schule übernehmen.
- Die Berufsschulpflicht sollte für diejenigen, die weder eine berufsqualifizierende Ausbildung abgeschlossen noch einen Arbeitsplatz vorzuweisen haben, in allen Ländern flächendeckend bis zur Vollendung des 21. Lebensjahres ausgeweitet werden. Diese Berufsschulpflicht sollte vor allem auch Flüchtlingen, die nicht anhand einer versicherungspflichtigen Beschäftigung in den Arbeitsmarkt integriert sind, die Chance auf eine adäquate ausbildungsvorbereitende Qualifizierung bieten. Zweijährige Berufsintegrationsklassen an Berufsschulen, die insbesondere auch die Vermittlung der deutschen Sprache und die Berufsvorbereitung in den Mittelpunkt stellen, können hier als Best-Practice-Beispiel dienen.
- Für junge Erwachsene mit begonnener Berufsausbildung im Ausland sind Beratungen zur Nachqualifizierung vorzuhalten.
- Die Länder sind aufgerufen, gemeinsam mit den Hochschulen eine Internationalisierungsstrategie zu entwickeln und diese dann auch zu finanzieren.
- Die Länder sollten akademische Auslandsämter als erste Ansprechpartner für internationale Studierende an den Hochschulen konsequent weiter etablieren.

4. Empfehlungen an Bildungseinrichtungen

- Immersivem Unterricht (d. h. dem Erlernen der deutschen Sprache im Rahmen des Alltagsgeschehens in Kindertageseinrichtungen beziehungsweise des Unterrichts) mit Förderkomponenten ist grundsätzlich der Vorzug vor submersivem Unterricht zu geben. Dies gilt vor allem dann, wenn die Kinder unter zehn

Jahre alt sind und die Zahl der sprachlich zu integrierenden Kinder in den Gruppen in Kindertageseinrichtungen bzw. im Klassenverbund nicht zu hoch ist.

- Der Anteil dialogischen Unterrichts zur Kommunikationsanregung, mit dem Ziel des Erwerbs der deutschen Sprache, ist durch kooperative Lernformen zu erweitern.
- In Klassen mit Zugewanderten ist immer auf einen sprachsensiblen Fachunterricht zu achten.
- Das Lehrpersonal sollte in Abstimmung mit der Schulleitung regelmäßig ein Lernfeedback zur Erhaltung der Lernmotivation der Schülerinnen und Schüler geben.
- Bildungseinrichtungen sollten eine kontinuierliche, individualisierte Beratung und Betreuung jedes Zugewanderten anbieten. Dazu ist es erforderlich, die Bildungsverläufe und -potenziale der Zugewanderten zu erfassen beziehungsweise festzustellen.
- Die Berufsorientierung sollte sowohl im allgemeinbildenden Schulsystem als auch in den besonderen Klassen der Berufsschulen für berufsschulpflichtige Zuwanderer zielgruppengerecht verstärkt werden.
- Schulunterricht sollte – soweit möglich – für Zugewanderte in Form einer Ganztagsbeschulung stattfinden, um die große Chance der Ganztagsangebote vor allem auch zum Spracherwerb und zur kulturellen Teilhabe zu nutzen. Dazu müssen die Länder die erforderlichen finanziellen Ausstattungen bieten.
- Die Bildungseinrichtungen sollten sich als koordinierende Stelle verstehen, die z. B. Eltern, Kommunen und außerschulische Angebote vernetzt.
- Die Universitäten und Hochschulen sollten innovative Studienformate, Konzepte für die integrative Fachsprachenförderung sowie eine Hochschuldidaktik für multikulturelle Studierendengruppen entwickeln. Darüber hinaus ist das Kursangebot „Deutsch als Fremdsprache" auszubauen.

5. Empfehlungen an das Bildungspersonal

- Es ist die primäre Pflicht des Bildungspersonals, negativen Stereotypen über Zuwandernde entgegenzutreten, da von ihnen eine Bedrohung in Lern- und Leistungssituationen ausgehen kann, mit dem Ergebnis geringerer Lernerfolge.
- Das Bildungspersonal soll eine optimistische Lerneinstellung bei Zugewanderten fördern und ihre Lernmotivation durch ermutigendes, informatives und ehrliches Feedback verstärken.

- Neben den institutionell vorgesehenen Förderungsmaßnahmen sollte das Bildungspersonal Zugewanderten herausfordernde Lernaufgaben stellen, um zu signalisieren, dass sie sie für leistungsfähig halten.
- Die Fort- und Weiterbildungsbereitschaft des Bildungspersonals ist zu erhöhen und es sind ausreichend finanzielle Mittel für eine gezielte und herausforderungsspezifische Personalentwicklung bereitzustellen.
- Dem Bildungspersonal stehen regelmäßig Supervisionsangebote zur Verfügung und diese werden von ihm auch wahrgenommen.

6. Empfehlungen an die Medien

- Die öffentlichen Medien erfüllen ihren gesetzlichen Bildungsauftrag mit dem Angebot von Sprachlernmöglichkeiten.
- Private Medien schaffen mit Unterstützung des Staates verschiedene Möglichkeiten des Sprachunterrichts, der beispielsweise durch ehrenamtliche Bildungshelfer durchgeführt wird (zum Beispiel virtuelle Sprachlernseite der Tageszeitung).

7. Empfehlungen an die Wissenschaft

- Die bislang eingeschränkte Datenbasis sollte unter Berücksichtigung differenzierter Variablen kontinuierlich ausgebaut werden. Empirische Befunde über das Bildungsgeschehen von Personen mit Migrationshintergrund und insbesondere mit Fluchterfahrung sollten breiter erhoben werden.
- Bildungswissenschaftler sollten die Effekte von Lehre und Fortbildung für die spezifische Qualifikation des Bildungspersonals im Hinblick auf das Migrationsgeschehen vertiefend erforschen.
- Hochschulen halten Fortbildungsangebote für ihr pädagogisches Personal vor.
- Hochschulen bieten Fortbildungen für das Personal der Bildungsverwaltungen im Hinblick auf das Migrationsgeschehen an.
- Das System der Lehrer- und Pädagogenausbildung und deren Curricula werden einer grundlegenden Revision unterzogen, die dem Umstand gerecht wird, dass in einigen Lernphasen (Kindertagesstätten, Primar- und Sekundarschulen) der Anteil zugewanderter Kinder und Jugendlicher in Bildungseinrichtungen bereits größer ist als derjenige mit deutschem Herkunftshintergrund. Dazu enthalten die Curricula der Lehrer- und Pädagogenausbildung zu einem erheblich höheren Anteil als bisher Ausbildungselemente, die geeignet sind, Qualifikationen zu entwickeln für
  - Maßnahmen der Binnendifferenzierung im Hinblick auf Zuwandernde,
  - den Zweitspracherwerb (Deutsch als Fremdsprache, Deutsch als Zweitsprache),

- die psychologischen Besonderheiten der Zuwanderungssituation,
- Inklusionsmaßnahmen,
- sprachsensiblen Fachunterricht,
- interkulturelles Wissen,
- interreligiöses Wissen.

8. Empfehlungen an ehrenamtlich Engagierte

- Bildungshelfer, Kultur- und Sporteinrichtungen (z. B. Vereine, Museen, Theater) entwickeln mit Unterstützung der staatlichen Stellen Programme zur sozialen und kulturellen Integration zugewanderter Kinder und Jugendlicher.
- Bildungseinrichtungen entwickeln gemeinsam mit den kulturellen und sportlichen Einrichtungen Modelle der Elternzusammenarbeit.
- Engagierte Bürgerinnen und Bürger können Zugewanderte in ihrer Integration unterstützen, indem sie diese in ihre Netzwerke aufnehmen und den Austausch auf informeller Ebene fördern. Insbesondere Eltern mit Kindern im Bildungssystem könnten einen bedeutsamen Beitrag hierzu leisten.

9. Empfehlungen an die Zugewanderten

- Zugewanderte sind verpflichtet, für die Einhaltung der gesetzlichen Regelungen – allen voran der Schulpflicht ihrer Kinder – Sorge zu tragen.
- Zugewanderte sind aufgerufen, sich über bestehende Bildungs- und Qualifizierungsangebote, Fördermöglichkeiten, soziale Netzwerkportale etc. aktiv zu informieren und diese auch zu nutzen.
- Zugewanderte sind verpflichtet – wie alle Bürgerinnen und Bürger – die Grundwerte der Demokratie zu respektieren.

Anhang

Fragebogen „Asylbewerber und Flüchtlinge im Bildungssystem“

Der AKTIONSRAT**BILDUNG** (www.aktionsrat-bildung.de) erarbeitet vor dem Hintergrund der aktuellen Entwicklungen in der deutschen Zuwanderungspolitik derzeit ein Gutachten, das auf die soziale und berufliche Integration von Asylbewerbern und Flüchtlingen durch Bildung fokussiert. Das Gremium vertritt u. a. die These, dass deutsche Sprachkenntnisse eine unerlässliche Voraussetzung für eine gelingende Integration darstellen.

Von Interesse ist deshalb, inwieweit es in Ihrem Land bereits Modellprojekte gibt, die die Integration von Asylbewerbern und Flüchtlingen unterschiedlicher Altersstufen in die Bildungs- und/oder Ausbildungsbereiche zum Ziel haben, ebenso wie weiterführende Fördermaßnahmen und Integrationsbemühungen beziehungsweise der grundlegende Umgang mit dem Flüchtlingsgeschehen im Bildungsbereich.

Vielen Dank im Voraus für Ihre Unterstützung zur Klärung der folgenden Fragestellungen.

1) Rechtsansprüche in Bezug auf Bildungsleistungen nach Bildungsphase beziehungsweise Lebensalter in Ihrem Bundesland

- Gibt es Leuchtturmprojekte zur Thematik „Asylbewerber und Flüchtlinge und Bildung“ (Titel, Laufzeit, Zielgruppe, evtl. Zwischenergebnisse)?

- Inwieweit besteht für minderjährige Asylbewerber Schulpflicht?

- Inwieweit wird diese Schulpflicht umgesetzt? Gibt es z. B. Integrationsklassen an Grund- und Mittelschulen?

- Inwieweit besteht für junge volljährige Asylbewerber Berufsschulpflicht?

- Inwieweit wird die Integration dieser Personengruppe in das Berufsschulsystem umgesetzt?

- Welche Regelungen greifen bei Nichtbeachtung der (Berufs-)Schulpflicht?

- Inwiefern besteht durch die (Berufs-)Schulpflicht auch ein Anspruch auf Berufsbildung?

- Besteht im frühkindlichen Bereich ein Anspruch auf Betreuungsplätze in Kindertageseinrichtungen, z. B. bereits ab Aufnahme der Familie in eine Gemeinschaftsunterkunft?

- Gibt es einen Anspruch auf zusätzliche Förderangebote (z. B. Deutschunterricht) für minderjährige Asylbewerber und Flüchtlinge?

---

2) Einstufung in das Bildungssystem in Ihrem Bundesland

- Wer entscheidet über die Frage der Einstufung in eine bestimmte Klassenstufe von neu zugewanderten Schülern (landesrechtliche Regelungen, Ermessen der Schulbehörden)?

Ansprechpartnerin für die Geschäftsstelle des AKTIONSRAT**BILDUNG**

Dr. Gloria Jahn
Abteilung Bildung

Telefon 089-551 78-377
Telefax 089-551 78-222
gloria.jahn@vbw-bayern.de

vbw
Vereinigung der
Bayerischen Wirtschaft e. V.

Max-Joseph-Straße 5
80333 München

www.vbw-bayern.de

Literatur

Akhtar, M. (2012): Acculturative stress and its association with academic stress and psychological well-being of international students. – URL: http://d-nb.info/1042846464/34 – Download vom 19.08.2015.

Alba, R. D./Handl, J./Müller, W. (1994): Ethnische Ungleichheit im deutschen Bildungssystem. In: Kölner Zeitschrift für Soziologie und Sozialpsychologie, 46. Jg., H. 2, S. 209–237.

Alba, R./Nee, V. (1997): Rethinking assimilation theory for a new era of immigration. In: International Migration Review, Vol. 31, No. 4, pp. 826–874.

Alichniewicz, J./Geis, W. (2013): Zuwanderung über die Hochschule. In: IW-Trends – Vierteljahresschrift zur empirischen Wirtschaftsforschung aus dem Institut der deutschen Wirtschaft Köln, 40. Jg., H. 4, S. 1–9.

Anders u. a. 2012 = Anders, Y./Roßbach, H.-G./Weinert, S./Ebert, S./Kuger, S./Maurice, J. von (2012): Learning environments at home and at preschool and their relationship to the development of numeracy skills. In: Early Childhood Research Quarterly, Vol. 27, No. 2, pp. 231–244.

Anders, Y. (2013): Stichwort: Auswirkungen frühkindlicher institutioneller Betreuung und Bildung. In: Zeitschrift für Erziehungswissenschaft, 16. Jg., H. 2, S. 237–275.

Anger, C./Koppel, O./Plünnecke, A. (2015): MINT-Frühjahrsreport 2015. MINT – Regionale Stärken und Herausforderungen. Gutachten für BDA, BDI, MINT Zukunft schaffen und Gesamtmetall, Köln: Institut der deutschen Wirtschaft Köln. – URL: http://www.arbeitgeber.de/www%5Carbeitgeber.nsf/res/MINT-Fruehjahrsreport_2015.pdf/$file/MINT-Fruehjahrsreport_2015.pdf – Download vom 20.08.2015.

Apolinarski, B./Poskowsky, J. (2013): Ausländische Studierende in Deutschland 2012. Ergebnisse der 20. Sozialerhebung des Deutschen Studentenwerks, durchgeführt vom Deutschen Zentrum für Hochschul- und Wissenschaftsforschung (DZHW). – Hannover: DZHW.

Arbeits- und Servicestelle für internationale Studienbewerbungen e. V. (2015): Studienkolleg – Feststellungsprüfung. – URL: http://www.inobis.de/studienkolleg-feststellungspruefung-faq.html – Download vom 19.11.2015.

Asbrock, F. (2010): Stereotypes of social groups in Germany in terms of warmth and competence. In: Social Psychology, Vol. 41, No. 2, pp. 76–81.

August, D./Shanahan, T. (2006): Developing literacy in second-language learners. – Mahwah: Erlbaum.

Autorengruppe Bildungsberichterstattung (Hrsg.) (2014): Bildung in Deutschland 2014. Ein indikatorengestützter Bericht mit einer Analyse zur Bildung von Menschen mit Behinderung. – Bielefeld: Bertelsmann.

Avenarius, H./Füssel, H.-P. (2010): Schulrecht. Ein Handbuch für Praxis, Rechtsprechung und Wissenschaft. – Köln: Link.

Aydemir, A./Borjas, G. J. (2011): Attention bias in measuring the wage impact of immigration. In: Journal of Labor Economics, Vol. 29., No. 1, pp. 69–112.

Bachmann, C./Horn, C. (2015): Soziales Netzwerk für akademische Flüchtlinge. Das Portal www.Chance-for-Science.de. In: Forschung & Lehre, 22. Jg., H. 11, S. 926–927.

Baier u. a. 2006 = Baier, D./Pfeiffer, C./Windzio, M./Rabold, S. (2006): Schülerbefragung 2005: Gewalterfahrungen, Schulabsentismus und Medienkonsum von Kindern und Jugendlichen. – Hannover: Kriminologisches Forschungsinstitut Niedersachsen e. V.

Baker, A. J. L./Piotrkowski, C. S./Brooks-Gunn, J. (1998): The effects of the home instruction program for preschool youngsters (HIPPY) on children's school performance at the end of the program and one year later. In: Early Childhood Research Quarterly, Vol. 13, No. 4, pp. 571–588.

Baker, A. J. L./Piotrkowski, C. S./Brooks-Gunn, J. (1999): The home instruction program for preschool youngsters (HIPPY). In: The Future of Children, Vol. 9, No. 1, pp. 116–133.

Baron u. a. 2014 = Baron, J./Steinhäuser, T./Berth, H./Auckenthaler, A. (2014): „Überall ‚Nein'. Ein Alptraum." Erfahrungen von Flüchtlingen und Asylsuchenden mit der psychosozialen Versorgung in Deutschland. In: Verhaltenstherapie und Psychosoziale Praxis, 46. Jg., H. 3, S. 701–718.

Barz u. a. 2015 = Barz, H./Barth, K./Cerci-Thoms, M./Dereköy, Z./Först, M./Thao Le, T./Mitchnik, I. (2015): Große Vielfalt, weniger Chancen. Eine Studie über die Bildungserfahrungen von Menschen mit Migrationshintergrund in Deutschland. – Essen/Düsseldorf: Stiftung Mercator und Vodafone-Stiftung.

Basilio, L./Bauer, T. (2010): Transferability of human capital and immigrant assimilation: An analysis for Germany. IZA Working Paper No. 4716. – URL: http://ftp.iza.org/dp4716.pdf – Download vom 20.08.2015.

Bauer u. a. 2012 = Bauer, J./Diercks, U./Rösler, L./Möller, J./Prenzel, M. (2012): Lehramtsstudium in Deutschland: Wie groß ist die strukturelle Vielfalt? In: Unterrichtswissenschaft, 40. Jg., H. 2, S. 101–120.

Bauer, J./Prenzel, M. (2012): European teacher training reforms. In: Science, Vol. 336, No. 6089, pp. 1642–1643.

Bauer, T. K./Flake, R./Sinning, M. G. (2013): Labor market effects of immigration: Evidence from neighborhood data. In: Review of International Economics, Vol. 21, No. 2, pp. 370–385.

Baumert u. a. 2001 = Baumert, J./Klieme, E./Neubrand, M./Prenzel, M./Schiefele, U./Schneider, W./Stanat, P./Tillmann, K.-J./Weiß, M. (Hrsg.) (2001): PISA 2000. Basiskompetenzen von Schülerinnen und Schülern im internationalen Vergleich. – Opladen: Leske + Budrich.

Baumert, J./Köller, O./Lehmann, R. H. (2012): Leseverständnis im Englischen und Deutschen und Mathematikleistungen bilingual unterrichteter Schülerinnen und Schüler am Ende der Grundschulzeit. In: Unterrichtswissenschaft, 40. Jg., H. 4, S. 290–315.

Baumert u. a. 1997 = Baumert, J./Lehmann, R./Lehrke, M./Schmitz, B./ Clausen, M./Hosenfeld, I./Köller, O./Neubrand, J. (1997): TIMSS – Mathematisch-naturwissenschaftlicher Unterricht im internationalen Vergleich. – Opladen: Leske + Budrich.

Bayerisches Staatsministerium für Arbeit und Soziales, Familien und Frauen und Staatsinstitut für Frühpädagogik München (BStMASFF) (2012): Der Bayerische Bildungs- und Erziehungsplan für Kinder in Tageseinrichtungen bis zur Einschulung. – 5. erweit. Aufl. – Berlin: Cornelsen.

Bayerisches Staatsministerium für Arbeit und Soziales, Familie und Integration (STMAS) (2016): Flüchtlingskinder – Willkommen in der Kindertagesbetreuung. – URL: http://www.stmas.bayern.de/imperia/md/content/stmas/stmas_internet/kinderbetreuung/flyer_fortbildung_fluechtlingskinder.pdf – Download vom 10.02.2016.

Beck, B./Klieme, E. (Hrsg.) (2007): Sprachliche Kompetenzen: Konzepte und Messung. DESI-Studie. – Weinheim: Beltz/PVU.

Becker, B. (2011a) (Hrsg.): Integration durch Bildung. Bildungserwerb von jungen Migranten in Deutschland. – Wiesbaden: VS Verlag für Sozialwissenschaften.

Becker, B. (2011b): Cognitive and language skills of Turkish children in Germany: A comparison of the second and third generation and mixed generational groups. In: International Migration Review, Vol. 45, No. 2, pp. 426–459.

Beicht, U. (2015): Berufliche Orientierung junger Menschen mit Migrationshintergrund und ihre Erfolgschanchen beim Übergang in betriebliche Berufsausbildung. Überblick über Ergebnisse quantitativer Forschung der letzten zehn Jahre in Deutschland sowie vergleichende Analysen auf Basis der BiBB-Übergangsstudien und der BA/BIBB-Bewerberbefragungen. – Bonn: Bundesinstitut für Berufsbildung.

Bellenberg, G./Thierak, A. (2003): Ausbildung von Lehrerinnen und Lehrern in Deutschland. Bestandsaufnahme und Reformbestrebungen. – Opladen: Leske+Budrich.

Benet-Martínez, V./Haritatos, J. (2005): Bicultural Identity Integration (BII): Components and psychosocial antecedents. In: Journal of Personality, Vol. 73, No. 4, pp. 1015–1050.

Benet-Martínez u. a. 2002 = Benet-Martínez, V./Leu, J./Lee, F./Morris, M. (2002): Negotiating biculturalism: Cultural frame-switching in biculturals with oppositional vs. compatible cultural identities. In: Journal of Cross-Cultural Psychology, Vol. 33, No. 5, pp. 492–516.

Berkemeyer u. a. 2010 = Berkemeyer, N./Bos, W./Holtappels, H. G./Meetz, F./Rollett, W. (2010): „Ganz In“: Das Ganztagsgymnasium in Nordrhein-Westfalen. Bestandsaufnahme und Perspektiven eines Schulentwicklungsprojekts. In: Berkemeyer, N./Bos, W./Holtappels, H. G./McElvany, N./Schulz-Zander, R. (Hrsg.): Jahrbuch der Schulentwicklung. – Weinheim: Juventa, S. 131–154.

Berry, J. W. (2015): Acculturation. In: Grusec, J. E./Hastings, P. D. (Eds.): Handbook of Socialization: Theory and Research. – 2nd Ed. – New York: Guilford Press, pp. 520–538.

Berry u. a. 2006 = Berry, J. W./Phinney, J./Sam, D./Vedder, P. (2006): Immigrant youth: Acculturation, identity, and adaptation. In: Applied Psychology: An International Review, Vol. 55, No. 3, pp. 303–332.

Beutel, M. E./Decker, O./Brähler, E. (2007): Welche Auswirkungen haben Flucht und Vertreibung auf Lebensqualität und Befindlichkeit? Repräsentative Erhebung mit den vor 1946 Geborenen in Deutschland. In: Zeitschrift für Psychosomatische Medizin und Psychotherapie, 53. Jg., H. 3, S. 203–215.

Bialystok, E. (2005): Consequences of bilingualism for cognitive development. In: Kroll, J. F./Groot de, A. M. B. (Hrsg.): Handbook of Bilingualism. Psycholinguistic Approaches. – Oxford: Oxford University Press, pp. 417–432.

Bierschock, K./Dürnberger, A./Rupp, M. (2008): Evaluation des HIPPY-Programms in Bayern. – Bamberg: Staatsinstitut für Familienforschung.

Bildungsberatung Garantiefonds Hochschule (GF-H) (2015): Förderung und Beratung für Zugewanderte in Studium, Abitur und Spracherwerb. – URL: http://www.bildungsberatung-gfh.de – Download vom 19.11.2015.

Bleakley, H./Chin, A. (2004): Language skills and earnings: Evidence from childhood immigrants. In: Review of Economics and Statistics, Vol. 86, No. 2, pp. 481–496.

Bleakley, H./Chin, A. (2010): Age at arrival, English proficiency, and social assimilation among US immigrants. In: American Economic Journal: Applied Economics, Vol. 2, No. 1, pp. 165–192.

Block, A./Klingert, I. (2012): Zuwanderung von selbständigen und freiberuflichen Migranten aus Drittstaaten nach Deutschland. – Nürnberg: Bundesamt für Migration und Flüchtlinge (BAMF).

Blossfeld u. a. 2014 = Blossfeld, H.-P./Kilpi-Jakonen, E./Vono de Vilhena, D./Buchholz, S. (Eds.) (2014): Adult learning in modern societies: An international comparison from a life-course perspective. In: eduLIFE Lifelong Learning Series, Vol. 1. – Cheltenham: Edward Elgar.

Blossfeld, H.-P./Roßbach, H.-G./von Maurice, J. (2011): Education as a lifelong process: The German National Educational Panel Study (NEPS). In: Zeitschrift für Erziehungswissenschaft, Sonderheft 14. – Wiesbaden: VS Verlag für Sozialwissenschaften.

Böhme u. a. 2010 = Böhme, K./Tiffin-Richards, S. P./Schipolowski, S./Leucht, M. (2010): Migrationsbedingte Disparitäten bei sprachlichen Kompetenzen. In: Köller, O./Knigge, M./Tesch, B. (Hrsg.): Sprachliche Kompetenzen im Ländervergleich. – Münster: Waxmann, S. 203–225.

Bolte u. a. 2013 = Bolte, D./Both, S./Düppe, N./Hamann, C./Kölle, B./Krehan, T./Lehmann, A./Pechstein, O./Pilz, A./Reblin, M./Reinisch, K./Sarich, T./Siehr, I./Ulrich, W. (Eds.) (2013): Sprachsensibler Fachunterricht. Handreichung zur Wortschatzarbeit in den Jahrgangsstufen 5–10 unter besonderer Berücksichtigung der Fachsprache. – Berlin: Landesinstitut für Schule und Medien Berlin-Brandenburg (LISUM).

Bonin, H. (2005): Wage and employment effects of immigration to Germany: Evidence from a skill group approach. IZA Working Paper No. 1875. – URL: http://ftp.iza.org/dp1875.pdf – Download vom 20.08.2015.

Bonin, H. (2014): Der Beitrag von Ausländern und künftiger Zuwanderung zum deutschen Staatshaushalt. – Gütersloh: Bertelsmann Stiftung.

Borberg, K. (2015): Migration und Flucht – Initiativen der Hochschule München. – URL: http://www.hrk.de/fileadmin/redaktion/hrk/02-Dokumente/02-07-Internationales/02-07-10-Sprachenpolitik/HS_Muenchen_Migration Flucht.pdf – Download vom 19.11.2015.

Borgwardt, A./John-Ohnesorg, M./Zöllner, J. (2015): Hochschulzugang für Flüchtlinge – Aktuelle Regelungen in den Bundesländern. Ergebnisse einer Umfrage unter den für Hochschulen zuständigen Landesministerien, Stand 25.08.2015. – Berlin: Friedrich-Ebert-Stiftung. – URL: http://library.fes.de/pdf-files/studienfoerderung/11642.pdf – Download vom 19.11.2015.

Borjas, G. J. (2003): The Labor demand curve is downward sloping: Reexamining the impact of immigration on the labor market. In: Quarterly Journal of Economics, Vol. 118, No. 4, pp. 1335–1374.

Borjas, G. J. (2014): Immigration Economics. – Cambridge: Harvard University Press.

Börner, N. (2011): Ganztagsschule und ihre Auswirkungen auf Familien. In: Zeitschrift für Erziehungswissenschaft, 14. Jg., H. 3, S. 221–236.

Bos, W./Bonsen, M./Gröhlich, C. (2009): KESS 7 – Kompetenzen und Einstellungen von Schülerinnen und Schülern an Hamburger Schulen zu Beginn der Jahrgangsstufe 7. – Münster: Waxmann.

Bos u. a. 2003 = Bos, W./Lankes, E.-M./Prenzel, M./Schwippert, K./Walther, G./Valtin, R. (Hrsg.) (2003): Erste Ergebnisse aus IGLU. Schülerleistungen am Ende der vierten Jahrgangsstufe im internationalen Vergleich. – Münster: Waxmann.

Bos u. a. 2007 = Bos, W./Hornberg, S./Arnold, K.-H./Faust, G./Fried, L./Lankes, E.-M./Valtin, R. (Hrsg.) (2007): IGLU 2006. Lesekompetenzen von Grundschulkindern in Deutschland im internationalen Vergleich. – Münster: Waxmann.

Bos u. a. 2012a = Bos, W./Tarelli,I./Bremerich-Vos, A./Schwippert, K. (Hrsg.) (2012a): IGLU 2011. Lesekompetenzen von Grundschulkindern in Deutschland im internationalen Vergleich. – Münster: Waxmann.

Bos u. a. 2012b = Bos, W./Wendt, H./Köller, O./Selter, C. (Hrsg.) (2012b): TIMSS 2011. Mathematische und naturwissenschaftliche Kompetenzen von Grundschulkindern in Deutschland im internationalen Vergleich. – Münster: Waxmann.

Bos u. a. 2014 = Bos, W./Eickelmann, B./Gerick, J./Goldhammer, F./Schaumburg, H./Schwippert, K./Senkbeil, M./Schulz-Zander, R./Wendt, H. (Hrsg.) (2014): ICILS 2013: Computer und informationsbezogene Kompetenzen von Schülerinnen und Schülern in der 8. Jahrgangsstufe im internationalen Vergleich. – Münster: Waxmann.

Braun, S./Kvasnicka, M. (2014): Immigration and structural change: Evidence from post-war Germany. In: Journal of International Economics, Vol. 93, No. 2, pp. 253–269.

Brücker u. a. 2013 = Brücker, H./Brunow, S./Fuchs, J./Kubis, A./Mendolicchio, C./Weber, E. (2013): Fachkräftebedarf in Deutschland: Zur kurz- und langfristigen Entwicklung von Fachkräfteangebot und -nachfrage, Arbeitslosigkeit und Zuwanderung. IAB-Stellungnahme. – Nürnberg: Institut für Arbeitsmarkt- und Berufsforschung (IAB). – URL: http://doku.iab.de/stellungnahme/2013/sn0113.pdf – Download vom 20.08.2015.

Brücker, H./Hauptmann, A./Trübswetter, P. (2015): Asyl- und Flüchtlingsmigration in die EU und nach Deutschland. In: Aktuelle Berichte – Institut für Arbeitsmarkt- und Berufsforschung, H. 8, S. 1–28.

Brücker, H./Hauptmann, A./Vallizadeh, E. (2015): Flüchtlinge und andere Migranten am deutschen Arbeitsmarkt: Der Stand im September 2015. In: Aktuelle Berichte – Institut für Arbeitsmarkt- und Berufsforschung, H. 14, S. 1–13.

Brücker, H./Jahn, E. J. (2011): Migration and wage-setting: Reassessing the labor market effects of migration. In: Scandinavian Journal of Economics, Vol. 113, No. 2, pp. 286–317.

Buchholz u. a. 2012 = Buchholz, S./Imdorf, C./Hupka Brunner, S./Blossfeld, H. P. (2012): Sind leistungsschwache Jugendliche tatsächlich nicht ausbildungsfähig? Eine Analyse zur beruflichen Qualifizierung von Jugendlichen mit geringen kognitiven Kompetenzen im Nachbarland Schweiz. In: Kölner Zeitschrift für Soziologie und Sozialpsychologie, Jg. 64, H. 4, S. 701–727.

Bundesamt für Migration und Flüchtlinge (BAMF) (Hrsg.) (2008): Migrationsbericht des Bundesamtes für Migration und Flüchtlinge im Auftrag der Bundesregierung. Migrationsbericht 2007. – Nürnberg. – URL: https://www.bamf.de/SharedDocs/Anlagen/DE/Publikationen/Migrationsberichte/migrationsbericht-2007.pdf?__blob=publicationFile – Download vom 19.08.2015.

Bundesamt für Migration und Flüchtlinge (BAMF) (Hrsg.) (2010): Migrationsbericht des Bundesamtes für Migration und Flüchtlinge im Auftrag der Bundesregierung. Migrationsbericht 2008. – Nürnberg. – URL: https://www.bamf.de/SharedDocs/Anlagen/DE/Publikationen/Migrationsberichte/migrationsbericht-2008.pdf?__blob=publicationFile – Download vom 19.08.2015.

Bundesamt für Migration und Flüchtlinge (BAMF) (Hrsg.) (2011): Migrationsbericht des Bundesamtes für Migration und Flüchtlinge im Auftrag der Bundesregierung. Migrationsbericht 2009. – Nürnberg. – URL: https://www.bamf.de/SharedDocs/Anlagen/DE/Publikationen/Migrationsberichte/migrationsbericht-2009.pdf?__blob=publicationFile – Download vom 19.08.2015.

Bundesamt für Migration und Flüchtlinge (BAMF) (Hrsg.) (2012): Migrationsbericht des Bundesamtes für Migration und Flüchtlinge im Auftrag der Bundesregierung. Migrationsbericht 2010. – Nürnberg. – URL: https://www.bamf.de/SharedDocs/Anlagen/DE/Publikationen/Migrationsberichte/migrationsbericht-2010.pdf?__blob=publicationFile – Download vom 19.08.2015.

Bundesamt für Migration und Flüchtlinge (BAMF) (Hrsg.) (2013): Migrationsbericht des Bundesamtes für Migration und Flüchtlinge im Auftrag der Bundesregierung. Migrationsbericht 2011. – Nürnberg. – URL: https://www.bamf.de/SharedDocs/Anlagen/DE/Publikationen/Migrationsberichte/migrationsbericht-2011.pdf?__blob=publicationFile – Download vom 19.08.2015.

Bundesamt für Migration und Flüchtlinge (BAMF) (Hrsg.) (2014a): BAMF-Jahresbericht des Beirats für Forschungsmigration gemäß § 38d Abs. 3 Aufenthaltsverordnung. – Nürnberg. – URL: https://www.bamf.de/SharedDocs/Anlagen/DE/Downloads/Infothek/Forschung/BeiratForschungsmigration/jb7-beirat-forschungsmigration.pdf?__blob=publicationFile – Download vom 22.02.2016.

Bundesamt für Migration und Flüchtlinge (BAMF) (Hrsg.) (2014b): Migrationsbericht des Bundesamtes für Migration und Flüchtlinge im Auftrag der Bundesregierung. Migrationsbericht 2012 – Nürnberg. – URL: http://www.bamf.de/SharedDocs/Anlagen/DE/Publikationen/Migrationsberichte/migrationsbericht-2012.pdf?_blob=publicationFile – Download vom 19.08.2015.

Bundesamt für Migration und Flüchtlinge (BAMF) (Hrsg.) (2014c): Beschäftigung ausländischer Absolventen deutscher Hochschulen. Ergebnisse der BAMF-Absolventenstudie 2013. – Nürnberg. – URL: https://www.bamf.de/SharedDocs/Anlagen/DE/Publikationen/Forschungsberichte/fb23-hochschulabsolventen.pdf?__blob=publicationFile – Download vom 15.12.2015.

Bundesamt für Migration und Flüchtlinge (BAMF) (Hrsg.) (2015a): Das Bundesamt in Zahlen 2014. Asyl, Migration und Integration. – Nürnberg. – URL: https://www.bamf.de/SharedDocs/Anlagen/DE/Publikationen/Broschueren/bundesamt-in-zahlen-2014.pdf?__blob=publicationFile – Download vom 19.08.2015.

Bundesamt für Migration und Flüchtlinge (BAMF) (Hrsg.) (2015b): Migrationsbericht des Bundesamtes für Migration und Flüchtlinge im Auftrag der Bundesregierung. Migrationsbericht 2013. – Nürnberg. – URL: http://www.bmi.bund.de/SharedDocs/Downloads/DE/Broschueren/2014/migrationsbericht_2013_de.pdf?__blob=publicationFile – Download vom 19.08.2015.

Bundesamt für Migration und Flüchtlinge (BAMF) (Hrsg.) (2015c): Bericht zur Integrationskursgeschäftsstatistik für das Jahr 2014. – Nürnberg. – URL: http://www.bamf.de/SharedDocs/Anlagen/DE/Downloads/Infothek/Statistik/Integration/2014-integrationskursgeschaeftsstatistik-gesamt_bund.pdf?__blob=publicationFile – Download vom 19.08.2015.

Bundesamt für Migration und Flüchtlinge (BAMF) (Hrsg.) (2015d): Wanderungsmonitoring: Erwerbsmigration nach Deutschland. Jahresbericht 2014. – Nürnberg. – URL: http://www.bamf.de/SharedDocs/Anlagen/DE/Publikationen/Broschueren/wanderungsmonitoring-2014.pdf?__blob=publicationFile – Download vom 19.01.2016.

Bundesamt für Migration und Flüchtlinge (BAMF) (Hrsg.) (2015e): BAMF-Kurzanalyse. Ausgabe 01/2016 der Kurzanalysen des Forschungszentrums Migration, Integration und Asyl des Bundesamtes für Migration und Flüchtlinge. Asylberechtigte und anerkannte Flüchtlinge in Deutschland. Qualifikationsstruktur, Arbeitsmarktbeteiligung und Zukunftsorientierungen. – Nürnberg. – URL: http://www.bamf.de/SharedDocs/Anlagen/DE/Publikationen/Kurzanalysen/kurzanalyse1_qualifikationsstruktur_asylberechtigte.pdf?__blob=publicationFile – Download vom 04.02.2016.

Bundesamt für Migration und Flüchtlinge (BAMF) (Hrsg.) (2016a): Migrationsbericht des Bundesamtes für Migration und Flüchtlinge im Auftrag der Bundesregierung. Migrationsbericht 2014. – Nürnberg. – URL: http://www.bamf.de/SharedDocs/Anlagen/DE/Publikationen/Migrationsberichte/migrationsbericht-2014.pdf?__blob=publicationFile – Download vom 20.01.2016.

Bundesamt für Migration und Flüchtlinge (BAMF) (Hrsg.) (2016b): Migrationsbericht des Bundesamtes für Migration und Flüchtlinge im Auftrag der Bundesregierung. Migrationsbericht 2014. Zentrale Ergebnisse. – Nürnberg. – URL: https://www.bamf.de/SharedDocs/Anlagen/DE/Publikationen/Migrationsberichte/migrationsbericht-2014-zentrale-ergebnisse.pdf?__blob=publicationFile – Download vom 19.01.2016.

Bundesamt für Migration und Flüchtlinge (BAMF) (Hrsg.) (2016c): Aktuelle Zahlen zu Asyl. Ausgabe: Dezember 2015. Tabellen, Diagramme, Erläuterungen. – Nürnberg. – URL: https://www.bamf.de/SharedDocs/Anlagen/DE/Downloads/Infothek/Statistik/Asyl/statistik-anlage-teil-4-aktuelle-zahlen-zu-asyl.pdf?__blob=publicationFile – Download vom 20.01.2016.

Bundesamt für Migration und Flüchtlinge (BAMF) (Hrsg.) (2016d): Asylgeschäftsstatistik für den Monat Dezember 2015. – Nürnberg. – URL: https://www.bamf.de/SharedDocs/Anlagen/DE/Downloads/Infothek/Statistik/Asyl/201512-statistik-anlage-asyl-geschaeftsbericht.pdf?__blob=publicationFile – Download vom 20.01.2016.

Bundesinstitut für Berufsbildung (BIBB) (Hrsg.) (2013): Internetversion des BIBB-Datenreports zum Berufsbildungsbericht 2013. Informationen und Analysen zur Entwicklung der beruflichen Bildung. – Bonn. – URL: http://datenreport.bibb.de/media2013/BIBB_Datenreport_2013.pdf – Download vom 19.08.2015.

Bundesministerium des Innern (BMI) (2016): 2015: Mehr Asylanträge in Deutschland als jemals zuvor. – Berlin. – URL: http://www.bmi.bund.de/SharedDocs/Pressemitteilungen/DE/2016/01/asylantraege-dezember-2015.html;jsessionid=D8EAF9A87BAE8837E331419630505BAE.2_cid287 – Download vom 26.01.2016.

Bundesministerium für Bildung und Forschung (BMBF) (Hrsg.) (2014): Weiterbildungsverhalten in Deutschland 2014. Ergebnisse des Adult education survey – AES Trendbericht. – Bonn. – URL: https://www.bmbf.de/pub/Weiterbildungsverhalten_in_Deutschland_2014.pdf – Download vom 20.11.2015.

Bundesministerium für Bildung und Forschung (BMBF) (Hrsg.) (2015): Wettbewerb offene Hochschulen. – Bonn. – URL: http://www.wettbewerb-offene-hochschulen-bmbf.de/ – Download vom 19.11.2015.

Bundesministerium für Familie, Senioren, Frauen und Jugend (BMFSFJ) (2015a): Für mehr Qualität in Kitas: Bund stellt weitere 100 Millionen Euro pro Jahr bereit. – Berlin. – URL: http://www.bmfsfj.de/BMFSFJ/kinder-und-jugend,did=208488.html – Download vom 04.02.2016.

Bundesministerium für Familie, Senioren, Frauen und Jugend (BMFSFJ) (2015b): Bundesprogramm Sprach-Kitas. Weil Sprache der Schlüssel zur Welt ist. Über das Programm. – Berlin. – URL: http://sprach-kitas.fruehe-chancen.de/ – Download vom 04.02.2016.

Bundesvereinigung der Deutschen Arbeitgeberverbände (BDA) (Hrsg.) (2015): Arbeitsmarktpotenziale von Asylsuchenden und Geduldeten zukunftsorientiert nutzen. Aktualisiertes Positionspapier zum Arbeitsmarktzugang von Asylsuchenden und Geduldeten. 12.06.2015. – Berlin. – URL: http://www.arbeitgeber.de/www%5Carbeitgeber.nsf/res/Popa-zum-Arbeitsmarktzugang-von-Asylbewerbern.pdf/$file/Popa-zum-Arbeitsmarktzugang-von-Asylbewerbern.pdf – Download vom 20.08.2015.

Calderon, M./Slavin, R./Sanchez, M. (2011): Effective instruction for English learners. In: The Future of Children, Vol. 21, No. 1, pp. 103–127.

Card, D. (2012): Comment: The elusive search for negative wage impacts of immigration. In: Journal of the European Economic Association, Vol. 10, No. 1, pp. 211–215.

Castillo u. a. 2014 = Castillo, L. G./Cano, M. A./Yoon, M./Jung, E./Brown, E. J./ Zamboanga, B. L./Kim, S. Y./Schwartz, S. J./Cheng, C./Lee, F./Benet-Martínez, V./Huynh, Q. (2014): Variations in multicultural experience: Influence of bicultural identity integration on socio-cognitive processes and outcomes. In: Benet-Martínez, V./Hong, Y. (Eds.): The Oxford handbook of multicultural identity. – New York: Oxford University Press, pp. 276–299.

Castillo u. a. 2015 = Castillo, L. G./Cano, M. A./Yoon, M./Jung, E./Brown, E. J./ Zamboanga, B. L./Kim, S. Y./Schwartz, S. J./Huynh, Q.-L./Weisskirch R. S./ Whitbourne, S. K. (2015): Factor structure and factorial invariance of the multidimensional acculturative stress inventory. In: Psychological Assessment, Vol. 27, No. 3, pp. 915–924.

Cattaneo, C./Fiorio C. V./Peri, G. (2015): What happens to the careers of European workers when immigrants “take their jobs”? In: Journal of Human Resources, Vol. 50, No. 3, pp. 655–693.

Chen, S. X. (2015): Toward a social psychology of bilingualism and biculturalism. In: Asian Journal of Social Psychology, Vol. 18, No. 1, pp. 1–11.

Cheng u. a. 2010 = Cheng, L./Li, M./Kirby, J. R./Quiang, H./Wade-Woolley, L. (2010): English language immersion and students’ academic achievement in English, Chinese and mathematics. In: Evaluation & Research in Education, Vol. 23, No. 3, pp. 151–169.

Chiswick, B. R. (1991): Speaking, reading, and earnings among low-skilled immigrants. In: Journal of Labor Economics, Vol. 9, No. 2, pp. 149–170.

Costa, J. (2015): Flüchtlinge bereichern. In: Betrifft Kinder, 12. Jg., H. 1–2, S. 14–19.

Cummins, J. (1981): The role of primary language development in promoting educational success for language minority students. In: Schooling and Language Minority Students. – Sacramento: California Department of Education, pp. 3–49.

Cummings, J. (2008): Total immersion or bilingual education? Findings of international research on promoting immigrant children's achievement in the primary school. In: Ramseger, J./Wagener, M. (Eds.): Chancenungleichheit in der Grundschule. Ursachen und Wege aus der Krise. – Wiesbaden: VS Verlag für Sozialwissenschaften, S. 45–55.

D'Amuri, F./Ottaviano, G. I. P./Peri, G. (2010): The labor market impact of immigration in Western Germany in the 1990s. In: European Economic Review, Vol. 54, No. 4, pp. 550–570.

Decker, O./Kiess, J./Brähler, E. (2015): Rechtsextreme Einstellung in den Bundesländern. In: Decker, O./Kiess, J./Brähler, E. (Hrsg.): Rechtsextremismus der Mitte und sekundärer Autoritarismus. – Gießen: Psychosozial-Verlag, S. 71–80.

Derboven, W./Winker, G. (2010): „Tausend Formeln und dahinter keine Welt". Eine geschlechtersensitive Studie zum Studienabbruch in den Ingenieurwissenschaften. In: Beiträge zur Hochschulforschung, Jg. 32, H. 1, S. 56–78.

Deutscher Akademischer Austauschdienst (DAAD) (2012): Bewährte Vielfalt – PROFIN. Bilanz zum Programm zur Förderung der Integration ausländischer Studierender. – Berlin: RAABE Fachverlag für Wissenschaftsinformation.

Deutscher Akademischer Austauschdienst/Deutsches Zentrum für Hochschul- und Wissenschaftsforschung (DAAD/DZHW) (2015): Wissenschaft weltoffen. Daten und Fakten zur Internationalität von Studium und Forschung in Deutschland. – Bielefeld: Bertelsmann.

Deutscher Bundestag (2016): Antwort der Bundesregierung auf die Kleine Anfrage der Abgeordneten Ulla Jelpke, Frank Tempel, Sevim Dağdelen, weiterer Abgeordneter und der Fraktion DIE LINKE. – Drucksache 18/7248 – Ergänzende Informationen zur Asylstatistik für das Jahr 2015. – Drucksache 18/7625. – Köln: Bundesanzeiger Verlag.

Deutsches Institut für Medizinische Dokumentation und Information (Hrsg.) (2015): Internationale statistische Klassifikation der Krankheiten und verwandter Gesundheitsprobleme. 10. Revision. German Modification. ICD-10-GM Version 2016. – URL: https://www.dimdi.de/static/de/klassi/icd-10-gm/kodesuche/onlinefassungen/htmlgm2016/ – Download vom 30.09.2015.

Deutsches Jugendinstitut (DJI) (2015): Qualifizierungsoffensive „Sprachliche Bildung und Förderung für Kinder unter Drei". – URL: http://www.dji.de/index.php?id=43298&L=0 – Download vom 19.11.2015.

Deutsches Studentenwerk (2015): Spezieller Service für internationale Studierende: das Servicepaket. – Berlin. – URL: http://www.internationale-studierende.de/service/internationales/servicepaket/ – Download vom 19.11.2015.

Die Bundesbeauftragte für Migration, Flüchtlinge und Integration (Hrsg.) (2014): 10. Bericht der Beauftragten der Bundesregierung für Migration, Flüchtlinge und Integration über die Lage der Ausländerinnen und Ausländer in Deutschland (Oktober 2014). – Berlin. – URL: https://www.bundesregierung.de/Content/DE/_Anlagen/IB/2014-10-29-Lagebericht-lang.pdf?__blob=publicationFile&v=4 – Download vom 19.08.2015.

Die Bundesregierung (2015): Flucht und Asyl. Wir helfen Menschen in Not. Fragen und Antworten. – Berlin. – URL: http://www.bundesregierung.de/Webs/Breg/DE/Themen/Fluechtlings-Asylpolitik/4-FAQ/_node.html – Download vom 23.11.2015.

Diefenbach, H./Nauck, B. (1997): Bildungsverhalten als strategische Praxis. Ein Modell zur Erklärung der Reproduktion von Humankapital in Migrantenfamilien. In: Soziale Welt, Sonderband 12, S. 277–291.

Diehl, C./Preisendörfer, P. (2007): Gekommen, um zu bleiben? Bedeutung und Bestimmungsfaktoren der Bleibeabsicht von Neuzuwanderern in Deutschland. In: Soziale Welt, 58. Jg., H. 1, S. 5–28.

Diller, A. (2006): Eltern-Kind-Zentren. Grundlagen und Rechercheergebnisse. München: Deutsches Jugendinstitut (DJI). – URL: http://www.dji.de/fileadmin/user_upload/bibs/4EKZ-Grundlagenbericht.pdf – Download vom 14.10.2015.

Dölemeyer, B. (2006): Die Hugenotten. – Stuttgart: Kohlhammer, S. 51f.

Dustmann, C. (1999): Temporary migration, human capital, and language fluency of migrants. In: Scandinavian Journal of Economics, Vol. 101, No. 2, pp. 297–314.

Dustmann, C. (2008): Return migration, investment in children, and intergenerational mobility: Comparing sons of foreign- and native-born fathers. In: Journal of Human Resources, Vol. 43, No. 2, pp. 299–324.

Dustmann, C./Frattini, T./Preston, I. (2013): The Effect of immigration along the distribution of wages. In: Review of Economic Studies, Vol. 80, No. 1, pp. 145–173.

Dustmann, C./Glitz, A. (2011): Migration and education. In: Hanushek, E. A./Machin, S./Wößmann L. (Eds.): Handbook of the economics of education. – Amsterdam: North-Holland, pp. 327–439.

Dustmann, C./Görlach, J. S. (2015): The economics of temporary migrations. IZA Working Paper No. 5188. – URL: https://ideas.repec.org/p/ces/ceswps/_5188.html – Download vom 20.08.2015.

Dustmann, C./Preston, I. (2012): Comment: Estimating the effect of immigration on wages. In: Journal of the European Economic Association, Vol. 10, No. 1, pp. 216–223.

Dustmann, C./Soest, A. van (2002): Language and the earnings of immigrants. In: Industrial and Labor Relations Review, Vol. 55, No. 3, pp. 473–492.

Ebert, J./Heublein, U. (2015): Studienabbruch an deutschen Hochschulen: ein Überblick zum Umfang, zu den Ursachen und zu den Voraussetzungen der Prävention. In: Qualität in der Wissenschaft, 9. Jg., H. 3–4, S. 67–73.

Ehlers, A./Wild, J. (2015): Cognitive therapy for PTSD: Updating memories and meanings of trauma. In: Schnyder, U./Cloitre, M. (Eds.): Evidence based Treatments for Trauma-related psychological Disorders: A practical Guide for Clinicians. – Cham: Springer, pp. 161–187.

Ehmke, T./Stanat, P./Klieme, E. (2013): Veränderungen der Lesekompetenz von PISA 2000 nach PISA 2009. Die Rolle von Unterschieden in den Bildungswegen und in der Zusammensetzung der Schülerschaft. In: Zeitschrift für Pädagogik, 59. Beiheft, S. 132–150.

Eickelmann, B./Gerick, J./Bos, W. (2014): Die Studie ICILS 2013 im Überblick – Zentrale Ergebnisse und Entwicklungsperspektiven. In: Bos, W./Eickelmann, B./Gerick, J./Goldhammer, F./Schaumburg, H./Schwippert, K./Senkbeil, M./Schulz-Zander, R./Wendt, H. (Hrsg.): ICILS 2013: Computer- und informationsbezogene Kompetenzen von Schülerinnen und Schülern in der 8. Jahrgangsstufe im internationalen Vergleich. – Münster: Waxmann, S. 9–31.

Eisenstadt, S. (1952): The process of absorption of new immigrants in Israel. – London: Tavistock Publication.

Eisenstadt, S. (1954): Absorption of immigrants. Comparative study based mainly on the Jewish community in Palestine and the state of Israel. – London: Routledge & Kegan Paul.

Eldering, L./Vedder, P. (1999): The Dutch experience with the home intervention program for preschool youngsters (HIPPY). In: Eldering, L./Leseman, P. P. M. (Eds.): Effective Early education. Cross-cultural perspectives. – New York: Falmer Press, pp. 259–285.

Erdmenger, T./Pasternack, P. (2011): Hochschulen, demografischer Wandel und Regionalentwicklung. Der Fall Sachsen-Anhalt. In: WZW-Arbeitsberichte 2. – Wittenberg: WZW Wissenschaftszentrum Sachsen-Anhalt.

Esser, H. (2001): Integration und ethnische Schichtung. – Mannheim: Zentrum für Europäische Sozialforschung.

Esser, H. (2006): Sprache und Integration: Die sozialen Bedingungen und Folgen des Spracherwerbs von Migranten. – Frankfurt: Campus.

Esser, U. M./Gillessen, M./Maiworm, F. (2014): Ergebnisbericht zur Evaluierung des DAAD Programms „STIBET I und STIBET III Matching Funds“. – Bonn: DAAD, DOK & MAT.

Europäische Kommission (2015): A first assessment of the macroeconomic impact of the refugee influx. – URL: http://ec.europa.eu/economy_finance/eu/forecasts/2015_autumn/box1_en.pdf – Download vom 19.11.2015.

Europäischer Sozialfonds (ESF) (2014): Auf- und Ausbau von Strukturen der wissenschaftlichen Weiterbildung an Hochschulen in Baden-Württemberg. – URL: http://www.esf-bw.de/esf/uploads/media/Ausschreibung-WB-Einheiten_27.05.2015_SM_MWK_01.pdf – Download vom 19.11.2015.

European Area of Recognition – Higher Education Institutions (EAR HEI) Project (2013): The European recognition manual for higher education institutions. Practical guidelines for credential evaluators and admissions officers to provide fair and flexible recognition of foreign degrees and studies abroad. – The Hague.

Farrokhzad u. a. 2011 = Farrokhzad, S./Ottersbach, M./Tunç, M./Meuer-Willuweit, A. (2011): Verschieden, gleich, anders? Geschlechterarrangements im intergenerationalen und interkulturellen Vergleich. – Wiesbaden: VS Verlag für Sozialwissenschaften.

Felbermayr, G./Geis, W./Kohler, W. (2010): Restrictive immigration policy in Germany: Pains and gains foregone? In: Review of World Economics, Vol. 146, No. 1, pp. 1–21.

Fraunhofer, A./Lewin, D./Meidenbauer, A. (2014): Berufsbegleitend studieren – neue Zielgruppen an der Hochschule. In: Düll, N./von Helmolt, K./Peral, B./Rappenglück, S./Thurau, L. (Hrsg.): Migration und Hochschule. Herausforderungen für Bildung und Politik. – München: ibidem, S. 75–93.

Friedrich, L./Smolka, A. (2012): Konzepte und Effekte familienbildender Angebote für Migranten zur Unterstützung frühkindlicher Förderung. In: Zeitschrift für Familienforschung, 24. Jg., H. 2, S. 178–198.

Füssel u. a. 2010 = Füssel, H.-P./Gresch, C./Baumert, J./Maaz, K. (2010): Der institutionelle Kontext von Übergangsentscheidungen: Rechtliche Regelungen und die Schulformwahl am Ende der Grundschulzeit. In: Maaz, K./Baumert, J./Gresch, C./McElvany, N. (Hrsg.): Der Übergang von der Grundschule in die weiterführende Schule. Leistungsgerechtigkeit und regionale, soziale und ethnisch-kulturelle Disparitäten. – Berlin: Bundesministerium für Bildung und Forschung, S. 87–106.

Gag, M./Voges, F. (2014): Inklusion auf Raten. Zur Teilhabe von Flüchtlingen an Ausbildung und Arbeit. – Münster: Waxmann.

Gärtner, C. (2013): Religiöse Identität und Wertbindungen von Jugendlichen in Deutschland. In: Kölner Zeitschrift für Soziologie und Sozialpsychologie, 65. Jg., H. 1, S. 211–233.

Gaus, H./Rech, J. (2012): PROFIN auf dem Prüfstand. Ziel erreicht, es gibt jedoch noch viel zu tun. In: Deutscher Akademischer Austauschdienst (Hrsg.): Bewährte Vielfalt – PROFIN. Bilanz zum Programm zur Förderung der Integration ausländischer Studierender. – Bonn, S. 32–33.

Genesee, F. (2015): Myths about early childhood bilingualism. In: Canadian Psychology – Psychologie Canadienne, Vol. 56, No. 1, pp. 6–15.

Genesee, F./Jared, D. (2008): Literacy development in early French immersion programs. In: Canadian Psychology – Psychologie Canadienne, Vol. 49, No. 2, pp. 140–147.

Gensch, K./Kliegl, C. (2011): Studienabbruch – was können Hochschulen dagegen tun? Bewertung der Maßnahmen aus der Initiative „Wege zu mehr MINT-Absolventen“. In: Studien zur Hochschulforschung 80. – München: IHF Bayerisches Staatsinstitut für Hochschulforschung und Hochschulplanung.

Gensch, K./Sandfuchs, G. (2007): Den Einstieg in das Studium erleichtern: Unterstützungsmaßnahmen für Studienanfänger an Fachhochschulen. In: Beiträge zur Hochschulforschung, Jg. 29, H. 2, S. 6–37.

Gesellschaft für Beteiligungen und Immobilienentwicklungen AG (GBI AG) (2015): GBI Hochschulstädte Scoring 2015. – Hamburg.

Gesellschaft für Konsum-, Markt- und Absatzforschung (GfK-Verein) (2015): Die Deutschen sorgen sich über Zuwanderung. Ergebnisse der „challenges of Nations" des GfK-Vereins, Nürnberg. – URL: http://www.gfk-verein.org/presse/die-deutschen-sorgen-sich-ueber-zuwanderung – Download vom 30.06.2015.

Glaesmer u. a. 2009 = Glaesmer, H./Wittig, U./Brähler, E./Martin, A./Mewes, R./Rief, W. (2009): Sind Migranten häufiger von psychischen Störungen betroffen? Eine Untersuchung an einer repräsentativen Stichprobe der deutschen Allgemeinbevölkerung. In: Psychiatrische Praxis, 36. Jg., H. 1, S. 16–22.

Glitz, A. (2012): The labor market impact of immigration: A quasi-experiment exploiting immigrant location rules in Germany. In: Journal of Labor Economics, Vol. 30, No. 1, pp. 175–213.

Glock, S./Krolak-Schwerdt, S. (2013): Does nationality matter? The impact of stereotypical expectations on student teachers' judgments. In: Social Psychology of Education, No. 16, pp. 111–127.

Gogolin, I. (2010): Stichwort: Mehrsprachigkeit. In: Zeitschrift für Erziehungswissenschaft, 13. Jg., H. 4, S. 529–547.

Gogolin, I./Neumann, U./Roth, H.-J. (2003): Förderung von Kindern und Jugendlichen mit Migrationshintergrund, BLK-Gutachten. – Bonn: Bundesministerium für Bildung und Forschung.

Gorodzeisky u. a. 2014 = Gorodzeisky, A./Sarid, O./Mirsky, J./Slonim-Nevo, V. (2014): Immigrant families: Mothers' and fathers' proficiency in a host-country language and psychological well-being of daughters and sons. In: Journal of Cross-Cultural Psychology, Vol. 45, No. 5, pp. 713–727.

Gresch, C./Becker, M. (2010): Sozial- und leistungsbezogene Disparitäten im Übergangsverhalten bei türkischstämmigen Kindern und Kindern aus (Spät-)Aussiedlerfamilien. In: Maaz, K./Baumert, J./Gresch, C./McElvany, N. (Hrsg.): Der Übergang von der Grundschule in die weiterführende Schule. Leistungsgerechtigkeit und regionale, soziale und ethnisch-kulturelle Disparitäten. – Berlin: Bundesministerium für Bildung und Forschung, S. 181–199.

Gresch, C./Kristen, C. (2011): Staatsbürgerschaft oder Migrationshintergrund? Ein Vergleich unterschiedlicher Operationalisierungsweisen am Beispiel der Bildungsbeteiligung. In: Zeitschrift für Soziologie, 40. Jg., H. 3, S. 208–227.

Gronostaj, P. (2015): Karriere im zweiten Anlauf: SWITCH – Die Full-Service-Agentur für Studienabbrecher/-innen. In: Qualität in der Wissenschaft, 9. Jg., H. 3–4, S. 124–III.

Gröschner u. a. 2014 = Gröschner, A./Seidel, T./Kiemer, K./Pehmer, A.-K. (2014): Through the lens of teacher professional development components: The dialogic "video cycle" as an innovative program to foster classroom dialogue. In: Professional Development in Education, Vol. 41, No. 4, pp. 729–756.

Grundschule Kleine Kielstraße (2015): Homepage der Grundschule Kleine Kielstraße. – URL: http://grundschule-kleinekielstrasse.de – Download vom 22.09.2015.

Haag, N./Böhme, K./Stanat, P. (2012): Zuwanderungsbezogene Disparitäten. In: Stanat, P./Pant, H. A./Böhme K./Richter, D. (Hrsg.): Kompetenzen von Schülerinnen und Schülern am Ende der vierten Jahrgangsstufe in den Fächern Deutsch und Mathematik. Ergebnisse des IQB-Ländervergleichs 2011. – Münster: Waxmann, S. 209–233.

Haag u. a. 2013 = Haag, N./Heppt, B./Stanat, P./Kuhl, P./Pant, H. A. (2013): Second language learners' performance in mathematics. Disentangling the effects of academic language features. In: Learning & Instruction, Vol. 28, pp. 24–34.

Hailbronner, K. (im Druck): Ausländerrecht. – 84. Ergänzungslieferung.

Han, P. (2010): Soziologie der Migration. Erklärungsmodelle, Fakten, Politische Konsequenzen, Perspektiven. – Stuttgart: UTB, S. 43–46.

Hanganu, E. (2015): Bleibequoten von internationalen Studierenden im Zielstaaten-Vergleich. – Nürnberg: Forschungszentrum Migration, Integration und Asyl im Bundesamt für Migration und Flüchtlinge.

Hanganu, E./Heß, B. (2014): Beschäftigung ausländischer Absolventen deutscher Hochschulen. Ergebnisse der BAMF-Absolventenstudie 2013. – Nürnberg: Bundesamt für Migration und Flüchtlinge, Forschungsbericht 23.

Hannover u. a. 2013 = Hannover, B./Morf, C. C./Neuhaus, J./Rau, M./Wolfgramm, C./Zander-Musić, L. (2013): How immigrant adolescents' self-views in school and family context relate to academic success in Germany. In: Journal of Applied Social Psychology, Vol. 43, No. 1, pp. 175–189.

Härtig u. a. 2012 = Härtig, H./Pehlke, C./Fischer, H. E./Schmeck, A. (2012): Sind Fachsprache und Fachwissen bezogen auf Physik unterscheidbar? In: Zeitschrift für Didaktik der Naturwissenschaften, Jg. 18, S. 381–390.

Hartung, S./Kluwe, S./Sahrai, D. (2009): Elternbildung und Elternpartizipation in Settings. Eine programmspezifische und vergleichende Analyse von Interventionsprogrammen in Kita, Schule und Kommune. Abschlussbericht Bielefelder Evaluation von Elternedukationsprogrammen (BEEP). – Bielefeld.

Heckman, J. J. (2008): The case for investing in disadvantaged young children. In: Big Ideas for Children: Investing in our Nation's Future. – Washington: First Focus, pp. 49–58.

Heese, R./Rappenglück, S. (2014): Mehr Heterogenität in Lehrveranstaltungen? Ja, gerne! Überlegungen zu einer „differenziell-inklusiven Didaktik“ für multikulturelle Studiengruppen in berufsbegleitenden Studiengängen. In: Düll, N./von Helmolt, K./Peral, B. P./Rappenglück, S./Thurau, L. (Hrsg.): Migration und Hochschule. Herausforderungen für Politik und Bildung. – Stuttgart: ibidem, S. 153–175.

Hensel-Dittmann u. a. 2011 = Hensel-Dittmann, D./Schauer, M./Ruf, M./Catani, C./Odenwald, M./Elbert, T./Neuner, F. (2011): Treatment of traumatized victims of war and torture: A randomized controlled comparison of narrative exposure therapy and stress inoculation training. In: Psychotherapy & Psychosomatics, Vol. 80, No. 6, pp. 345–352.

Herwartz-Emden, L./Waburg, W./Westphal, M. (2014): Erziehung in Aussiedlerfamilien im interkulturellen Vergleich. In: Bildung und Erziehung, 67. Jg., H. 2, S. 171–185.

Heublein, U. (2015): Von den Schwierigkeiten des Ankommens. Überlegungen zur Studiensituation ausländischer Studierender an den deutschen Hochschulen. In: Die Neue Hochschule, 15. Jg., H. 1, S. 14–17.

Heublein, U./Sommer, D./Weitz, B. (2004): Studienverlauf im Ausländerstudium. Eine Untersuchung an vier ausgewählten Hochschulen. – Bonn: DAAD, Reihe Dok & Mat.

Heublein u. a. 2010 = Heublein, U./Hutzsch, C./Schreiber, J./Sommer, D./Besuch, G. (2010): Ursachen des Studienabbruchs in Bachelor- und in herkömmlichen Studiengängen. Ergebnisse einer bundesweiten Befragung von Exmatrikulierten des Studienjahres 2007/08. In: Forum Hochschule, H. 2. – Hannover: DZHW.

Heublein u. a. 2014 = Heublein, U./Richter, J./Schmelzer, R./Sommer, D. (2014): Die Entwicklung der Studienabbruchquoten an den deutschen Hochschulen. Statistische Berechnungen auf Basis des Absolventenjahrgangs 2012. In: Forum Hochschule, H. 4. – Hannover: DZHW.

Heublein u. a. 2015 = Heublein, U./Ebert, J./Hutzsch, C./Isleib, S./Richter, J./Schreiber, J. (2015): Studienbereichsspezifische Qualitätssicherung im Bachelorstudium. Befragung der Fakultäts- und Fachbereichsleitungen zum Thema Studienerfolg und Studienabbruch. In: Forum Hochschule, H. 3. – Hannover: DZHW.

Hilbrenner, A. (2004): Jüdische Wanderungen nach den Teilungen Polens: Migration zwischen Topos und Vertreibungserfahrungen. In: Beer, M./ Dahlmann, D. (Hrsg.): Über die trockene Grenze und über das offene Meer: Binneneuropäische und transatlantische Migrationen im 18. und 19. Jahrhundert. – Essen: Klartext, S. 107–118.

Hochman, O./Davidov, E. (2014): Relations between second-language proficiency and national identification: The case of immigrants in Germany. In: European Sociological Review, Vol. 30, No. 3, pp. 344–359.

Hochschule der Bundesagentur für Arbeit (HdBA) (2015): Erasmus+ – EU-Projekt „PrevDrop“: Erkennen und Vorbeugen von Abbrüchen aus der Hochschulbildung und Unterstützung von Studierenden beim Wechsel in eine erfolgreiche Berufsausbildung. – URL: http://www.hdba.de/forschung/projekte/prevdrop/ – Download vom 19.11.2015.

Hochschulrektorenkonferenz (HRK) (2015): Hochschulen und Flüchtlinge. – URL: http://www.hrk.de/themen/internationales/internationale-studierende/fluechtlinge – Download vom 19.11.2015.

Hoff, E. (2006): How social contexts support and shape language development. In: Developmental Review, Vol. 26, No. 1, pp. 55–88.

Hoffmann, H. (2006): Aus der Beratungspraxis. Was gibt's? Jugendhilferechtliche Ansprüche für Ausländer. – URL: http://www.asyl.net/fileadmin/user_upload/beitraege_asylmagazin/AM2006-06-05-Hoffmann.pdf – Download vom 26.01.2016.

Hofstede, G. (2001): Cultures' consequences: Comparing values, behaviors, institutions and organizations across nations. – Thousand Oaks: Sage.

Hong u. a. 2000 = Hong, Y./Morris, M. W./Chiu, C./Benet-Martínez, V. (2000): Multicultural minds: A dynamic constructivist approach to culture and cognition. In: American Psychologist, Vol. 55, pp. 709–720.

Hornung, E. (2014): Immigration and the Diffusion of Technology: The Huguenot Diaspora in Prussia. In: American Economic Review, Vol. 104, No. 1, pp. 84–122.

Hui u. a. 2015 = Hui, B. H./Chen, S. X./Leung, C. M./Berry, J. W. (2015): Facilitating adaptation and intercultural contact: The role of integration and multicultural ideology in dominant and non-dominant groups. In: International Journal of Intercultural Relations, Vol. 45, pp. 70–84.

Hurrelmann, K. (2006): Einführung in die Sozialisationstheorie. Über den Zusammenhang von Sozialstruktur und Persönlichkeit. – Weinheim: Beltz.

Huynh, Q.-L./Weisskirch, R. S./Whitbourne, S. K. (2015): Factor structure and factorial invariance of the multidimensional acculturative stress inventory. In: Psychological Assessment, Vol. 27, No. 3, pp. 915–924.

Igel, U./Brähler, E./Grande, G. (2010): The influence of perceived discrimination on health in migrants. In: Psychiatrische Praxis, Vol. 37, No. 4, pp. 183–190.

Impuls Deutschland (2015): Opstapje. Für Kinder zwischen 18 Monaten und 3 Jahren. – URL: http://www.impuls-familienbildung.de/opstapje.html – Download vom 10.02.2016.

Impuls Deutschland (2016): HIPPY für Familien mit Kindern zwischen 4 Jahren und dem ersten Schuljahr. – URL: http://www.impuls-familienbildung.de/hippy.html – Download vom 02.02.2016.

Infratest dimap (2015): Eine Umfrage zur politischen Stimmung im Auftrag der ARD-Tagesthemen und der Tageszeitung DIE WELT. ARD Deutschlandtrend. November 2015. – Berlin. – URL: http://www.infratest-dimap.de/fileadmin/user_upload/dt1511_bericht.pdf – Download vom 04.02.2016.

Institut für Arbeitsmarkt- und Berufsforschung (IAB) (Hrsg.) (2015a): Mehr Chancen als Risiken durch Zuwanderung. Aktuelle Berichte: Januar 2015. – Nürnberg. – URL: http://doku.iab.de/aktuell/2015/aktueller_bericht_1501.pdf – Download vom 19.08.2015.

Institut für Arbeitsmarkt- und Berufsforschung (IAB) (Hrsg.) (2015b): Aktuelle Daten und Indikatoren: Qualifikationsspezifische Arbeitslosenquoten. 16.06.2015. – Nürnberg. – URL: http://doku.iab.de/arbeitsmarktdaten/qualo_2013.pdf – Download vom 20.08.2015.

Jacob, A. K./Hermann, J./Schmidt, E. (2014): Nachqualifizierung für ausländische Akademikerinnen und Akademiker – Erste Erfahrungen aus dem Projekt ProSALAMANDER an der Universität Duisburg-Essen. In: Düll, N./von Helmolt, K./Peral, B. P./Rappenglück, S./Thurau, L. (Hrsg.): Migration und Hochschule. Herausforderungen für Politik und Bildung. – Stuttgart: ibidem, S. 95–111.

Jacob, K./Kalter, F. (2013): Intergenerational change in religious salience among immigrant families in four European countries. In: International Migration, Vol. 51, No. 3, pp. 38–56.

Jeynes, W. H. (2003): A meta-analysis: The effects of parental involvement on minority children's academic achievement. In: Education and Urban Society, Vol. 35, No. 2, pp. 202–218.

Jeynes, W. H. (2007): The relationship between parental involvement and urban secondary school student academic achievement – A meta-analysis. In: Urban Education, Vol. 42, No. 1, pp. 82–110.

Johansson, S. (2014): Forschungsstand: Begleitete Flüchtlingskinder in Deutschland. In: DJI-Impulse, 105. Jg., H. 1, S. 23–30.

Jungmann, T./Koch, K./Etzien, M. (2013): Effektivität alltagsintegrierter Sprachförderung bei ein- und zwei- bzw. mehrsprachig aufwachsenden Vorschulkindern. In: Frühe Bildung, 2. Jg., H. 2, S. 110–121.

Jurik, V./Gröschner, A./Seidel, T. (2013): How student characteristics affect girls' and boys' verbal engagement in physics instruction. In: Learning and Instruction, Vol. 23, pp. 33–42.

Kalter, F./Kogan, I. (2014): Migrant networks and labor market integration of immigrants from the former Soviet Union in Germany. In: Social Forces, Vol. 92, No. 4, pp. 1435–1456.

Kao, G./Tienda, M. (1995): Optimism and achievement: The educational performance of immigrant youth. In: Social Science Quarterly, Vol. 76, No. 1, pp. 1–19.

Karakayali, S./Kleist, O. (2015): EFA-Studie. Strukturen und Motive der ehrenamtlichen Flüchtlingsarbeit (EFA) in Deutschland. Eine Studie des Berliner Instituts für empirische Integrations- und Migrationsforschung (BIM). – Berlin: Humboldt-Universität.

Kelek, N. (2005): Die fremde Braut. Ein Bericht aus dem Inneren des türkischen Lebens in Deutschland. – Köln: Kiepenheuer & Witsch.

Kiemer, K./Gröschner, A./Seidel, T. (2015): Effects of a classroom discourse intervention on teachers' practice and students' motivation to learn mathematics and science. In: Learning and Instruction, Vol. 35, pp. 94–103.

Kiron University (2015): World-class education for refugees. – URL: https://kiron.university/ – Download vom 19.11.2015.

Klieme u. a. 2010 = Klieme, E./Artelt, C./Hartig, J./Jude, N./Köller, O./Prenzel, M./Schneider, W./Stanat, P. (Hrsg.) (2010): PISA 2009. Bilanz nach einem Jahrzehnt. – Münster: Waxmann.

Klieme u. a. 2003 = Klieme, E./Avenarius, H./Blum, W./Döbrich, P./Gruber, H./Prenzel, M./Reiss, K./Riquarts, K./Rost, J./Tenorth, H.-E./Vollmer, H. J. (2003): Zur Entwicklung nationaler Bildungsstandards: Eine Expertise. – Berlin: Bundesministerium für Bildung und Forschung.

Köller, O. (2006): Projekt Entwicklung und Implementierung eines neuen Konzeptes zur Eingliederung Jugendlicher in die Berufs- und Arbeitswelt in Schulen mit erhöhtem Förderbedarf (EIKA). Vertiefte Ausgangsanalysen im Sozialbereich der Schülerinnen und Schüler in Bremen und Bremerhaven. – Berlin: Institut zur Qualitätsentwicklung im Bildungswesen.

Köller, O./Knigge, M./Tesch, B. (Hrsg.) (2010): Sprachliche Kompetenzen im Ländervergleich. – Münster: Waxmann.

Köller, O./Leucht, M./Pant, H. A. (2012): Effekte bilingualen Unterrichts auf die Englischleistungen in der Sekundarstufe I. In: Unterrichtswissenschaft, 40. Jg., H. 4, S. 336–353.

Koppel, O./Plünnecke, A. (2008): Wachstums- und Fiskaleffekte von Maßnahmen gegen Fachkräftemangel in Deutschland – Bildungsökonomische Analyse und politische Handlungsempfehlungen insbesondere im MINT-Bereich. Endbericht für das Bundesministerium für Wirtschaft und Technologie. Köln: Institut der deutschen Wirtschaft. – URL: http://www.bmwi.de/BMWi/Redaktion/PDF/Publikationen/fiskaleffekte-fachkraeftemangel,property=pdf,bereich=bmwi2012,sprache=de,rwb=true.pdf – Download vom 20.08.2015.

Kratzmann, J./Lehrl, S./Ebert, S. (2013): Einstellungen zum Einbezug der Erstsprache im Kindergarten und deren Bedeutung für die Wortschatzentwicklung im Deutschen bei Kindern mit Migrationshintergrund. In: Frühe Bildung, 2. Jg., H. 3, S. 133–143.

Kristen u. a. 2011 = Kristen, C./Edele, A./Kalter, F./Kogan, I./Schulz, B./Stanat, P./Will, G. (2011): The education of migrants and their children across the life course. In: Blossfeld, H./Roßbach, H./von Maurice, J. (Eds.): Education as a Lifelong Process. The German National Educational Panel Study (NEPS). – Wiesbaden: VS Verlag für Sozialwissenschaften, pp. 121–137.

Kruse u. a. 2009 = Kruse, J./Joksimovic, L./Cavka, M./Wöller, W./Schmitz, N. (2009): Effects of trauma-focused psychotherapy upon war refugees. In: Journal of Traumatic Stress, Vol. 22, No. 6, pp. 585–592.

Kuger, S./Kluczniok, K. (2008): Prozessqualität im Kindergarten: Konzept, Umsetzung und Befunde. In: Zeitschrift für Erziehungswissenschaft, Sonderheft 11, S. 159–178.

Kultusministerkonferenz (KMK) (2007): Integration als Chance – gemeinsam für mehr Chancengerechtigkeit. Gemeinsame Erklärung der Kultusministerkonferenz und der Organisationen von Menschen mit Migrationshintergrund. Beschluss vom 13.12.2007. – Berlin. – URL: http://www.kmk.org/fileadmin/veroeffentlichungen_beschluesse/2007/2007_12_13-Integration.pdf – Download vom 19.08.2015.

Kultusministerkonferenz (KMK) (2013): Gemeinsame Erklärung der Kultusministerkonferenz und der Organisationen von Menschen mit Migrationshintergrund zur Bildungs- und Erziehungspartnerschaft von Schule und Eltern. Beschluss vom 10.10.2013. – Berlin. – URL: http://www.kmk.org/fileadmin/pdf/PresseUndAktuelles/2013/2013-10-10-Gemeisame_Erklaerung-KMK-Migrantenverbaende-Schule-Eltern.pdf – Download vom 19.08.2015.

Kultusministerkonferenz (KMK) (2015a): „Mit Bildung gelingt Integration!". Pressemitteilung der KMK vom 09.10.2015. – Berlin. – URL: https://www.kmk.org/presse/pressearchiv/mitteilung/kultusministerkonferenz-mit-bildung-gelingt-integration.html – Download vom 16.03.2016.

Kultusministerkonferenz (KMK) (2015b): Hochschulzugang und Hochschulzulassung für Studienbewerberinnen bzw. Studienbewerber, die fluchtbedingt den Nachweis der im Heimatland erworbenen Hochschulzugangsberechtigung nicht erbringen können. – Berlin. – URL: http://www.hrk.de/uploads/media/BS_151203_HochschulzugangHochschulzulassung_Fluechtlinge.pdf – Download vom 23.11.2015.

Kuska, S. K./Zaunbauer, A. C. M./Moeller, J. (2010): Do immersion students really perform better? A learning experiment. In: Zeitschrift für Entwicklungspsychologie und Pädagogische Psychologie, 42. Jg., H. 3, S. 143–153.

Lachenicht, S. (2010): Hugenotten in Europa und Nordamerika: Migration und Integration in der Frühen Neuzeit. – Frankfurt am Main: Campus, S. 178ff., S. 405ff., S. 452–465.

LaFromboise, T./Coleman, H. L./Gerton, J. (1993): Psychological impact of biculturalism: Evidence and theory. In: Psychological Bulletin, Vol. 114, No. 3, pp. 395–412.

Landesregierung Schleswig-Holstein (2015): Willkommen in Schleswig-Holstein! – Land und Bündnis schließen Flüchtlingspakt für bessere Integration von Anfang an. – URL: http://www.schleswig-holstein.de/DE/Landesregierung/I/Presse/PI/2015/MP/150506_stk_mp_fluechtlingspakt.html – Download vom 02.03.2016.

Lehmann, R. H./Peek, R. (1997): Aspekte der Lernausgangslage von Schülerinnen und Schülern der fünften Klassen an Hamburger Schulen. – Hamburg: Hamburger Schulbehörde.

Leisen, J. (2013): Handbuch Sprachförderung im Fach – Sprachsensibler Fachunterricht in der Praxis. – Stuttgart: Klett.

Lewis, E. (2011): Immigration, skill mix, and capital skill complementarity. In: Quarterly Journal of Economics, Vol. 126, No. 2, pp. 1029–1069.

Lewis, E. (2013): Immigration and production technology. In: Annual Review of Economics, Vol. 5, No. 1, pp. 165–191.

Leyendecker, B./Schölmerich, A./Citlak, B. (2006): Similarities and differences between first- and second-generation Turkish migrant mothers in Germany: The acculturation gap. In: Bornstein, M. H./Cote, L. R. (Eds.): Acculturation and parent-child Relationships: Measurement and Development. – Mahwah: Lawrence Erlbaum Associates Publishers, pp. 297–315.

Liedl, A./Knaevelsrud, C./Müller, J. (2014): Trauma und Schmerz. – Stuttgart: Schattauer.

Lindert u. a. 2008 = Lindert, J./Brähler, E./Wittig, U./Mielck, A./Priebe, S. (2008): Depressivität, Angst und posttraumatische Belastungsstörung bei Arbeitsmigranten, Asylbewerbern und Flüchtlingen. Systematische Übersichtsarbeit zu Originalstudien. In: Psychotherapie, Psychosomatik, Medizinische Psychologie, 58. Jg., H. 3–4 , S. 109–122.

Lipowsky, F. (2010): Lernen im Beruf – Empirische Befunde zur Wirksamkeit von Lehrerfortbildungen. In: Müller, F. H./Eichenberger, A./Lüders, M./Mayr, J. (Hrsg.): Lehrerinnen und Lehrer lernen. Konzepte und Befunde zur Lehrerfortbildung. – Münster: Waxmann, S. 51–70.

Lipowski u. a. 2011 = Lipowski, K./Jorde, D./Prenzel, M./Seidel, T. (2011): Expert views on the implementation of teacher professional development in European countries. In: Professional Development in Education, Vol. 37, No. 5, pp. 685–700.

Lisker, A. (2011): Additive Maßnahmen zur Sprachförderung im Kindergarten – Eine Bestandsaufnahme in den Bundesländern. Expertise im Auftrag des Deutschen Jugendinstituts (DJI). – München. – URL: http://www.dji.de/fileadmin/user_upload/bibs2014/Expertise_Sprachstandserhebung_Lisker_2013.pdf – Download vom 14.08.2015.

Lokhande, M./Hoeft, M./Wendt, H. (2014): Eltern als Bildungspartner: Wie Beteiligung an Grundschulen gelingen kann. – Berlin: Sachverständigenrat deutscher Stiftungen für Integration und Migration.

Ludwig-Maximilians-Universität (LMU) (2015a): Diversity Management der Zentralen Studienberatung (Lehre@LMU). – München. – URL: http://www.uni-muenchen.de/studium/beratung/beratung_service/beratung_lmu/diversity/index.html – Download vom 19.11.2015.

Ludwig-Maximilians-Universität (LMU) (2015b): Herzlich Willkommen beim Peer-to-Peer-Mentoring @LMU! – München. – URL: http://www.p2p mentoring.peoplemanagement.uni-muenchen.de/index.html – Download vom 19.11.2015.

Ludwig-Maximilians-Universität (LMU) (2015c): Interkulturelle Beratungsstelle München. – München. – URL: http://www.ikberatung.ikk.uni-muenchen.de/index.html – Download vom 19.11.2015.

Ludwig-Maximilians-Universität (LMU) (2015d): Hilfsaktionen und Unterstützung für Asylsuchende. – München. – URL: http://www.ethnologie.uni-muenchen.de/aktuelles/archiv/20152901_news_vstaltungen_2014/2014_hilfsaktionen/index.html – Download vom 19.11.2015.

Maaz u. a. 2010 = Maaz, K./Baumert, J./Gresch, C./McElvany, N. (2010): Der Übergang von der Grundschule in die weiterführende Schule. Leistungsgerechtigkeit und regionale, soziale und ethnisch-kulturelle Disparitäten. – Berlin: Bundesministerium für Bildung und Forschung.

Maehler, D./Massing, N./Zabaedt, B. (2014): Grundlegende Kompetenzen Erwachsener mit Migrationshintergrund im internationalen Vergleich: PIAAC 2012. – Münster: Waxmann.

Markus, H. R./Kitayama, S. (2010): Cultures and selves: A cycle of mutual constitution. In: Perspectives on Psychological Science, Vol. 5, No. 4, pp. 420–430.

Martin u. a. 2013 = Martin, S./Helmschrott, S./Ackermann, D./Massing, N./Rammstedt, B./Häder, S. (2013): Qualitätssicherung, Design und Datenqualität. In: Rammstedt, B. (Hrsg.): Grundlegende Kompetenzen Erwachsener im internationalen Vergleich – Ergebnisse von PIAAC 2012. – Münster: Waxmann, S. 167–183.

Martiny u. a. 2014 = Martiny, S. E./Mole, S. Y./Deaux, K./Froehlich, L. (2014): Effects of activating negative stereotypes about Turkish-origin students on performance and identity management in German high schools. In: Revue Internationale de Psychologie Sociale, Vol. 27, No. 3–4, pp. 205–225.

Marx, D. M./Goff, P. A. (2005): Clearing the air: The effect of experimenter race on target's test performance and subjective experience. In: British Journal of Social Psychology, Vol. 44, No. 4, pp. 645–657.

Marx, D. M./Ko, S. J./Friedman, R. A. (2009): The "Obama effect": How a salient role model reduces race-based performance differences. In: Journal of Experimental Social Psychology, Vol. 45, No. 4, pp. 953–956.

Massumi u. a. 2015 = Massumi, M./Dewitz von, N./Grießbach, J./Terhart, H./Wagner, K./Hippmann, K./Altinay, L. (2015): Neu zugewanderte Kinder und Jugendliche im deutschen Schulsystem. – Köln: Mercator-Institut für Sprachförderung und Deutsch als Zweitsprache.

Mediendienst Integration (2015): Informationen zu Fragen der Einwanderungsgesellschaft. Zahlen und Fakten. Was denkt die Bevölkerung? – Berlin. – URL: http://mediendienst-integration.de/integration/einstellungen.html – Download vom 23.11.2015.

Mercator-Institut für Sprachförderung und Deutsch als Zweitsprache (2014): Miteinander – Stärkung fachspezifischer Sprachförderung in Theorie und Praxis. In: Forschungs- und Entwicklungsprojekte – Projektatlas. – Köln. – URL: http://www.mercator-institut-sprachfoerderung.de/fileadmin/user_upload/Mercator-Institut_Projektatlas_final_Einzelseiten_03.pdf – Download vom 19.11.2015.

Mercer, N. (2010): The analysis of classroom talk: Methods and methodologies. In: British Journal of Educational Psychology, Vol. 80, No. 1, pp. 1–14.

Michaels, S./O'Connor, C./Resnick, L. B. (2008): Deliberative discourse idealized and realized: Accountable talk in the classroom and in civic life. In: Studies in Philosophy and Education, Vol. 27, No. 4, pp. 283–297.

Michel, A./Titzmann, P. F./Silbereisen, R. K. (2012): Language shift among adolescent ethnic German immigrants: Predictors of increasing use of German over time. In: International Journal of Intercultural Relations, Vol. 36, No. 2, pp. 248–259.

Ministerium für Familie, Kinder, Jugend, Kultur und Sport des Landes Nordrhein-Westfalen (2013): Neue Wege – Familienzentren in Nordrhein-Westfalen. Eine Handreichung für die Praxis. – URL: http://www.familienzentrum.nrw.de/fileadmin/documents/pdf/publikationen/13-0167_MFKJKS_Broschuere_Neue_Wege_Web.pdf – Download vom 29.06.2015.

Ministerium für Integration, Familie, Kinder, Jugend und Frauen in Rheinland-Pfalz (2015): Flüchtlingskinder in Rheinland-Pfalz. – URL: https://kita.bildung-rp.de/Fluechtlingskinder.730.0.html – Download vom 29.06.2015.

Mirbach, T./Triebl, K./Benning, C. (2014): Auswertung Qualifikationserhebung. 2. Befragung zur Qualifikation der Teilnehmenden der Projekte des ESF-Bundesprogramms zur arbeitsmarktlichen Unterstützung für Bleibeberechtigte und Flüchtlinge mit Zugang zum Arbeitsmarkt. II. Zwischenauswertung im Rahmen der Programmevaluation. – Hamburg: Lawaetz-Stiftung.

Mödebeck, C. (2012): Studienwahlentscheidung als Lebenswegentscheidung am Beispiel des Studienfinder-Projektes an der Universität Potsdam. In: Kossack, P./Lehmann, U./Ludwig, J. (Hrsg.): Die Studieneingangsphase. Analyse, Gestaltung und Entwicklung. – Bielefeld: UVW Universitäts-VerlagWebler, S. 31–41.

Möhlen u. a. 2005 = Möhlen, H./Parzer, P./Resch, F./Brunner, R. (2005): Psychosocial support for war-traumatized child and adolescent refugees: Evaluation of a short-term treatment program. In: Australian & New Zealand Journal of Psychiatry, Vol. 39, No. 1–2, pp. 81–87.

Muhtz u. a. 2011 = Muhtz, C./von Alm, C./Godemann, K./Wittekind, C./ Jelinek, L./Yassouridis, A./Kellner, M. (2011): Langzeitfolgen von in der Kindheit am Ende des II. Weltkrieges erlebter Flucht und Vertreibung. In: Psychotherapie, Psychosomatik, Medizinische Psychologie, 61. Jg., H. 5 , S. 233–238.

MUM-Redaktion (2015): Flucht nach vorn: Die LMU unterstützt Flüchtlinge – und umgekehrt. In: MünchnerUni Magazin – Zeitschrift der Ludwig-Maximilians-Universität München, Nr. 4, S. 6–10.

Münch, C./Hoch, M. (2013): Studentische Mobilität und ihre finanziellen Effekte auf das Gastland. – Basel: Prognos AG.

Nauck, B. (1994): Educational climate and intergenerative transmission in Turkish families: A comparison of migrants in Germany and non-migrants. In: Noack, P./Hofer, M./Youniss, J. (Eds.): Psychological Responses to Social Change: Human Development in Changing Environments. – Oxford: Walter De Gruyter, pp. 67–85.

Nguyen, H.-H. D./Ryan, A. M. (2008): Does stereotype threat affect test performance of minorities and women? A meta-analysis of experimental evidence. In: Journal of Applied Psychology, Vol. 93, No. 6, pp. 1314–1334.

Norris, J. M./Ortega, L. (2000): Effectiveness of L2 instruction: A research synthesis and quantitative meta-analysis. In: Language Learning, Vol. 50, No. 3, pp. 417–528.

OECD (Hrsg.) (2004): Lernen für die Welt von morgen. Erste Ergebnisse von PISA 2003. – Paris.

OECD (Hrsg.) (2007): PISA 2006. Schulleistungen im internationalen Vergleich. Naturwissenschaftliche Kompetenzen für die Welt von morgen. – Paris.

OECD (2013a): OECD Skills Outlook 2013. First results from the survey of adult skills. – Paris.

OECD (2013b): Skilled for Life? Key Findings from the survey of adult Skills. – Paris.

OECD (Hrsg.) (2015): Immigrant students at school. Easing the journey towards integration. OECD reviews of migrant education. – Paris.

Osborne, J. (2010): Arguing to learn in science: The role of collaborative, critical discourse. In: Science, Vol. 328, No. 5977, pp. 463–466.

Oyserman u. a. 2009 = Oyserman, D./Sorensen, N./Reber, R./Chen, S. X. (2009): Connecting and separating mind-sets: Culture as situated cognition. In: Journal of Personality and Social Psychology, Vol. 97, No. 2, pp. 217–235.

Öztürk, H. (2014): Migration und Erwachsenenbildung. – Bielefeld: Bertelsmann.

Öztürk, H./Reiter, S. (2015): Weiterbildung im Spiegel von Migration. In: DIE Zeitschrift für Erwachsenenbildung: Migration, 2. Jg., S. 28–31.

PädQUIS gGmbH (2015): Offensive Frühe Chancen – verbal* Sprachliche Bildung im Alltag. – URL: http://www.paedquis.de/index.php/ueber-paedquis/chronik/2-normaler-beitrag/38-projekte-aktuelle-projekte-offensive-fruehe-chancen-verbal-sprachliche-bildung – Download vom 10.02.2016.

Pant u. a. 2013 = Pant, H. A./Stanat, P./Schroeders, U./Roppelt, A./Siegle, T./Pöhlmann, C. (Hrsg.) (2013): IQB-Ländervergleich 2012. Mathematische und naturwissenschaftliche Kompetenzen am Ende der Sekundarstufe I. – Münster: Waxmann.

Parak, M. (2008): Wissenstransfer durch Flucht und Vertreibung deutscher Hochschullehrer aus dem östlichen Mitteleuropa als Fachkräfte in der SBZ/DDR. In: Dahlmann, D./Reinhold, R.: Elitenwanderung und Wissenstransfer im 19. und 20. Jahrhundert. – Essen: Klartext, S. 55–94.

Pech, E. (2012): Ein Staat – eine Sprache? Deutsche Bildungspolitik und autochthone Minderheiten im 20. Jahrhundert: Die Sorben im Vergleich mit Polen, Dänen und Nordfriesen. – Bautzen: Domowina.

Pehmer, A.-K./Gröschner, A./Seidel, T. (2015): How teacher professional development regarding classroom dialogue affects students' higher order learning. In: Teaching and Teacher Education, Vol. 47, pp. 108–119.

Peri, G. (2012): The Effect of Immigration on productivity: Evidence from U.S. states. In: Review of Economics and Statistics, Vol. 94, No. 1, pp. 348–358.

Peri, G./Sparber, C. (2009): Task specialization, immigration, and wages. In: American Economic Journal: Applied Economics, Vol. 1, No. 3, pp. 135–169.

Peri, G./Sparber, C. (2011): Highly educated immigrants and native occupational choice. In: Industrial Relations: A Journal of Economy and Society, Vol. 50, No. 3, pp. 385–411.

Phinney u. a. 2001 = Phinney, J. S./Horenczyk, G./Liebkind, K./Vedder, P. (2001): Ethnic identity, immigration, and well being: An interactional perspective. In: Journal of Social Issues, Vol. 57, No. 3, pp. 493–510.

Pöhlmann, C./Haag, N./Stanat, P. (2013): Zuwanderungsbezogene Disparitäten. In: Pant H. A./Stanat, P./Schroeders, U./Roppelt, A./Siegle, T./Pöhlmann, C. (Hrsg.): IQB-Ländervergleich 2012. Mathematische und naturwissenschaftliche Kompetenzen am Ende der Sekundarstufe I. – Münster: Waxmann, S. 297–330.

Portes, A./Rumbaut, R. (2005): Introduction. The second generation and the children of immigrants. Longitudinal study. In: Ethnic & Racial Studies, Vol. 28, No. 6, pp. 983–999.

Prenzel u. a. 2013 = Prenzel, M./Sälzer, C./Klieme, E./Köller, O. (Hrsg.) (2013): PISA 2012. Fortschritte und Herausforderungen in Deutschland. – Münster: Waxmann.

Projekt „Startklar“ (2015): Bildung für junge Flüchtlinge: Anlaufstellen in München. – München. – URL: https://www.bildung-fuer-fluechtlinge.de/organisation/startklar/ – Download vom 26.11.2015.

Pröscholdt u. a. 2013 = Pröscholdt, M. V./Michalik, A./Schneider, W./Duzy, D./Glück, D./Souvignier, E./Penner, Z. (2013): Effekte kombinierter Förderprogramme zur phonologischen Bewusstheit und zum Sprachverstehen auf die Entwicklung der phonologischen Bewusstheit von Kindergartenkindern mit und ohne Migrationshintergrund. In: Frühe Bildung, 2. Jg., H. 3, S. 122–132.

Protsch, P./Solga, H. (2015): How employers see signals of cognitive and non-cognitive skills at labour market entry. Insights from field experiments. In: European Sociological Review, Vol. 31, No. 5, S. 521–532.

Rammstedt, B./Zabal, A. (2013): The programme for the International assessment of adult competencies. In: Grundlegende Kompetenzen Erwachsener im internationalen Vergleich – Ergebnisse von PIAAC 2012. – Münster: Waxmann, S. 21–30.

Rech, J. (2012): Studienerfolg ausländischer Studierender. – Münster: Waxmann.

Refugee Law Clinic Munich e. V. (2015): Refugee law clinic. – URL: http://www.lawclinicmunich.de/ – Download vom 19.11.2015.

Reich, H. H./Roth, H.-J. (2007): HAVAS 5 – das Hamburger Verfahren zur Analyse des Sprachstands von Fünfjährigen. In: Reich, H. H./Roth, H.-J./Neumann, U. (Hrsg.): Sprachdiagnostik im Lernprozess. – Münster: Waxmann, S. 71–94.

Relikowski, I./Schneider, T./Linberg, T. (2015): Rezeptive Wortschatz- und Grammatikkompetenzen von Fünfjährigen mit und ohne Migrationshintergrund. Eine empirische Untersuchung aus bildungssoziologischer Perspektive. In: Frühe Bildung, 4. Jg., H. 3, S. 135–143.

Relikowski, I./Yilmaz, E./Blossfeld, H.-P. (2012): Wie lassen sich die hohen Bildungsaspirationen von Migranten erklären? Eine Mixed-Methods-Studie zur Rolle von strukturellen Aufstiegschancen und individueller Bildungserfahrung. In: Kölner Zeitschrift für Soziologie und Sozialpsychologie, Sonderheft 52, S. 111–136.

Richter u. a. 2010 = Richter, D./Kunter, M./Anders, Y./Klusmann, U./Lüdtke, O./Baumert, J. (2010): Inhalte und Prädiktoren beruflicher Fortbildung von Mathematiklehrkräften. In: Empirische Pädagogik, 24. Jg., H. 2, S. 151–168.

Richter u. a. 2011 = Richter, D./Kunter, M./Klusmann, U./Luedtke, O./Baumert, J. (2011): Professional development across the teaching career: Teachers' uptake of formal and informal learning opportunities. In: Teaching and Teacher Education, Vol. 27, No. 1, pp. 116–126.

Richter u. a. 2012 = Richter, D./Kuhl, P./Reimers, H./Pant, H. A. (2012): Aspekte der Aus- und Fortbildung von Lehrkräften in der Primarstufe. In: Stanat, P./ Pant, H. A./Böhme, K./Richter, D. (Hrsg.): Kompetenzen von Schülerinnen und Schülern am Ende der vierten Jahrgangsstufe in den Fächern Deutsch und Mathematik. Ergebnisse des IQB-Ländervergleichs 2011. – Münster: Waxmann, S. 237–250.

Richter u. a. 2013a = Richter, D./Engelbert, M./Weirich, S./Pant, H. A. (2013): Differential use of professional development programs and its relationship to professional characteristics of teachers. In: Zeitschrift für Pädagogische Psychologie, 27. Jg., H. 3, S. 193–207.

Richter u. a. 2013b = Richter, D./Kuhl, P./Haag, N./Pant, H. A. (2013): Aspekte der Aus- und Fortbildung von Mathematik- und Naturwissenschaftslehrkräften im Ländervergleich. In: Pant, H. A./Stanat, P./Schroeders, U./ Roppelt, A./Siegle, T./Pöhlmann, C. (Hrsg.): IQB-Ländervergleich 2012. Mathematische und naturwissenschaftliche Kompetenzen am Ende der Sekundarstufe I. – Münster: Waxmann, S. 367–390.

Roßbach, H.-G./Erning, G. (2008): Übergang vom Kindergarten in die Grundschule – eine unendliche Geschichte. In: Kemnitz, H. (Hrsg.): Abgrenzungen und Übergänge im Bildungssystem. Festschrift für Karl Neumann. Braunschweiger Arbeiten zur Schulpädagogik. – Braunschweig: Institut für Erziehungswissenschaft, Abteilung Schulpädagogik und Allgemeine Didaktik der TU Braunschweig, S. 9–38.

Röskau-Rydel, I. (2014): Ein- und Auswanderung der Deutschen in Galizien mit besonderer Berücksichtigung der Auswanderungsbewegung unter den evangelischen Deutschen Anfang des 20. Jahrhunderts. In: Praszałowicz, D./ Schubert A.-S. (Hrsg.): Deutsche und polnische Migrationserfahrungen: Vergangenheit und Gegenwart. – Frankfurt a. M.: Lang-Ed., S. 17–19.

Ruhose, J. (2013): Bildungsleistungen von Migranten und deren Determinanten – Teil II: Primar-, Sekundar- und Tertiärbereich. In: ifo Schnelldienst, 66. Jg., H. 10, S. 24–38.

Ruhose, J. (2015): Microeconometric analyses on economic consequences of selective migration. ifo Beiträge zur Wirtschaftsforschung 61. – München: ifo Institut.

Sacher, W. (2012): Schule. Elternarbeit mit schwer erreichbaren Eltern. In: Stange, W./Krüger, R./Henschel, A./Schmitt, C. (Hrsg.): Erziehungs- und Bildungspartnerschaften. – Wiesbaden: VS Verlag für Sozialwissenschaften, S. 297–303.

Sachverständigenrat deutscher Stiftungen für Integration und Migration (SVR) (2012): Mobile Talente? Ein Vergleich der Bleibeabsichten internationaler Studierender in fünf Staaten der Europäischen Union. – Berlin.

Sann, A./Thrum, K. (2005): Opstapje – Schritt für Schritt. Ein präventives Spiel- und Lernprogramm für Kleinkinder aus sozial benachteiligten Familien und ihre Eltern. – München: Deutsches Jugendinstitut (DJI).

Santagata, R. (2009): Designing video-based professional development for mathematics teachers in low-performing schools. In: Journal of Teacher Education, Vol. 60, No. 1, pp. 38–51.

Saß u. a. 2003 = Saß, H./Wittchen, H.-U./Zaudig, M./Houben, I. (2003): Diagnostische Kriterien des diagnostischen und statistischen Manuals psychischer Störungen. – Textrevision – DSM-IV-TR. – Göttingen: Hogrefe.

Sassenberg u. a. 2007 = Sassenberg, K./Fehr, J./Hansen, N./Matschke, C./ Woltin, K.-A. (2007): Eine sozialpsychologische Analyse zur Reduzierung sozialer Diskriminierung von Menschen mit Migrationshintergrund. In: Zeitschrift für Sozialpsychologie, 38. Jg., H. 4, S. 239–249.

Schader-Stiftung (2005): Forschung: Integration von Aussiedlern. – Darmstadt. – URL: http://archiv.schader-stiftung.de/wohn_wandel/865.php – Download vom 22.09.2015.

SchlaU-Schule (2015): Schulanaloger Unterricht für junge Flüchtlinge. – München. – URL: http://www.schlau-schule.de/ – Download vom 26.11.2015.

Schmid, S. (2015): Handlungsoptionen der Hochschulen zur Steigerung des Studienerfolgs. In: Qualität in der Wissenschaft, Jg. 9, H. 3–4, S. 74–80.

Schneider u. a. 2012 = Schneider, W./Baumert, J./Becker-Mrotzek, M./Hasselhorn, M./Kammermeyer, G./Rauschenbach, T./Roßbach, H.-G./Roth, H.-J./Rothweiler, M./Stanat, P. (2012): Expertise „Bildung durch Sprache und Schrift (BiSS)". Bund-Länder-Initiative zur Sprachförderung: Sprachdiagnostik und Leseförderung. – Berlin: Bundesministerium für Bildung und Forschung.

Schneider, J./Parusel, B. (2011): Zirkuläre und temporäre Migration. Empirische Erkenntnisse, politische Praxis und zukünftige Optionen in Deutschland. Studie der deutschen nationalen Kontaktstelle für das Europäische Migrationsnetzwerk (EMN). In: Bundesamt für Migration und Flüchtlinge (Hrsg.): Working Paper Nr. 35 der Kontaktstelle des EMN und Forschungsgruppe des Bundesamtes für Migration und Flüchtlinge. – Berlin: Bundesministerium für Bildung und Forschung.

Schreyer, F./Bauer, A./Kohn, K.-H. P. (2015): Betriebliche Ausbildung von Geduldeten. Für den Arbeitsmarkt ein Gewinn, für die jungen Fluchtmigranten eine Chance. In: Institut für Arbeitsmarkt- und Berufsforschung (IAB) (Hrsg.): Kurzbericht, 1/2015, Nürnberg. – URL: http://doku.iab.de/kurzber/2015/kb0115.pdf – Download vom 24.02.2016.

Schulze-Stocker, F. (2015): Die Normierung der Bildungswissenschaften in den Lehramtsstudiengängen durch gesetzliche Vorgaben: Wie (re)organisieren Universitäten ihr bildungswissenschaftliches Lehrangebot? (PhD). – Münster: Universität Münster.

Schwippert, K./Bos, W./Lankes, E.-M. (2003): Heterogenität und Chancengleichheit am Ende der vierten Jahrgangsstufe im internationalen Vergleich. In: Bos, W./Lankes, E.-M./Prenzel, M./Schwippert, K./Walther, G./Valtin, R. (Hrsg.): Erste Ergebnisse aus IGLU. Schülerleistungen am Ende der vierten Jahrgangsstufe im internationalen Vergleich. – Münster: Waxmann, S. 265–302.

Schwippert, K./Wendt, H./Tarelli, I. (2012): Lesekompetenzen von Schülerinnen und Schülern mit Migrationshintergrund. In: Bos, W./Tarelli, I./Bremerich-Vos, A./Schwippert, K. (Hrsg.): IGLU 2011. Lesekompetenzen von Grundschulkindern in Deutschland im internationalen Vergleich. – Münster: Waxmann, S. 191–206.

Segeritz, M./Walter, O./Stanat P. (2010): Muster des schulischen Erfolgs von jugendlichen Migranten in Deutschland: Evidenz für segmentierte Assimilation? In: Kölner Zeitschrift für Soziologie und Sozialpsychologie, 62. Jg., H. 1, S. 113–138.

Seibert, H./Solga, H. (2005): Gleiche Chancen dank einer abgeschlossenen Ausbildung? Zum Signalwert von Ausbildungsabschlüssen bei ausländischen und deutschen jungen Erwachsenen. In: Zeitschrift für Soziologie, 34. Jg., H. 5, S. 264–382.

Seidel, T. (2014): Lehrerhandeln im Unterricht. In: Terhart, E./Bennewitz, H./Rothland, M. (Hrsg.): Handbuch der Forschung zum Lehrerberuf. – Münster: Waxmann, S. 781–806.

Sekler, K. (2008): Integration junger Aussiedler und Spätaussiedler in Deutschland: Studie zur derzeitigen Situation. – Hannover, S. 6ff., S. 234, S. 238.

Silbereisen, R./Lantermann, E./Schmitt-Rodermund, E. (Hrsg.) (1999): Aussiedler in Deutschland: Akkulturation von Persönlichkeit und Verhalten. – Opladen: Leske + Budrich.

Sinn, H.-W. (2015): Ökonomische Effekte der Migration in Deutschland. In: ifo Schnelldienst, 68. Jg., H. 1, S. 3–6.

Slavin, R. E. (1996): Education for all. – Lisse: Swets & Zeitlinger.

Slavin, R. E./Cheung, A. (2005): A synthesis of research on language of reading instruction for English language learners. In: Review of Educational Research, Vol. 75, No. 2, pp. 247–284.

Soderman, A. K. (2010): Language immersion programs for young children? Yes ... but proceed with caution. In: Phi Delta Kappan, Vol. 91, pp. 54–61.

Soderman, A. K./Oshio, T. (2008): The social and cultural contexts of second language acquisition in young children. In: European Early Childhood Education Research Journal, Vol. 16, pp. 297–311.

Söhn, J. (2008): Bildungsunterschiede zwischen Migrantengruppen in Deutschland: Schulabschlüsse von Aussiedlern und anderen Migranten der ersten Generation im Vergleich. In: Berliner Journal für Soziologie, 18. Jg., H. 3. S. 401–431.

Spada, N./Tomita, Y. (2010): Interactions between type of instruction and type of language feature: A meta-analysis. In: Language Learning, Vol. 60, No. 2, pp. 263–308.

Stadt München (2015): AMIGA Projektinformationen. – München. – URL: http://www.muenchen.de/rathaus/Stadtverwaltung/Referat-fuer-Arbeit-und-Wirtschaft/Arbeitsmarktpolitik/Jugendliche/AMIGA/projektinfo.html – Download vom 01.02.2016.

Stanat, P./Christensen, G. S. (2006): Where immigrant students succeed: A comparative review of performance and engagement in PISA 2003. – Paris: OECD.

Stanat, P./Rauch, D./Segeritz, M. (2010): Schülerinnen und Schüler mit Migrationshintergrund. In: Klieme, E./Artelt, C./Hartig, J./Jude, N./Köller, O./Prenzel, M./Schneider, W./Stanat, P. (Hrsg.): PISA 2009. Bilanz nach einem Jahrzehnt. – Münster: Waxmann, S. 200–230.

Stanat, P./Schwippert, K./Gröhlich, C. (2010): Der Einfluss des Migrantenanteils in Schulklassen auf den Kompetenzerwerb: Längsschnittliche Überprüfung eines umstrittenen Effekts. In: Zeitschrift für Pädagogik, 55. Beiheft, S. 147–164.

Stanat, P./Segeritz, M./Christensen, G. (2010): Schulbezogene Motivation und Aspiration von Schülerinnen und Schülern mit Migrationshintergrund. In: Bos, W./Klieme, E./Köller, O. (Hrsg.): Schulische Lerngelegenheiten und Kompetenzentwicklung. Festschrift für Jürgen Baumert. – Münster: Waxmann, S. 31–57.

Stanat u. a. 2012a = Stanat, P./Pant, H. A./Böhme, K./Richter, D. (Hrsg.) (2012): Kompetenzen von Schülerinnen und Schülern am Ende der vierten Jahrgangsstufe in den Fächern Deutsch und Mathematik. Ergebnisse des IQB-Ländervergleichs 2011. – Münster: Waxmann.

Stanat u. a. 2012b = Stanat, P./Becker, M./Baumert, J./Luedtke, O./Eckhardt, A. G. (2012): Improving second language skills of immigrant students: A field trial study evaluating the effects of a summer learning program. In: Learning and Instruction, Vol. 22, No. 3, pp. 159–170.

Stanat, P./Weirich, S./Radmann, S. (2012): Sprach- und Leseförderung. In: Stanat, P./Pant, H. A./Böhme, K./Richter, D. (Hrsg.): Kompetenzen von Schülerinnen und Schülern am Ende der vierten Jahrgangsstufe in den Fächern Deutsch und Mathematik. Ergebnisse des IQB-Ländervergleichs 2011. – Münster: Waxmann, S. 251–276.

Statistische Ämter des Bundes und der Länder (Hrsg.) (2009): Demographischer Wandel in Deutschland. Heft 4 – Auswirkungen auf die Zahl der Erwerbspersonen. – URL: https://www.destatis.de/DE/Publikationen/Thematisch/Bevoelkerung/DemografischerWandel/EntwicklungErwerbspersonenzahl5871104099004.pdf?__blob=publicationFile – Download vom 25.08.2015.

Statistisches Amt der Europäischen Union (Eurostat) (2014): Statistiken über Asyl. – URL: http://ec.europa.eu/eurostat/statistics-explained/index.php/Asylum_statistics/de – Download vom 13.02.2016.

Statistisches Amt der Europäischen Union (Eurostat) (Hrsg.) (2015): Asylum in the EU. The number of asylum applicants in the EU jumped to more than 625 000 in 2014. 20% were Syrians. – Luxemburg. – URL: http://ec.europa.eu/eurostat/documents/2995521/6751779/3-20032015-BP-EN.pdf/35e04263-2db5-4e75-b3d3-6b086b23ef2b – Download vom 19.08.2015.

Statistisches Bundesamt (Hrsg.) (2010): Bildung und Kultur. Allgemeinbildende Schulen. Schuljahr 2009/10. Fachserie 11, Reihe 1. – Wiesbaden. – URL: https://www.destatis.de/GPStatistik/servlets/MCRFileNodeServlet/DEHeft_derivate_00006821/2110110107004.pdf;jsessionid=B8DAAA04A3560A2F744381A946E65AC8 – Download vom 19.08.2015.

Statistisches Bundesamt (Hrsg.) (2011): Bildung und Kultur. Allgemeinbildende Schulen. Schuljahr 2010/11. Fachserie 11, Reihe 1. – Wiesbaden. – URL: https://www.destatis.de/GPStatistik/servlets/MCRFileNodeServlet/DEHeft_derivate_00010214/2110100117004.pdf;jsessionid=AFEE522E90B353D5C65E1059F8D56B5D – Download vom 19.08.2015.

Statistisches Bundesamt (Hrsg.) (2012): Bildung und Kultur. Allgemeinbildende Schulen. Schuljahr 2011/12. Fachserie 11, Reihe 1. – Wiesbaden. – URL: https://www.destatis.de/DE/Publikationen/Thematisch/BildungForschung Kultur/Schulen/AllgemeinbildendeSchulen2110100127004.pdf?__blob= publicationFile – Download vom 19.08.2015.

Statistisches Bundesamt (Hrsg.) (2013): Bildung und Kultur. Allgemeinbildende Schulen. Schuljahr 2012/13. Fachserie 11, Reihe 1. – Wiesbaden. – URL: https://www.destatis.de/DE/Publikationen/Thematisch/BildungForschung Kultur/Schulen/AllgemeinbildendeSchulen2110100137004.pdf?__blob= publicationFile – Download vom 19.08.2015.

Statistisches Bundesamt (Hrsg.) (2014a): Bevölkerung und Erwerbstätigkeit. Bevölkerung mit Migrationshintergrund. Ergebnisse des Mikrozensus 2013. Fachserie 1, Reihe 2.2. – Wiesbaden. – URL: https://www.destatis.de/DE/ Publikationen/Thematisch/Bevoelkerung/MigrationIntegration/Migrations hintergrund2010220137004.pdf?__blob=publicationFile – Download vom 04.02.2016.

Statistisches Bundesamt (Hrsg.) (2014b): Kindertagesbetreuung. Betreuungsquote von Kindern unter 6 Jahren mit und ohne Migrationshintergrund in Kindertagesbetreuung am 01.03.2014 nach Ländern. – Wiesbaden. – URL: https://www.destatis.de/DE/ZahlenFakten/GesellschaftStaat/Soziales/ Sozialleistungen/Kindertagesbetreuung/Tabellen/Betreuungsquote MigrationU62014.html – Download vom 11.12.2015.

Statistisches Bundesamt (2015a): Bevölkerung und Erwerbstätigkeit. Ausländische Bevölkerung. Ergebnisse des Ausländerzentralregisters 2014. Fachserie 1, Reihe 2. – Wiesbaden. – URL: https://www.destatis.de/DE/ Publikationen/Thematisch/Bevoelkerung/MigrationIntegration/Auslaend Bevoelkerung2010200147004.pdf?__blob=publicationFile – Download vom 04.02.2016.

Statistisches Bundesamt (2015b): Bevölkerung und Erwerbstätigkeit. Bevölkerung mit Migrationshintergrund. Ergebnisse des Mikrozensus 2014. Fachserie 1, Reihe 2.2. – Wiesbaden. – URL: https://www.destatis.de/DE/ Publikationen/Thematisch/Bevoelkerung/MigrationIntegration/Migrations hintergrund2010220147004.pdf?__blob=publicationFile – Download vom 04.02.2016.

Statistisches Bundesamt (2015c): Bevölkerung Deutschlands bis 2060. 13. Koordinierte Bevölkerungsvorausberechnung. – Wiesbaden. – URL: https://www.destatis.de/DE/Publikationen/Thematisch/Bevoelkerung/VorausberechnungBevoelkerung/BevoelkerungDeutschland2060Presse5124204159004.pdf?__blob=publicationFile – Download vom 25.08.2015.

Statistisches Bundesamt (Hrsg.) (2015d): Bildung und Kultur. Allgemeinbildende Schulen. Schuljahr 2014/15. Fachserie 11, Reihe 1. – Wiesbaden. – URL: https://www.destatis.de/DE/Publikationen/Thematisch/BildungForschungKultur/Schulen/AllgemeinbildendeSchulen2110100157004.pdf?__blob=publicationFile – Download vom 26.01.2016.

Statistisches Bundesamt (Hrsg.) (2015e): Bildung und Kultur. Studierende an Hochschulen Wintersemester 2014/15. – Wiesbaden. – URL: https://www.destatis.de/DE/Publikationen/Thematisch/BildungForschungKultur/Hochschulen/StudierendeHochschulenEndg2110410157004.pdf?__blob=publicationFile – Download vom 04.02.2016.

Steele, C. M. (1997): A threat in the air: How stereotypes shape intellectual identity and performance. In: American Psychologist, Vol. 52, No. 6, pp. 613–629.

Stifterverband für die Deutsche Wissenschaft/McKinsey & Company (2015): Hochschul-Bildungs-Report 2020. Ausgabe 2015. – URL: http://hochschulbildungsreport2020.de/downloads/ – Download vom 23.11.2015.

Stöbe-Blossey, S./Mierau, S./Tietze, W. (2008): Von der Kindertageseinrichtung zum Familienzentrum – Konzeption, Entwicklung und Erprobung des Gütesiegels „Familienzentren NRW“. In: Zeitschrift für Erziehungswissenschaft, Sonderheft 11, S. 105–122.

Stubbe, T. C./Tarelli, I./Wendt, H. (2012): Soziale Disparitäten der Schülerleistungen in Mathematik und Naturwissenschaften. In: Bos, W./Wendt, H./Köller, O./Selter, C. (Hrsg.): TIMSS 2011. Mathematische und naturwissenschaftliche Kompetenzen von Grundschulkindern in Deutschland im internationalen Vergleich. – Münster: Waxmann, S. 231–246.

Tarelli u. a. 2012 = Tarelli, I./Lankes, E.-M./Drossel, K./Gegenfurtner, A. (2012): Lehr- und Lernbedingungen an Grundschulen im internationalen Vergleich. In: Bos, W./Tarelli, I./Bremerich-Vos, A./Schwippert, K. (Hrsg.): IGLU 2011. Lesekompetenzen von Grundschulkindern in Deutschland im internationalen Vergleich. – Münster: Waxmann, S. 137–173.

Tarelli, I./Schwippert, K./Stubbe, T. C. (2012): Mathematische und naturwissenschaftliche Kompetenzen von Schülerinnen und Schülern mit Migrationshintergrund. In: Bos, W./Wendt, H./Köller, O./Selter, C. (Hrsg.): TIMSS 2011. Mathematische und naturwissenschaftliche Kompetenzen von Grundschulkindern in Deutschland im internationalen Vergleich. – Münster: Waxmann, S. 247–266.

Terhart, E. (2000): Perspektiven der Lehrerbildung in Deutschland. Abschlussbericht der von der Kultusministerkonferenz eingesetzten Kommission. – Weinheim: Beltz.

Terhart, E. (2013): Erziehungswissenschaft und Lehrerbildung. – Münster: Waxmann.

Terhart u. a. 2012 = Terhart, E./Schulze, F./Kunina-Habenicht, O./Dicke, T./Förster, D./Lohse-Bossenz, H./Leutner, D. (2012): Bildungswissenschaftliches Wissen und der Erwerb professioneller Kompetenz in der Lehramtsausbildung – Eine Kurzdarstellung des BilWiss-Projekts. In: Lehrerbildung auf dem Prüfstand, 5. Jg., H. 2, S. 96–106.

Tietze u. a. 2013 = Tietze, W./Becker-Stoll, F./Bensel, J./Eckhardt, A. M./Haug-Schnabel, G./Kalicki, B./Leyendecker, B. (2013): NUBBEK – Nationale Untersuchung zur Bildung, Betreuung und Erziehung in der frühen Kindheit. Forschungsbericht. – Weimar: Verlag das Netz.

Tippelt u. a. 2009 = Tippelt, R./Schmidt, B./Schnurr, S./Sinner, S./Theisen, C. (2009): Bildung Älterer. Chancen im demografischen Wandel. – Bielefeld: Bertelsmann.

Titzmann, P. F./Schmitt-Rodermund, E./Silbereisen, R. K. (2005): Zwischen den Kulturen: Zur Akkulturation jugendlicher Immigranten. In: Fuhrer, U./Uslucan, H. (Hrsg.): Familie, Akkulturation und Erziehung. Migration zwischen Eigen- und Fremdkultur. – Stuttgart: Kohlhammer, S. 86–110.

Titzmann, P. F./Silbereisen, R. K. (2009): Friendship homophily among ethnic German immigrants: A longitudinal comparison between recent and more experienced immigrant adolescents. In: Journal of Family Psychology, Vol. 23, No. 3, pp. 301–310.

Titzmann, P. F./Sonnenberg, K. (2015): Adolescents in conflict: Intercultural contact attitudes of immigrant mothers and adolescents as predictors of family conflicts. In: International Journal of Psychology – Journal International de Psychologie.

Tyrer, R. A./Fazel, M. (2014): School and community-based interventions for refugee and asylum seeking children: A systematic review. In: PLOS ONE, Vol. 9, No. 2.

Ulrich, W. (2001): Didaktik der deutschen Sprache: Ein Arbeits- und Studienbuch in drei Bänden. Texte, Materialien, Reflexionen. – Stuttgart: Klett.

UNICEF (2014): In erster Linie Kinder. Flüchtlingskinder in Deutschland. – Köln: Deutsches Komitee für UNICEF e. V.

Universität Hamburg (2015): Willkommen am Studienkolleg Hamburg! – URL: http://www.studienkolleg-hamburg.de/ – Download vom 19.11.2015.

Universität Konstanz (2015): Kompetenzzentrum Psychotraumatologie. – Konstanz. – URL: http://www.psychologie.uni-konstanz.de/ru/forschung/clinicalpsychology/einrichtungen/trauma/ – Download vom 24.02.2016.

Universität Leipzig (2015a): interDaF am Herder-Institut der Universität Leipzig. – Leipzig. – URL: http://www.interdaf.uni-leipzig.de/interdaf-7.html – Download vom 19.11.2015.

Universität Leipzig (2015b): www.Chance-for-Science.de – Social network for refugeed and local scientists, academics and students. – Leipzig. – URL: https://home.uni-leipzig.de/~chanceforscience/index.php/de/ – Download vom 23.11.2015.

Valtin u. a. 2007 = Valtin, R./Bos, W./Hornberg, S./Schwippert, K. (2007): Zusammenschau und Schlussfolgerungen. In: Bos, W./Hornberg, S./Arnold, K.-H./Faust, G./Fried, L./Lankes, E.-M./Valtin, R. (Hrsg.): IGLU 2006. Lesekompetenzen von Grundschulkindern in Deutschland im internationalen Vergleich. – Münster: Waxmann, S. 329–348.

Valtin u. a. 2010 = Valtin, R./Hornberg, S./Buddeberg, M./Kowoll, M. E./Potthoff, B. (2010): Schülerinnen und Schüler mit Leseproblemen – eine ökosystemische Betrachtungsweise. In: Bos, W./Hornberg, S./Arnold, K.-H./Faust, G./Fried, L./Lankes, E.-M./Schwippert, K./Tarelli, I./Valtin, R. (Hrsg.): IGLU 2006 – die Grundschule auf dem Prüfstand. Vertiefende Analysen zu Rahmenbedingungen schulischen Lernens. – Münster: Waxmann, S. 43–90.

vbw – Vereinigung der Bayerischen Wirtschaft e. V. (Hrsg.) (2007): Bildungsgerechtigkeit. – Münster: Waxmann.

vbw – Vereinigung der Bayerischen Wirtschaft e. V. (Hrsg.) (2015a): Arbeitslandschaft 2040. Eine Studie der Prognos AG im Auftrag der vbw. – Münster: Waxmann.

vbw – Vereinigung der Bayerischen Wirtschaft (Hrsg.) (2015b): Bildung. Mehr als Fachlichkeit. – Münster: Waxmann.

Verkuyten, M./Pouliasi, K. (2002): Biculturalism among older children: Cultural frame switching, attributions, self-identification, and attitudes. In: Journal of Cross-Cultural Psychology, Vol. 33, No. 6, pp. 596–609.

Vivo international e. V. (2015): Kontakt Vivo Deutschland. – URL: http://www.vivo.org/kontakt-2/deutschland/ – Download vom 20.11.2015.

Vogel, D. (2016): „Irreguläre Migration“ – Ein Gespräch mit Dita Vogel. – URL: http://www.goethe.de/lhr/prj/daz/mag/mip/de6481536.htm – Download vom 22.02.2016.

Walter Blüchert Stiftung (2015a): Strategische Projekte. Hochform – Förderung für Akademiker mit Flüchtlingsstatus. – Gütersloh. – URL: http://www.walter-bluechert-stiftung.de/projekte/strategische-projekte/hochform/ – Download vom 19.11.2015.

Walter Blüchert Stiftung (2015b): Gunter Thielen fordert Allianzen zum Tag der Stiftungen am 01.10.2015: „Angesichts des Flüchtlingszustroms sind Kreativität und Gemeinsinn gefragt!“ – Gütersloh. – URL: http://www.walter-bluechert-stiftung.de/artikel/?tx_news_pi1[action]=detail&tx_news_pi1[controller]=News&tx_news_pi1[news]=109&cHash=07fd2b1a98cc23441b8032b927acbeb3 – Download vom 19.11.2015.

Walter, O. (2008): Herkunftsassoziierte Disparitäten im Lesen, der Mathematik und den Naturwissenschaften: Ein Vergleich zwischen PISA 2000, PISA 2003 und PISA 2006. In: Zeitschrift für Erziehungswissenschaft, Sonderheft 10, S. 169–184.

Walter, O. (2014): Immigrant optimism in Deutschland? Die Überprüfung einer Hypothese anhand der mathematikbezogenen Motivation und realistischen Bildungsaspiration von Schülerinnen und Schülern mit Migrationshintergrund. In: Empirische Pädagogik, 28. Jg., H. 1, S. 36–53.

Walter, O./Taskinen, P. (2008): Der Bildungserfolg von Jugendlichen mit Migrationshintergrund in den deutschen Ländern. In: Prenzel, M./Artelt, C./Baumert, J./Blum, W./Hammann, M./Klieme, E./Pekrun, R. (Hrsg.): PISA 2006 in Deutschland. Die Kompetenzen der Jugendlichen im dritten Ländervergleich. – Münster: Waxmann, S. 343–374.

Weins, C. (2011): Gruppenbedrohung oder Kontakt? Ausländeranteile, Arbeitslosigkeit und Vorurteile in Deutschland. In: Kölner Zeitschrift für Soziologie und Sozialpsychologie, 63. Jg., H. 3, S. 481–499.

Weitekamp, E. G./Reich, K./Bott, K. (2002): Deutschland als neue Heimat? Jugendliche Aussiedler in Deutschland zwischen Veränderung und Verweigerung. In: Neue Praxis, 32. Jg., H. 1, S. 33–52.

Weiterbildungsinitiative Frühpädagogische Fachkräfte (2016): Weiterbildungsinitiative Frühpädagogische Fachkräfte. – URL: http://www.weiterbildungsinitiative.de – Download vom 20.02.2016.

Westfälische Wilhelms-Universität Münster (2015): Die Traumaambulanz der Westfälischen Wilhelms-Universität Münster. – Münster. – URL: http://www.uni-muenster.de/Traumaambulanz – Download vom 23.09.2015.

Winter, A. (2003): Die Hugenotten und das höhere Bildungswesen in Brandenburg-Preußen. In: Gross, M.-A./Schilling, H. (Hrsg.): Im Spannungsfeld von Staat und Kirche: „Minderheiten“ und „Erziehung“ im deutsch-französischen Gesellschaftsvergleich, 16.–18. Jahrhundert. – Berlin: Duncker & Humblot, S. 271–296.

Wolfgramm, C./Morf, C./Hannover, B. (2014): Ethnically-based rejection sensitivity and academic achievement: The danger of retracting into one's heritage culture. In: European Journal of Social Psychology, Vol. 44, No. 4, pp. 313–326.

Worbs u. a. 2013 = Worbs, S./Bund, E./Kohls, M./Gostomski, C. B. (2013): (Spät-)Aussiedler in Deutschland. Eine Analyse aktueller Daten und Forschungsergebnisse. Forschungsbericht 20. – Nürnberg: Bundesamt für Migration und Flüchtlinge. – URL: http://www.bamf.de/SharedDocs/Anlagen/DE/Publikationen/Forschungsberichte/fb20-spaetaussiedler.pdf?__blob=publicationFile – Download vom 23.09.2015.

Wößmann, L. (2016): Bildung als Schlüssel zur Integration. Nur eine realistische Flüchtlingspolitik wird Erfolg haben. In: ifo Schnelldienst, 69. Jg., H. 1, S. 21–24.

Zabel u. a. 2013 = Zabel, A./Martin, S./Klavkien, A./Ramstedt, B./Baumert, J./Klieme, E. (2013): Grundlegende Kompetenzen der erwachsenen Bevölkerung in Deutschland im internationalen Vergleich. In: Rammstedt, B. (Hsrg.): Grundlegende Kompetenzen Erwachsener im internationalen Vergleich – Ergebnisse von PIAAC 2012. – Münster: Waxmann, S. 31–76.

Zander u. a. 2015 = Zander, L./Wolter, I./Latsch, M./Hannover, B. (2015): Qualified for teaching physics? How prospective teachers perceive teachers with a migration background – and how it's really about “him” or “her”. In: International Journal of Gender, Science and Technology, Vol. 7, No. 2, pp. 255–279.

Zaunbauer, A. C. M./Moeller, J. (2007): School achievement in monolingual educated children and children in an immersion program: Results after the first year at school. In: Zeitschrift für Entwicklungspsychologie und Pädagogische Psychologie, 39. Jg., H. 3, S. 141–153.

Zaunbauer, A. C. M./Moeller, J. (2010): Academic development of children in an immersion program: Results for the first two years of school. In: Psychologie in Erziehung und Unterricht, 57. Jg., H. 1, S. 30–45.

Zick, B./Küpper, B./Hövermann, A. (2011): Die Abwertung der Anderen. Eine europäische Zustandsbeschreibung zu Intoleranz, Vorurteilen und Diskriminierung. – Berlin: Friedrich-Ebert-Stiftung.

Zoom – Gesellschaft für prospektive Entwicklungen e. V. (Hrsg.) (2014): Chancen für junge Menschen in unsicheren Aufenthaltsverhältnissen – die Hürden kennen und überwinden. Übergang in Ausbildung und Arbeit: Voraussetzungen und Möglichkeiten. Göttingen. – URL: http://azf2.de/wp-content/uploads/2009/02/Broschuere-Chancen_fuer_junge_Menschen.pdf – Download vom 19.08.2015.

Abbildungsverzeichnis

Tabellenverzeichnis

Verzeichnis der Mitglieder des AKTIONSRATS**BILDUNG**

Blossfeld, Hans-Peter, Prof. Dr. rer. pol. Dr. h. c., geb. 1954, Professor für Soziologie am Europäischen Hochschulinstitut (European University Institute) in Florenz, Mitglied der interdisziplinären DFG-Forschergruppe „Bildungsprozesse, Kompetenzentwicklung und Selektionsentscheidungen im Vor- und Grundschulalter (BiKS)", Koordinator des DFG-Schwerpunktprogramms 1646 „Education as a Lifelong Process" (zusammen mit Prof. Sabine Weinert, Universität Bamberg) sowie Leiter des international vergleichenden „European Research Council (ERC)"-Projekts „Education as a Lifelong Process – Comparing Educational Trajectories in Modern Societies (eduLIFE)".
Arbeitsschwerpunkte: Bildungssoziologie, Globalisierungsforschung, Soziologie des internationalen Vergleichs, Sozialstrukturanalyse, Soziologie der wirtschaftlichen und sozialen Entwicklung, Familiensoziologie, Soziologie des Arbeitsmarkts, Längsschnittmethoden.

Bos, Wilfried, Prof. Dr. phil., geb. 1953, Universitätsprofessor für Bildungsforschung und Qualitätssicherung an der Technischen Universität Dortmund in der Fakultät Erziehungswissenschaft, Soziologie und Psychologie, langjähriger Direktor des Instituts für Schulentwicklungsforschung (IFS), nationaler Projektmanager für IGLU/PIRLS 2001 und 2006, TIMSS 2007, PIRLS/TIMSS 2011, TIMSS 2015, IGLU/PIRLS 2016, ICILS 2013, wissenschaftlicher Leiter von „Ganz In", „Chancenspiegel" und „Schule digital – der Länderindikator", Convenor des „EERA Network 9: Assessment, Evaluation, Testing and Measurement".
Arbeitsschwerpunkte: Empirische Forschungsmethoden, Qualitätssicherung im Bildungswesen, Internationale Bildungsforschung, Evaluation, Pädagogische Chinaforschung.

Daniel, Hans-Dieter, Prof. Dr. rer. soc., geb. 1955, Universitätsprofessor für Sozialpsychologie und Hochschulforschung an der Eidgenössischen Technischen Hochschule Zürich und Leiter der Evaluationsstelle der Universität Zürich, Vorsitzender des Kuratoriums des Zentrums für Wissenschaftsmanagement e. V. Speyer, Mitglied des International Advisory Board der Universität Helsinki, des International Councils der Freien Universität Berlin, des Evaluationsausschusses des Wissenschaftsrats (Köln), der Akkreditierungskommission der Evaluationsagentur Baden-Württemberg (evalag) und des internationalen Beraterkreises der Hochschulrektorenkonferenz (HRK) für das Audit „Internationalisierung der Hochschulen". Die im Zeitraum von 2002 bis 2012 in der internationalen Literaturdatenbank Web of Science von Thomson Reuters erfassten Publikationen zählen weltweit zu den am häufigsten zitierten Arbeiten in seinem Fachgebiet (vgl. „The World's Most Influential Scientific Minds: 2014").
Arbeitsschwerpunkte: Wissenschafts- und Hochschulforschung, Evaluationsforschung, Methoden der empirischen Sozialforschung.

Hannover, Bettina, Prof. Dr. phil., geb. 1959, Leiterin des Arbeitsbereichs Schul- und Unterrichtsforschung an der Freien Universität Berlin, Mitglied des Fachkollegiums Psychologie der Deutschen Forschungsgemeinschaft (DFG), zugewähltes Mitglied von acatech (Deutsche Akademie der Technikwissenschaften), Mitglied der Jury des Deutschen Schulpreises (Robert Bosch Stiftung), Mitglied des wissenschaftlichen Beirats des Leibniz-Instituts für Wissensmedien, Tübingen, Mitglied des wissenschaftlichen Beirats des Leibniz-Instituts für die Pädagogik der Naturwissenschaften, Kiel, Mitglied der nationalen PISA-Expertengruppe „Schülervoraussetzungen, Elternhaus, Peers", Leiterin verschiedener Drittmittelprojekte, z. B. der DFG oder der EU.
Arbeitsschwerpunkte: Selbst und Identität, Geschlecht, Migration, Kulturvergleich.

Köller, Olaf, Prof. Dr. phil., geb. 1963, seit 2009 Geschäftsführender Wissenschaftlicher Direktor und Direktor der Abteilung Erziehungswissenschaft des Leibniz-Instituts für die Pädagogik der Naturwissenschaften und Mathematik (IPN) in Kiel, Professor für empirische Bildungsforschung an der Christian-Albrechts-Universität zu Kiel; seit 2015 Präsident der Gesellschaft für Empirische Bildungsforschung (GEBF); seit 2012 Mitglied im wissenschaftlichen Beirat des Deutschen Zentrums für Lehrerbildung Mathematik (DZLM).
Arbeitsschwerpunkte: Individuelle Entwicklungsprozesse unter den institutionellen Rahmenbedingungen von Schule, Diagnose schulischer Kompetenzen, Methodische Probleme in Large-scale Assessments, Bildungsmonitoring, Implementation und Evaluation von Schul- und Unterrichtsentwicklungsprogrammen.

Lenzen, Dieter, Prof. Dr. phil., geb. 1947, seit 2010 Präsident der Universität Hamburg, von 2003 bis 2010 Präsident der Freien Universität Berlin, seit 2007 Vizepräsident der Hochschulrektorenkonferenz (HRK), Vorsitzender des AKTIONSRATS**BILDUNG**, Universitätsprofessor für Philosophie der Erziehung an der Freien Universität Berlin und Mitglied der Europäischen Akademie der Wissenschaften und Künste.
Arbeitsschwerpunkte: Bildungsforschung, Bildungspolitik.

Roßbach, Hans-Günther, Prof. Dr. phil., geb. 1951, Inhaber des Lehrstuhls für Elementar- und Familienpädagogik an der Otto-Friedrich-Universität Bamberg, Direktor des Leibniz-Instituts für Bildungsverläufe (LIfBi), wissenschaftliche Begleitung des Modellversuchs „KiDZ – Kindergarten der Zukunft in Bayern“.
Arbeitsschwerpunkte: Qualitätsfeststellung in Institutionen der Früherziehung, Curricularentwicklung/Bildungsfragen im Kindergarten, Übergang vom Elementar- in den Primarbereich, Längsschnittanalysen der Auswirkungen frühkindlicher Betreuungen, internationale Vergleichsuntersuchungen.

Seidel, Tina, Prof. Dr. phil., geb. 1974, Prodekanin der TUM School of Education, Technische Universität München, Inhaberin des Lehrstuhls für Unterrichts- und Hochschulforschung, Leitung des vom Stifterverband in der Lehrerinitiative ausgezeichneten Projekts „TUMconnect“, Leitung mehrerer DFG-Projekte, z. B. „Interaction: Analyse von Lehrer-Schüler-Interaktionen im Mathematik- und Deutschunterricht“, „Observe: Erfassung Professioneller Unterrichtswahrnehmung bei Lehramtsstudierenden“ und „Dialogue: Eine Interventionsstudie zur Optimierung der Klassengesprächsführung“, Ko-Leitung des BMBF-Projekts „BilWiss-Beruf: Längsschnittliche Entwicklung von Lehramtsstudierenden im Verlauf des Referendariats“ (zusammen mit Prof.es Mareike Kunter, Ewald Terhart und Detlev Leutner), Mitglied im Forschungsteam PISA 2006, 2012 und 2015, Koordinatorin der Special Interest Group der EARLI „Teaching and Teacher Education“, Mitglied im Vorstand der TUM Graduate School, Mitglied der Forschungskommission der Hochschulrektorenkonferenz (HRK).
Arbeitsschwerpunkte: Analyse von Lehr-Lern-Prozessen in der Sekundarstufe, Professionalisierung von Lehrenden an Schulen und Hochschulen, Forschungssynthesen zu Unterrichtseffektivität, Internationales Bildungsmonitoring.

Tippelt, Rudolf, Prof. Dr. phil., geb. 1951, Inhaber des Lehrstuhls für Allgemeine Pädagogik und Bildungsforschung an der Ludwig-Maximilians-Universität München, Gründungsmitglied der World Education Research Association (WERA), Mitherausgeber der Zeitschrift für Pädagogik, Vorsitzender des Kuratoriums des Leibniz-Instituts für Bildungsverläufe (LIfBi), Vorsitzender der wissenschaftlichen Beiräte des Deutschen Instituts für Erwachsenenbildung (DIE), des Staatsinstituts für Frühpädagogik (IFP), der Weiterbildungsinitiative Frühpädagogischer Fachkräfte (WIFF) und der Forschungsstelle Bildung der Industrie- und Handelskammer (IHK) München und Oberbayern, wissenschaftlicher Experte im Landesbeirat für Erwachsenenbildung, Mitglied der wissenschaftlichen Beiräte des Deutschen Jugendinstituts (DJI).
Arbeitsschwerpunkte: Bildungsforschung, Weiterbildung/Erwachsenenbildung, Bildungsprozesse über die Lebensspanne, Übergang von Bildung in Beschäftigung, Professionalisierung und Fortbildung des pädagogischen Personals, insbesondere auch im internationalen Kontext.

Wößmann, Ludger, Prof. Dr. sc. pol., geb. 1973, Universitätsprofessor für Bildungsökonomie an der Volkswirtschaftlichen Fakultät der Ludwig-Maximilians-Universität München, Leiter des ifo Zentrums für Bildungsökonomik, Koordinator des Europäischen Expertennetzwerks Bildungsökonomik (EENEE), Vorsitzender des Bildungsökonomischen Ausschusses des Vereins für Socialpolitik.
Arbeitsschwerpunkte: Bildungsökonomik, insbesondere mikroökonometrische Analysen von Effizienz und Chancengleichheit im Schulsystem anhand internationaler Schülerleistungstests.

Externer Experte

Hailbronner, Kay, Prof. Dr. jur. Dr. h.c., geb. 1943, emeritierter Universitätsprofessor am Lehrstuhl für Öffentliches Recht, Völker- und Europarecht der Universität Konstanz, Mitglied des Direktoriums Forschungszentrum Ausländer- und Asylrecht (FZAA) an der Universität Konstanz, Mitglied in der Unabhängigen Zuwanderungskommission, Stellvertretender Vorsitzender im Beirat für Forschungsmigration beim Bundesrat für Migration und Flüchtlinge (BAMF).
Arbeitsschwerpunkte: Ausländer- und Asylrecht.

vbw – Vereinigung der Bayerischen Wirtschaft e. V. (Hrsg.)

Psychische Belastungen und Burnout beim Bildungspersonal

Empfehlungen zur Kompetenz- und Organisationsentwicklung

Gutachten

2014, 202 Seiten, broschiert, EUR 16,90
ISBN 978-3-8309-3085-3

Da psychischen Störungen im Hinblick auf Arbeitsunfähigkeit und Frühverrentung eine wachsende Bedeutung zukommt, widmet der Aktionsrat Bildung diesem Thema ein eigenes Gutachten.
Er richtet den Fokus auf die Situation des Bildungspersonals und geht auf psychische Belastungen sowie das subjektive Erleben von Stress ein. Emotionale Erschöpfung und psychische Beanspruchung können zu einer reduzierten Leistungsfähigkeit der Betroffenen führen und somit direkten negativen Einfluss auf die Bildungsqualität nehmen. Der Aktionsrat Bildung spricht deshalb Empfehlungen zum Umgang mit psychischen Belastungen sowie zur Prävention und Intervention aus; Risikofaktoren für die psychische Gesundheit müssen minimiert und Schutzfaktoren gestärkt werden. Die Studie richtet sich an die Bildungspolitik und die Bildungseinrichtungen selbst, da beide ihren Beitrag zur Prävention psychischer Erkrankungen leisten müssen.

WAXMANN